石跃军　主编

回首EG不负韶华

政务信息化发展回溯

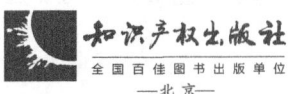

知识产权出版社
全国百佳图书出版单位
—北京—

图书在版编目（CIP）数据

回首 EG　不负韶华：政务信息化发展回溯/石跃军主编.—北京：知识产权出版社，2022.1

ISBN 978-7-5130-7980-8

Ⅰ.①回… Ⅱ.①石… Ⅲ.①电子政务–研究–中国 Ⅳ.①D63-39

中国版本图书馆 CIP 数据核字（2021）第 265034 号

内容提要

本书以二十六位电子政务专家和领导的工作经历为经，以政务信息化发展变革为纬，客观反映了政务信息化工作推进中的一些事件和观念嬗变，是一部回溯早期政务信息化发展的短片集。当前，正值电子政务向数字政府转型阶段，国家将其视为智慧社会建设的重中之重，作为实现国家治理体系和治理能力现代化的战略支撑，在这一重要历史时期，各位电子政务人的过往经验做法、心路历程、感悟启示弥足珍贵。

本书可以作为相关从业人员的阅读书目，也可作为大众了解政务信息化的参考书目。

责任编辑：阴海燕　　　　　　　责任印制：孙婷婷

回首 EG　不负韶华——政务信息化发展回溯
HUISHOU EG BUFU SHAOHUA——ZHENGWU XINXIHUA FAZHAN HUISU

石跃军　主　编

出版发行	知识产权出版社有限责任公司	网　址	http://www.ipph.cn
电　话	010-82004826		http://www.laichushu.com
社　址	北京市海淀区气象路 50 号院	邮　编	100081
责编电话	010-82000860 转 8693	责编邮箱	laichushu@cnipr.com
发行电话	010-82000860 转 8101	发行传真	010-82000893
印　刷	北京中献拓方科技发展有限公司	经　销	新华书店、各大网上书店及相关专业书店
开　本	720mm×1000mm　1/16	印　张	23.25
版　次	2022 年 1 月第 1 版	印　次	2022 年 1 月第 1 次印刷
字　数	354 千字	定　价	98.00 元

ISBN 978-7-5130-7980-8

出版权专有　侵权必究

如有印装质量问题，本社负责调换。

编辑委员会

总顾问：杨学山

顾　　问：陆首群　高新民

主　　编：石跃军

副主编：彭维民　江一山　张建辉

编　　委：（排名不分先后）

　　　　　汪玉凯　任守信　王安耕　江一山　王智玉

　　　　　周德铭　吴幼毅　戴瑞敏　查宗祥　石跃军

　　　　　俞慈声　阎冠和　金　锋　刘惠军　彭维民

　　　　　张建辉　唐　群　赵进延　张保印

序

眺海观浪　品事悟心

政务信息化，亦或电子政务，已经走过了40多个年头，在一批又一批电子政务人的辛勤耕耘下，硕果累累，成就显著，在优化政府工作流程、提高政府工作效率、降低政府运行成本、创造透明公正社会等方面发挥出重要作用，成为政府履职的必要工具。在这40多年的不懈跋涉中，各位电子政务工作者们既有顺风成功的欢乐，也有遇难受阻的苦涩；既有破冰扬帆的喜悦，也有山高路绝的无奈，每个人都有许多说不完、道不尽的故事。当前，正值电子政务向数字政府转型阶段，国家将其视为智慧社会建设的重中之重，作为实现国家治理体系和治理能力现代化的战略支撑，在这一重要历史时期，各位电子政务人的过往经验做法、心路历程、感悟启示弥足珍贵。本书是一部回溯早期政务信息化发展的短片，以20多位电子政务专家和领导的工作经历为经，以政务信息化发展变革为纬，客观反映政务信息化工作推进中的一些事件和观念嬗变。这些故事虽为逸闻趣事，点滴呈现，未曾记入档案，也鲜于见诸报端，似天空中飘过的片片白云，如大海里翻起的朵朵浪花，但亦可溯源问脉，管中窥豹，余音袅袅，立镜一面。

请读者走近他们，走进那个年代，了解那个年代。

国家电子政务领导机构几经变迁，国家信息化专家咨询委员会对国家信息化管理体制机制提出过哪些意见建议？如何系统地研究、普及、推广电子政务理论，积极探索符合中国国情的电子政务建设模式？是谁提出"低成本、集约化、见实效"的电子政务建设思路，是谁力主推进行政审批改革"让信息多跑路，让群众少跑腿"？国家信息化专家咨询委员会委员、中央党校（国家行政学院）汪玉凯教授如是说。

法院系统的信息技术与审判业务已经深度融合，信息系统出现故障必然影响正常工作。运维的目标就是保障信息系统能够持续为业务提供丰富、安全、便捷的系统支撑，运维职责涵盖系统运行维护和提供内容服务。将经验知识化、知识标准化、标准流程化、流程规范化，五年探索，磨杵成针，逐步完善形成电子政务运维管理体系框架，达到电子政务运维精细化管理的工作目标，最高人民法院信息中心原副主任王岚生如是说。

2000年前后，要建成一套清晰、可靠的视频会议系统和政务专网绝非易事，网络掉线、有影无声、求爷爷拜奶奶、拍桌子瞪眼，是家常便饭，战战兢兢，如履薄冰。同时，要开发、推广全国统一的业务应用软件，既是全系统业务信息化的重大转折点，也是牵一发而动全身的烫手山芋。纵有难度障碍，仍能脚踏实地一路前行，最高人民检察院检察技术信息研究中心原副主任、巡视员、院信息化领导小组成员兼办公室主任江一山如是说。

中国政府法制信息网络系统是迄今为止世界银行援助中国政府法制建设最大的一个项目，也是当时政府法制信息工作投入的人力、物力和财力最多的项目，完成了当时全部法律、行政法规及地方性法规、部门和地方政府规章、司法解释的收集处理和电子化，奠定了政府法制信息工作的基础。从联合国开发计划署（United Nations Development Programme，UNDP）项目到"中国政府法制信息网"，是一部法制信息化发展史，国务院原法制办公室信息中心孔祥清主任如是说。

30多年来，各部门信息中心都做了些啥？有哪些转变？原人力资源社会保障部信息中心副主任戴瑞敏如是说。

从传真机的"第一个具有现代色彩的农业信息网"到互联网上"国内第一个政府网站"，蓬勃发展，蒸蒸日上，"织网"亲历人农业农村部信息中心原副主任杜维成如是说。

"金土工程"的由来、目标和任务，如何解决金土工程实施过程中的问题，形成"天上看、地上查、网上管"的国土资源管理运行体系，原国土资源部信息中心副主任、部信息办副主任查宗祥如是说。

中国历任审计署长如何早早地、持续不断地认准、狠抓信息化？没有行政审批权、不面向社会公众的审计部门的信息化聚焦在哪里？审计信息化解决了审计机关的什么"痛点"？不是"人工智能"的智能、云计算的"奶奶"、提早品尝国产化"适配"这碗苦酒……审计署计算机技术中心原主任王智玉如是说。

20世纪90年代初，国家提出的"金桥""金卡""金关"——"三金工程"，对推动社会重点领域信息化建设影响巨大。三金之一的"金卡工程"肇基我国支付产业信息化之路，加快了金融信息化、现代化建设步伐，推动了金融改革与服务创新，对整个社会经济的进步发挥了积极的作用。当年那段激情燃烧的岁月，念兹在兹，历历在目。金卡工程的见证人和参与者中国人民银行科技司原司长陈静如是说。

"金审工程"的起源，金审工程的体系架构，金审工程的基本构成和功能，金审工程的审计方法和联网审计以及金审工程的数据规划、体系架构、集约化、三网互联、国产化等对政务信息化、对数字政府的影响，审计署信息化建设领导小组办公室原主任、审计署办公厅原巡视员周德铭如是说。

中国海关的信息化之路，经历了40多个春夏秋冬，零的突破——H761工程揭开了海关信息化应用的序幕；经典之作——H883工程对促进改革开放、加强进出口管理具有综合性和全局性意义；跨世纪工程——H2000工程为海关应对中国加入世贸组织后跨境贸易超乎想象的飞速发展提供强有力保障和支撑，建设全新技术架构、部署方式和应用模式的通关业务管理系统……几乎每过十余年就会迈上一个新的台阶。海关信息化人始终与时代的脚步同频共振，为之流过多少汗水，留下多深的脚印，海关总署原总工吴幼毅如是说。

"金税工程"是国务院批准的早期国家电子政务"十二金"工程中名列前茅的重大工程，目前已经开展了三期建设。实施金税工程，尤其是实施金税第三期工程的重大意义和作用是什么？金税第四期工程建设的前景展望，国家税务总局征管和科技发展司原巡视员赵国际如是说。

"金信工程"的始末和意义，承上启下，水到渠成，但"国家法人库"立项历时12年，缘由何在？原国家工商总局信息中心总工石跃军如是说。

在机构改革，进出口商品检验、卫生检疫和动植物检疫"三检合一"背景下，建设支撑业务运行的基础性、关键性信息化系统检验检疫综合业务系统（CIQ2000）至关重要，如何决策部署，科学设计，精心组织，周密安排，使系统运行达17年之久，中国网络安全审查认证中心原书记、副主任王连印如是说。

《国家信息化领导小组关于我国电子政务建设指导意见》（中办发〔2002〕17号）发布后，我国电子政务建设步入快车道，政府各部门的信息化建设热血高涨，雪片般的项目申请报告涌向国家计委高技术司，方案五花八门，内容参差不齐，审批缺乏经验，急需加强规范。为了促进电子政务快速健康发展，国家计委高技术司研究出台了《国家电子政务工程建设管理暂行办法》（国家发展和改革委员会令〔2007〕第55号，简称"55号令"）及一系列配套的规范性文件，对我国电子政务工程项目建设进行全生命周期管理，打破惯性思维和路径依赖，具有很多创新性，对我国电子政务整体化集约化发展，切实推动部门间协同共享，提高政务效能和投资效益，都起到了规范性和指导性作用。后续的"十一五"国家电子政务工程建设规划、"十二五"国家政务信息化工程建设规划、"十三五"国家政务信息化工程建设规划，从建设思路到建设内容，都将我国政务信息化建设推向协同共享深化应用的新阶段。这期间，方方面面从认识到共识的过程非常艰难，有过多少面红耳赤的激烈争论，跨过多少沟沟坎坎、流过多少辛酸的眼泪，国家发展改革委高新司信息化处原处长王娜如是说。

早期从事电子政务信息化，后又转向工业企业信息化，工业企业两化融合对电子政务有何启示，国家信息化领导小组专家咨询委员会委员、工业和信息化部两化融合工作领导小组专家组组长、中国两化融合服务联盟专家委员会主任王安耕如是说。

术业有专攻，数据库专家如何于20世纪70年代就开始将数据库技术应用于冶金工业管理信息化及钢铁企业信息化研究，原冶金部信息中心主任漆永新如是说。

健康码、行程卡，网络通信技术在2020年新冠肺炎疫情防控中发挥了重要作用，早在2003年抗击"非典"及农村防疫过程中信息化有何作为？"数字北京"的"幼仔""北京信息亭"的设计、开发与出生如何不易，原北京市经济和信息化委员会副主任、原北京市政协科技委员会副主任、原北京市委市政府信息中心主任阎冠和如是说。

《中国电子政务工程》建设方案的设计雏形今何在？敢于第一个"吃螃蟹"建设省级电子政务统一网络平台并全网采用国产化设备，江西省信息中心原主任金锋如是说。

"一体化政府"统领电子政务，坚守集中统一体制、探索集约化模式、建设一体化平台，强制共性应用、持续推进中央数据库和信息共享，整合多部门多项政务服务和公共企事业服务事项，开通"市民一站通""企业一站通"和"我的政府一站通"，形成政务数据集散中心。超前思维，超前预测需求、超前规划、超前立项，讲策略，重方法，创造以集中统一和集约化发展为特色的电子政务"青岛模式"，青岛市人民政府原副秘书长、青岛市电子政务和信息资源管理办公室原主任刘惠军如是说。

开市级电子政务大统一模式之先河，全国首创视频云，搞统一，建机构，争编制，软磨硬泡，锲而不舍，不达目的决不休。十年磨一剑，专注一件事，从电子政务大统一到新型智慧城市一体化，宜昌市政府副秘书长兼电子政务办公室、智慧城市建设（电子政务）办公室原主任王俊如是说。

创造城市管理新模式"网格管理法"，搭建网格化城市管理信息平台，集成应用多种技术，实现跨部门、跨业务政府管理流程再造、数据共享与交换，构建"天上有云，地下有格，中间有网"的社会管理新体系，北京市东城区信息中心原主任、北京市东城区信息办原主任倪东如是说。

接通一条宽带网络，建设一个村级综合信息服务点，组织一批信息资源，建立一支信息化服务队伍，制定一套信息化工作机制，建设农业资源动态监测、农业资源决策支持、村村通光纤、数字家园、数字密云，从无到有、从弱到强、从部门到全面，一部密云信息化的发展史，北京市密云区信息中心原主任、政协密云区政协常委祈树国如是说。

国家项目"金税三期"落地北京,并非如汤沃雪,唾手可得。为首都发展打造一流营商环境,聚焦办税过程中的"堵点""难点",让纳税人足不出户,推出引领性、易操作的电子税务局,从"最多跑一次"到"一次不用跑""全部+全程网上办",优化企业开办流程,建设"一网通办",新办企业"一日领票""5天全办好"等服务,北京市国家税务局信息中心原主任戴辉如是说。

"中国仪征"政府网站七次荣获"中国政府网站绩效评估"(县级)第一名,来之不易,丹青不渝,原仪征市信息化办公室主任、电子政务中心主任巫晨如是说。

"互联网+政务服务"全国首创"一窗式",政务服务中心全面推行"前台统一受理、后台分类审批、统一窗口出件"综合服务模式,实现"进一个门、办所有事",促进政务服务制度化、规范化、高效化。百计千谋,抽丁拔楔,中国通信工业协会数字政务专委会学术委员会联席主席、广州大学中国政务研究中心特聘研究员、原广州市荔湾区政务办主任刘允强如是说。

……

昔时政务信息化的涓涓细流,今朝已汇成滔滔大海;往日幽微婉转的轻细琴声,而今已奏出如诗如歌的华美乐章。可谓是,弹指挥间四十年,苦苦追求磨一剑,不负韶华有初心,立潮踏浪奋争先。

本书由中国计算机用户协会政务信息化分会倡始并组织。感谢各位作者不吝笔墨,拨冗写神,妙笔生花,挥毫献作。感谢政务信息化分会秘书处工作人员的辛勤工作。

石跃军
2021年6月

目录

汪玉凯　见证中国电子政务的发展 \ 1

王岚生　浅谈电子政务运维管理与实践 \ 37

江一山　如履薄冰三两步　脚踏实地一路行 \ 53

孔祥清　创业与发展——中国政府法制信息工作回顾 \ 83

戴瑞敏　说说信息中心 \ 95

杜维成　从传真网到互联网——参与农业信息化早期建设二三事 \ 99

查宗祥　"金土工程一期"建设中的问题与对策 \ 109

王智玉　审计人眼中、心中、手中的电子政务 \ 122

陈　静　金卡工程激情燃烧的岁月 \ 147

周德铭　金审工程的经历和思考 \ 154

吴幼毅　亲历海关信息化建设四十年 \ 175

赵国际　金税工程浅谈 \ 185

石跃军　"金信工程"与国家法人库 \ 193

王连印　职业工作平凡事　顺势而为谋发展 \ 210

王　娜　矢志不渝　创新前行——我在电子政务工程建设过程中的心路历程 \ 227

王安耕　工业企业两化融合对电子政务的启示 \ 255

漆永新　信息化琐忆 \ 259

阎冠和　几件小事的回忆 \ 263

金　锋　亲历国家及地方电子政务发展中的几件要事 \ 268

刘惠军　弹指之间三十年，电政青岛些许事 \ 275

王　俊　十年磨剑　往事不往 \ 296

倪　东　亲历"网格化"新模式的创新　感受电子政务的转型发展 \ 308

祁树国　密云信息化的四季春色——我所经历的北京市密云区（县）信息化工作 \ 315

戴　辉　功成不必在我　功成必定有我 \ 333

巫　晨　全国第一来之不易 \ 338

刘允强　我与广州荔湾"一窗式"的故事 \ 343

见证中国电子政务的发展

汪玉凯

作者简介：汪玉凯，教授、博士生导师，国家级有突出贡献专家，享受国务院政府特殊津贴。先后任国家行政学院电子政务专家委员会副主任，中国行政体制改革研究会首任秘书长、副会长。曾提出多项政策建议被中央采纳。现任中央党校（国家行政学院）教授，深圳创新发展研究院资深研究员，国家信息化专家咨询委员会委员，中国信息化百人会学术委员，国家市场监督管理总局市场监管专家委员会委员，中国行政体制改革研究会学术委员会副主任，中国数字经济联盟学术委员，北京大学政府管理学院兼职教授、博士生导师，清华大学公共安全研究院特聘专家，北京邮电大学经济管理学院特聘专家等。目前还兼任国务院办公厅，国家市场监督管理总局，北京、河北、内蒙古、福建等多家部委、地方政府决策咨询专家或顾问。1996年进入国家行政学院以来，长期为省部级专题研究班、司局级进修任职班及央企领导人培训班授课；为世界多个国家来华培训的高层领导作专题讲授；同时为部分省委中心学习组、市委中心学习组，以及各地大讲堂进行专题讲授。长期致力于公共管理、中国行政改革及电子政务等方面的研究。出版有《界定政府边界：汪玉凯谈政府改革》《如何建设一个公平正义廉洁有为的政府》《公共治理与公共权力研究》《改革没有回头箭》《电子政务在中国——理念、战略与过程》等各类著作20余部，发表论文300多篇。

一、一次偶然的专家座谈会让我进入电子政务研究领域

1999年为中国政府上网年，可以说是电子政务的元年。在此之前的政府办公自动化只是政务信息化的起步阶段，没有对外服务的功能。而政府门户网站的建立，则完全改变了政务信息化的格局。此时，电子政务作为一个全新的概念也逐步在社会上开始兴起。期间，有一件事促成我比较早地进入到这个全新的研究领域。

大概在2000年初，中软国际公司曾在中软大厦组织召开了一次有关电子政务的专家座谈会。会议由中软国际总裁陈宇红主持，参会的人员除了少数IT技术的专家外，多数是公共管理领域的一些专家学者，如北京大学政府管理学院的谢庆奎教授、周志忍教授，中国人民大学的冯国俊教授，中国行政管理学会的张学栋等。我当时虽然在国家行政学院任教，但由于北京大学与国家行政学院通过两校合作办学，我已被北京大学聘为兼职教授，并在政府管理学院招收博士研究生。在此次座谈会上，专家们更多是从政府管理的角度对电子政务建设展开讨论。我在会上也谈了一些对电子政务的粗浅理解，并对未来中国电子政务的发展趋势等提出一些展望。不知是时势召唤还是兴趣使然，在这以后我便进入了在我的学术生涯中很陌生的领域，从打基础开始，展开了比较系统的有关电子政务的学习和理论研究。经过不到一年的学习钻研之后，我开始在一些刊物上发表有关电子政务方面的论文。

2001年国务院发展研究中心主办的《新经济导刊》发表了我的首篇电子政务方面的论文——《我国电子政务的目标选择》，围绕我国电子政务的发展目标进行了一些探讨。紧接着又在其他刊物上发表了三篇文章：2001年由国务院办公厅主办的《信息化建设》第12期发表了《中国政府信息化与电子政务》，第21期又发表了《我国电子政务的公共管理目标》；2001年由中央编办主办的《中国机构》第3期发表了《电子政府：政府管理方式的一场深刻变革》。

如果说发表学术论文开启了我不断深化对电子政务的理性认知，那

么，在全国性的电子政务起步阶段，通过大众媒体阐述电子政务的理念和基本知识，更具传播意义。2002—2004年我先后接受了人民日报、光明日报、经济日报、中国经济时报、中央人民广播电台、计算机世界等主流媒体的专访，比较系统地阐述了我对电子政务的观点。其中有代表性的包括：2002年12月14日《人民日报》以《火热的情怀，冷静的选择》为题，对我进行了专访，阐述了我对电子政务建设的一些重要思考，强调电子政务建设要立足于国情，政府要向企业学习，借鉴企业的信息化经验；2002年6月3日，《中国经济时报》以《一哄而起，电子政务建设有过滥势头》为题刊载了对我的专访；2002年9月4日中央人民广播电台的一小时对话节目里，以"让政府门户网站活起来"为题，与主持人展开对话；2002年12月12日，《经济日报》以《发展中国电子政务应注意化繁为简》为题，发表了对我的专访；2003年4月16日，《光明日报》以《电子政务不可盲目建设》为题，发表了对我的专访；2003年6月6日，《人民日报》以《电子政务在中国：理顺关系，把握分寸》为题，再次发表了对我的专访；2004年3月21日，《科技日报》以《热点聚焦：电子签名如何立法？》为题发表了对我的专访；2004年12月3日，中央人民广播电台以《政府信息公开条例可以带来什么》为题，再次发表了对我的专访；2005年《信息化建设》杂志，以《电子政务需要顶层设计》为题，发表了对我的专访；2006年1月8日，《新京报》以《中国政府网：政府与公众互动的新平台》为题，发表了对我的专访。这些访谈，不仅仅关注电子政务的理论研究，也关注电子政务在中国的实践和发展，特别对电子政务发展中暴露出的突出问题进行了一些思考，尝试用电子政务的理论解决快速发展中遇到的难题。

二、主编出版国内第一本电子政务培训教材

进入电子政务研究领域的最初几年，也正是中国电子政务起步的关键时间段。那个时候，对于我们的700多万党政干部、3000多万事业单位人员而言，绝大多数人对电子政务还很陌生，了解甚少，因此，加快电子政

务知识的普及，让更多的公职人员了解这方面的知识就显得尤为重要。为此，我联络当时人事部高级公务员培训中心、中国人民大学等单位的专家学者，依托中软股份电子政务中心，组织编写了电子政务培训教材。我与中国人民大学赵国俊教授共同担任主编，于2002年4月由北京中软电子出版社出版了国内第一本有关电子政务方面的著作——《电子政务基础》。参与该书编写和审核的有对外贸易经济合作部国际电子商务合作司司长王新培、人事部中国高级公务员培训中心杨新义、中软股份电子政务中心李明浩等。该书共分为七章，包括：政府信息化与电子政务；国外电子政务发展状况；电子政务的应用；电子政务的技术基础；电子政务的管理基础；电子政务的规划与实施以及电子政务的系统安全管理等。该书比较系统地介绍了有关电子政务的基础知识，共发行了1万册，对早期传播电子政务方面的知识，起到了一定推动作用。

2002年8月，我又受约担任了由信息产业部计算机技术培训中心组织编写的《电子政务基础知识读本》的主编。该书是中国电子政务系列丛书中的一本，由电子工业出版社出版，编写规格也很高。系列丛书的编委会主任由全国政协副主席王文元担任，副主任包括李勇、陈肇雄、怀进鹏等。该丛书共分为上中下三篇：上篇为基础篇，包括基础知识读本、电子政务行政与社会管理、电子政务使用技术读本；中篇为建设篇，包括电子政务建设的规划与实施、电子政务信息共享管理、电子政务安全互操作；下篇为实务篇，包括中央政府的电子政务实务、地方政府的电子政务实务。参与由我主编的《电子政务基础知识读本》的专家学者来自国务院发展研究中心、中国行政管理学会、国家行政学院等单位。该书的主要内容包括：从公共管理角度介绍电子政务的相关知识。书中比较详细地介绍和分析了经济全球化对政府管理的影响及电子政务发展的必然趋势；中国电子政务发展历程、现状及其存在的问题；国外电子政务发展的现状及趋势；电子政务的相关概念、范畴，以及电子政务发展对政府管理所产生的影响；电子政务与传统政务的差异；中国电子政务建设的指导思想、目标、原则、未来发展战略；中国电子政务发展的风险、信息安全等。这本书共发行了18 000多册，在传播电子政务知识特别是党政公务人员培训方面，发挥了一定作用。

2006年7月，国家行政学院出版社出版了我的电子政务专著《电子政务在中国——理念、战略与过程》一书。这本书将我从进入电子政务研究领域开始发表的论文、访谈等结集后公开出版，进一步扩大了影响。

2010年5月，国家行政学院出版社出版了由我与成都发展改革委信息研究院李金兆共同主编的《中国电子政府：模式与选择》一书。这本书实际上是我承担的成都市经济信息中心一个研究课题的最终研究成果，该书以成都市电子政务的实践为基础，比较系统地研究了中国电子政府发展的模式及其路径选择，带有理论探讨和实践运作的双重目标。明确提出电子政务发展的数字化和智能化的趋势，研究电子政府的推进理念和实现方法，探索具有中国特色的电子政府发展之路。参与该书写作的除了成都市经济信息中心的专业人员外，更多的是我在北京大学政府管理学院和大连理工大学管理学院带的博士研究生团队，包括杜治洲、张勇进、唐志、樊健康、刘芳、商维庆、梁荣等。

所出版的电子政务相关图书封面

在研究电子政务的同时，我的学术视野得到进一步拓展。原因很简单，研究电子政务离不开对互联网发展的关注，换句话说，如果没有互联网技术的发展就不可能有电子政务。

因此，只有对互联网本身的发展有深入研究，才能进一步提升电子政务的水平和能力。2012年11月，由我与高新民共同主编的《互联网发展战略》一书由学习出版社和海南出版社出版发行。该书是"十二五"

国家重点出版项目——国家发展战略研究丛书中的一本。该丛书编委会顾问包括王梦奎、高尚全、张卓元等国内学界大家，由中国（海南）改革发展研究院院长迟福林任主编。与我合作的另一位主编高新民，系中国互联网协会副理事长、国家信息化专家咨询委员会委员、国家信息中心原主任。参与该书编写的包括信息领域和公共管理领域一些知名专家，如时任北京邮电大学校长的方滨兴院士，后来评为院士的清华大学吴建平教授，清华大学公共管理学院的孟庆国教授，中国信息通信研究院总工程师余晓辉研究员，中国科学院毛伟研究员，国家行政学院的祁述裕教授，中国社会科学院的汪向东、姜奇平研究员以及国家信息中心的于施洋研究员、北京航空航天大学的杜治洲教授等。

《互联网发展战略》封面

三、为地方政府制定电子政务发展规划，提出了"低成本、集约化、见实效"的电子政务建设思路

在从事电子政务理论研究的同时，我也开始参与一些电子政务的实践活动。记得 2002 年年初，山西电信为太原杏花岭区政府做了一个电子政务方案，大概因太技术化使这个方案的制定遇到了一些困难。就在此时，我在中国行政管理学会的一位朋友对我说，太原有一个电子政务规划项目需要完善，当地希望我能够参与其中，把这个方案做好。其实当时我对电子政务的实践并没有多少经验，只是从公共管理视角对电子政务做了一些理论研究而已。不过山西的项目，倒使我有了一个学习的机会，于是欣然答应。经过与山西电信一段时间的合作，我们终于顺利完成了该项目规划，也将我对电子政务研究的一些心得和理解反映在了这个方案中。通过这方案的制定，使我看到了一个基本的情形，这就是电子政务是一个知识密集、必须要多学科协作的领域，更需要培养更多复

合型人才。以往我们的学科分得很细，这是必要的，但是面对电子政务这样的系统工程，单靠某一领域的专业人才是很难完成的，只有既懂技术又深入了解公共管理业务，才能把电子政务规划好、实施好。

继山西项目之后，我先后又主持过两个城市的电子政务总体方案的制定。一个是2003年为辽宁盘锦市制定的电子政务总体规划，另一个是2005年为贵阳市制定的"十一五"电子政务发展规划。特别是贵阳市"十一五"电子政务发展规划，即使现在看来，也还有一定的特色。第一，规划突出了电子政务必须与政府管理创新相结合，强调重塑政府业务流程的重要性和紧迫性，并对贵阳市各部门重塑业务流程做出具体部署。第二，规划明确提出了贵阳市电子政务顶层设计的思路和方案。第三，对行政审批事项，明确提出要在按照行政许可法对现行审批事项进行清理的基础上，按照大集中的思路进行建设，设立电子政务协同推进组织；第四，突出信息资源的整合、业务协同和信息安全保障；第五，确立实施电子政务建设的方针，即加强领导、分级负责、统一标准、整合资源、突出应用、强化服务、政府启动、市场运作、稳步推进、分段实施等。第六，在制度保障方面，贵阳市要建立包括《政务资源共享管理办法》在内的十项制度规范。

在为地方政府制定电子政务发展规划的过程中，结合我参与国务院电子政务示范工程的一些实践，逐步形成了我对中国电子政务发展思路的看法，这就是我后来在多篇文章中所阐述的中国电子政务建设必须遵循"低成本、集约化、见实效"的建设思路，并逐步被业界所认同。所谓低成本，就是指中国电子政务发展不能贪大求洋，一定要坚持低成本切入，只要能满足电子政务需求即可，决不能动不动都要上最先进的设备。所谓集约化，就是电子政务建设一定要防止各自为政、多头投入，对于基础网络设施、应用平台、业务平台、数据共享交换平台等必须统一规划、统一标准、统一建设，各单位的业务应用系统，可以自行开发，但要纳入政府的统一规划中，最终要在政府的统一平台上对接。所谓见实效，是指政府在电子政务建设中要最大限度地防止出现失败的系统，在统一规划下，一个系统一个系统地建设，不要因政府领导人更替而轻易改变规划，这样经过不断努力，添砖加瓦，就可使电子政务建设真正取得成效，提高政府的管理和服务能力，满足公众的需求。中国电子政务后来的发展实践，在一定意义上也证明了我的上述思路是经得起检验的。

四、进入国务院办公厅组织实施的"电子政务试点示范工程"总体专家组

就在中国电子政务稳健起步的关键时候，科技部启动了国家"十五"重大科技专项——电子政务试点示范工程。该工程于2002年8月经科技部批准，由国务院办公厅和科技部共同组织实施。国家"十五"重大科技专项"电子政务试点示范工程"正式立项，经过各方面近三年的艰苦努力，于2005年6月顺利完成。作为一项国家级的示范应用工程，该项目的跨地区、跨部门幅度之大，涉及的应用范围之广，是以往的重大科技示范项目少有的。

电子政务试点示范工程是我国电子政务建设中的一项重大应用工程。共包括23个子课题。除了综合性、专题性研究外，如电子政务战略研究、电子政务地理信息系统等，还涉及中央和地方16个试点示范单位。中央包括国务院办公厅、国家发展改革委、国务院国资委、商务部、劳动和社会保障部、科技部，以及国家税务总局、国家工商总局、海关总署；地方政府包括北京、上海、浙江、广东深圳、山东青岛、四川绵阳、广东南海。国务院副秘书长徐绍史、科技部副部长马颂德亲自担任示范工程领导小组的正副组长，并设立了由国务院办公厅与科技部高技术司共同组建的办公室。办公室领导及工作人员主要有国务院办公厅的段国华、王吉军、胡佳、尹智刚，科技部的李武强、武平、任静滨等。示范工程组建了总体专家组：组长为时任北京航空航天大学副校长、国家863计划计算机主题首席科学家的怀进鹏，成员有：大连理工大学管理学院教授王延章、上海交通大学信息学院院长李建华教授、中国科学院冯登国研究员、北京市委市政府信息中心主任王元京、中国科学院计算机所研究员刘彭、国家行政学院教授汪玉凯、总后勤部信息化专家何义大、信息安全专家袁文恭少将。

在历时5年的工作中，总体组召开了许多会议，不断研究解决示范工程进展中遇到的各种技术问题，同时也开展了一系列重要的软课题研究。我作为总体专家组的一员，直接主持了"中国电子政务法律法规环境研究"课题，并作为课题组副组长、配合总体组组长怀进鹏（担任国家电子政务试点示范工程总体组组长），开展相应的研究工作。

在我主导的"中国电子政务法律法规环境研究"课题中，参与研究的成员包括中国政法大学的郎佩娟、北京大学政府管理学院的博士生杜治洲以及中央国家机关政府采购中心的汪雁等。最终形成的研究报告主要包括五个部分：国外电子政务法律法规环境、中国电子政务运行的法律环境、《行政许可法》与我国网上行政审批系统的建设、电子政务示范单位法律法规建设的情况、完善我国电子政务法律体系的若干建议。在最终建议中，报告强调电子政务法律环境建设要解决好三个关键性问题：一是电子政务立法的模式选择问题；二是电子政务建设的阶段性和电子政务立法阶段性相协调的问题；三是应当考虑电子政务立法的法律层级问题，即对于某一方面的事项是制定法律还是制定行政法规或者部门规章的问题。在具体立法建议中，对未来我国电子政务的法律、法规和规章的相关立法和修订都提出了一系列具体建议。从后来的实践看，研究报告中提出的《电子政务安全法》《政府信息公开条例》《政府数据信息资源管理条例》等的立法建议以及修订《中华人民共和国科学技术进步法》《中华人民共和国保守国家秘密法》《中华人民共和国刑法》等，都具有一定前瞻性。该研究报告的主要内容被收入2005年发布的《电子政务》报告中。应该说，不管是"中国电子政务发展战略研究"还是"中国电子政务法律法规环境研究"，既形成了示范工程的重要研究成果，也成为示范工程的实施支撑。

在实践方面，示范工程自2002年8月正式启动之后，得到了有关方面的极大关注和密切配合。其间，温家宝总理和陈至立国务委员分别到研发现场听取汇报，视察工程进展，对工程给予了积极评价并做出了明确指示。示范工程总体专家组也多次赴地方和中央相关部委进行调研，经过几年的努力，工程建设和研究、开发等都取得了可喜成果。现在回想起来，示范工程所发挥的作用可以概括为五个方面。

1. 安全和应用支撑平台在试点示范单位成功部署

两个平台的研制、建设和部署是试点示范工程的重点，也是最主要的成果之一。13家副省级以上试点示范单位都能够较好地遵循国务院办公厅提出的总体思路，成功地部署了两个平台，从而形成一个完整统一的体系，为政府专网信任体系的建设奠定了基础。目前，国务院办公厅已基于两个平台，成功加载了公文管理、公文办理、档案管理、督查管理、会议活动管理、政务信息管理6个新业务系统和值班信息管理等老业务系统，实现了业务系统在可信网络环境下的安全运行。国家发展改革委的投资项目监测系统、科技部的内网网站、国务院国资委的国有重点企业信息共享系统、浙江省的决策分析系统、青岛市的金宏办公系统等应用也已完成基于平台的加载工作，运行效果良好。

2. 重点推进了应用系统和信息资源建设

各试点示范单位遵循"以需求为导向、以应用促发展"的原则，高度重视关键技术的工程化实现，突出应用实效，在不同领域推进重大应用：

（1）公共监管和服务系统初见成效，对促进政府职能转变、依法行政和方便人民群众具有重要意义。国家工商总局的经济户口与企业信用分类监管系统实现了总局与地方局之间的网络互联和数据共享，降低了过去企业违法跨地域注册的可能性，提升了工商部门的执法力度和效率。深圳市的行政许可电子监察系统通过对业务流程和工作人员的实时监控管理，实现了单位和个人的绩效考核相挂钩，显著提高了政府办事效率，提升了服务质量，系统的使用得到了中央纪委有关领导同志的充分肯定。

（2）宏观决策服务系统取得积极成果，为政府的科学民主决策提供了有力支持。国务院办公厅的空间辅助决策系统2004年暑期为国务院领导提供汛情信息服务，共出刊66期，近1000份，系统开通后，受到很高评价并收到重要的建议。国务院国资委的国有重点企业信息共享系统，为国务院和国务院国资委领导了解国有重点企业生产经营情况及发展趋势，掌握国有重点企业和国有经济发展状况，指导国有企业资产监督和管理发挥了积极作用。税务总局的税收宏观辅助决策系统在税收经济专家和计算机专家的高效协作、具体指导下，借助数据挖掘和统计计量工具，建立了一批先进、实用的税收宏观经济分析模型，并已在税收宏观经济分析系统中得以实现，为定量分析税收与经济的关系提供了有效手段。

（3）内部办公系统整合成效明显，对提高行政效率、促进政务公开和公务员自身建设具有重要意义。商务部研究建立了统一应用整合框架，实现了工作流、物流、信息流的整合和统一管理，突破了物理公文和电子公文难以融合的局限，解决了物理公文电子化管理问题，实现了部内现有政务应用系统的整合和一站式服务。海关总署的电子公文传输、信息采编发、公文处理、督办、档案、会议、值班等10个核心政务办公应用，已在总署机关及全国9家海关单位应用，每天近2万用户使用，日均处理事务7.2万件，公文传递速度由3天降为3分钟。系统的应用使海关系统管理能力、决策能力、应急处理能力以及工作质量和效率显著提高。北京市的领导办公服务系统根据领导的工作需要和分工、负责的领域，对资源进行有针对性的整合配置，并在此基础上为市委、市政府80多位领导提供个性化办公服务，为领导日常办公、管理和决策提供了个性化服务和及时、准确、全面的信息服务，显著提高了政府决策能力和行政办公效率。

（4）一批信息资源库得以形成，并不断充实。国家工商总局的经济户口数据库在课题执行期间，共清理、补录了企业数据590万条，注（吊）销企业数据100多万条。科技部的科技档案数据库有超过40G的各类档案数据。其他试点示范单位也积累了大量的信息资源，为提高政府监管水平、促进科学民主决策提供了有力支撑，为进一步的信息共享奠定了坚实基础。

3. 积极应用国产软硬件，有效带动相关产业发展

示范工程充分发挥政府机关、科研单位、大专院校及民营高科技企业的优势，强强联合，开展有效的协同攻关。参与项目研制建设的单位多达100余家，许多国内企事业单位在参与试点示范工程中，开发研制出一系列相关电子政务产品，满足了政府需求，开拓了市场空间，提升

了自主研发能力。项目中应用了大量国产的关键技术产品,特别是大规模使用具有自主知识产权的软件和信息安全关键技术和产品。突破很多国际上的关键技术,摆脱了受制于人、受控于人的局面。科技部基于国产 NC 建立的科技档案查询检索系统采用了大量我国自主技术,从 CPU 到操作系统均为自主技术产品。

通过关键技术的产品化和产品的产业化推广应用,促进了国内自主知识产权的软件、信息安全产业以及我国信息服务体系的建设与发展,增强了企业的市场开拓与竞争能力,带动了一批国内软件公司、系统集成商、网络集成商、内容服务提供商、互联网服务提供商的蓬勃发展,促进了我国信息产业的整体发展,也带动了九州国际软件园、深圳软件园等一批高科技产业园区的壮大,推动了一批专业孵化器建设,取得了显著的产业化成果。

4. 为国家电子政务相关工程的实施奠定了基础,积累了经验

在参与试点示范的单位中,有些还分别承担着相应的国家电子政务重点工程,这些部门都将试点示范工程课题与承担的重点工程有机结合,特别是将两个平台的标准和开发的应用系统纳入各自工程的总体方案中。劳动和社会保障部取得的成果为"金保工程"中的劳动和社会保险应用系统,系统进一步采用基于密码技术的网络信任服务体系,奠定了技术和实践的基础,同时也为包括就业服务和社会保险在内的劳动保障领域的各项业务开展积累了宝贵经验。国家发展改革委的《投资项目管理系统指标体系和数据交换规范》已应用到其牵头的、有 8 个部门参加的"金宏工程"中。广东省利用南海在课题中建立的信息安全基础设施和电子政务应用支撑平台作为广东省外网和互联网唯一的电子政务认证平台,以提高和推动全省政务业务和信息安全融合程度。

5. 试点示范工程产生了广泛的社会影响和积极的社会效益

首先,促进和深化了政府、公众和企业对电子政务的理性认知,明晰了一些相关的概念,为进一步的理论研究奠定了良好的基础;其次,促进了政府职能和业务流程的系统化梳理和业务管理的科学化;再次,安全和应用支撑平台的研制和建设,使人们对电子政务的安全理念、管

理与技术体系有了较系统的认识;最后,工程的实施动员和引领社会力量推进电子政务,促进了电子商务的发展和社会经济的全面信息化。

在电子政务刚刚在全国起步的时刻,示范工程在电子政务建设中某些关键环节上所进行的探索,是很有意义的。比如,当时我国电子政务建设中遇到的普遍难点是,部门各自为政,分散建设;需要互联互通的时候,不能互联互通;资源共享程度低,重复建设;电子政务的使用效率低;等等。针对电子政务建设中这些带有共性的难点问题,示范工程主要从以下四个方面进行了有益的尝试和探索。

1. 运用顶层设计的思想理念,建立统一的电子政务架构

电子政务示范工程的一个突出特点就是,各参加示范的单位,不能各行其是,必须在统一的电子政务总体规划、框架下进行。在电子政务应用示范项目启动的过程中,电子政务示范领导小组,根据该项目的特点,决定由信息技术、系统工程、行政管理等多方面的专家组成总体专家组,承担电子政务示范工程的总体方案的制订。这个方案的核心思想,实际上就是提出"依托一个公共体系,构建两个支撑平台、重点推进三种类型的应用",从而达到提升政府管理、服务能力的目的。所谓依托一个公共体系,是指遵循国家统一的技术标准和业务规范体系,依托国家电子政务的统一的网络框架,建立目录服务系统、域名管理系统等;所谓建设两个支撑平台,是指通过建设可信的安全服务平台和业务支撑平台,为电子政务的应用提供保障;所谓重点推进三类应用,就是按照参与示范单位的不同情况,将电子政务的应用分为三种主要类型,即高层重点推进决策支持、应急指挥等;部门之间主要是推进网上协同办公,并联审批;在相对基层的政府如四川绵阳、广东南海等地方政府,主要推动利用网络为公众提供便捷的各种服务。与此同时,总体方案还规定所有参与示范单位的组织实施策略等,如政府主导、技术支持、规范管理、注重培训等。

应该说,在2002年全国性电子政务建设刚刚起步的背景下,尽管国家还没有提出顶层设计的明确主张,电子政务统一规划、统一建设的思想还没有被更多的人所接受,但示范工程从开始的起步到后来的实施,

整体上贯穿的顶层设计思想、理念是十分清楚的。正因为有这样的指导思想，在电子政务示范工程的实施过程中，建设统一、可信的电子政务安全支撑平台和应用支撑平台，就成为构建统一电子政务的核心，也直接关系到此次应用示范工程成败的关键。尽管目前提供的这两个平台，在应用的加载方面，由于时间等原因，还有待进一步加强，但是这样的探索以及所取得的效果，在一定程度上反映了电子政务建设的某些内在规律和价值，这对我国电子政务建设无疑具有重要的实践意义和指导意义。

2. 应用牵引，整合部门内部的业务流程，推进政府的管理创新，提高政府的管理能力和服务能力

在电子政务示范工程中，能不能突出应用，如何推动电子政务各类应用系统的构建，不仅影响到政府管理活动的过程，而且也反映着政府管理创新的动力。在这方面，参与示范的单位在三个方面进行了有益的探索：

一是重视系统建设中业务流程的整合，使政务与技术有机地融合。这突出地体现在：重视应用系统的开发和行政业务流程梳理的结合，加强业务规范和技术标准的研究，提升电子政务的应用效能；通过管理组织创新，打破业务部门条块信息资源的封闭和分割，解决中央垂直管理的部门与地方政府之间"条块对接"问题，实现资源的共享；将部门领导、业务人员和技术人员三者紧密结合，政务人员深度参与，保证应用系统更加符合业务需求；加强电子政务制度建设，建立长效机制，保障电子政务健康发展；建立统一高效技术服务的支撑体系，降低电子政务的建设和运营成本；等等。

二是通过电子政务的流程化应用集成，提高资源共享的程度。在这方面各试点示范单位都进行了有益的探索，也积累了一些新的经验。如国务院办公厅、商务部、海关总署和北京市、青岛市等示范单位，普遍新建或完善了电子公文办理、流转交换、督查督办、政务信息、值班会议等管理系统；有些示范单位如深圳市和绵阳市分别建设了覆盖全市各部门、各区（县）的网上公文交换与流转系统、电子邮件管理系统等。

这些应用系统有力地推进了政务公开，提高了行政效率，加强了公务员自身建设。在信息资源的开发利用方面，以国务院办公厅为核心的政府专网网站初步建成，国家发展改革委的投资项目数据库、科技部的科技档案数据库、海关总署的业务数据库、国家工商总局的经济户口数据库等均积累了大量的信息资源。这些数据集成，不仅为社会经济监管和科学民主决策提供有力的支撑，也为进一步实现协同办公和信息共享奠定了坚实的基础。

三是通过完善政府门户网站，构建网上审批和服务系统，提高政府公众服务能力。电子政务的核心理念，是要运用现代信息网络技术，改善政府的公共服务方式，为公众提供便捷、优质的政府服务。因此，在电子政务的应用方面，突出对社会、公众的服务，提高政府的公共服务能力，就成为整个示范工程最重要的组成部分。在这方面，各个参与示范的部门，都进行了大胆的尝试和探索。如劳动和社会保障部构建的网上公共职业介绍应用系统，国家工商总局构建的企业信息采集、传输、处理系统，上海市的社会劳保卡系统，绵阳市建设的行政服务网上申报并联审批系统，深圳市的市民中心等，都集中了便民服务的理念和价值，充分发挥网络、系统在公共服务中的作用和功能，受到了广大公众的赞扬。特别是深圳市政府的市民中心，通过统一的窗口服务，完成了由"集中办公"向"联网办公""串联审批"向"并联审批""分散监管"向"系统监管"的重大转变。这些应用均已初见成效，对促进政府职能转变、依法行政和方便公众等政府自身建设具有重要意义。

3. 积极探索符合中国国情的电子政务建设模式

中国的电子政务建设应该走什么样的道路，坚持什么样的模式，这是一个必须高度重视，并需要认真探索的重要课题。如果我们的电子政务建设不注意总结这方面的经验，就可能走很大的弯路，付出巨大的成本。在这方面，电子政务示范工程负有重要的使命，力求在这方面总结出一些对其他地方的建设有重要借鉴的经验，真正发挥示范的作用。

在电子政务建设中，以青岛市等为代表的示范单位，在电子政务的建设模式及解决条块分割等方面，取得了重要突破，他们提供的经验，已经引起了各方面的重视。青岛市在电子政务建设模式方面的最大贡献，就是确立了"四统一分"的建设思路：全市党政机关统一规划、统一机构、统一网络、统一软件，分级管理。这就从根本上杜绝了各自为政、重复建设的可能性，也比较容易实现互联互通和资源共享。据测算，这种建设模式，已节省部门一次性投资5000多万元，每年还可节省管理维护费500多万元。随着应用范围的不断扩大，形成的节约效益将更为显著，如果全国300多个地级市，都以这种模式建设电子政务，按每个城市节约1000万元计算，可直接节省投资30多亿元。作为西部地区唯一参加示范的绵阳市，也在电子政务建设中的资金多元投入方面，进行了有益的尝试。为解决建设资金不足，绵阳市信息办和信息中心与本地信息技术企业合作，共同建设电子政务系统，并以较低的建设成本，为全国其他中小城市的电子政务建设，开辟了一条具有推广应用价值的道路。

4. 通过科技攻关，解决了电子政务应用中的一些共性关键技术

在电子政务建设中，除了要关注电子与政务的融合，重视业务应用的逻辑抽象等政务层面上的问题外，还有一个十分重要的问题，就是要重视解决电子政务应用系统开发中的关键技术。为此，各参与单位，结合自身的实际和项目的特点，对一些关键技术进行了攻关和研究。比如，围绕两个平台的研制，解决的关键技术就有：通过制定文件交换标准和业务流程管理规范，利用条码技术和流程管理技术实现跨应用的文件电子流与物流的集成和文档一体化；采用统一目录服务、统一门户技术，通过标准接口与两个平台集成，建立资源目录体系，实现可信授权、鉴权的单点登录和个性化界面定制与资源配置；采用Web服务技术和制定XML元数据标准，在两个平台上实现跨网络支持多种媒体格式的可信信息交换；利用支持多种形式终端设备的消息中间件技术，实现对移动办公的支持；利用数据仓库的数据挖掘和模型分析技术，建立宏观管理的分析模型；等等。通过这些关键技术研究和系统开发应用，不仅培养锻炼了队伍，而且对提升电子政务技术实现水平，也发挥了重要作用。

在示范实践中，总体组也对未来我国电子政务建设，提出了一些政策建议。这些建议包括五个方面。

一是把电子政务建设的推进战略放在政府改革战略的大格局中思考问题，实行管理导向型的推进策略，而不是技术导向型的策略，最大限度地规避体制风险。

二是在地方党政机构，必须坚持电子政务一体化的整体推进方针，实现"一体化的基础建设，多元化的业务应用"，最大限度地实现资源共享，避免因重复建设、各自为政可能带来的巨大浪费和潜在风险。一体化推进，必须在一体化的电子政务建设的组织框架下来实现。

三是重新鉴定电子政务网络结构的边界、范围乃至名称，尽快改变目前网络结构、名称较为混乱的状况，避免由于网络政策的模糊和不确定性，为电子政务基础设施建设造成不必要障碍。

四是各级政府，特别是国务院要加快建设统一门户网站的步伐，尽快改变目前门户网站分散的局面。

五是高度重视电子政务环境建设，特别是电子政务的法律制度环境的建设。

从后来我国电子政务发展的实践看，无论是示范工程所做的一些探索，还是提出的一些重要建议，都在一定意义上对后来我国电子政务健康发展起到重要的作用。

五、进入国家信息化专家咨询委员会

2001年8月，为了加强对信息化工作的领导，中央决定成立国家信息化领导小组，由朱镕基总理担任组长，同时决定组建国家信息化专家咨询委员会，与国务院信息化工作办公室共同为国家信息化领导小组服务。

国家信息化专家咨询委员会（以下简称"专家委"）是国家信息化领导小组的决策咨询机构。其宗旨是：增进国家信息化战略决策的科学化和民主化，积极有效地推动国家信息化发展进程。其主要职责包括：按照国家信息化领导小组要求，就提交国家信息化领导小组审议的重要文件进行会前咨询评议；负责组织有关专家，接受国家信息化领导小组的咨询，就我国信息化发展中的重大问题提出建议；根据国务院信息化工作办公室委托，对国家信息化发展战略、政策和规划提出意见和建议；对国内、国际信息化问题进行跟踪和超前性研究；积极促进中外专家和咨询机构间的交流，开展信息化国际合作研究。

第一届专家委于2002年2月成立，首批聘请了38名委员，后增补6名委员，共44名委员。由时任国务院信息化工作办公室副主任刘鹤担任主任，副主任有吴敬琏、周宏仁、何德全。任期2年。内设3个专业委员会，分别为政策规划专委会、推广应用专委会、网络与信息安全专委会。

第二届专家委于2004年3月成立，聘请了48名委员，由时任国务院信息化工作办公室副主任曲维枝担任主任，副主任有周宏仁（常务）、吴敬琏、何德全。任期2年。内设3个专业委员会，分别为政策规划专委会、推广应用专委会、网络与信息安全专委会。

第三届专家委于2006年4月成立，聘请了来自各个方面，专业覆盖经济、社会、技术、公共管理、法律等领域的55名委员。由时任国务院信息化工作办公室副主任曲维枝担任主任，副主任有周宏仁（常务）、吴敬琏、何德全、邬贺铨。任期3年。内设4个专家委员会，分别为政策规划专委会、电子政务与信息化应用专委会、网络与信息安全专委会、技术与产业专委会。

第四届专家委于2010年1月成立，聘请了来自各方面，专业覆盖经济、技术、公共管理、法律等领域的60名委员和5名特邀委员，任期3年。内设4个专家委员会，分别为政策规划与电子政务专委会、两化融合与信息化推进专委会、信息技术与新兴产业专委会、网络与信息安全专委会。第四届专家委主任是奚国华（工业和信息化部副部长），副主任有周宏仁（常务）、吴敬琏、邬贺铨（院士）、何德全（院士）、杨国勋，特邀委员是张复良、怀进鹏（院士）、杨伟民、陈肇雄、胡启恒（院士）。第四届专家委的成员，包括刘鹤、何德全、胡启恒、邬贺铨、蔡吉人、李国杰等13位院士。

专家委秘书处是国家互联网信息办公室直属参公管理事业单位。专家委委员由有关部门推荐，经国家信息化领导小组批准，由国家信息化领导小组颁发聘书。

我是从2006年4月成立的第三届专家委开始进入这个机构的，所有专家根据每人的研究领域与特长，划分到一个专委会。第三届专家委任职期间我在电子政务和信息化应用专委会。2010年1月专家委换届，我在第四届专家委继续担任这一职务，隶属于政策规划与电子政务专委会。

六、两次主持国家信息化管理体制机制研究课题

2008年3月，国务院信息化工作办公室在全国两会期间出台的机构改革方案中被撤销，其职能并入新组建的工业和信息化部（以下简称"工信部"），保留了国家信息化领导小组和国家信息化专家咨询委员会。这样一来，国家信息化的领导组织架构就发生了比较大的变化。本来，国家信息化领导小组是信息化的最高决策机构，专家咨询委员会是咨询机构，而国务院信息化工作办公室则是一个办事机构，在国家信息化工作格局中扮演重要角色，大量事情都需要这个机构来组织和协调，比如国家信息化领导小组召集会议的主题的选择、筹备等。这个机构被撤销后，虽然业务并入工信部，但主要由内设的信息化推进司来负责，其协调能力和力度都受到比较大的限制，特别对电子政务影响更加直接。为了加强对国家信息化组织领导体制的研究，2009年专家委设立了一个软课题"大部委制实施后国家信息化推进体制机制研究"，并由我与高新民担任课题组长，具体由我组织实施。课题组的成员主要包括我在北京大学政府管理学院在读或者毕业的几位博士研究生：吴倚天、于施洋、张勇进等。经过近一年的工作，最后形成了一个研究报告，并提出了推进当前信息化体制机制的如下八点建议。

第一，要树立国家信息化发展战略的权威性，以此作为我们推进信息化的目标和依据。

第二，强化国家信息化领导小组的权威性，保证国家信息化领导小组对国家信息化发展重大问题的决策的科学性、及时性。

第三,要更好地发挥国家信息化专家咨询委员会的作用。

第四,在工业和信息化部加挂国务院信息化工作办公室的牌子。

第五,建立信息化部门联席会议加强跨部门协调。

第六,加强对信息化投资项目的审计和监督。

第七,可以考虑设立政府部门的首席信息官制度。建立政府部门CIO制度。

第八,地方信息化推进体制机制建议。在省级及以下地方行政改革过程中,要选好机构的名称,向"经济和信息化委员会"的方向靠近。

2012年8月在贵州黄果树参加专家委暑期工作会议期间与吴敬琏合影

为了解决信息化管理体制,特别是电子政务管理方面出现的问题,确保电子政务能够健康顺利地推进,在党的十八大前夕,国家信息化专家委员会再次设立了有关信息化管理体制机制的课题。这次设立的课题名称为"国家信息化管理体制机制研究",2010年初立项。作为国家信息化专家咨询委员会的年度重点课题,专家委对该课题极为重视,除确定我担任课题组组长之外,还确定由专家委常务副主任周宏仁、原国家信息化专家委主任、国务院信息办副主任曲维枝,原国家信息中心主任高新民担任顾问,另有国家信息化专家委的两位委员王长胜、周子学参与研究。课题组成员主要包括:国家信息中心的于施洋、杨道林,国家行政学院电子政务中心的江源富、丁艺等，北京大学政府管理学院的张勇进等。课题组经过半年多的紧张工作，形成了初步研究报告。2012年8月，国家信息化专家咨询委员会在贵州的黄果树举办暑期工作会议，我作为课题组组长参加了该会议。在会议期间我向与会的专家委及各专业委员会的领导介绍了该课题的研究思路、研究方法及给中央的初步建议稿，引起了与会专家和领导的热烈讨论。这个建议稿的核心内容其实简单说就两条：一是请国家最高领导人出面担任国家信息化领导小组组长，这样就可以解决长期困扰我们的有关信息化跨部门的协调问题。特别是中央层面的党政军等的协调问题。二是，重新组建国家信息化工作办公室，作为新的国家信息化领导小组的办事机构，这个办事机构不要放在国务院，而是类似中央编制委员会办公室，实行双跨，即既是党中央的机构，也是国务院的机构，这就使其具有比较大的协调能力。因为这两条建议都事关重大，在黄果树会议上难以形成共识和定论。会议结束返京后，课题组根据专家委暑期工作会议提出的意见抓紧对课题进行了修改完善，并形成一份完整的有关完善国家信息化管理体制机制的研究报告，作为结项成果上报国家信息化专家咨询委员会。专家委收到课题组的报告后，在专家委主任、工信部副部长奚国华的主持下，由专家委常务副主任周宏仁领衔，对报告进行了多次讨论，并在课题组提交的研究报告基础上，重新以专家委的名义起草了给中央的建议稿。

2012年党的十八大后，专家委将此建议稿报送中央，受到主要领导人的重视，并作出重要批示，直至后来组建了以党的总书记为组长的中央网络安全与信息化领导小组，并在中央新闻办设立了中央网络安全与信息化领导小组办公室，与国家互联网办公室一套人马两块牌子。至此，国家信息化管理体制机制的整体架构已经确立。在第一次中央网络安全与信息化领导小组会议上，习近平提出的"没有网络安全，就没有国家安全""没有信息化，就没有现代化"等判断，对后来包括政务信息化在内的整个国家信息化进程产生了重要影响。

为了准确地记载这段历史，有必要将课题组报送给国家信息化专家咨询委员会有关调整国家信息化管理体制机制的具体建议附后，供未来研究这一问题的研究者参考。①

明确总体思路

国家信息化管理体制机制的改革,要与信息化的时代特征和战略定位相适应。总的来看,信息化管理体制机制,要从实现覆盖现代化建设全局的角度思考问题,抓住顶层统一管理这个关键环节,在中央层面设置专门的信息化管理职能部门和协调部门,理顺国家信息化管理的重大关系,减少分散、交叉、重复管理,实现信息化的战略性、连续性、整体性管理,有效应对信息时代的挑战。

具体而言,完善我国信息化管理体制,要按照有进有退(体制设计中要明确哪些是需要强化政府管理的领域,哪些是政府要逐步退出而只起引导作用的领域)、有统有分(体制设计中要明确哪些是需要中央集中统筹管理的领域,哪些是要中央和地方及主管部门分工协作管理的领域)、有主有次(体制机制设计要有重点,先解决主要问题)的原则,重点解决顶层无人管、跨部门协同难、条块分割严重三大问题,实现"四个有利于",即一要有利于中央信息化决策的执行和监督;二要有利于国家信息化统筹规划,中央部门和各地方一盘棋;三要有利于中央和地方信息化协调沟通;四要有利于形成信息化和信息产业良性互动、工业化和信息化相互融合的局面等。

完善管理体制

根据上述思路,完善我国信息化管理体制的总体方案是:我国信息化实行"统一领导、统筹协调、分级负责"的管理体制,即在国家信息化领导小组统一领导下,由国家层面的信息化管理机构进行统筹协调,中央和省(部)两级负责。

(1)进一步加强国家信息化领导小组的职责,提升国家层面信息化的领导力。为了加强国家信息化的领导工作,中央在2001年成立了由朱

---

① 此处为课题组提交的研究报告原文摘录,与经国家信息化专家咨询委员会讨论修改后的建议稿有所不同。

镕基总理担任组长的国家信息化领导小组，中央和国务院的主要部门领导人，都是这个小组的成员。2003年后，国家信息化领导小组组长一直由温家宝总理担任。国家信息化领导小组，担负着制定国家信息化战略以及推进电子政务、网络建设、信息安全等一系列重大决策使命，在整个信息化管理体制中发挥着重要的领导作用。

随着信息化重要性、全局性地位的凸显，未来在中央决策层面，要继续加强国家信息化领导小组的领导。按照国际社会的通常做法，国家信息化领导小组组长一般由国家的最高领导人担任。因此，由党的总书记担任新一届国家信息化领导小组组长，国务院总理担任副组长，也许更有利于从战略层面统筹协调党政军等全局性的信息化工作。

国家信息化领导小组，作为国家信息化顶层领导机构，其主要职责是：研究制定国家信息化发展战略，提出重大战略举措，通过战略决策统筹信息化全局，横跨党政军各个方面，指导国家信息化发展，加强国家层面信息化的领导力。

（2）成立国家信息化委员会，提高信息化的综合管理和协调能力。工信部是政府的职能部门，不具备协调党委、人大、政协等各方的权威性。信息化建设涉及党政军和社会各领域，除国家信息化领导小组外，迫切需要建立一个顶层管理协调机构，在国家信息化领导小组的领导下，统筹协调推进全国信息化发展工作。这个管理协调机构应当具备两大特征：一是具有足够的权威性和综合性，能够总体管理协调和统筹推进信息化各方面的工作；二是具有战略性，能够站在全局高度规划国家信息化发展蓝图，提出科学的发展思路，制定合理的发展目标，确定主要任务和重点工程，出台行之有效的政策措施。为此，我们建议，在中央层面组建国家信息化委员会，作为国务院具有综合管理协调功能的组成部门，在国家信息化领导小组的领导下，形成完整的国家信息化管理体系。

国家信息化委员会要在充分发挥市场机制的基础上，从政策层面加强对信息化各个关键环节的有效管理，如电信基础设施、信息产业、互联网内容、信息网络安全、两化融合、三网融合、国家信息化项目、信息技术创新、互联网IP地址和域名登记等。信息产业之所以要从工业管理部门中独立出来，交由国家信息化委员会来管理，在于信息产业作为一个先导性的关键产业，信息技术作为第三次工业革命的技术基础，其成败决定我国整个信息时代产业的成败。重点突破信息产业核心技术和共性关键技术，逐步形成国家可控、相对完整的信息产业体系，是我国成为信息时代新强国的重大战略举措。只有采取这样特殊的战略措施，才有可能主要依靠自己的力量，打好信息技术的翻身仗，真正壮大我国的信息产业。

国家信息化委员会的组建，将涉及多个部门管理权限的调整，虽有一定的难度，但我们必须痛下这个决心，否则我们真有可能失去信息化最关键的战略机遇，甚至犯历史性错误。要通过合并中央部委现有分散的信息化管理职责，使之相对集中。其中主要涉及工信部、国家发展改革委、国务院办公厅、科技部、国务院互联网信息办公室、广电总局、科技部、商务部、公安部、保密局、中科院、中央编办等部门。

在国家信息化委员会内设机构中，设立电子政务司，专门管理全国政务部门信息化，并与省级地方的机构相对接。

为了提高信息化管理的有效性和科学性，建议组建国家信息化工作的支撑机构——国家信息化研究院。通过整合改造现有信息化研究机构，使之承担起国家信息化工作的支撑功能。

关于改革方案的选择，除上述改革方案外，还有另外两种方案，但我们认为第一种改革方案最理想，应该成为我们的首选，也是上策。之所以如此，原因有三：一是国家信息化领导小组——国家信息化办公室、国家信息化专家咨询委员会管理体系，从整体上解决了信息化的领导能力薄弱问题，为信息化作为覆盖现代化全局的重大战略举措的落实，提供了体制和机制保障。二是通过组建国家信息化委员会，可以从政策和规划层面大大提高信息化的整体协调能力和推进能力，解决长期困扰信息化的协调难、各自为政的问题。特别对整体推进电子政务十分有利，扭转信息化碎片化管理的格局。三是通过组建国家信息化委员会，有利于提高国家信息产业的市场化水平，有利于集国家之力，打好信息技术的翻身仗，把市场的作用和国家的意志有机结合起来，从根本上改变目前我国信息化领域的核心技术受制于人的被动局面。

七、提出"让信息多跑路,让群众少跑腿",力主推进行政审批局改革

在经历中国电子政务的发展过程中,除了理论研究、参与各种有关信息化特别是电子政务方面的论坛外,就是在电子政务建设的实践中参与各类项目的咨询,这也是我工作和研究十分重要的一个领域。其中有三件亲身经历的事情,值得记述下来。

第一件事,在参与湖北省巴东县的"村民办事不出村"项目中,我提出了"让信息多跑路,让群众少跑腿",后来流行全国。

大概在2012年10月,时任巴东县委书记陈行甲在北京举办过一次聚餐会,通过朋友约请了一些专家及相关人员聊天,为巴东发展建言献策。约请我的朋友告知,陈行甲毕业于清华大学,获得公共管理硕士,是湖北最年轻而且有改革意识的县委书记,很想干一番事业。记得那次聚会大概来了有七八个人,其中有好几位从事社会扶贫以及信息化方面的官员和专家。这位年轻的书记告诉大家,他从湖北一个经济发达县的县长调任到湖北最贫困的巴东县做县委书记,希望大家能够围绕脱贫等出主意想办法。陈行甲介绍了巴东的情况后,大家围绕主人提出的话题各抒己见。我当时提出,可以针对巴东山大沟深、交通不便,老百姓在政府办事难的问题,构建一套村民办事不出村应用系统,为百姓办好事,而社会扶贫委办公室的荻森明确说,如果要实施信息化扶贫,他可以申请捐助计算机、打印机等设备。这个提议得到了陈行甲书记的认可。并初步决定,由我组织中国改革发展研究院政府改革研究中心(我担任该研究中心主任)的团队承担方案的制定和设计,由国家社会扶贫创新协作办公室的荻森负责筹措相关的信息化扶贫设备及相关软件的开发和实施。就这样一个全新的村民办事不出村的信息化扶贫项目在巴东落地。

2013年年初,我带领的团队赴巴东调研,让我对巴东的贫困特别是老百姓出行、在政府办事的困难有了亲身感受。巴东地处湖北西部边界,

县域面积3354平方公里，南北最大纵距400公里，号称"八百里巴东"，境内大巴山、武陵山、巫山"三山盘踞"，长江、清江"两江分割"，山高坡陡路远，最偏远的金果坪乡距县城单程长达200公里，农民到县乡办事极为不便。村民经常为办一个证、盖一个章、签一个字而往返折腾数次，走数十上百里路，花数百元钱，跑"冤枉路"，花"冤枉钱"。

  在调研中，我发现中央组织部的党员教育网一直延伸到行政村，而且多数行政村都有大学生村官。我建议方案组在设计方案时充分利用这两种资源，这个在网上跑老百姓办事的项目，让大学生村官具体操作，负责收件、传递等具体事务。这两个建议都得到了陈行甲书记的认可。在调研期间，巴东县还举办过一次研讨会，我在会上针对巴东的实际状况，提出了"让信息多跑路，让群众少跑腿"的观点，得到大家的认可。

  经过几个月的紧张工作，村民办事不出村的方案设计和软件开发都如期完成，按照方案要求，这个项目的实施需要县政府相关部门、乡镇政府向村里授权，才能落地。为此，陈行甲在县里进行了广泛的动员，改革力度很大，县乡两级政府将许多与老百姓密切相关的办理事项通过授权的方式，下放到村和乡镇办理。首批开通125个行政村，可以办理50多项事项。记得2013年4月在第一个行政村上线时，还举行了隆重的上线典礼，由我和陈行甲书记共同剪彩。

  后来，中央电视台还在新闻联播中报道了巴东村民办事不出村的做法，于是，"让信息多跑路，让群众少跑腿"就在全国逐步流传开来了。

  第二件事，在中兴通讯启动银川智慧城市项目时，我和银川市领导座谈，力主用改革精神推动信息化，深化行政审批制度改革，设立行政审批局。

  2014年，中兴通讯与银川市签订合作协议，共同推动银川市智慧城市建设，并在银川组建了智慧城市研究院，为银川市编制智慧城市规划方案。在此期间，中兴通讯的有关领导希望我能与银川市领导组织一次座谈会，讲一讲我对智慧城市建设的一些看法和思路，供他们参考。那些年来，我作为电子政务研究者，与国内一些大的IT企业和互联网公司都有一些合作，中兴通讯就是合作比较多的一家公司。于是我欣然答应，赴银川与市领导有过一次比较深入的座谈和讨论。主导银川市智慧城市建设的时任分管领导是副市长郭柏春。这位年轻的副市长曾长期在金融投资领域工作,到银川市任职后分管智慧城市建设等方面的工作,有比较强的改革进取意识。我在座谈会上,除了介绍国内其他地方智慧城市建设的一般做法外,特别提出,银川整体信息化水平比较薄弱,也可以说是一张白纸,只要用改革的思维推进智慧城市建设,把便民服务放在重要位置,大刀阔斧地推进行政审批制度改革,就能见到实效,获得老百姓的支持。我的一些建议,得到郭柏春副市长的认同。后来,中兴通讯为银川市设计了"三个一"的智慧城市整体架构,受到了国内各方面高度关注。特别是一张图的方案,就是将党政部门的电子政务建设纳入一张图的解决方案,整体谋划,设立了银川市行政审批服务局(政务服务中心)作为市政府的工作部门,将包括发展改革委在内的26个部门的行政审批职能、153项审批事项划入行政审批服务局,实现了过去由53个印章管审批到一个印章管到底的转变。作为省会城市,银川市的改革在社会上产生了很大反响,也得到了公众的认可。2016年2月2日,国务院总理李克强到银川进行考察,他对银川市行政审批"一个窗口、一枚公章"的改革做法予以肯定。他说,要以群众是否满意、市场主体办事是否便利、社会创造力是否得到激发为标准,切实做到简政放权到位、放管结合到位、优化服务到位。

第三件事,江苏盱眙——全国首家县级行政审批局改革。

如果说银川是全国第一个省会城市实行审批局的城市,那么,盱眙可以说是全国第一个县级行政审批局改革的典范了。盱眙的这项改革是中央编办抓的县级行政审批局改革试点,也是江苏省委、省政府的重大改革项目。在项目启动时,大约在2013年,我受江苏省编办的邀请,赴盱眙进行调研,并与省、县相关领导进行座谈和研讨,在此基础上,我作为专家组组长,主持了方案编制的启动工作。项目实施完成后,我再次赴盱眙,在省编办、县级领导的参与下仍然由我作为专家组组长,主持了项目验收工作。盱眙行政审批制度改革的最大亮点有三:一是通过改革,将区域内分散在不同部门的审批权,全部集中划转到这一新部门实施，实现了"一枚公章管审批"；二是搭建"互联网+政务服务"的高效平台、共享平台，让审批在阳光下运行；三是积极构建现代基层政府治理新模式。推动县域治理体系和治理能力的现代化、便民化。

八、在中南海为国务院机关党组中心学习组作政府转型专题报告

这些年来，我在参与电子政务的各种活动中，参与频率最高的，还要数讲学和出席有关信息化和电子政务的各类论坛。从出席论坛研讨会来看，21世纪以来由《计算机世界》和《中国计算机报》每年举办的信息化大会，到后来由国家信息化专家咨询委员会举办的全国信息化论坛，再到党的十八大以来贵阳的《世界数字博览会》、福州的《数字中国论坛》、中国互联网协会举办的有关互联网大会，直至许多大型IT企业如华为、中兴通讯、浪潮、清华紫光等举办的行业会议、地方政府举办的各色有关信息化、智慧城市、数字政府、数字经济等专业性会议和论坛，多有出席，并发表演讲。从讲学来看，围绕电子政务、智慧城市、数字政府、"互联网+政务服务""放管服"改革等都是最集中的讲授内容。讲授对象包括国家行政学院的省部级专题研究班、市长电子政务培训班、地方的省委中心学习组、市委中心学习组以及许多大型企业等，加上清华、北大、人大等高等院校举办的有关电子政务的培训班、讲习班，足迹遍布全国各地，在传播电子政务、信息化以及行政改革等知识方面，不停地耕耘，也迫使自己不断地学习和思索，掌握新知识。最值得在这里一提的是，2018年10月30日上午为国务院机关党组中心学习组的那次专题报告。当国务院机关党组决定让我做一次专题讲座时，先让我提供了三个备选题目，这三个题目基本都是围绕行政体制改革、政务信息化、"放管服"改革等方面的内容设计的，题目上报后，据称是国务委员、国务院秘书长肖捷在我上报的题目基础上综合出一个最终的讲述题目，即认真贯彻习近平总书记关于全面深化改革的重要论述，进一步推进行政管理体制改革和政府转型。具体讲了三方面内容：一是改革开放

以来中国现状管理体制改革的历程及启示；二是进一步深化行政管理体制改革的历史必然性；三是在深化改革中加快政府转型。实际上本次讲座的重点在第三部分，即加快政府转型，而这部分重点是讲政府的数字化转型，特别是结合国务院提出的"互联网+政务服务"和构建一体化政务平台展开。参加讲座的有近百人，由国务委员、国务院秘书长肖捷主持，国务院在家的副秘书长以及所有司局级领导干部参加了讲座。讲座共持续了三个小时，我大约讲授了两个小时，几位副秘书长提出多个问题与我互动，最后肖捷对讲座做了约半小时总结。

2020年5月，在全国一体化政务服平台上线一周年之际，国务院办公厅约我写了一篇有关全国一体化政务服务平台的文章，由新华社刊发。其后，在国务院办公厅电子政务办公室召开的"十四五"数字政府规划专家座谈会上，我再一次谈了对未来中国数字政府发展的建议，并提供了一份对完善一体化政务服务平台的书面建议文稿。

我在建言稿中充分肯定了一体化政务服务平台建成和试运行后取得的成就。概括了四点：

第一，一体化政务服务平台的建成和运行，为建设人民满意的服务型政府奠定了坚实的基础。一体化平台初步构建了七个支撑系统，即统一门户服务、统一身份认证、统一电子证照、统一服务事项、统一投诉建议、统一好差评价以及统一搜索服务。在这一框架下，截止到2019年年底，全国一体化政务服务平台已经与31个省、自治区、直辖市及新疆生产建设兵团和40余个国务院部门连接，形成了覆盖省、市、县三级互联平台，服务功能延伸到乡镇、街道、村落社区的服务网，初步实现300余万项政务服务事项和一大批高频热点服务应用的标准化服务。这对建设一个人民满意的服务型政府，改善政府形象，提升政府的公共治理能力提供了强大的支撑。

第二，一体化政务服务平台的建成和运行，改善了政务服务的整体格局。传统的政务服务，对企业和老百姓而言并不是陌生的，"门难进、脸难看、事难办"是社会上的流行说法。而全国一体化政务服务平台的建成和运行，颠覆了各自为政的传统政务服务模式。目前，在一体化平台上，企业和老百姓不仅在当地办事越来越方便，有些地方还可以通过全国政务服务平台这个总枢纽，实现跨区域、跨部门、跨层级更大范围的网上办理。这对政务服务的供给而言应该是一种历史性的变革，也可以说是政府提供产品的一场深刻革命。

第三，一体化政务服务平台的运行，促进了营商环境的改善。这两年中国营商环境便利度的国际排名大幅上升。个中原因很多，其中基于全国一体化政务服务平台的"互联网+政务服务"的普遍推行，无疑功不可没。如浙江的"最多跑一次"，江苏的"不见面审批"，广东佛山、吉林长春的"一门式服务""线上线下融合"等，极大地丰富了一网通办的内容，所有这些对改善营商环境，发挥了重要作用。

第四，一体化政务服务平台的建成和运行，也为提高行政效能、降低行政成本开辟了新路径。提高政府治理效能，降低行政成本，是政府公共管理永恒的话题。在这方面我国同样面临诸多问题。全国一体化政务服务平台的建成和运行，为提高行政效能、降低行政成本开辟了新路径。一方面通过全国一体化政务服务平台整合不同层级、部门的公共服务，通过流程再造和服务模式创新重塑政府职能，克服以往各自为战、分散独立带来的问题，优化办事流程，提高服务效能；另一方面，通过一体化政务平台的上下左右的互联互通，推进政府公共服务模式的变革，实现更深层次、更大范围的一网通办，可以减少机构和人员，降低政务服务的成本。

在充分肯定全国一体化政务服务平台建设运行中取得成就的同时，我也指出了暴露出的主要问题：

第一，政务数据中心的重复建设比较突出。政务大数据中心是信息时代政府部门日常运转的重要基础设施，也是一体化政务平台的重要支撑。特别在5G、人工智能、大数据等在政府治理中不断深化应用的趋势下，更是如此。但从政务数据中心建设的实际情况来看，出现了明显的重复建设、投资浪费、产能过剩等问题。据调查，全国31个省、自治区、直辖市中，全部都在建设政务大数据中心，目前多数已经建成。其中24个设计为单一的政务大数据中心。从投资模式来看，已基本建成的省级政务大数据中心,多数由政府直接投资。许多地级市,甚至一些县区,也在大手笔上马政务大数据中心项目。目前,中央的新基建布局中数据中心仍被作为数字化新基建的重要组成部分。我们以为,在对以往政务数据中心建设存在重复建设等问题没有得到很好解决的前提下,如果继续按照原来的思路和模式上马更多的政务数据中心,就会面临新的风险,也会极大地增加政府在这方面的投入,导致一体化政务服务平台运行成本的上升。

其实,政务大数据中心的重复建设问题只是问题的一个方面,整个数据中心建设规划可能都存在这方面的问题。资料显示,截止到2020年3月底,环京数据中心机柜17.35万台,在建机柜32.55万台,规划机柜27.62万台,共计77.53万台。从实际应用情况看,一线大城市,机柜上架率相对较高,在50%左右,而三四线城市上架率多在10%~20%,资源浪费问题十分突出。

政务大数据中心建设导致行政成本上升的另一个重要因素就是耗能惊人。尽管政务大数据中心的能耗还难以精准计算,但整个数据中心的耗能是有精确统计的。资料显示,2018年全国数据中心总耗电量1500亿千瓦时,达到了社会总用电量的2%。专家们测算,照此下去,到2025年占比将超过一倍,达到4.05%。而三峡2017年的总发电量只有976.05亿千瓦时。一个可以参照的指标是,2020年2月28日,美国《科学》杂志发表了一篇《全球数据中心能源使用在需求快速增长下仍然放缓》的论文,该研究计算出2010—2018年,全球数据中心需求增长了550%,而数据中心能源使用仅增长了6%。比照我国目前的耗能状况,明显太高,应引起有关方面注意。

第二,互联网政务服务模式缺乏规范性,导致行政成本过高。导致一体化政务服务平台建设运行成本过高的另一个突出问题,就是服务模式缺乏规范性,各种不同服务模式之间差异较大。全国一体化政务服务平台构建的七个支撑系统是这一平台能够在全国运行的重要条件。但要降低政务服务成本,还必须在规范服务模式方面做文章。在政务服务的具体实现形式方面,各地有许多创造,也产生了很好的社会效果,得到了民众的认可，如"一口办理""最多跑一次""不见面审批""一网通办"等。但在提供服务的后台系统及投入的人力、物力、财力等有很大差异，从而直接影响政务服务的成本。目前全国的4300多个县级以上的政务服务中心的运行成本，还没有比较准确的数据；不过，我们通过对吉林省和长春市两个政务服务中心服务模式的解剖分析，可以验证这方面存在的问题。

2015年1月4日，吉林省政府政务大厅新址启用，政务大厅新址整体建筑面积2.4万平方米，根据行政审批及公共服务事项关联性，将大厅内部划分成11个功能区，集中办理中直、省直42个部门除涉密及特殊要求外的所有行政审批等与企业和群众密切相关的公共服务事项，共设办事窗口157个，办事人员200多名。

2017年4月，长春市对政务服务中心的服务模式进行了改革，由"单位窗口"变为"综合窗口"，一个窗口可以办理不同部门的数百项事项，即"一门式、一张网"服务，政务中心从8个分厅112个窗口，缩减到2个分厅30个综合窗口，原有376名办事人员也缩减到50人，人员压缩86.7%。

从吉林省和长春市两个政务服务中心的两种服务模式的比较可以清楚地看出，同样是在政务服务大厅或者在网上提供服务，由于其系统服务模式和服务规范不同，其花费的人力、物力、财力会有很大的差别。从长远看，我们必须重视互联网政务服务的行政成本问题，也就是说，政务服务既要追求公众的满意度，也要追求政务服务的效率和成本，只有将二者完美结合，才是全国一体化政务服务平台应该真正追求的目标。

针对一体化政务服务平台建设中暴露出的问题，我提出三点建议：

第一，组建国家数据中心，加强对政务大数据中心建设的统筹、评估和监管。随着5G、大数据、人工智能、物联网等在政务活动中的应用，以及数据资源的快速增长，对数据中心的需求是必然的。从以往的经验看，由于有些地方政府对于政务大数据中心建设前期缺乏实际、深入的调研，并且对大数据及云计算应用的特点、规律了解不够，使得政务大数据中心建设出现了盲目现象。未来，要加强对政务大数据中心建设的统筹，主要应从两方面入手：

一是要改变数据中心建设的理念。云计算的本质与核心是数据、软件和服务，而不仅仅是硬件和数据中心，云计算绝不等同于遍地建数据中心。国外，云计算主要是整合现有服务器，把闲置资源整合起来，建立一个虚拟的数据中心。以美国为例，在经历互联网、云计算高速发展和低谷期后，在综合考虑数据中心建设资源浪费和资源重新整合的前提下，从2011年到2015年，美国共关闭800多个数据中心。但是在国内很多地方，一提到"云"，就是规划大量的建设用地，建设超大规模的大数据或云计算园区，动辄几十亿元的投资和上百万个新增服务器，存在很大的盲目性。因此，改变理念，对决策层至关重要。

二是通过组建国家数据中心，加强数据中心的建设、运营和管理。要从战略的高度将三大运营商的存量数据中心资产进行整合和重组，实现数据中心的共建共享。在此基础上，参照铁塔公司的模式，组建国家数据中心（公司）。其主要职责是：编制政务大数据中心投资建设指南，为各地建设政务大数据中心提供建设规模测算、造价评估、体系架构、安全保障等方面的参考与经验借鉴；建立政务大数据中心项目立项审查工作机制，严格审查项目建设需求和规模，杜绝同类项目的重复投资建设，确保基础设施类和基础资源类项目统建共享。

第二，要在规范政务服务模式上下功夫，增强政务服务的规范性。在一体化政务服务平台建设中，各地的创新热情十分高涨，也产生了许多鲜活的案例，在全国产生了很大影响，受到了企业、公众的肯定。但我们认为，随着一体化政务服务平台的完善，下一步要在一体化政务服务模式的规范性方面做文章，要重点推广那些既能为企业、民众提供便捷、优质的服务，又能节约人力、物力、财力，降低行政成本的服务模式，这样经过若干年不懈的努力，就能在这方面取得重要进展。为了实现这一目标，建议从三方面着手：

一是把降低服务成本、提高行政效率作为一体化政务服务平台建设和完善的重要指标，并在实践中纳入考核和评价体系；二是要逐步淘汰那些以"单位窗口"出现的单一服务模式，尽量向综合性窗口转换，特别对于市、县、街镇、社区等基层服务大厅来说,更应该如此。国家一体化政务平台的主导单位,应该通过市场机制等手段,遴选出这方面的好的系统,向地方推荐,最大限度地避免在商业利益的驱使下,不同系统遍地开花、各自为政局面的出现,给国家人力、物力、财力造成浪费和重复投入等现象。三是要对各种不同类型的政务服务中心逐步在机构属性、体制机制及运营方式等方面予以规范,使其逐步完善成熟、定型。

第三,提高数据共享和数据治理能力,为全国的一网通办创造条件。实现跨部门、跨层级、跨区域的全国一网通办,是全国一体化政务服务平台的最高目标,也是我们必须为之努力的方向,在这方面国家已经制定出明确的时间表。但从根本上说,实现这一目标最重要的前提,就是要提升数据共享和政府的数据治理能力,破解阻碍数据共享的各种体制机制障碍。解决这一难题当前应从两方面着手:

一是要进一步加大政务服务事项的整合、对接和融合。主要包括三方面,即解决好中央部委行业内部政务服务整合,地方以省级政府为中心的政务服务整合,以及纵向行政层级的行业服务应用与地方不同层级服务应用之间的整合。这就是说,如果不能从根本上解决好政务服务中不同部门、层级、区域的政务服务融合问题,就很难真正实现入口的统一管理和"三跨"服务。

二是大力提升政务数据的共享能力。政务服务之所以能够一体化,或者"三跨"能够顺利实现,很大程度上都是建立在数据资源共享和数据治理有效性的基础之上的,如果没有统一规范的政务服务数据资源共享机制和制度,没有自下而上的数据资源共享交换体系,政务服务一体化也是难以实现的,在全国实现一网通办也会受阻。因此,解决数据资源的共享,确保政务服务的跨区域、跨部门、跨层级的有序协同、共享和安全,就成为更大范围一网通办的前提和保障。

九、电子政务咨询机构的崛起

如果把1999年中国政府上网年看作真正意义上的电子政务建设的起

点，那么在随后的20多年发展中，全国对电子政务的需求是非常旺盛的。特别是最初的政府门户网站建设，如何有序推进，少走弯路，对绝大多数地方政府而言，都是一个难题。正是在这样的背景下，一批从事电子政务的咨询机构应运而生。这些年来，有三个电子政务咨询机构与我个人关联度较高，特别予以记载。这三个机构分别是：国家行政学院电子政务研究中心、工信部所属的赛迪研究院下面的中国软件测评中心及中国社科院信息化研究中心与国脉互联合作所主导的电子政务年会。

国家行政学院电子政务研究中心原本是国家行政学院领导人员测评中心，电子政务兴起后，在这个中心的基础上又加挂了一个牌子，实行一套人马两个牌子。早在2000年年初，就开始从事电子政务方面的研究，并举办相关的论坛，开展咨询服务。2009年，国家行政学院办公厅发文决定成立国家行政学院电子政务专家委员会，由国家行政学院副院长弘毅任主任，工业和信息化部副部长杨学山、倪光南院士任顾问，作为学院的工作人员，我也被学院聘任为专家委员会副主任。其他副主任还包括中央办公厅信息中心主任任守信、国务院办公厅电子政务办公室主任段国华、国家信息中心主任王长胜等。那些年，几乎每年一次电子政务论坛，规模都很大，全国各地参与的人数也很多，我在论坛上一般都会作一个主旨演讲，传播电子政务的相关知识和理念。同时，电子政务研究中心还承担了国务院办公厅等中央部委和地方政府的一些咨询服务项目，开展了一些国际合作，同时与国家信息中心联合，每年出版一本电子政务蓝皮书，搞得有声有色。蓝皮书中几乎每年都收录有我撰写的文章。

赛迪中国软件测评中心参与电子政务咨询服务，主要是基于其业务优势，做政府门户网站的评价，每年发布一个对全国政府门户网站的测评结果，向社会公开发布，并同时举办一次规模较大的电子政务论坛，有几次都在人民大会堂举办。我作为电子政务研究者，经常在这个发布论坛上作有关电子政务的演讲。2020年尽管有疫情，但是测评中心依然举办了第十九届论坛，不过主题随着政务信息化的发展，有了比较大改变，目前他们的测评重点已经不限于电子政务，而是转向对数字政府的全面测评，并在社会上产生的影响也越来越大。

  在这三家电子政务咨询机构中，只有国脉互联是典型的民营企业，他们也是从政府门户网站评价开始起步的，至今已经有20多年的历史。其业务范围也从门户网站测评扩展到数字政府、营商环境、智慧城市、数据治理等多个领域，在业界有比较大的影响。特别是智慧中国年会，多年前国脉互联就与中国社会科学院信息化研究中心合作，如今规模越来越大，吸引参与的人数（包括党政机构、企业等）由起初的一二百人，发展到目前的近千人。各方面的参与人热情很高。国脉互联从起步，就聘请了工信部副部长杨学山、国家信息化专家咨询委员会常务副主任周宏仁、中国互联网协会副理事长高新民等一批国内知名专家参与其中，作为顾问，我也从一开始就参与了国脉互联的许多活动，如政府门户网站评价的指标体系设置、评价权重、评价方法、评价的公正性等。后来几乎每年的智慧中国年会上，都邀请我作一个主旨演讲。在一定意义上说，智慧中国年会，成为我每年发表最新研究成果的一个重要平台，也成为我了解全国政务信息化发展状况的一个重要窗口，对我的研究颇有裨益。

2021 年 1 月

浅谈电子政务运维管理与实践

王岚生

作者简介：王岚生，复旦大学软件工程硕士，最高人民法院信息中心原副主任。

从事法院信息化工作二十多年，在运维管理领域造诣颇深，2010年组织创建了电子政务运维管理框架体系，被工信部作为示范项目向全国推广；2012年基于北京法院案件数据组织构建了北京法院"信息球"立体运行模式；2014年基于全国四级法院案件数据组织建设了"人民法院数据集中管理平台"。

回顾从事信息化工作的三十年，和同志们主要做了两件事：一是探索建立电子政务运维体系。实践中，工信部作为电子政务运维示范项目向全国进行了推广。二是探索建设了基于资源整合、信息融合的"信息球"立体运行模式。实践中，为人民法院提供了多层级、多维度、可视化司法数据分析服务。本文仅谈电子政务运维体系建设的背景和实践。

2003年有幸参与北京市高级人民法院（简称"北京高院"）新办公楼信息化建设，主要负责大楼信息化基础设施总体设计和组织实施，2005年大楼竣工，当时信息系统技术含量已经不低，规模也不小，信息技术与审判业务交织在一起，就是说，没有计算机支撑难以正常工作了。由此，信息系统出现故障也必然影响到正常工作。当时真切地感到，驾驭好这个复杂的信息系统颇有难度。那个年代的信息集成能力较低，由成千上万个节点组成的信息系统，某个节点故障就能导致工作停顿，自然引起大家对信息系统质量的质疑。我这个从总体设计到建设的主要参与和践行者,压力很大。我们从技术、人员、管理等各个层面自我考量,做到确保这个系统能够发挥出实际效能,并持续稳定运行下去,这种挑战,前所未有。

回想起当年和大家共同探索建立电子政务运维管理体系的情景,感触颇多,难以忘怀,恰似在一种压力巨大、被迫无奈的情形下,不得已而为之。

2005年尝试通过运维服务外包的形式,解决我们自身技术和人员能力不足的问题。服务外包是需要经费的,那个年代人们对信息化运维的理解,还处于购买国外厂商硬件服务的层面,服务外包还是新鲜事,对基于购买信息产品的外包服务更是没有先例。如何能够科学合理地向财政部门申请到服务外包经费,是我们必须完成的答卷。这张答卷的核心内容就是,围绕信息系统是什么,有什么,什么人,什么时间,做什么事情,为什么做这件事,需要多少费用,绩效如何,实事求是地向行政主管部门和财政部门报告清楚,目标就是保障信息系统能够持续为业务提供丰富、安全、便捷的信息产品。这个过程基本用了五年时间,逐步完善形成了电子政务运维管理体系框架。在研究过程中,既重视管理创新的一面,又重视技术发展的一面,始终将注意力放在新技术带来的工作变革上、机制创新上、信息推广上。在实践中体会到,随着电子政务与各项业务工作的不断融合,建立这套科学、严谨的运维管理体系非常重要,不仅对电子政务运维工作进行了规范,同时形成了一套能够说得清楚,讲得明白的运维费用清单,更重要的是建立了阳光透明的公开招标制度。

人民法院电子政务系统中,运行的实际上是一个个案件内容,一幕幕庭审实况,一条条案件信息,一组组司法数据,它们的实时性很强,对稳定性要求很高。为此,我们建立一套按照一定的思维逻辑组织起来相互关联的信息化运维管理体系。这个体系的逻辑关系,简言之就是将经验知识化、知识标准化、标准流程化、流程规范化。这个体系经过五年探索打磨,逐渐形成十个主题部分,体系设计思路以信息化运行管理规则为主线,在关键流程节点嵌入严谨的管理方法,工作节点之间具有逻辑思维关系,将这个逻辑关系贯穿信息化运维管理全过程,形成了运维管理体系,重点突出电子政务运维精细化管理的工作理念。具体如下。

一、根据业务需求,选择运维模式

业务需求指的是业务工作对电子政务系统的依赖程度,以及对服务时效性等的要求;运维模式是指业务工作对运维任务的不同要求。

如何科学选择运维模式,首先需要定义运维工作的职责与任务。狭义上解释"运维"似乎就是负责信息系统的简单"运行和维护"工作,仅负责到设备故障维修,系统能够运行的层面,属于资产类基础设施运维范围。狭义上的运维可以理解为"被动式"服务,其工作特征是:当设备出现故障后方才实施维修工作,并不包括业务应用服务和信息内容服务工作,也谈不上信息技术与业务工作融合问题。我们认为,广义上解释"运维"应该理解为"主动式"服务,工作特征是:对信息系统可能出现的故障,主动做到事前处置、消除隐患,原则上不得出现运行故障,在确保信息系统安全、稳定运行的同时,以主动服务业务应用,提供内容服务为工作职责;以促进信息技术与业务工作深度融合,不断推进信息资源广泛共享,通过信息化手段实现"提高工作效率,方便人民群众"的根本目的。

信息化运维服务外包有两种主要模式,即部分服务外包和全服务外包。前者基于资产类基础设施运维范围,属于被动式的服务,适应于信息应用相对简单,信息内容规模较小的情况;后者为主动式服务,运维职责涵盖了信息系统运行维护及提供内容服务的全部工作任务。2005年北京高院选择后者的原因是:信息化应用已步入了成熟期,审判信息系统规模庞大,涵盖全市80个局域网资源共享,涉及2270个应用模块;业务模块之间耦合非常紧密,硬件之间形成"集群联动"的运行规则,软件彼此达到"协同运行"的工作程式;信息技术与审判业务之间关系日趋密切,迫使信息化运维管理工作,必须由技术驱动向服务业务驱动的转变，运维工作必须支撑和服务业务应用，以主动提供内容服务为工作目标。被动式与主动式两者服务的区别在于前者主要是利用了运维人力资源，后者并用运维公司的人力资源和智力资源。

二、健全管理机制，实行公开招标

这一点指的是甲方应当在服务外包工作中，健全各项管理制度并对运维工作进行全过程管控。同时甲方必须编制清晰明了的运维任务书，对社会实行公开招标。

对电子政务运维工作的管理主要包括两个方面，一是建立运维项目全过程监督管理机制，二是建立运维项目实施过程绩效管理机制。

首先，是建立运维项目全过程监督管理机制。人民法院是行政经费支出的预算单位，健全信息化运维项目内部管理监督机制，从项目需求分析、预算申报、项目评审、编制标书、招标采购、合同签署、费用支付、绩效管理、项目考核等环节，建立职责清晰、相互制约、彼此监督、协同管理的工作流程，十分重要。信息化运维服务外包项目，性质不同于其他建设或采购项目竣工后具有可交付物，运维服务外包属于提供技术和智力方面的服务，项目竣工提交文档资料，基本没有其他交付物。实际上，在项目到期支付运维费后是得不到任何可见资产的。这促使我们从花了什么钱，办了什么事的视角，自我审视财政投资的绩效，这对于运维技术管理部门来讲绝对是个挑战。实践中，首要工作是健全监督管理机制，确定单位内部不同职能部门对信息化运维管理工作职责范围，本着要钱不能直接管钱，管钱不能直接用钱，用钱不能直接要钱的基本逻辑，建立完善电子政务运维项目全过程公开监督管理工作机制。

其次，是建立运维项目实施过程绩效管理机制。使用财政大额运维资金项目，必须履行公开招标程序。根据业务工作实际需求，选择适宜的服务外包模式，编制标书是运维管理部门的重要工作。编制标书工作，可以看作是预算单位对技术部门工作能力的考试题。标书内容应该从全业务、全流程的视角，全面描述运维工作的职责和任务，资产多少，功能多少，信息内容由哪儿来、到哪儿去，服务协议如何定义，绩效如何考量，运维费用如何计算，等等，类似问题必须详尽描述清楚。实践中，北京高院运维招标技术需求部分，用了3.8万字描述，这是向社会公开提出的运维服务外包工作需求，将这些具体需求和详细费用预算，通过公开透明的招标形式向社会公布，这种做法乃"阳光项目"的典范。

三、建立管理层级，明确运维职责

这里讲的层级和职责，实质是对不同运维任务和工作职责的层级划分而非行政层级。

对复杂运维流程需要建立层级管理制度来保障，以便在运维服务全过程中做到任务清晰，职责分明。实践中，由各运维中标单位的项目经理组成运维管理委员会，自治管理日常运维工作。从接受运维任务至完成任务根据不同工作职能，一般分为三个管理层级。一是决策层由运维管理部门相关人员组成；二是管理层由运维管理委员会组成；三是执行层也是服务工作组，由各运维单位的管理人员和技术人员组成。服务台承担问题受理和层级之间信息交互等工作任务。

单位信息技术部门位于运维工作战略决策层；推荐运维管理委员会主任人选，并赋予行使运维工作中管理决策职能；运维委员会主任推荐服务台台长人选，服务台长组织服务组行使执行层工作职能。

服务台实现一站式服务理念，24小时受理来自全市三级法院近万名工作人员的电话、传真、邮件、短信、即时消息等类型的服务请求，对受理的信息进行记录、分类、分发，平均一分钟内可以向服务组下达工作指令，对重大事件同时向责任单位和主管部门进行汇报和反馈。负责跟踪、监督任务完成情况并录入运维管理知识库，服务台具有文档管理、短信平台、电子邮箱以及工作录音等服务工具和问题记录系统，实现对运维全过程的记录、检索、回复、跟踪、报告、总结、沟通等规范管理。根据实际需要相关设备厂商和系统软件提供商等也纳入服务管理流程中。服务台有效促进了运维服务流程的高效运转，促使故障问题得到及时有效解决，为不断优化服务流程，不断改进服务质量，不断提高运维效率提供了有效支撑。

决策层一般是信息技术管理部门，人员基本由正式编制人员构成。对上级主管领导负责，其主要工作任务就是保障信息系统能够安全、稳定、持续为业务工作提供信息内容服务。随着信息技术不断发展，信息服务需求不断拓宽，系统不断建设应用随之攀升，但是技术人员受到编制等问题的制约，不能随着信息化规模的扩大而增加。因此，运维服务外包产业应运而生，既然将部分工作外包，就必须对外包工作进行管理，单位技术部门自然成了运维服务外包工作的管理主体，位于三级管理的首层。在职责分工上承担着运维核心管理工作和业务需求转化管理工作。比如：对信息系统密码、密钥、核心业务等涉及主权和安全的工作，以及其他不得进行服务外包的项目进行直接管理；履行将业务需求转化为运维任务的工作职能；负责需求调研、业务融合、信息安全、问题整改、制定规划、绩效考评、标书编制、预算申请等工作；承担着将业务新需求转化为服务外包新任务的桥梁和纽带作用，并根据业务需求负责向管理层下达工作指令。

管理层是由运维服务总包和各分包的项目经理组成。其性质属于服务外包公司的自治机构，直接对决策层负责，主要工作任务是对运维全过程中实施各种监督管理职能。包括服务考核类：问题记录、分发反馈、建知识库、服务监督、工作协调；标准流程类：业务支持、问题管理、故障处理、用户投诉、应急预案；专业检查类：资产管理、运行管理、软件升级、配置管理、安全管理；规范监督类：运维规范、工作规范、机房规范、信息访问、信息发布；制度实施类：考勤制度、值班制度、录用制度、例会制度、汇报制度；绩效管理类：服务考核、绩效评估、费用计算、工作奖惩；等等。负责向执行层下达工作指令。

执行层由运维单位全体工作人员组成。统一接受运维管理委员会的工作指令，对工作要求主动做到事前处置、消除隐患，保障系统安全稳定运行，清晰业务流与信息流之间的作用关系，满足信息持续有效得到应用的基本工作要求。在工作流程中接受绩效管理单位的监督，接受运维管理委员会下设运维服务台统一的工作调度和指令。

实践中，运维招标包括了绩效管理单位，负责项目实施过程中监督管理工作，类似于建设项目中的工程监理。在电子政务运维管理层面形成了由信息技术部门和运维管理委员会及绩效管理单位三方之间相互监督，彼此制约的运行工作机制。绩效管理单位按照招标确定的服务级别协议的内容，审核各运维公司是否按照合同内容履行了各项约定，是否按照约定的职责范围完成了相关工作任务。

四、结合ITIL理论，建立服务流程

ITIL是国际上IT服务管理的最佳实践。实践表明遵循ITIL方法论，结合我们电子政务运维管理实际，建立灵活实用服务流程，能够显著提升信息系统运行效率。

根据运维工作实际需要，由信息技术部门和运维管理委员会以及绩效管理单位三方，结合TIIL最佳实践理论，建立以下运维服务管理流程。

事故管理。管理的目的是尽可能最短故障存在时间，使信息系统能够及时恢复到规定的服务业务工作的级别和水平。

问题管理。这是保障信息系统健壮的必要手段，作用是将任何原因引起的对业务工作产生的负面影响降到最低程度。事故管理强调的是事故恢复的速度，问题管理则注重了找出事故产生的根源。

配置管理。主要对信息系统基础架构和逻辑关系及应软件配置进行优化管理，尤其对系统变更和软件发布等提供基础数据依据。

变更管理。在信息系统竣工即将进入试运行期间，按照变更流程进行实施工作，将由变更所导致的系统中断时间，降到最低捏度。

发布管理。主要对新开发或修改后的软件配置进行管理，对新增加的信息服务功能进行分发和推介。

服务级别管理。这是整个运维管理工作的重点内容，服务级别协议（SLA）是根据各项业务需求，将每项运维工作内容进行分解细化，规范确定服务内容和服务标准。此项工作由技术管理部门和运维管理委员会

及绩效管理单位三方共同研究，反复讨论修改协商制定，据此确定运维全部工作目标。在 SLA 基础之上根据工作目标和要求，成为计算运维人工级别和工时费用的主要依据，同样也成为日常运维绩效管理工作的重要考核内容。

财务管理。主要涉及了运维投资预算、成本核算和服务计费三个方面的管理问题，量化工作、精细管理、合理计算运维成本，通过财务管理实现成本与效益的最佳配比。

持续性管理。这是信息系统安全、可靠和健壮运行的重要保障措施，实践中，在招标过程中定义了对工程师的级别要求，保障合理必要的高技术人才资源储备；同时约定由中标单位预存部分运维费由总包公司集中作为备件费使用。当系统发生意外故障时，能够及时更换备件，保障信息系统不间断服务。

能力管理。在实践中是动态管理过程的，通过对运维人员的合理的配置，能够有效地促进信息资源发挥出应有的效能，能力管理包括了对业务能力、运维服务能力和信息资源能力的统筹规划和管理。

可用性管理。对未来运维管理工作有着重要意义，前瞻性地分析未来各项业务工作需求，不断优化、提高信息系统基础设施的可用性，不断探索用合理的运维费用，满足日益增长的信息服务需求，使运维服务能力构建在真实的业务需求基础上，追求信息服务能力的最大化，不断节约运行成本，不断减少财政支出。

五、精细资产管理，实现账物相符

这里讲的资产主要包括硬软件和信息资产。账物是指购买设备时的费用和详细的清单。

在运维实践中，精确的资产管理是做好运维服务外包的先决条件，也是贯穿整个运维外包工作的核心工作，同时也是核算运维费用的基础依据。将资产管理作为抓手，通过精细化的管理实现对信息化资产购置数额、财政核查及在线运行与库存备件的同步管理，通过资产管理平台动态更新，是保障国有资产能够发挥出最大效益的重要举措。

事实上，信息化资产管理在运行维护过程中具有隐蔽、动态变化的特征。信息化类资产管理不同于其他资产管理，需要对资产管理进行动态的持续不断的跟踪管理。重点需要做好六个方面的管理工作：

新资产的登记录入工作。一般情况下，系统竣工验收提交的设备清单与签署合同清单可能存在差异，这是由于工程实施中因设备更新或需求变化，对系统配置进行了部分调整所致。因此，新资产录入应该依据竣工验收设备清单为准，不得照搬合同资产清单。

核实新资产的性能配置。信息化资产管理难点在于其性能的隐蔽性，类似设备外观几乎没有变化，但其内部板卡性能配置相差悬殊，资产价值也相差甚远。在资产录入运维管理信息系统之前，需要具有一定专业知识的人员参与核实资产，破解设备性能的隐蔽性的问题。

运维过程动态资产管理。保证了系统竣工后提交清单与实际相符，但在运维过程中也将出现因设备老化、损坏、更新、替代、升级等动态改变设备性能的过程，这个过程是ITIL流程中的配置管理和变更管理，作为运维管理人员对此类调整必须进行动态跟踪和变更，随时记录在案。

软件类资产的管理。软件属于无形资产类，在新资产录入过程中应该按照资产移交程序，将程序软件和源代码等无形资产以光盘为存储介质，封装转换成为可见物计入信息化类资产。软件资产价值更具隐蔽性，在移交过程需要具有一定专业知识的人员参与对软件封装后的功能进行核实确认。软件资产在运维过程中应该遵循变更管理的方法进行动态管理。

对非运维类资产管理。信息化资产属性繁多，如机柜、控制台、工具、敷设线路等无须进行运维工作，也不计算核定运维费用，但此类资产存在价值，对这些设施和器材的管理仍很重要，应该进行分类管理。

信息化资产的管理。在信息化运维服务外包管理过程中，对资产进行精细化管理是关键性工作。建设项目竣工提交的清单与实际设备情况需要精细核对；系统运行实际资产应该大于财政核查运维类资产值；软件属于无形资产应该按照开发或购置的费用计算资产价值；信息化资产总值与核定基础设施运维费有直接关联，资产分类必须严格按照财政的分类要求和统计口径精细计算；各运维公司负责保管的资产之合必须等于投资购置资产值，并应该大于财政核查运维类资产的总值；信息系统实际运行的运维类资产必须等于财政审核确定的资产数值，必须账物相符。

信息技术管理部门肩负对国有资产的管理职责，应该精心做好信息化资产的清点工作，摸清资产底数，及时了解资产状态，在资产标识、资产消耗、资产保修、资产报废等方面进行科学、规范管理。通过资产核查与运维公司签订《信息化资产保管协议》确保信息化资产数额齐全、性能完好。对信息化资产进行精细化管理是对运维管理工作的基本要求。

六、清晰数据流程，厘清系统功能

数据流程用信息系统运行图描述。系统功能用信息内容服务图表述。

在实现资产精细化管理的条件下，下一步需要清楚这些资产的实际用途，设备之间是如何连接的，能够提供什么系统功能，能够支撑什么业务应用，这正是购置信息化资产设备目的所在。对于复杂庞大的信息系统，要搞清楚这些问题并非易事，必须精细绘制以设备资产为基础，以数据流程为主线，以服务应用为目标的信息系统运行图。该运行图类似作战地图，反映了系统之间集群联动、协同工作的运行机理，展现了系统运行的主要设备状况，表述了经过线路将设备集成为信息系统的实际状况，体现了信息产生和应用的全部过程，结合网络系统运行管理软件，起到了运筹帷幄、决胜千里的关键作用。实践证明，信息系统运行图在信息化运维管理工作中，特别是在基础设施维护工作中发挥着重要的指导作用。

在具备了运行图，清晰数据流程的基础上，需要绘制信息内容服务图，明晰信息系统究竟提供了多少应用功能，也就是支撑了多少业务工作，提供了多少服务内容。这需要从信息系统、信息子系统、信息应用平台、信息应用模块进行逐级定义，分层梳理应用目录。信息内容应用图集中展现了信息系统提供的全部使用功能，表述了信息之间的内在逻辑关系，明晰了数据流程相互关系，也是信息化建设成果的集中体现。信息内容服务图特别在应用软件和信息内容运维工作中发挥着重要的参考作用。

实践中，通过信息系统运行图和信息内容服务图，两个维度集中展现了信息系统的运行状况，纵览了对全业务全流程支撑全貌，从保障系统运行和提供信息服务两个层面，反映了信息化运维工作的主要任务，为定义运维服务级别协议、核定运维工作所需人员级别、工时工作等提供了关键的基础资料。通过两张图，促进对信息系统在做什么，运维工作在干什么，信息由哪里来到哪里去等问题的理解。

七、整合系统应用，确定运维任务

这里讲的系统应用指的是信息系统服务业务的具体内容；运维任务指的是为了保障信息系统能够不间断服务业务工作而需要投入的运维资源。

在具备信息系统运行图和信息内容服务图的基础上，运维管理工作的核心内容是编制 SLA 运维服务级别协议。通常国际上 IT 管理的标准体系中，SLA 主要是服务商与用户之间签署的协议文件，其内容是从服务能力、可靠性及响应速度等指标做出清晰的服务定义。

建立 SLA 服务级别协议对信息化运维管理工作无疑具有重要的意义。通常 SLA 关注重点在于运维工作的服务能力、时间、可靠性等指标，涉及的管理范围难以全面准确定义运维工作的职责和任务。实践中，我们对 SLA 功能进行了拓展，增加了"应用目录""服务产品""人员级别""工时核算"四项运维指标。拓展的 SLA 将国际上通用的 ITIL 实践方法进行了本土化的移植，使其在运维管理工作中具有了多项实用功能，通过一张 SLA 表将运维总体工作内容和运行成本实现了可视化管理。这张表有三个主要作用：一是作为信息服务产品目录，定义了运维服务工作职责与任务；二是用于服务级别协议，为绩效管理单位提供监督考核依据；三是作为运维人工工时成本核算参考，为财政管理部门提供了翔实的成本构成依据。新的 SLA 四个指标项内容如下：

应用目录。根据实际业务需求，综合不同信息系统运行规律，兼顾信息技术运维特点，将运维服务工作内容定义为十二大类：业务管理、辅助业务、网站信息、业务应用、庭审视频、数字法庭、信息网络、信息安全、机关办公、信息机房、质量监督和其他。

服务产品。通过实践不断探索提出的运维"服务产品"的概念。为了保障信息系统、终端等设施安全稳定运行，并持续提供信息服务内容所投入的人力、财力和智力资源是构成"服务产品"成本的主要组成内容。每项运维任务投入的"成本"其最终目标都是服务于信息应用，每项"应用"也均会产生运维成本。根据这个因果关系推导，信息系统因为投入了"运维成本"所以生产出"服务产品"的概念。实质上，通过对运维投入的各项综合成本进行"封装"以"服务产品"为计价单位，进行运维成本核算，是精细化运维管理工作的重要内容。实践中，将各类小型机、主机系统组件、主机系统软件等封装进"主机系统"；将各类交换机、路由器、网络集线器等封装进"网络系统"；将 UPS、空调等资产封装进"机房环境"；等等。封装后的服务目录，细化为 252 项服务产品，将每个产品所需运维任务精细梳理定义服务协议，从及时性、准确性、工作频率、故障率、完整性等几个层面制定了 2983 项服务级别质量要求。

人员级别。根据信息系统涉及的科技含量和运维技术难易程度定义对运维人员级别需求。按照运维服务目录的工作要求，考量这项运维服务工作是由高级工程师或中级以及初级工程师承担。

工时核算。根据运维工作难易程度和服务级别协议要求，精细到工时计算此项任务所需时间，据此推导出人力资源需求。

通过对运维管理工作的不断探索，将信息化运维服务工作"产品化"是实现细化运维管理目标有效手段。

八、编制服务协议，精细工时计算

服务协议相当于甲、乙双方对运维服务任务的约定。这里讲的工时是指具体的运维工作所需要使用的工作时间。

在编制服务级别协议过程中，需要按照运维工作内容确定工程师应具备的工作能力，定义职责与任务。实践中，运维工作需要由高级、中级和初级工程师构成，根据不同职级承担不同的工作职责。高级工程师具有承担运维规划、运维管理、系统架构、数据修复、系统规划、数据管理、性能调优、安全服务、方案优化、安全评估等职责；中级工程师具有承担定期维护、故障判断、配置管理、设备保养、信息安全、系统设置、数据备份、软件部署、信息编辑、应用培训等职责；初级工程师主要承担日常维护、状态监控、运行检测、安全检查、定期巡检、信息采集、信息发布、系统应用、终端维护、机房操作等工作职责。根据运维工作实际需求，结合业务工作核定能够满足运维工作需要的工程师配比系数，为科学合理核定年度运维人工费用提供依据。

由于信息化运维工作性质存在不可预见性，不同的业务需求、不同的运维模式、不同的工作需要、不确定的工作时间、信息内容的挖掘深度、信息系统与业务应用融合程度等，诸多方面的因素都与运维成本有着密切的关系。因此，计算运维费用确实是一件非常复杂的事情。按照财政对运维费预算方法，运维成本主要由"基础设施运维费用"和"应用系统运维费"两部分构成。基础设施运维费的计算，由财政部门现场对信息化资产和支付凭证进行核查，根据资产种类划分不同的运维类别，不同类别定义不同的运维费率，依据资产总值乘以费率计算出基础设施维护费用；应用系统运维费计算，是根据 SLA 所需人工工时累计后计算出人工成本，就是定义运维所需不同级别工程师数量和工资档次，当然这项工作是由财政主管部门根据市场行情评审核定。在确定不同级别工资档次后，核定运维工作需要不同级别工程师的总数量，计算出人工成本总费用。财政部门在基础设施维护费和人工成本费用的基础上，一般按照（人工成本+基础设施维护费+管理费+利润）×5.5%审定运维公司税金；按照（人工成本+基础设施维护费）×7%审定运维公司办公和管理费；按照（人工成本+基础设施维护费+管理费）×5%审定运维公司利润。基础设施运维费用和运维人工费用两项相加，计算出全年信息化运维总成本。

九、实行绩效管理，提升服务水平

绩效管理是指将运维工作量化成为服务"产品"，服务水平就是"产品"的质量。

在信息化运维工作中引入绩效管理机制，是规范和完善运维服务外包工作的重要手段，是运维管理工作理念创新。运维绩效管理工作，是评估服务外包公司是否按质量要求，提供可应用、可量化、可管理、可评估的"信息服务产品"重要依据，通过绩效管理，及时处置运维服务过程中存在的问题和缺陷，依据实际情况及时调整工作流程，通过流程再造不断提高"信息服务产品"的质量与数量。绩效管理工作主要包括以下五个方面内容：

绩效管理工作。在运维外包执行过程中，运维绩效管理的职责主要是：从在第三方对整个运维工作进行全过程、全方位的监控；对运维公司提供的信息服务产品进行质量检验；协调解决运维过程中发生的各种问题；定期对整个运维产品的质量进行评估和质量考核；审核运维费用的支出情况。绩效管理单位应该积极为甲方和乙方提供合理化建议，不断提高信息化运维服务管理水平，持续改进服务外包工作的服务质量。

监督检查职责。通过运维项目绩效管理，进一步加强对信息化运维公司日常工作督促和检查工作。按照运维绩效考核的办法，对各公司提供的"信息服务产品"和完成工作情况进行检查、监督、考核。运用产品质量与费用奖惩这个杠杆调节机制，不断促进和提高运维工作的质量和服务水平。

审核费用支出。审核运维费用是项目绩效管理主要职能之一。监督、考核各运维公司日常工作，根据运维公司提供的信息产品质量和实际完成的工作任务，结合工作差错情况，审查核减责任公司的运维费用，提议对有突出贡献的运维公司进行奖励，这是审核费用的主要作用。

日常管理工作。对运维公司提供的"信息服务产品"进行考核，严把信息服务产品质量关是绩效管理单位日常重要的工作内容。产品质量优劣是考核评估整个运维工作的重要依据。绩效管理工程师日常应该对各运维公司的工作过程、运维内容、输出的产品以及服务流程、服务规范、管理制度等进行逐项跟踪、逐项确认，定期整理绩效管理记录、装订成册。总工程师应当建立完善的运维质量考核办法，科学、合理地根据实际情况，设计各项考核指标通过表格化、图形化的方式，展现整个运维工作的效率和服务质量，定期提供内容翔实的服务评估报告和服务质量考核报告，与信息化项目建设和运维单位之间建立协同工作的运行机制。总工程师负责每周召开绩效管理例会，形成完整的会议纪要，会议纪要需要甲方、绩效管理方和运维方的各方确认和签字。绩效管理例会亦可与运维例会合并。

绩效奖惩职能。绩效管理工程师应该定期向甲方提交绩效管理报告，包括绩效管理周报、绩效管理月报、季度绩效管理工作总结、年度绩效管理工作总结。根据绩效管理规定，对服务协议 SLA 中的规定的服务内容进行全过程监督考核，对运维体系的运作过程进行跟踪，对运维服务质量，依据《运维服务绩效考核管理考核规范》进行奖励或处罚。

十、明晰服务对象，量化运维成本

这里的服务对象指的是信息系统所服务的人员。运维成本就是运维费用分摊到每个单位、每个人员、每个业务模块的计算方法。

实践证明，对信息化运维工作实施全过程绩效管理，可以不断优化服务流程，不断丰富知识库内容，不断提升服务质量，不断促进信息持续应用。将电子政务运维成本进行条目化管理，对推动信息化成果转化，促进技术与业务不断融合具有重要意义。条目化管理主要包含两方面的明细账：一是运维支出明细账，也就是花了多少钱，做了什么事，对这部分内容已进行了详细阐述；二是运维效益明细账，就是通过运维工作究竟提供了哪些信息服务，这些信息最终惠及到了哪些使用人。基本计算思路是：按照年度运维总成本/加权模块数量=模块年运维成本；根据功能模块与不同业务之间对应关系，以全市三级法院审判庭、业务处、室、个人为计算单位；计算运维经费惠及的群体和每人分摊的年度运维费用成本；按照年度运维总成本/全年审结案件数量，计算每个案件年运维成本。当然，这种简单的成本分摊方法，取值不尽合理，数据也有失全面，但毕竟能够从一个侧面探究投入的信息化运维成本，最终在法院各项业务工作中发挥的支撑作用，能够清晰展现信息化运维工作的实际成效。

以上十个方面，构成了电子政务运维体系基本框架，这个体系建设是个循序渐进螺旋上升的改进过程。如果将复杂庞大的信息系统比喻一条生产"信息服务产品"的流水线，那么运维管理体系相当于这条流水线的运行准则，绩效管理工作恰如这条生产线运作过程中的传感器，持续、动态、监督、监测流水线运作的每个动作，在调控过程的同时向管理者反馈信息，技术部门犹如这条生产线的管理者，依据监测和掌握的数据，实时优化调控流水线的运作过程。这实质上就是电子政务运维服务流程再造的过程，我们应当将适宜的工作流程及时转换到实践工作中，将先进的理念体现在运维服务协议中，不断完善这个体系的建设。

需要强调的是，十几年前我们分析和研究电子政务运维管理工作的目的，就是为了在不同的发展阶段，破解如何促进信息与业务融合的难题，持续推进信息得到高效的应用；是为了让我们更好地认识、把握和驾驭由信息化发展所引发的工作模式调整和管理思路的改变。无论研究理论还是实践问题，目的也都是通过信息技术手段，不断提高工作效率，不断提升生活品质。偏离了这个目标，对电子政务运维管理的研究就失去了意义。

在这里，感谢与我共同参与这项工作的同志们！特别感谢孙强同志、米坤同志和袁岩松等同志在这项工作中发挥的聪明才智，同时也感谢他们带领的优秀团队，对这项工作进行了富有成效的探索与实践。

2020 年 12 月

如履薄冰三两步　　脚踏实地一路行

江一山

作者简介：江一山，最高人民检察院检察技术信息研究中心原副主任、巡视员，院信息化领导小组成员兼办公室主任。先后主持过"全国检察机关一级专线网数字化改造工程""全国检察机关一级专线网升速扩容一期工程""高检院新办公楼智能化工程""全国检察机关一级专线网高清视频会议系统改造工程"等重大项目建设；作为国家电子政务工程中央级  传输骨干网建设成员单位和中央政法委 ZF-801 工程成员单位代表，参与相关工程的规划、设计和建设工作；2012—2015 年专职担任"全国检察机关统一业务应用系统"开发工作小组组长，组织完成了系统开发并在全国检察机关全面部署实施。先后在全国性刊物和学术会议上发表论文、译文 18 篇，参与编著出版书籍、词典、教程 8 部；研究成果获省部级科技奖 3 次，并荣获国家科技进步三等奖 1 次。曾先后担任全国刑事技术标准化技术委员会副主任委员、中国实验室国家认可委员会技术委员会法庭科学分委会副主任委员、北京市物证技术学会副会长、国家行政学院电子政务中心电子政务专家委员会专家委员等职。2001 年获得国务院政府特殊津贴，2008 年获评首批全国检察业务专家，2014 年荣立一等功。

写在前面

当我真的坐下来准备写写这段入行经历的时候，瞬间闪现的不是酸甜苦辣、悲喜哀乐和人生百态，而是感叹时间的短暂，不知不觉二十年已然流逝，其间的故事一幕幕浮现。临近退休曾经动过要把这些见闻与经历写下来留给后人品味的念头，真退下来了，又迟迟不愿动笔，既自觉没有这份文笔，又不想触动慵懒的生活。感谢本书的发起者，重新唤起了吾为其一的这批在相近阶段有类似经历同行们的内心萌动，可以从不同领域、不同位置和不同视角反映大潮之下各自行船的机会。愿后来人飨食其事，从中获益。

初入江湖

2000年8月，经过竞争上岗，我正式入职检察技术信息研究中心副主任且分管信息化工作，应该说这并不是我擅长或熟悉的领域和专业。这之前，就知识基础而言，我没有通信也没有计算机专业背景；就职业经历而言，我一直从事刑事技术（或曰司法鉴定）与管理工作近20个年头。之所以把我放在这样一个岗位，应该是还算认可我以往干活儿、扛活儿的态度和没有更合适的人选两大因素的作用。坐在新办公桌前，那真是啥都不懂，两眼一抹黑，不知从何入手。

上任第一件硬任务就是要在年底前开通本机关到13个省级试点单位间的一级专线网及视频会议系统——名曰一级专线网数字化改造工程首期工程。在我接手之前，这个工程项目已经完成了方案设计和主要厂商、设备选定，连集成费比例都与选定集成商签好了意向协议，本以为只要办办手续，装上设备就完事了，谁知其中的坎坷、麻烦接踵而来。

先是要向电信运营商（当年全国只有唯一一家）的专线中心提交申请文件，需要附带所有拟开通节点的单位名称、物理地址门牌号、机房位置、环境条件、联系人及联系方式等各种信息提供核查，然后电信运营商是一条线一个信息项目地核查，今天来个电话说某个省的单位地址与提交的地址不一致,我们赶快联系问明情况,原来是省里办公场所不够用另外找块地扩建了新办公楼,机房在新楼,提交地址当然在新楼地址,而对外单位名称下的地址仍然是老地址;明天又说某个省的机房不具备供电条件,我们确认后赶快回复,承诺电源容量没问题,设备到位前保证供电设施会按要求先行到位;就这么一来二往逐项核查信息,迟迟不能开工调配电路,并被告知要把所有节点的所有信息核查无误才能办受理下工单!

进入施工阶段后,更要四处求人,本地数据电路你得找网络局和小区电话局,跨省电路你得找长途局,远端各省电路你还得联系当地运营商,铁路警察各管一段,每一家都得你去追,你不问人家不着急,45天内开通电路都是正常工期,你等得起就等着,等不起也得等着,合着专线中心作为运营商的窗口单位只是给你办个手续,其他啥都不管还折腾我们好几个月;问集成商说那些工程都有专门负责单位,跟我们平级,也不是我们的主管业务,说了也没用。结果只能一天天干耗着,哪有我们今天的服务概念,更没有端到端的服务了。

就我们中心节点而言,早期曾铺设过两条从机关到两个不同运营商局站的线路,从管孔、线缆、设备到施工的费用,甚至连检测仪器全部都是由我们出资建设的。这次要开通使用了,除了需要支付所有一口价的线路租费、中继线路费之外,要把你家自己投资建设的线路接入人家的网络,说要再付一笔可观的线路开通费,还说"都是这样的"。更有甚者,一天快下班时,突然接到一个陌生电话,说是运营商某某局的某某某,想了半天才在对方提示下回忆起这人曾参加过与这个局领导一起研究业务事项的会议,从未直接打过交道,连一句话都没当面说过,来电告知说晚上约了局里几个同事和朋友在某个饭店一起聚聚,你也过来参加吧,我心说一没见过你的同事,二不认识你的朋友,啥意思,各位看官听这话肯定明白是啥意思,把我气的一个电话打给集成商项目负责人,都是你们运营商一家的,你说我去不去,你要让我去买单我就过去买去,对方一再说过分了、过分了,我们处理吧,真是阎王好拜小鬼难缠。

就在这样一种状态下,最后到当年12月31日三个多月的时间,我们一条线路也没开通。初入江湖就这样败下阵来，新官上任被啪啪打脸，切身深刻体验了一把那个年代垄断企业的脸色，20多年过去了，记忆犹新，至今不能忘怀。

基础网络建设的艰辛之路

政务专网作为在早期国家部门政务信息化进程中绕不开、躲不过的重要基础设施，伴随着国家改革开放大政方针的推进，电信分拆的变革，运营商服务能力、服务态度的转变和服务机制、质量的日臻完善，才使得政务专网逐步成为可信、可用、可靠的专用网络，全面支撑起政务信息化的各类业务应用。作为参与者之一，也同步经历了这一艰难辛劳的过程。

初战获益

在我们一级专线网数字化改造工程首期工程启动受挫之后，开始认真总结经验教训，调整策略，不等不靠。一方面靠前站位，以不同方式主动拜访、约见运营商相关部门的领导、主管，陈述梗节，讲理讲情，争取理解认可和最大力度的支持配合；另一方面告知各省级节点照方抓药，每日通告进展情况，随时采取措施，凡不能按时完成的，省里分管领导带队与本地运营商负责人一起来京当面说明情况。

所谓开通线路，就是先通过光纤或实线连接好物理线路，再在物理线路按照要求的线路属性配上数据，连接上用户端设备进行转换，构成我们所用的IP网络。线路是否开通本应由运营商测试确认后，通知用户派设备厂商到现场安装调试设备，可经常遇到地方运营商的工程师连到现场打个转儿都懒得做就通知集成商用户线路开通好了，等派人到现场装设备，往往折腾3天能搞通算好的，长的要等一周以上，不是物理线路不通就是数据不通，只好求爷爷拜奶奶，打电话四处协调，耗时费力，效率低下。集成商在旁边儿看着你着急，不温不火，不出声不出力。逼迫之下，召集各方分工定责，各司其职，议定集成商负责确认线路开通后再派设备厂商工程师到场安装调试，如果到场线路不通可等待一天解决问题。一天后仍未开通的，派出人员的食宿费用由集成商负责或从集成费中扣除，结果立竿见影，效率倍增，进展显著。（这一模式一直沿用到一级专线网数字化改造工程的二期工程中，集成商派员提着台路由器到一个省级节点测通后，打个电话回来说一声好了再跑下一个省级节点。）

一次一个省级节点已通告物理电路开通数天，数据却迟迟未通，当即想方设法通过内部关系找到负责具体操作配置数据的人员，对方告知按内部工作流程需拿到三张工单才能做数据，已经到手两张，还在等第三张工单，且在某某人手里管着，并提供了联系方式。我们随即电告当地省级机关立即找到管第三张工单的人，要求其尽快提交，不得延误，结果当日下班前该线路测通。

亲身经历最为紧张忙碌又印象深刻的一天，大约是在2001年元月初的一个周五，当日的工作日程是我中心十几位竞争处级领导岗位的同志现场演讲和评议，预计要一整天的时间。前日周四下班时的通告动态信息反映两个情况，一是四川的网络资源已经用满，无法开通新电路，但设备有插槽本地无板卡；二是北京鲁谷局接入我们本地办公楼需做楼内跳线小工程，本周内不能完成。早8点一上班，先联系集成商项目负责人立即在相关机房、仓库、备用设备中查找闲置或市场购买四川需要的板卡；再电话联系运营商北京局领导的从没打过交道的秘书，人家问什么事，遂告知鲁谷局的问题，并告知局长曾当面表过态全力支持配合我们的项目，对方打官腔领导正忙，开会找不着，我当即不客气地说这事你能不能办吧，我找不着你领导是我没本事，对方只好答应问问；10分钟后，鲁谷局领导电话过来表示全力支持。9点钟，竞争上岗演讲开始。中午12点左右集成商告知板卡已找到，并承诺按我们要求当天派人送达成都，确保下周一上班前插到指定设备上；鲁谷局电告上午已完成到我方机房跳线，并已告市公司下午派人来接通线路。本以为当日工作大功告成，谁知下午4点多，集成商现场测试线路的小伙子告知鲁谷局那边接完了，可是一直测不通，分析认为似是收发接反了；问鲁谷局说这个由市公司负责，我们无权触碰，并告市公司来的人已经开车走了，今天又是周末，已经这个点了，言外之意是今天就这样了呗；我说那我不又白忙活了么,于是四处派人联系所有能找到的运营商工作人员,想尽各种办法立即查找正在路上的市公司具体部门具体人,要其务必即刻驱车返回现场重新接线,我在现场等到测通为止。最终到晚上7点左右线路终于测通了。到这故事还没完,由于集成商测试的小伙子加班晚了,女朋友过来找,我一看,说:不好意思影响你们了,请你们吃个便饭吧。其间无意中聊到集成商将派人到成都送板卡的事,小伙子说他就是那个被派去成都送货的人,飞机票是下周一的,我当即打电话给集成商项目负责人,落实派人去成都的事,对方还信誓旦旦地保证下周一上班前一定会让送去的板卡插在设备上,我告诉他:你派的人正跟我一起吃饭呢,飞机票我都看到了,还当面糊弄我,马上改吧。这一天两件事的周折,今天回想起来可气又可笑。

几番折腾下来,到元月20号(当年的春节是24号),首期工程计划开通的十三个省级试点单位,除一个单位申请延期外,全部完成线路开通、设备安装和视频会议系统点对点音视频调试,用不到20天的时间完成了3个月没干成的活儿。不敢说首战告捷,总算了却了一件心病。

再战改观

2001年初,我们的一级专线网数字化改造工程首期工程完工之后,当年比较顺利地完成了二期工程的建设,使我们拥有了一张覆盖本系统全国所有省级机关的数字化网络,这在当年是为数不多的单位之一,我本人也从中获益匪浅。在尚未着手推进业务信息化的当时,这张网主要用于召开视频会议,以及提供内部信息发布、电子邮件等简单应用服务。在我接手这个项目工程时,技术方案设计的是帧中继Over Ip,384K的带宽跑三网合一(即电话语音、数据和视频共用一个384K带宽的帧中继电路,搁现在有公司敢出这种方案肯定让甲方打跑了),视频会议的呼叫速率就得384K(从技术上192K是点对点呼叫速率的低限,但不具有视频会议稳定的可用性),这样的传输资源配置组会(即同步呼叫远端各节点)都困难,又怎么可能达到想要的会议效果呢,据说当初的设计意见说帧中继电路遇突发可以跃迁使用一倍带宽,不知道技术上是不是确保真能实现,实际的感受不是鬼话就是忽悠,想占别人便宜的人结果永远是自己吃亏。项目启动之初，领导们左思量右论证总觉得不靠谱，最后认可多花点钱要了个512K的带宽，实际用起来仍然总不如愿。后来只要一说开会就通知所有节点拔掉服务器的网线，暂时断掉视频以外的数据流量，那也就是凑凑活活勉强对付开次会，效果一直没有根本改善，传输资源严重不足成为网络视频应用无从保障的主要瓶颈。此后的十年，为了提高视频会议的质量和其他业务流量的需求增加，我们先后通过一级专线网的升级改造、升速扩容等工程，逐步提升带宽，并将视频会议从三网合一中剥离出来搭建了视频专网（即专门用于召开视频会议的专网，网内只连接会议设备，不开会网络就是闲置的，虽然资源利用率不高，但会议系统基本传输能力有了可靠保障），带宽先从512K改2兆帧中继起步，呼叫速率可达1920K，后达到10兆SDH Over Ip，可以支持1080P（30FPS）高清视频会议，传输资源不足的问题才逐步得以改善，也为后期建设覆盖全国四级机关的专网如何配置传输能力和管理能力提供了宝贵经验。

除了传输资源要与业务流量适配且保有冗余之外，网络传输质量也是一件经常令人头大的事。在运营商一家独大的年代，传输网是由本地网、长途网和远端地方网构成的，虽然都是一家（现在则都不是一家了），但各段线路和设备是由不同的机构和人员运营维护管理的，谁也不是谁的领导，谁也管不了谁，一旦发生故障，往往是本端问本地局说是好的，远端问地方局也说没问题，长途局根本没有对外的窗口，你要非较真问线路是不是都是好的，回答都是我这段是好的，别人的事我不知道，明明线路不通却都说是好的，你也就落个着急搓火干生气吧。一次中央、省、地市三级通过视频会议联合接待一位上访老户，谈到一半线路断了，本端远端又都说没问题。本来中央和地方都是下好大决心、费了好大劲才组织了这次三级联合接访，诚心诚意地想彻底解决长期上访的老问题，结果被人家说你们就是整个事糊弄一下我。最后查明是中心节点长途局一台老旧设备该方向的端口拥堵，把我们的会议挤掉了，拔下来重插就好了。作为用户，面对这种分段多重管理、超长距离、超大范围的网络传输质量问题，根本就是无能为力的，而时延过大、丢包过多、抖动严重等网络传输质量问题，对视频会议这种实时性业务的影响又是致命的，用户最多只能及时发现问题，不可能一段一段找运营商核查。从用户的角度看，那段时期我们的最深刻的感受就是运营商就是个庞大的黑匣子，任何问题丢进去就无影无踪了，用户只能听天由命。

几年之后，突然有那么一天，一位运营商集团大客户部的老总来联系登门拜访，要谈服务的事。我觉得应该还是老生常谈吧，没什么特别兴趣，当晚又必须去机场接一趟机，就想推辞，可人家一定要在去机场的路上安排先吃个饭谈，迫切之情可见一斑。见面后这位老总讲了一大堆电信改革、南北分拆后，将转变观念，用户至上，强化服务意识措施，创建新的服务体制机制，由售卖传输资源转为为用户提供端到端的全程全网服务，什么承诺4个9，客户代表制，前台制约后台机制，单点申告、限时响应、全网联动的一站式服务，特殊需要提供重保服务，等等。一句话，就是要用服务解决这些年用户饱受其害的后顾之忧，言辞切切。说良心话，当时这些话并没有全部都听懂和理解，更没意识到改革将带来的深刻变革和真实效果，只是回复了一句以前从来都是我们请你们运营商吃饭，您是第一个请我们客户吃饭的运营商代表。随后的若干年，经过反复磨合，最初的这些承诺慢慢地一一得以兑现，比如申告个情况，很快有专门人员主动联络，问明详情，当时不能解决的，可以预告解决周期，并随时通告进展情况，包括查到了哪一段哪个环节，有什么问题发生，正在怎么处理，一直到我方验证问题已经解决为止。对于运营商的服务改进，最突出的感受就是终于有人开始为用户着想了，再也不用一家一家地找人、一段一段地排查解决问题了，明显感觉到背后确有一套机制和服务体系在撑着。一次到某省会城市出差，碰巧本机关几位业务部门的领导也到此地出差，且住在同一酒店，晚餐后他们发现房间网络不通不能上网（那时还是有线网，没有Wi-Fi），一致要求让我想办法解决，因我的房间网络正常，认为这简单，大不了换个端口就行了，可酒店告知该酒店的网络系统外包给当地运营商了，现在已经下班，只能等明天再说。可这帮领导不干，拿风凉话一个劲儿烧我，被逼无奈，电话联系北京的集团客户代表，当时已经是晚上8点多了，等半天才接通，方知其小孩生病正在医院输液，但答应试试看；10分钟后，当地业务代表电话打到房间，告知已接到通知，技术人员正在路上，30分钟后业务代表与技术人员到我房间告知网络已经恢复且已确认。一个小时之内经远程申告问题得以快速解决，亲身体验了一把一站式服务。

重拾信心

在这家运营商的带动之下，其他的运营商为了不失份额也不得不选择跟进，全盘接受所有服务承诺，虽然受后台机制所限，实际兑现的程度尚有不小的差距，但运营商的总体传输能力、网络质量和保障程度的确得到了有效提升，也才有了我们在后期网络升级扩容进程中，优先选择了南北分拆方案，由南北片区两家运营商分别提供端到端的全程线路和服务，网管可以随时监测和控制到远端的网络设备，一家负责到底，谁有毛病一清二楚；后来又演变为南北两家运营商各搭建一套覆盖全国省级节点的全程网络，通过双路由、双主交换共同运行，互为备份。尽管网络备份机制的实现不够理想完善，但就传输资源配置、网络质量保障和可用可靠程度而言，用户确确实实得到了实惠。而今，两家运营商更是直接派员到我们中心节点现场值守，还附带协助解决局域网的终端配置、故障排除等问题，提供一包到底的现场服务，最大限度地降低了网络运维保障的压力。经过十年左右的辗转反复，我们专网的传输能力、传输质量和保障水平才得以改观，才慢慢积累出驾驭专网的能力和信心。想想当年到处求爷爷找奶奶，请客吃饭，着急生气挨板子的日子，真是天壤之别，换了天地。

写到这里，真心感谢国家改革开放的大政方针带来的观念意识的深刻变革，适者生存；感谢电信改革形成的市场竞争机制，优胜劣汰；更要特别、特别地感谢那位第一个请我吃饭的运营商大客户老总，胆识可贵，身体力行，搅动了运营商的一潭死水，率先站出来带领团队创建并逐步实现了用户服务体系，功不可没，历史应当记下这真实、浓重的一笔。

现如今，多数机关的专网都已逐渐归入国家统一的政务内外网，无论主管单位如何、网络架构如何，基础网络的传输能力与"质量+服务"

的所有内容仍然是必不可少的条件和要求，运维保障服务支撑体系永远都是政务信息化中不可或缺重要一环。我曾在许多场合讲过当下存在的四种运维服务模式，儿子为老子服务的模式——领导与被领导关系、第三方外包服务模式——法律合同关系、互相帮忙服务模式——兄弟单位哥儿俩好关系和自助服务模式——自建自养运维团队，至于哪种模式适合哪类情况、哪种模式最靠不住，相信各位看官各自心里都是有数的。

视频会议系统的困惑与解脱

据说我们的专线网之所以上马，缘于当年从外单位调任我机关的一把手，说他在原来的机关，按个电钮下面的领导就出来了，有什么事和要求当面交代，随时反馈，来我们这儿最快的办法就是有事发个传真，两个星期有回音就算不错，效率太低。由此可见，召开视频会议是专线网实现的首要功能，重中之重，可偏偏我们的专线网开视频会议是最没谱、最没底、最不中用、最不可靠、最丢人的事。那时候，一年下来也就是开几次全国的视频会议，量很小，可只要一说要开会，那真是心惊胆战好几天，做多少准备都没用，画面出个马赛克算是最一般的故障，一会儿出个静帧死画面，一会儿出个黑屏，一会儿有声没影，一会儿有影没声，动不动 MCU 就切不动了，一个小时的会议不知道有几个省掉几次线，两部值班电话响个不停，现场还没来得及排查故障原因会议就结束了。一次会议期间，省会场一个电话直接打到我手机上，厉声质问你们为什么把我们挂断了，谁给你的这个权利，我顺口问了一句您是哪位，人家说我是谁谁谁，好家伙是人家省里的一号领导，（实际情况是没人主动挂断对方，只要线路中断，系统自动会在远端显示屏上打出一行滚动字幕"对方已将你挂断"，后来系统改造时坚决删除了这一字幕，改成定格在最后一帧图像）；我赶紧联系当地视频会议管理员，分析确认是交换机到视频终端的局域网交换机网线不通问题，告知换根备用网线立刻就好了，事后查明是网线的水晶头手工自己掐得虚接，时通时断。还有好几次会议期间图像定格或出现较大片马赛克，在场台上的领导和台下的厅局长们所有人齐刷刷地回头看着我，没人说你什么，那无形的压力让你如坐针毡。每开一次会就像一次赌博，碰运气，能让领导把话一次完整讲完就阿弥陀佛。从系统建设过程中的每次全网联调之后，到运行初期每次实际召开视频会议之后，我们都会召集集成商、接入设备厂商和视频设备厂商汇总、讨论、研判系统出现的问题，但各家都只申明本方没问题，从来只字不提哪有问题，线路网管说没有发生过中断，接入设备厂商说监控日志记录说明我们的设备运行正常，且可以随时调看，图像声音不好视频设备厂商说可以在局域网环境下验证视频设备的完好性，集成商更说不出个一二三来，这样的总结、协调、研判会开过无数次，往往都是每次开会问题百出，却找不出谁在哪个环节有什么问题，弄得你干着急没法子，结果也大都是不了了之。这种情况持续了数年，带来的明显后果就是机关大领导的重要视频会议办公厅都安排到运营商或者公安部去开，一般部门的视频会议就安排在自己的网上凑合开。你想想，自己花钱建了视频会议系统，一开会自己的用不上还得去人家单位用人家的设备、场地参会，打哪儿也说不过去呀，上上下下的风凉话就更不用说了。有些部门熟悉的领导开玩笑说我扛上这活儿就摊上大事了，交厄运倒血霉，赶快烧香拜佛转运吧。

　　玩笑归玩笑，咱总得想招化解吧。经过坐下来认真分析研判，四处找专家求教，多方考察学习，摸爬滚打，拍桌子吵架，调研会、讨论会、论证会不知开了多少次，最后认为眼前面临的现状，不是某一个环节、某一台设备的个别问题，而是存在系统性风险，需要通过改善基础环境、选择成熟可靠的技术路线和建立全程保障机制才可能会有出路。我们所面对的视频会议系统与互联网的视频系统不是同一个概念和要求，不仅体现在机制、协议、设备等技术层面的不同。微信等互联网系统的视频效果不好可以断掉重建，Wi-Fi 不好可以换个 Wi-Fi 或直接改用运营商的数据流量重启，成功在线后可以继续开会；而我们的会议以主会场领导讲话为主，讲一段停一段或重复讲两遍都是不现实和不能被接受的，对画面背景、色彩还原、清晰度、连续性等音像的质量要求也不在同一档次，不少在政府机关干这活儿的人都没少因这些小事挨过板子，甚至被炒了鱿鱼；况且网络断了，一旦恢复，网络设备可以自动握手连接，视频会议则必须重新建会。所以，虽然都称为视频会议，但两类视频会议的实时性业务要求不具有可比性。记得一位专家分析得很到位：人家当初研发出的视频会议技术产品，是为了解决不在同一地的企业员工之间交流、讨论业务情况，老板提要求发指令，也就是几个节点最多几十个人的会，我们却要开上百个节点、几百人甚至成千上万人的会；领导一讲话就是连续一两个小时，还得要电视台主持人的效果，技术要求和难度不可能一样。基于这些认识与判断，才开始着手对诸多环节采取一系列综合措施，逐步向全面解决问题靠近。

措施一：提升对网络设备的管控能力。我们在会同运营商提高网络带宽和改进网络传输质量的同时，特别注重提升自有网络设备的管控能力。在由帧中继 Over IP 改建 SDH Over IP 骨干网络时，数据与视频将混网共享带宽资源，且视频会议开与不开时会有不同要求，因而编制的招标文件要求各节点的主要网络设备必须具有多重 QOS 保障功能，并临时搭建本地和长途实际网络进行设备测试，用一对端口跑满视频会议，另一对端口发超过预留带宽的超量数据，一边检测对视频系统有无质量影响，同时挂表拆包检测有无超量数据包窜入视频会议端口。通过网络设备的 QOS 保障，给视频会议系统增加了一层保护，确保有突发数据流量时视频会议系统的带宽不被挤占。

措施二：规划规范网络环境。随着全国二级、三级专线网络逐步建成，各类应用不断扩展，尤其是跨省域视频点播占用骨干网络的情况比较突出。为解决流量无序失控、重要业务应用保障不足问题，调整了骨干网络设备配置管理措施。要求省以下地方网须单独购置本地核心路由，不得借用一级网省级节点路由作核心路由搭建地方网，同时将省级节点路由的管理配置权限上收到中心节点，统一下发预设参数配置，灵活管控忙闲不等时的数据流量；本地视频会议系统直连一级专线骨干网，多级联网召开视频会议时，通过交叉驳接、矩阵切换方式将音视频信号转入地方网；本地 VOD 视频点播视情况控制在局域网或本地网内，不得提供跨省服务。这些措施有效地保障了视频会议系统的可靠运行，也让有限的带宽资源得到合理分配使用。

措施三：彻底解决 MCU 单点故障，回归点对点。视频会议系统的核心是 MCU（Multipoint Control Units 多点控制单元），承担着组会、断会、切换、轮巡、广播、静音等多项调度指挥功能，一旦出现状况，不是个别节点掉会就是全部节点断会，俗称会议塌了。我们早期建成的视频会议系统，中心节点只配置一台会议终端、一台 MCU，会场内放两台显示屏，一台显示本端，一台显示远端；开会时，通过 MCU 切换不同远端会场情况。因为切换前不能预知被切会场状态，只能撞大运，切出来什么样就什么样，静帧、黑屏、马赛克、抽烟、喝茶、睡大觉，什么情况都有，我把这时期的 MCU 叫作"瞎切+送死"。更可怕的是切着切着就切不动了，任你怎么点鼠标，MCU 就是纹丝不动，没有任何反应，处于完全失控状态，一时也找不出原因，更不敢中途断会重启。没辙，但凡开会，要么自始至终只放一个固定远端会场活动画面，要么壮着胆子切一两个相对稳定远端会场蒙混过关。可领导们不干呀，经常被追问，全国三十几个会场怎么没都看见呀，又不敢说实话，只得对付一下说下次改进，好在那时每年开不了几次会，糊弄一次算一次，既尴尬又惭愧。

经过调研走访和反复分析研究，认为原因之一是 323 协议有一个机制，当某一个节点因为时延过大、丢包过多及其他因素，造成图像流不能顺畅连续、超时等待时，会议终端会向 MCU 发出请求，MCU 会发一幅全帧图像，冲开等待状态，以解决图像流短时不能接续问题，此时画面虽然可能会出现瞬间跳跃，但只要图像流只是偶发受阻，则会议可以延续。这本是 323 协议设定的一个策略，然而一旦图像流长时间不能连续或突发多节点同期发生网络不畅，则 MCU 将不停地发全帧图像，将造成 MCU 因处理能力过载或内存溢出处于 HOLD 状态，或曰死机，此时鼠标所有的操作也就完全失效了。原因之二是视频会议系统的兼容性非常差，非同一厂家、品牌的设备尽管都是基于 263 框架协议设计制造，但为了解决 263 协议下未约定的问题，凸显各自的技术优势，各厂家都有不同程度的扩展，特别是管理指令各有不同机制和策略，互不兼容。随着我们各地二级、三级网视频会议系统的逐步加入，各自分别选用了不同厂家、品牌的产品设备，加之全网管理没有及时规范跟进，在线视频设备多样化，联网组会时，MCU 不可避免地会收到不可识别信令包，在反复解包、识别、处理过程中，也可能顶死 MCU，出现控制失效情况。一次召开全国全网视频会议时，在完成会前点名调试，各点候会轮巡期间，A 省的技术人员误将静音操作置为静像按钮，等广播到 A 省时，画面出现一个镜头被打了个 X 的图像，B 省的 MCU 突然死机，本地二级、三级网视频会议全部掉线，此时距正式开会只有不到 5 分钟，多次重新呼叫组会无效，怎么也叫不上来下面的会议终端，最后 B 省只有省级机关的人参加了全国会议，其他地市和县级机关的所有人员全部按时进入本地会场却未能参会。后分析认为 B 省违规将本地非统一厂家的 MCU 直连到上一级视频会议系统，广播 A 省非正常静像图像时，出现 MCU 反复处理不可识别信令被 HOLD 住，无法转发广播收到的信令，但尚未达到死机，如果当时不多次反复重呼，关机重启应该可以再次成功组会。

有了上述理论分析和实践体会，在制定视频会议系统升级改造方案过程中，视频会议设备商提供了北京一家市级机关一直采用传统点对点的组会方式的信息，即中心节点为每一个远端节点分别对应配置一台视频会议终端，本端视频会议终端的输入输出信号全部汇入音视频矩阵，管理系统通过对音视频矩阵的控制管理，实现统一组会断会、广播切换、静音静像等功能。经现场参观考察、深入学习研讨，认为点对点的组会方式相互独立，互不干扰，可能掉点但不会塌会，远端会场切换简捷方便，管理系统操作简单、功能够用，增加终端与减除 MCU 的费用相差不大，唯一缺点是不能全网所有节点同时混音，但可控可靠程度大大提高。这一方案实际上并不改变数字会议系统从模数转换、抽样、编码、压缩、传输到解压、解码、还原音视频信号的技术原理和实现过程，又同时规避了单一方向技术故障引发核心设备 MCU 失效导致会议无法持续的风险，因而成为吃够了苦头的我们无法拒绝的选择。

在我们当时编制升级改造方案和后来编制高清视频会议系统改造方案过程中，还出现过两个很有意思的小插曲。

某一天，突然来了五六个金发碧眼的老外，申明是全球顶级 MCU 专业厂商的区域销售代表和技术主管，声称是他们企业最先研发出的 MCU，才把传统落后的点对点视频通信模式引导到当今先进的 MUC 视频会议模式；他们的 MCU 产品遍及全世界，为什么我们放着先进的技术不用，反而要退回到点对点的老路上去。我们解释说，点对点和 MCU 两种方式都可以实现组会功能，我们只是选择了更适应我们实际需求和更适合中国国情的点对点方案，也仅仅是我们的一个选择，我们认可你们的 MCU 产品是全球知名的产品，更不存在否定你们产品成熟、技术先进的任何意思。没有结论，老外们悻悻而去。

国内一家鼎鼎大名的设备制造商要求来讨论一下我们的视频会议系统方案，说是研发人员一起来，那架势哪是来讨论，分明是来论战的，我们参与方案编制的团队也只好全部应战；人家一上来就告诫我们：现在的技术发展早已不是你们建视频会议系统当初的情况了，我们现在的MCU 已经是双主板、双电源、双网卡，背板带宽具有核心交换机的能力，还可以双 MCU 在线备份，对每一个收到的 IP 包都会做拆包处理，对不可识别的包都统统丢弃，你们担心的事用我们的设备都不可能发生，等等。其目的十分明确，就是要我们放弃自己的方案，选用他们的设备。我们说明了对经常出现 MCU 失效的原因是有技术分析和实际案例的，不是我们的臆想；他们的设备配置并没有针对性的策略；任何网络设备的处理能力都是有限的，真遇到广播风暴都是无能为力的；对每一个包都做拆包识别处理，需要占用更多的资源，更需要实际验证；以他们企业的实力完全具备研发符合我们想法产品的能力，要看他们怎么评估和选择；我们这些人承担不起会议中途中断责任，只能寻找最可能解决问题的方案。结果是谁也没能说服谁，不欢而散。

措施四：强化指挥调度手段。辅之以点对点模式，我们还在中心节点同步建立了负责视频会议系统指挥调度的控制中心，配置 12 块 64 英寸拼接大屏，利用分屏技术将骨干网 32 个省级节点的图像全部上屏，实时监测所有分会场的现场情况，及时发现、处理各分会场的技术故障，根据需要既可以采用轮巡方式又可随时将任意一个分会场的图像切换到主会场远端显示屏上，彻底解决了用 MCU 闭着眼瞎切的问题。

措施五：建立和完善相关保障机制。内部实行无会定期进行全网联合调试，有会提前一天进行全网联合调试，会前须提交各岗位执守人员名单，会议当天提前一小时逐点点名并确认现场状态，点名后进入候会状态，主会场播放音乐，同时逐一轮巡切换各分会场图像。其他还包括与运营商建立特别重要会议线路重点保障机制，规范各省级节点音视频设备、灯光照明、背景墙等会场设施环境。

经过前前后后服用这些大大小小的"解药"，才一步步化解掉大部分系统性潜在风险，基础环境得到了较为彻底的优化。时至今日，最多时已经能够自如地应对超过3400个会议节点、超过20万人参加的全国视频会议，还可以将外部的视频会议通过驳接的方式方便地转入系统内会议。从战战兢兢到基本摆脱厄运，前后历经近十年的时间，如履薄冰又过于漫长而艰辛，实实在在的一场磨难。顺便再说一句，这还没有达到最理想、最可靠的状态，如果资源充沛，可以走两套网络同时组建两套视频会议，可一套采用点对点组会，另一套用MCU备份，两套视频系统同时实时在线，秒级转换，这样才可能符合某些大领导所说的万无一失。

再上"祸"船

大约在2003年，机关办公场所拥挤不堪，启动了办公楼改建扩建工程。到2004年年初，当土建工程封顶，开始进入内外装修阶段时，领导们硬是把我拉去主持新建办公楼的弱电工程。明明知道这活儿不是贼船也是火坑，说啥理由都没用，就你来吧，一场新的历练又开始了。从初期规划到实际交付运行，历经3年左右的时间，其间折腾出的烂活儿烂事一堆，本文仅表几件。

故事之一：没有预算。弱电工程建设项目及费用本应纳入早期基建项目整体规划设计和预算之中，到我们介入时却是一片空白，项目总设计单位没有提供任何可供参考的规划与方案，不仅要从零开始规划设计，总工程预算中也仅有180万元的布线费用，还不知道早就挪给哪个部分用掉了，而领导们的要求是要把新办公楼建成功能完善、技术先进、节能环保、若干年不落后的智能化楼宇，还放下一句话，钱不是你们考虑的问题。等到我们按部就班从规划设计、技术方案到招标文件一步步提交审批时，这句话就变成了你们怎么要花那么多钱。又要羊儿肥又不能多吃草，说到底，还得回到谁的孩子谁抱走、谁的麻烦谁自己搞掂的老路上来。一是用新办公楼启用后十年的电话费（含市话费、长途话费）独享换取一家运营商承担 800 余万综合布线投资，资产属其所有，使用权归我们机关；二是将传统的周界、园区、停车场、楼界、楼内、房间等多重保护的立体全面安防体系改为仅作周界、楼界和重点要害位置的简单安防系统；三是将所有房间的门禁这一唯一可以降低机关运行费用的系统取消，只保留布线不购置安装系统和设备；四是其他弱电系统设备的品牌也不同程度降低了档次。就这样又减又省，最后全部弱电工程划分为四个标段，总金额超过了 6000 万元，光招标文件就超过 24 万字，明确要求中标企业全部垫资，没有预付款，先施工，验收后付款。鉴于垫资额度较大，工期跨年，为了避免后期麻烦（实际上也没避免得了），我们先请四家中标企业老总到场，当面确认甲方按期支付工程款的承诺，基建办领导一句话："放心，我们这样的机关不可能欠钱不还"就都给打发了；后又在各家的合同中都作了如延期付款甲方须支付银行同期贷款利率的约定。尽管如此，由于弱电工程项目费用需要向主管部门申请追加拨款，几经周折，一拖再拖。工程完工后，各家企业跑了无数次催要工程款，没有一家企业愿意通过诉讼解决，到最后一家企业拿到全部工程款已经是工程验收后的四年以后了。领款时，各家企业都被告知签署一份自愿放弃因甲方延期付款应支付银行同期贷款利率要求的声明。

故事之二：没有工期。弱电工程本是一项作业面分散、隐蔽工程多、技术难度大、施工难度大、质量要求高的复杂工程，单说网络系统，就包括全光内网、电缆外网、大对数电话网、视频会议专网、有线电视网、安防监控网、楼宇设备监控网、手机信号楼内覆盖网等多个网络，还要做到骨干备芯备缆、终端备点，所有专用会议室的灯光音响、镜头显示屏也都需要穿管拉线，更不要说还有数不清的设备安装、连接调试，穿墙打洞、开槽布线是不可避免的。所有这些施工作业总得有时间让人干活吧，可在与内外装修装饰同步施工阶段，没有任何一天是交给弱电工程队伍施工干活的。整个工地搞不清有多少家施工单位，各自为政、各自为战、各干各的，铺地的不管刷墙的活儿，吊顶的不管门窗的事，谁完活儿谁拿钱走人。举个例子，楼道吊顶上面的空间，建设项目设计师本应按照电在上、水在下的原则合理划分空间，依图统一有序施工，实际上是谁先来了，怎么省事方便干活就怎么干，你搭个架我挂根管，杂乱无序，过不去了就打个弯爬一下，后面来的不要说作业空间，有的地方手都伸不过去。更有厉害的，干完自己的活，拿两块木板斜钉个交叉封门，爱谁谁一律不准进，说等着验收拿钱了。不论你在机关是处长、还是厅长局长，一个干活的小工人说不行就不行，六亲不认。机关搬入新楼的日子是领导们定死没得商量的，为了推进弱电工程的进度，每天最多的时间都花在怎么进施工现场干活上，会议协调、电话协调、当面掰扯、磕头作揖、拍桌子瞪眼、请吃饭、喝大酒，除了动手打架什么着都用上了，连续八个月，每天下工地，没有周末和节假日。就是在这种恶劣的施工环境下，到正式搬家的那一天，人手一部电话，所有终端均可上网，会议室音响、灯光、显示正常启用，机关可以正常办公。当然，也包括有水有电，食堂正常开饭。

　　故事之三：外行设计的耻辱墙。对于视频会议的专用场所，有比普通会场更多、更高、更专业的要求，除了装修装饰要美观、气派之外，室内的声场、光场分布需作专门设计，特别是主席台的背景墙更要重点关注。我们的视频会议专用会场的设计师，为主席台背景墙选用了据说叫意大利进口的莎拉那米黄大理石，做出来的效果图光鲜亮丽、气派大方，领导们都很满意。我们从实用、专业角度提出了明确、坚决的反对意见，反声反光不可用。设计方承认有影响，但认为没有我们说得那么严重，几经反复争辩，领导们同意试试看。建成后，我们打开灯光、音响、摄像机现场测试，话筒距背景墙不足2米，音量小了没有扩音效果，稍微调大一点就啸叫，显示屏上背景墙的亮度远高于人的面部，结果从领导到旁观者没一个认可的。设计方则提出主要原因是大理石表面过于光滑明亮，将其打磨粗糙就可以解决。可惜漂亮、名贵的意大利莎拉那大理石表面被打磨得面目全非，再测试仍然无法过关。最后，同意我们用粗纹路的蓝色吸声吸光纤维材料粘贴覆盖墙面，才达到各方认可满意的效果，且一直沿用至今。这面据说价值 30 万元的豪华大理石墙面被永久地留在不足 2 万元的纤维材料之后。

故事之四：得来不易。基于前几年视频会议系统应用管理的经验，我们在新建办公楼弱电工程建设方案中，经过广泛收集信息和技术可行性论证，专门设计了一套较为完备的会议互通系统，借助有线电视网、局域网和单独部署的视频会议专网，用三种方式实现了全机关所有办公室的本地音视频信号和远程视频会议语音、图像的互联互通。所谓视频会议专网或称为视频会议局域网，首先，是在会议系统控制中心与机关内所有会议室、有线电视机房和所有大领导们的办公室（我们统称为会议点）之间，单独部署一路专用光纤，两端配置专用光猫，用以实现音视频信号的双向传输。这套系统可以通过会议控制中心与有线电视机房之间音视频信号的互传互转，使得所有会议点和所有工作人员的办公室用普通电视机单向接收所需要的音视频信号，此为互通方式之一。其次，通过会议控制中心的流媒体系统，所有会议点和所有工作人员的办公室用电脑终端以直播或点播方式单向接收所需要的音视频信号，此为互通方式之二；这两种互通方式还都可以通过会议控制中心，参加全专网的地方远程视频会议或分组会议。再次，通过会议控制中心的本地和远程视频会议系统，视频会议专网内的所有会议点均可以作为主会场直接参加全专网的任何一个在线视频会议，为机关各级领导不能及时赶赴现场直接参加会议提供了极大便利，例如：大领导们在自己的办公室可以直接在网内任何视频会议上讲话、致辞、作指示，此为互通方式之三。最后，我们还专门开发一个专用程序，会议期间，在线领导只需在自己的电脑上用鼠标点击任何一个在线视频会议会场的地方名称，如北京、上海、广东等，室内显示屏上即可呈现该会场的现场实时画面，自主随意切换，无须告知会议控制中心作专门操作。这套会议互通系统本是我们此次弱电工程的一个独创和亮点，可在项目招投标中却遇到了麻烦。

按照内部工作要求，我们只负责招标文件的编制，后续工作由纪检监察部门负责，招标公司选定及评标过程我们均不派员参加。招投标结束后，招标公司正式致函我们排名第一的中标企业，待拿到该公司的投标文件一看，与我们招标文件的要求相去甚远，既没理解功能要求，更没有可行的技术实现方案，特别是会议互通系统，就用一个流媒体方案全部了事，部署的视频会议局域网根本没用。经正式致函招标公司，要求评标人员书面说明招标文件中的问题和要求投标人是如何应答解决的，回函没有任何实质性问题的回复，只说评标过程时间有限，不可能对所有技术细节审查核对到位。这不是自己没整明白还不负责任耍无赖吗，招标公司则一再强调无权对评标结果作任何更改，可我们也不能白花钱找来一个既没能力又不会干活的人吧。僵持到后来，招标公司提出除非中标企业自己承认不满足招标要求，才可以选择排名第二的企业中标。幸亏我们在招标文件中约定了资格后审条款，据此约请中标企业的项目授权代表和投标文件的执笔人当面对质。事前我们摘录了招标文件中的相关要求及问题十余页，讨论中逐一提出。我们首先说明在招标文件中的哪一页、哪一段原话是怎么写的，请对方回答是如何理解的，再请对方指出投标文件中是如何解决或满足这一要求的，哪一页的哪些文字是对这些要求的应答，如果对要求或问题的理解不正确，我们则告知我们这些文字表示的是什么意思，并允许对方可以当场重新回答应该用什么方案、办法、技术，如何解决。四个多小时下来，除了极个别的问题属于不够完善外，绝大多数属于要么是投标文件未作应答，要么所答非所问，要么是理解错误而又不知所措。最后，授权代表无奈地签署了投标文件不能满足招标文件要求、需要修改完善的书面声明。这才使排名第二的企业进入资格后审，正式中标和进场施工，我们最初的设计和想法才最终得以实现。

故事讲到这儿，反思整个弱电工程项目建设的过程，在管理理念、管理机制、管理措施没有跟进转变，在谁来管和想怎么管这个基本问题尚未达成一致的情况下，便盲目上马技术先进的管理系统应该是个深刻的教训，失策、失败在所难免。系统来源于并服务于业务，而业务又是在特定和适应的体制机制下运行的，没有相互的融合，再先进的技术也发挥不了作用，更不可实现预期的目的。

又立潮头

打从我误打误撞闯入信息化这个江湖开始,一直存有一块心病长年不得了却。虽然经常被人高抬为全国行业信息化的掌门人,却从未对业内的业务信息化有过什么大手笔动作,自知其他信息化方面的事干得再多、再好,这件事没解决就没实现信息化的核心价值意义,也没有成就感;但又深感这活儿难度和复杂程度,以我的位置、可调用资源和自身能力,不足以触碰这个牵一发动全身的烫手山芋,顾虑重重,迟迟未敢下手。从20世纪90年代起,我所在的这个领域业务信息化应用,先经历过百花齐放、百家争鸣的自我发展阶段,以成就了若干个试点单位收场;再经历了办公、办案、管理三位一体阶段未能落地;后落脚在九龙治水自生自灭,形成了较为稳定的格局和规模。面对纷繁复杂的过程与现状,认为统一应用难以实现,统一数据尚可一试,主要思路放在如何统一数据标准和搭建全国数据交换平台的策略上面。2009年,在全国的信息化工作会议上,机关的一号领导明确提出要开发全国统一的业务应用软件,成为全系统业务信息化的重大转折点,从此开始了全新的历程。

作为承担此项工作的主要部门,无论原来有什么想法、思路,都必须归结到用统一的系统实现业务信息化的要求上来。为了办好这件事,先期进行了广泛的调研、论证和征询意见,在如何开发统一业务应用软件问题上,一些地方机关提出可以用本地现有在用系统直接统一全国,成熟简单见效快,此谓购买成品模式;一些在用系统的开发商也纷纷登门游说,希望能用自己的系统或以其为基础统一全国,此谓委托开发模式;也有人提出应当统一组织自己的队伍,另行开发专门的统一软件,此谓自主开发模式。正当各方争论不休,2年没能形成可行方案之时,中心主要领导更替,新任领导力排众议,大刀阔斧地组织中心学过软件专业的技术人员组成开发队伍,并选调全国系统内参与过软件开发工作的技术人员集中到京,突击开发系统,直接开始魔鬼式编程操作,走上了自行开发之路。我对这种工作模式存有疑问:一是社会基本常识就应该知道,如此规模、如此重要,涉及国家执法行为的系统,不应该用这种搭班子凑手的小作坊方式;二是软件工程是系统工程,应该先搭框架,选好技术路线和成熟IT产品,直接上手会什么语言就写什么代码不够专业;三是会编程写代码不一定能组织得好系统开发;四是信息化管理需要扁平化,需要流程再造,没有业务部门的统筹协调认可,自己闷头搞出的系统成功率会很低;五是人才资源有限。这些不合时宜的表示显然不够合拍,因而被搁置一旁,我也不再参与其中,落得清闲。在一次专家论证会上,这种开发模式被与会专家一致否定,其中一位颇具威望的专家非常诚恳地对在场的分管领导说:我本人就是学软件出身的,一直读到博士毕业,上学时也有过一定要写个非常好的软件的梦想,到现在我自己没有写过一款软件;我在机关也带着近百人的开发队伍,我们机关的所有软件都是第三方开发的,没有任何一个是我们自己开发的;时代不同了,社会在进步,思想观念需要与时俱进。这些不同的声音均未被听信。

记得没过多久,也就是一年左右的时间,自行开发的系统完成了雏形,并在地方机关进行了初步试用。领导们听了汇报、看了演示,觉得没达到预期的目的;业务部门不置可否,案管办强烈反对,因为没有他们的工作模块;地方机关认为没有什么新意,用也可以;外部的相关公司散布说不如他们的系统好,上上下下、里里外外没有一个全面肯定表示满意的。僵局之下,领导们亲自出马,率队上阵调研、直接听取意见,自请专家论证,统一领导班子思想,最终选定由为南方某经济特区地方机关开发业务应用系统的J单位,在原有系统基础上重新开发全国统一业务应用软件。2012年9月的一个周六,在外接到家人电话,说是单位来电有事让回个电话,来电人称是我同事,女性,姓H,再看号码是南方某省的,惊愕之余立即复电,约好第二天办公室面谈。周日下午,如约到场听取指示,得知机关决定专门成立全系统统一业务应用软件开发工作小组,集中精力、时间,加快推进统一业务应用软件开发工作,并要我担任这个专项工作小组的组长。起初我还想以临近退休年龄为由,希望领导再择精干之人,我可全力配合辅助;领导态度坚决,我们已经文件通知各地不再开发新的业务应用系统,全国都在看着我们,按常规选人、考察，办手续调任到位，至少几个月又过去了，没有退路，就这样办了；并就班子构成、工作任务、时间要求、领导关系一一作了交代。这一天令我再混几年退休的幻想破灭，成为又入江湖的起点，再无置身事外躲清闲的日子。

办法总比困难多

前文所叙，我本门外汉，从未有写过一行代码的经历，扛这么大一个活，自然力不从心，好在领导坐镇，八方合力，重重困难与矛盾方得一一化解。虽尚未到老年痴呆，但近事遗忘已时有朦现，其过程中的桩桩件件，困难与办法，也只能想起一出算一出了。

解隐忧。软件开发这活儿，说得再急、再迫切，再想法多，再要求高，毕竟不是我们自己操刀，剃头挑子一头热咋办。没等叫难，领导直接跟J单位高层沟通，就一句话概括，有困难找解决方法来了；没过两天，机关就来了一队高管，也就一句话，我们领受任务来了，这么给力的态度，再说其他的话都是多余的了。具体承担单位很快抽调骨干，组建队伍，立即投入需求调研，动作之快着实没想到。一个还没提出的困难轻而易举地了了。

去杂音。启动初期，困难与问题不计其数，千头万绪难于入手不说，旁边还有吃瓜的不嫌事大，说风凉话、出难题、设障碍，看你们能整出个啥样；但领导们决心已定，定期召集专题例会，听情况，提问题，作指示，提要求，分工明确，责任到人，会上研究确定的事项都当场指定一个部门负责落实解决，并且记录在案，下次例会一个个点名汇报上次会布置工作的进展落实情况，没办成是咋回事，有啥问题，再研究部署下一轮工作，如此循环往复。高频时每周固定一次例会，重大急迫问题随时开会研究，逼着你小步快跑还总怕跟不上。对涉及国家职能部门管理的合格资质等外部事项，该谁沟通协调谁去办，该领导出面领导从不推辞。如此效率与作风，如此领导力度，为项目迅速推进开了好头，给了最强有力的支持，再没有人站出来说这事干不成了。

统需求。需求调研分析是软件开发项目中不可逾越的首要阶段，但凡干过这活儿的人，不管是内部主事扛活儿的，还是外部接活儿的公司企业，都有说不尽、道不完的苦衷。需求调研的主要形式不外乎查资料、开会议、个别问、写卷答、填表单这几招，质量效率从无保证，择不清、理还乱是常事，要么没遇到明白人说不清，要么揣着明白装糊涂不出力，要么事不关已随便糊弄，要么各说各的没人拍板定论，更有变来变去永无止境。我们这回专门定义了一个业务需求总代表——案件管理部门，以各种形式收集到的和各个层级主动提出的所有需求，经由案件管理部门分门别类汇总后，交由各个业务主管部门负责审核，经与案件管理主管部门协商确认后，统一提交开发单位技术实现，未经案件管理主管部门确认提交的业务需求，均不作为编程开发的依据。通过理顺这层关系，从而确定了案件管理主管部门在需求统筹过程中的地位和职能。记得最后形成的需求说明书好几大厚本，超过 200 万字，他们办成了一件劳苦功高的大事。此处又想起需求调研中一段记忆深刻的经历，多次参加各地各级的需求调研会，发言者多属被动型的，一般都只说现状是怎么干怎么管的，少有人能说得出为什么要这么干这么管，依据在哪里；大小领导说过了，一般参会人员，哪怕是当地业务骨干都不会再出声。而南方某经济特区地方机关的需求调研会则场面近于火爆，个个争先恐后抢发言，不光说现状说做法，还说有何问题，应该怎么改，并且有理、有法、有案例；一个人说完另一个有不同意见马上抢过来再说，生怕自己的意见没让人听到，都是一副我有研究我知道的样子。不管说的对不对，那开放的氛围、不甘示弱的工作精神状态溢于言表，令我感受颇深。

两个版。当初接活儿时，领导们就有言在先，三个月上线，就连我这个外行都知道，神仙也完不成。工作组与开发团队几经辗转，集思广益，却都说不是靠"人海战术+不吃不喝不睡觉"就能搞定的。最后，还是开发团队的"大和尚"艺高一等，说三个月上线不可能全国所有机关同一时间全部上线，总会有一个先有试点再逐步推开的过程，我们可以借助原有系统的架构优势，两条腿各走一路，打个时间差。即以原在南方某经济特区地方机关应用的系统为基础，主要业务先行，按照此次提出的新业务需求重新调整配置，三个月内推出全国统一业务应用软件的试点版，择地试用；与此同时，组织另一套人马，在进行试点版开发的同期，按照新设计的技术方案及路线编程开发覆盖全部案件办理业务的全国统一业务应用软件完整版，待试点版试用期结束，推出完整版扩大试点范围，视满意程度择机全国部署上线。这一方案，既符合领导们的调子，又积极稳妥，逐步推进，避免一哄而上，忙中生乱，也为开发工作赢得了必要的时间，最终得到了领导们的首肯。

施良策。实体技术开发工作初期，大把时间都花在一系列技术策略的选择制定上，好在"大和尚"带领的核心技术团队和我们的技术总代表底子厚、实力强、经验丰富、游刃有余，我这个门外汉大多数时间是插不上话的。这些策略的选定，为后期的编程开发和部署实施奠定了良好基础，既有适应业务特性的优势，更不乏亮点。比如：坚持选择饱受诟病的CS构架，CS与BS本无孰优孰劣、谁先进谁落后之分，当时条件下，CS足以适应业务需要，而BS的便利性虽不可否认，但编程开发的工作量更大，与任务目标和时间要求不配；比如：采用结构化与非结构化数据分别存储、通过结构化数据调用文档的路线简化了不同属性数据间的共享共用关系；比如：将生产库、汇总库、交换库、统计库等结构化数据库相互分离又相互关联的设计，使数据关系、服务功能更为清晰，避免相互干扰；比如：两级部署、集中交换的策略（即统一业务系统部署在中央和省级两级机关，省级以下机关不再搭建应用支撑和数据存储硬件环境，地方各级机关的案件承办人和管理者全部作为省级系统的用户，案件办理生成的结构化数据通过交换系统实时交换至中央数据库，非结构化数据隔日交换至中央数据库），既缓解了经费投入和运行维护的压力，便于快速部署实施，又可相对满足安全防护的要求；比如：电子印章和统计模块剥离外挂、另行开发决策，化解矛盾，优势互补，更有利于集中精力开发业务系统。另外，如统一为主、个性化为辅的策略，允许用户在分案方式、工作文书创建、印章使用权限等方面自行设定，在一定程度上满足了不同地域、不同机关、不同管理机制下业务办理的实际需要；特别是将用户身份、结构化数据项、业务流程、法律文书与工作文书等要素仓库化，再在类案中全部实现可配制的技术策略，集中体现了以案件为核心的思想，具有强大的应变适应性和生命力，也成为统一业务系统的核心技术优势。后期电子卷宗系统研发成功并对接融入统一业务系统，又有效地解决了前期诉讼活动形成的纸质案卷无法在系统内审阅、流转和摘录的难题，进一步填补和完善了统一业务系统的空缺和功效。

要争先。按照当初的承诺，试点版应在2012年年底前交付试点试用。时间进入当年12月，试点版基本成形，选择首家试点单位工作随即排上日程。多家省级机关以多种方式前来磋商，均提出了要做首家试点单位的意愿，唯有华东某省级机关党组率先提交了正式的书面申请报告，言辞之恳切，态度之坚决，颇有舍我其谁之势。我受领导们委派，带队前往实地考察。试点方案初步拟定试点版先在省级机关、一个省会市及两个市辖区机关、一个地级市及两个县级机关范围内上线试用，待完整版上线，将在全省100余个机关同步上线试用。要说重视程度、措施保障、经历经验、机房环境、网络资源配置、技术支撑能力样样不差，无可挑剔。事到此刻，我们最后提出两个附加条件，一要在年底前省级机关通过相关安全评测，二要尽快购置6台IBM3850送到开发现场，并派技术人员进行现场技术培训，同步完成设备调试和系统初始化，以确保按期启动试点工作。说良心话，到年底仅剩20多天的时间，就算是放到今天，要想在这么短的时间内办成这两件事都是近乎不可能的，在场的领导和几位部门负责人稍做犹豫，便一致回答三个字：没问题。回京汇报后，正式确定了首家试点单位，人家也一点儿没含糊，如约兑现。不愧是出好汉的地方，说到做到。

幺蛾子。试点版的试用进展还算顺利，其间的争议、毛病、优化、反复先按下不表，时间进入完整版启动二期试点阶段。考虑到完整版是最终交付全国使用的软件系统，二期的扩展试点单位应当具有较为突出的代表性和较好的说服力，以确保业务合理顺畅、系统优化完善、运行稳定可靠，因而领导们决定在保留首家试点单位的基础上，又扩展了南方发达地区的大省和西北偏远地区的小省两个单位，试点省内的所有机关全部上线试用，形成东、南和西北适应不同需要的三角格局。选大是省大、案件量大、种类繁杂、工作量大；选小是人员、设施、技术相对较弱，省虽小而该办的事一样也不会少，无论大小都会对系统进行综合考验。二期完整版扩展试点启动后，原以为试点版首家试点单位应该轻车熟路、顺水行舟，没想到闹出个乌龙。由于二期完整版需要全省范围所有机关全部上线，原有设备支撑能力不足，于是花大代价搭建了由服务器集群、双小型机数据库和中高端专用存储设备构成的完备环境，而且全部都是全球著名厂商的产品。为赶时间，到货当晚事先调集网络设备、安全设备、计算设备、存储设备、软件开发等相关厂家的工程师全部到位，打算干个通宵，一次性全部搞定。我本想在现场陪大家一起干活，兄弟们说你也插不上手，放心回去睡觉，明天一早过来就全部都好了，我也就听劝回隔壁酒店休息了。第二天一早过来早餐，嘿，谁都不理我，没人跟我说话，一问才知，核心设备数据库小型机的电源线型号不对，别说初始化，电都接不上，而且这根电源线还是专用的，无可替换，只有原厂商才有。当天穷尽了所有办法，借也好买也罢，就是全球找不到第二根现成的同型号电源线，集成商更是被骂得狗血喷头。唯一的解决方法只能重新下单，走人家全球化生产流程，就是空运、当日清关，至少也要一个月到货，没任何其他出路，只能干瞪眼等着，一根线难倒所有英雄汉。就这么个说起来简单得不能再简单的事，工期真就延误了个把月。

促上线。软件开发项目能不能成功，关键要看能不能用起来。经过两期试点试用，统一业务应用系统基本具备了在全国上线推广使用的条件。如何提前搭建好一个适应本地实际业务需要的应用支撑环境，就成为部署实施过程中先期无法回避的重要环节之一。然而，各省级地方机关普遍存在等靠要思想，纷纷要求项目工作组给出解决方案，甚至要求直接开列软硬件采购清单。项目工作组认为，这件事既不能搞一刀切，也不应放任自流，经过反复商讨，集思广益，提出了不包办、给方法的思路，帮忙不添乱，谁的孩子谁抱走，抽调地方机关经验丰富的专业技术人员，集中编制全国统一业务应用系统运行支撑环境搭建工作指南，印发全国。指南中提出，在明确本地区实际工作人员数量（即用户数）

和近三年已办案件平均数（业务量）的前提下，以单个案件结构化数据和非结构化数据的平均数量为基数，如何估算网络流量、并发数（平均数及峰值）和存储量，如何将并发在线操作量转换为计算处理能力，从而选择制定应用服务配置方案（如单机服务器、双机负载均衡或服务器集群）、数据库系统配置方案（如服务器双机或小型机双机）以及不少于5年业务数据量的存储配置方案等，并建议资源可扩展，适度冗余；此外，指南还给出了低中高不同档次的系统软硬件配置参考方案，可以按照用户数、办案数等基本参数对档选择。同时，通过与世界顶级关系型数据库厂商谈判，签订了本项目采购价低于同期政府采购价1个百分点的意向合约。为确保统一业务应用系统如期上线，机关领导们要求各级案件管理部门总体负责部署实施阶段的各项落实工作，协调、督促安全防护、计划财务和技术等部门分工协作，加快推进；同时，组成多个工作组，分片包干，分赴各省级机关逐一现场检查、督促各地落实进展情况，力求同步推进。记得当时机关内网网站专门放置了一张全国分省地图，哪个省、自治区、直辖市上线了就插上一面小红旗，从2013年11月底全国统一业务应用系统上线启动会起，到2014年一季度末4个月的时间，实现了全国一片红。

练与训。为了确保统一业务系统上线即可用，且一经上线线下办案不再计入同期统计数据，由此业务和技术培训自然而然地成为部署实施过程中又一不可或缺的重要环节。当时的业务培训采用了中央负责省级机关各个业务部门骨干的操作培训，省级骨干负责本级机关全员操作培训和下级机关业务骨干的操作培训，层层递进，直至覆盖全员。技术培训的对象主要是省级机关的专门技术团队，其成员既可以是本机关的技术人员也可以是承担运维的第三方企业的技术人员，各地须选派5人集中到软件开发单位参加集训，内容主要包括系统安装调试和初始化配置，培训后当场考试，除完成书面答卷外，每个团队须相互协作在一台虚拟空机上正确安装系统并完成初始化，跑通一个测试案例方为合格。此外，还要求各省级机关在搭建统一业务应用实际生产系统运行支撑环境的同时，同步复制搭建一个完全一样的测试环境，用于业务人员本地培训和实际生产系统上线前后的模拟练习以及后期系统升级时的先期测试。这些措施一次性地解决了前台应用、后台保障的诸多难题。

保运行。在我们这种机关的职能范围内，许多业务活动都是有明确时间要求的，有些还是法律明文规定的时限，如告知、回复、强制性措施、批准逮捕、移送起诉等，未按时履行法律程序，轻则贻误战机，直接影响案件进展、案件质量和案件成果，重则造成侵权违法的法律事实与后果。如何确保统一业务应用系统在中央和地方各级机关持续稳定地运行，成为统一软件部署实施和上线运行后不得不面对的第三个重要环节。基于业务办理的客观需要，我们提出中央和省级机关的所有技术运维团队必须保证7×24小时有人值守，因网络、设备、软件系统、机房供电与空调等任何原因造成的业务中断必须在2个小时内恢复。同时，由各省级机关案件管理和技术部门的专门人员组成统一业务应用系统的一线保障团队，负责随时处理本地区业务应用和运行保障中发生的各类问题；由中央机关案件管理部门和软件开发单位派驻北京的十名技术人员组成二线保障团队，通过电话、邮件、微信、网站BBS方式沟通交流、及时回复一线保障团队提出的相关业务和技术问题；软件开发单位的项目主管及技术骨干作为后台支撑保障团队，负责响应二线团队反映的尚不能及时解决的各类问题，修改Bug，发布升级版本。用这样三层构架、相互支撑的保障体系，力保网络不断、应用不停、数据不丢、业务持续，系统能够持续稳定运行，在统一业务应用系统上线运行初期起到了关键的支撑保障作用。

字述到此，算是基本描完了开发本系统全国统一软件这段起伏经历，磨炼也好磨难也罢，毕竟上阵走了一遭，功过是非自有旁人、来人评价，厚非皆可。尚有诸多细节笑谈，或有趣或唏嘘，已无力再叙，遗憾留下。

止笔之时，不禁又再次想起曾多次反复问过自己的老问题，为什么要搞全国统一的业务应用系统。从大背景看，这样的系统全国少有，原有系统已相安如常，并非定要志在必得；就小环境而言，从领导班子到基层普通案件承办人，疑惑不解、不愿透明、不甘监督之音不绝于耳；从业务特征看，自线索立案至刑罚交付执行，一个刑事案件可能在所有业务部门中反复流转，不像部委的所属部门业务大都相对独立，一个业务事项可以从头办到尾管到底，对应用关联性、数据继承性的要求之高、难度之大，先例何在；从技术角度而论，尚有多条路线选择，争议已存多年，成败难测。如此众说纷纭，如此难度障碍，为何毅然决然，不管不顾，非干不可。事随境迁，回首可勘，如今回味、解读"强化内部监督，规范执法行为，提高社会公信力"这三句话蕴含的深刻含义，或许略得窍开。第一句强化内部监督是手段措施，为的是要把以往装在案件承办人口袋里的案件全部真实情况掏出来，便利阅查，改变层层听汇报的传统模式，并受制约；第二句规范执法行为是业务目标，法律规定和执法要求是全国统一的，执法过程、执法活动为何不该、不能统一规范；第三句提高社会公信力是政治目标，用统一规范和被约束、受监督的执法行为，促执法机关普遍信任度提升，奠公平正义之社会基础。从信息化的本质要求看，把传统的工作模式搬到网上实现，最多只能算是数字化；信息化要的是信息公开透明、管理扁平化，要的是流程再造，要的是相适应的体制机制变革。再从软件的本质属性看，其本身不过是业务规则和过程记录的技术实现。从实际进程看，要开发全国统一业务应用软件和全国各级机关全部成立案管办机构是相互关联的两着棋，布局在先可见早有深思熟虑，且在步步推进。在多年从事信息化工作的最后阶段，有幸亲身参与了前前后后、是是非非、曲曲折折的过程，才有了如此这般的感悟，谋事在人，成事也在人，却不一定都会写进历史的文字里。现如今，全国统一业务应用系统2.0版已经万事俱备，上线在即，愿后浪里有更大的突破创新和新的成就。

2020年12月

创业与发展
——中国政府法制信息工作回顾

孔祥清

作者简介：孔祥清，工学博士，研究员。曾任国家统计局计算中心处长，国务院法制办公室信息中心处长、副主任、主任，国务院法制办公室教科文卫司巡视员。

1988年9月—1998年9月在国家统计局计算中心工作，任系统网络处处长期间，组织了全国统计系统计算机网络初期建设工作；任数据库处处长期间，组织了国家统计数据库开发工作。其中，组织的全国第三次工业普查数据处理和数据库建设，获国家统计局科技进步一等奖。

1998年9月—2017年9月在国务院法制办公室工作，任信息中心副主任、主任期间，组织了中国政府法制信息化建设工作；任教科文卫司巡视员期间，参与了《人口与计划生育法（修改）》《促进科技成果转化法（修订）》《商标法实施条例》《残疾预防与残疾人康复条例》《疫苗流通和预防接种管理条例（修订）》《医疗纠纷预防与处理条例》《食品安全法实施条例》等法律、行政法规送审稿的审查工作。

1993—1998年，担任国家统计局计算中心技术委员会委员、高级技术职称评委会评委；2006—2016年，担任国务院法制办公室机关纪委委员。

政府法制信息工作，是我国全面推进依法治国、加强民主法制建设的必然产物。20世纪90年代初，我国改革开放不断深入，经济社会不断发展，要求政府法制机构加快立法进度，提高立法质量。同时，信息技术的发展成熟，也为支持政府法制工作提高效率和质量成为可能。国务院法制办公室（1998年之前为国务院法制局）党组对政府法制信息化工作十分重视，着眼政府法制工作大局，抓住时机，开创了我国政府法制信息化建设事业，从而也丰富了政府工作的内涵。

一、政府法制事业的新领域——政府法制信息工作的开创阶段（1990—1994）

（一）UNDP项目开启政府法制信息化建设

20世纪80年代后期，我国法制建设快速发展。联合国为了支持我国的立法工作，其工作机构联合国开发计划署（UNDP）于1990年设立了为期5年的"立法支持经济改革"援助项目，旨在帮助中国制定20多部新的法律和建立有关法律文件的计算机存储系统（以下简称"法律库建设项目"）。法律库项目的主管单位国务院法制局于1990年底提交了项目建设实施方案，1991年4月，项目实施方案得到批准。

为了确保项目顺利实施，1992年，国务院法制局在办公室下成立了信息处，开启了政府法制信息化工作。

（二）我国法律法规资料第一次进行全面电子化整理工作

法律库建设项目最为基础的工作是收集整理法律法规资料（包括法律、行政法规、法规性文件、地方性法规、规章以及司法解释、案例等，以下统称为"法律法规资料"），并进行电子化处理。这是我国官方对法律法规资料第一次全面电子化整理工作。

法律、行政法规文字文本的采集。 中华人民共和国成立以来，法律法规都以汇编本的形式发布，汇编单位有全国人大常委会及其办公厅、国务院法制局、国务院各部门法制机构，出版单位有法律出版社、中国法制出版社以及国务院部门的专业出版社等。将可能收集到的法律和行政法规资料都尽量收集起来，然后再进行清理，是一项十分艰苦、繁杂的工作。信息处全体同志经常加班加点、任劳任怨工作，完成了这项任务。

法律法规资料的分类、电子文本的标准化和编辑整理。法律法规资料格式的标准化是建设法律库的基础。通过对法律法规资料特征的深入研究，确定了法律法规分类标准、电子文本基本指标（如发布单位、发布日期、实施日期等）及其标记符号等，编写了《中华人民共和国法律法规规章及司法解释案例编辑手册》（该手册经过不断完善，成了法律法规资料电子文本格式标准），以指导法律法规资料的编辑工作。经过三年多的努力，到1994年底，基本完成了1990年前发布、现行有效的法律和行政法规文本的电子化工作。

（三）开发首套国家法律法规信息检索系统，建设国家法律库

20世纪90年代初，在计算机技术领域中，结构化数据库技术已经十分成熟，但是作为文档结构的非结构化数据库技术还不够成熟，尤其是中文检索技术还处于研究阶段。设计开发一套符合法律法规资料特点、满足立法工作人员、法律工作人员需求的法律法规信息检索系统成为法律库建设项目的关键。经过与立法专家反复讨论、研究，提出了法律法规信息检索系统功能设计方案，于1993年开发完成该系统。并将收集整理的法律法规资料加载入库，建成法律库。该库在国务院法制局和全国推广使用后，收到了良好的效果。

（四）初步建设了信息化基础设施

通过法律库建设项目，国务院法制局建立了机关大楼计算机局域网，配置了DEC公司VAX4200和VAX4500两台小型机，为立法工作人员配置了15台计算机，用于检索法律法规信息，编辑处理立法工作文件。初步建设了信息化基础设施，提高了立法工作效率。

二、政府法制工作的重要组成部分——政府法制信息工作的发展阶段（1994—2005）

（一）成立信息中心

法律库建设项目顺利完成后，国务院法制局党组更加深刻地认识到政府法制信息化建设对提高政府立法效率和质量具有十分重要的作用，政府法制信息工作是政府法制工作中不可或缺的部分。1994年2月19日，国务院法制局向中央编委办公室呈送《关于设立国务院法制局信息中心的报告》（国法〔1994〕14号）。1994年5月18日，中央编办批复了国务院法制局成立信息中心的报告（中编办〔1994〕97号文件）。

根据批复，国务院法制局党组于1994年5月21日决定成立信息中心（加挂"法规编纂室"），机构设置为：一处（综合处）、二处（系统设备处）、三处（应用开发处）、四处（法规汇编处）。

根据中央编办的文件，经过多次向财政部汇报和交流，财政部同意信息中心为国务院法制局全额拨款的直属事业单位。

在落实机构、编制和经费后，政府法制信息工作逐步走上了快速发展轨道。

（二）申请世界银行项目——建设和完善中国政府法制信息网络系统

UNDP项目完成后，政府法制信息工作要在政府法制工作中发挥更加重要的作用，还有很长的路要走，还有大量的工作要做。

一是法律库建设需要不断完善。首先，对已经建立的法律库需要及时进行立、改、废的更新维护，保障法律法规信息的准确性。其次，要收集整理现行有效的法律文件（包括全国人大及其常委会发布的有关法律问题的决定、国务院和国务院办公厅发布的法规性文件、地方性法规（含自治条例）、国务院部门规章、地方政府规章、最高人民法院和最高人民检察院发布的司法解释等），将法律库扩展为法律法规库。同时，法律法规库的检索技术也需要不断改进完善，为使用人员提供更加方便实用的法律法规信息检索服务。

二是要加强基础设施建设和业务应用系统开发。要建设和完善国务院法制局机关局域网络，开发办公自动化系统和业务应用系统，为政府法制各项工作提供信息化支持。要建设连接国务院法制工作机构、国务院部门法制机构和省级政府法制机构的网络系统，实现法律法规信息和政府法制信息的传输和共享。

经 UNDP 项目官员介绍，世界银行法律处对建设中国政府法制信息网络系统非常感兴趣，也十分重视。1995 年 4 月，世界银行法律处派出代表访问国务院法制局，商谈有关建设中国政府法制信息网络系统的事宜。1995 年 10 月，世界银行同意国务院法制局提出的"中国政府法制信息系统"项目实施方案。

此后由于还款、项目配套资金、机构改革、项目管理有关人员变动等因素，项目没有启动执行。

1998 年 3 月，国务院法制局升格为国务院法制办公室（正部级）。办公室领导对该项目十分重视，指示有关同志多次与世界银行项目官员和财政部国际司的同志协商，财政部同意启动项目执行工作。按照世界银行和财政部的要求，信息中心代表国务院法制办起草了项目可行性报告和实施方案，得到了世界银行和财政部批准。2000 年 12 月 27 日，财政部以财际〔2000〕71 号文件批准立项，同意从世界银行"中国经济法律技术援助"项目中提供 185 万美元的信贷资金，用于支持"建设和完善中国政府法制信息网络系统"项目（以下简称"世界银行项目"）。

（三）执行世界银行项目

世界银行项目于 2001 年开始执行，至 2005 年圆满完成。本人于 2002 年初接替前任主任主持国务院法制办公室信息中心工作，组织完成世界银行项目。该项目是迄今为止世界银行援助中国政府法制建设最大的一个项目，也是当时政府法制信息工作投入的人力、物力和财力最多的项目，涉及国务院法制办及 54 个国务院部门的法制机构、31 个省级政府法制机构、49个较大的市的政府法制机构等135个单位。通过该项目的实施，有力地推动了国家和地方政府法制信息化建设。该项目取得的成果主要有如下几个方面。

1. 政府法制信息化基础设施建设得到加强

初步建立了国务院法制办网络中心，并通过国务院办公厅专网与国务院各部门法制机构、省级政府法制机构进行联网。为31个省级政府法制机构建立了局域网。为国务院法制办公室、国务院部门法制机构、省级政府法制机构和具有立法权的较大的市政府法制机构配备了758台计算机、36台服务器、120台便携计算机和251台打印机。

2. 法律法规资料整理进入正常轨道

完成了当时全部法律、行政法规以及地方性法规、部门和地方政府规章、司法解释的收集处理和电子化工作，形成了法律法规库的更新机制，在法律、法规、规章发布和修改后，及时进行电子文本标准化的编辑处理。（注：这项工作一直坚持下来，成为政府法制信息工作的基础性工作之一，截至2011年3月，已经收集的法规资料主要有：全部法律和行政法规，法规性文件2880多件，国务院部门规章4650多件，地方性法规18120多件，地方政府规章27280多件，司法解释2900多件、案例1200多件）。

3. 应用软件开发

开发了政府法制信息网站管理系统、办公管理系统、法规规章备案系统、法律法规信息检索系统、地方性法规政府规章信息检索系统，并将相关软件在31个省级政府法制机构部署使用。

4. 建成中国政府法制信息网站

2003年2月，中国政府法制信息网（以下简称"网站"）作为国务院法制办公室的门户网站正式开通。同时，在网站上建立了法律法规检索数据库，免费为社会公众提供法律法规信息服务。网站开通以来，栏目逐步完善、内容不断丰富，访问量稳步上升，知名度日益扩大，在社会上产生了较大影响。

三、"两个并重"——政府法制信息工作的新起点（2005—2013）

政府法制信息工作经过 20 多年的发展，组织机构不断完善，工作内涵日渐丰富，工作范围逐渐贯穿到各项政府法制业务工作之中，已经成为政府法制工作的一项基础性、日常性工作，承担着为提高政府法制工作效率和质量提供技术支持和信息保障，为社会提供政府法制信息服务的重要任务。

信息中心紧紧围绕"信息服务和技术服务并重、为办内服务和对地方指导并重"的要求，努力做好各项工作，不断开拓新的工作领域。政府法制信息工作主要包括：一是广泛收集处理资料，为机关办公、业务工作提供信息保障。收集整理社会公众对行政法规草案提出的意见，编辑《法律法规发布后情况反映》《信息摘要》《政府法制信息综述》《一周法制聚集》《政府法制信息快报》等资料，提供给办领导和相关司参考；提供立法项目专题资料检索服务；为立法座谈会、协调会、研讨会提供会议速录、资料录入整理服务。二是全面做好图书资料、视频资料服务保障。平均每年购进图书 900 余册；为国务院法制办公室重大活动提供摄制、编辑音像资料服务，平均每年制作光盘 100 多套、500 多张；为全办同志提供视频编辑、整理刻盘服务。三是为政府法制工作提供办公网络、计算机设备服务保障，维护中国政府法制信息网站。四是组织开发应用系统。开发了立法办件管理系统、综合档案管理系统、法规规章备案管理系统、法律法规目录跟踪管理系统、计算机设备管理系统、职工住房管理系统等应用系统，为机关办公、业务工作提供了有力的技术支持。五是为地方政府法制机构提供指导和服务。自 2006 年以来，通过召开全国政府法制信息工作会议，举办政府法制网站编辑、政府法制信息化建设规划培训班，开展"政府法制信息月"、政府法制信息网站绩效评估等活动，对地方政府法制信息工作提供指导。至 2013 年，政府法制信息工作的重要事项主要有以下几个方面。

1. 行政法规草案、部门规章草案意见征集系统投入使用,行政法规草案、部门规章草案网上征求意见工作全面开展

2007年6月,行政法规草案意见征集系统投入使用,国务院法制办开始通过互联网向社会公众征求对行政法规草案的意见。2009年,国务院要求,除依法需要保密的外,行政法规草案全部上网征求意见。2010年,国务院进一步要求国务院部门规章草案也要集中在中国政府法制信息网站上公开征求意见。行政法规草案意见征集系统、部门规章草案意见征集系统的开通和运行,标志着公众参与成为我国政府立法的重要环节。政府立法民主化、科学化进入一个新的阶段。

2. 做好政府法制信息宣传和服务工作,不断完善中国政府法制信息网站

2008年9月,中国政府法制信息网站进行了全面改版,进一步丰富了网站内容,完善了网站功能。每年上载各类政府法制信息9000余条,行政法规草案、国务院部门规章草案都在网站上集中公开征求意见。中国政府法制信息网站已经成为宣传政府法制的平台,推动行政权力公开透明运行的平台,拓展公众参与政府立法的平台,提供法律法规信息服务的平台,以及全国政府法制系统沟通交流的平台。在中国政府法制信息网站的带动下,30个省(区、市)政府法制办也开通了本办的政府法制信息网站,以中国政府法制信息网站为龙头的全国政府法制信息网站群基本形成。

3. 行政复议信息报备管理系统投入使用,行政复议统计报备工作逐步实现信息化

2009年7月,国务院法制办印发了《关于进一步加强行政复议工作信息化建设的通知》(国法〔2009〕37号),要求各地方、各部门政府法制机构运用信息化手段带动和推进行政复议工作的创新与发展。国务院法制办开发的《行政复议统计信息报备管理系统》,发放给全国行政复议机构使用,实现了行政复议统计信息处理、汇总和报送工作的电子化。

4. 法规规章电子报备系统投入使用，法规规章备案工作实现电子化

2008 年 7 月，信息中心与办法制协调司合作开发完成了《法规规章电子报备系统》，2009 年 1 月开始在部分报备单位进行试点。通过试点和改进，该系统逐渐完善。2010 年 11 月 5 日，国务院法制办下发了《关于规章报备时同时报送电子文本的通知》（国法秘协函〔2010〕492 号），决定自 2011 年 1 月起，50 多个国务院部门、31 个省级政府和 49 个较大的市政府都要通过网络报备规章电子文本，接收备案情况反馈信息。截至 2013 年，该系统运行稳定。

5. 《全国政府法制信息化建设 2010—2015 年规划》印发全国政府法制机构，全面推动政府法制信息化建设工作

2009 年 11 月 16 日，国务院法制办印发了《全国政府法制信息化建设 2010—2015 年规划》（国法〔2009〕59 号）（以下简称《规划》）。这是第一个指导我国政府法制信息化建设工作的重要文件，对今后一个时期政府法制信息化建设作出了总体部署。全国政府法制信息化建设的指导思想是全面贯彻党的十七大精神，坚持以邓小平理论和"三个代表"重要思想为指导，深入贯彻落实科学发展观，紧紧围绕国家信息化发展战略和信息化规划，以及政府法制中心工作，加强网络基础设施建设，推进应用系统开发，整合和利用信息资源，改进和创新信息化环境下政府法制工作方式，全面提升政府法制工作信息化水平，为政府法制工作提供有力的技术保障和信息服务。《规划》明确了全国政府法制信息化建设的总体目标：以政府法制工作的需要为核心，以社会公众的需求为导向，以统一的政府法制信息化标准体系为基础，充分利用现代信息技术，借鉴政府其他部门信息化建设的成功经验，构建安全高效的政府法制信息网络系统，建立完整的政府法制信息资源数据库体系和网络环境下的政府法制工作综合业务应用系统，建成政府法制数据中心、数据采集处理平台和社会公众信息服务平台，逐步实现政府法制工作信息化。

6. 以新办公大楼建设为契机，加强政府法制信息化基础设施建设

国务院法制办公室于 2010 年建成新办公大楼，其信息化配套设施建

设是机关办公正常运转、政府法制工作顺利开展的基础保障。在新办公大楼建设的同时，建成了计算机机房、计算机网络系统等信息化配套设施。计算机网络系统包括内网、专网和外网。内网是支持国务院法制办内部办公业务系统运行的网络系统，通过光纤接到终端，为建立涉密网络打下了基础。专网是接入国务院办公厅建立的政府电子政务内网的小型终端网络。外网即中国政府法制信息网，包括国务院法制办机关接入互联网的局域网和中国政府法制信息网站。内网、专网、外网三网之间实现物理隔离，外网与互联网实现逻辑隔离。计算机机房面积为400平方米，按照国家C级标准建设。

7. 召开全国政府法制信息工作会议，推进地方政府法制信息化建设

2006年11月28日—29日，国务院法制办在天津举办了第一次政府法制信息工作会议。会议总结了全国政府法制信息网站建设的经验，商讨建立有效的信息保障机制、依托政府专网建立政府立法征求意见系统的工作和进一步加强政府法制信息工作等事宜。26个省级政府法制办和5个较大的市政府法制办提交了会议材料，8个单位的代表在会上作了交流发言。会议还邀请国务院办公厅电子政务中心的同志介绍了政府专网建设的情况，邀请中国人民大学教授做了政府网站建设有关理论的辅导。

2007年12月7日—8日，第二次全国政府法制信息工作会议在河北省石家庄市召开，当时国务院法制办分管信息中心的副主任到会讲话，他全面阐述了政府法制信息工作的重要性，充分肯定了近年来政府法制信息工作取得的成绩，对下一年政府法制信息工作作出了部署。25个省级政府法制办提交了会议材料，7个单位的代表在会上作了交流发言。会议还邀请时任国务院信息化工作办公室政策规划组欧阳武副司长做了关于我国信息化战略规划的辅导报告。

2008年12月11日—12日，第三次全国政府法制信息工作会议在河南省郑州市召开。当时国务院法制办分管信息中心的副主任在会上全面阐述了政府法制工作所面临的新形势、新要求，以及利用信息技术支持公众参与政府立法工作的重要性。他还充分肯定了近年来各地开展公众参与政府立法工作取得的成绩，对做好下一年政府法制信息工作提出了

明确要求。29个省级政府法制办提交了会议材料，6个单位的代表在会上作了交流发言，2个单位的代表在会上作了应用演示。与会代表还就网络信息安全、应用软件开发和政府法制信息网站建设等问题进行交流和研讨。会议还通报了2008年全国政府法制信息报送情况，表彰了信息报送先进单位。

2010年1月20日—22日，第四次全国政府法制信息工作会议在安徽省合肥市召开。当时国务院法制办分管信息中心的副主任在讲话中肯定了一年来各地政府法制信息工作取得的成绩，全面分析了推进政府法制信息化建设的必要性和紧迫性，要求从事政府法制信息工作的同志们要继续树立法治意识、全局观念，要有紧迫的使命感和崇高的荣誉感，满腔热忱地继续为政府法制工作做好服务保障。各地要以贯彻落实《全国政府法制信息化建设2010—2015年规划》为契机，大力推进政府法制信息化建设，全面提高政府法制工作信息化水平。本次会议，30个省级政府法制办提交了会议交流材料，浙江省宁波市、江苏省南京市、苏州市以及南通海门市（县级市）法制办演示了本办组织开发的支持政府法制监督、推进行政执法责任制等工作的信息管理系统，介绍了利用信息技术创新政府法制工作方式的做法和经验。会议还根据《关于表扬2009年优秀省级政府法制信息网站、信息报送先进单位和先进个人的通知》（国法秘信函〔2009〕543号），对20个省级政府法制信息网站先进单位、18个信息报送先进单位和5名先进个人进行了表彰。

2011年1月21日—22日，第五次全国政府法制信息工作会议在广西壮族自治区南宁市召开，当时国务院法制办分管信息中心的副主任在讲话中着重强调了推进依法行政、建设法治政府工作的重要性，全面阐述了政府法制工作面临的新形势、新要求，深入分析了大力推进政府法制信息化建设的重要意义，充分肯定了近年来政府法制信息工作取得的成绩，对2011年如何更好地贯彻落实《国务院进一步加强法治政府建设的意见》和《全国政府法制信息化建设2010—2015年规划》提出了明确要求。30个省级政府法制办提交了交流材料，6个省级法制办的代表在会上作了交流发言，20多位分管政府法制信息工作的省（区、市）政府法制办的领导参加会议，并就进一步做好政府法制信息工作进行了研讨。会议还通报了 2010 年省级政府法制信息网站绩效评估工作的总体情况，对 2010 年优秀省级政府法制信息网站、网站建设先进个人和信息报送先进单位进行了表彰。

2011 年，我们以《全国政府法制信息化建设 2010—2015 年规划》为基础，向国家发展改革委申报中国政府法制信息化项目。国家发展改革委非常支持国务院法制办公室申报信息化项目，给予立项指导。经过多次沟通交流，国家发展改革委批准了中国政府法制信息化项目。该项目建立的办公系统，对于提高国务院法制办公室的立法效率和质量起到了重要作用。

20 多年政府法制信息化建设，主要取得如下成果：

建立了机构，培养了人才。

召开了会议，加强了共建。

建设了网络，实现了互通。

开发了系统，支撑了应用。

为新形势下政府法治信息化建设与发展开好了头，起好了步，打下了良好基础。

2021 年 1 月

说说信息中心

戴瑞敏

作者简介：戴瑞敏，人力资源和社会保障部信息中心原副主任，2011年退休。从1983年开始从事人事人才信息化工作，多年在系统建设规划、系统设计和人事人才数据库以及标准体系建设工作中不断实践和推进，曾获得中国标准创新贡献二等奖。曾任国家行政学院电子政务专家委员会委员、中国分类与编码专业委员会委员。

信息中心这个名字在今天应该是人人皆知的，无论政府内还是大的企业内都会有信息中心这样的机构。政府信息中心的出现大致在20世纪80年代末，特别是国家机关的信息中心大部分在1986年、1987年成立的，基本上都是部属局级事业单位。相继对应部门的省级和地市级政府也成立了信息中心，也是厅局所属的县处级的事业单位。信息中心从成立到现在已经三十多年了。真像一个三十多岁的中年人，经历了三十多年国家电子政务的起步、发展和转型，也经历了从技术专业到管理专业的跨界成长历程。三十多年来，信息中心正是在不断地摸索和实践电子政务工作中认识电子政务的规律，也在不断强化自己和完善自己中认识自己。一支经历三十多年的打磨和锻炼的信息化的队伍，凭着对党的电子政务事业的忠诚和执着，推进和成就了今天的电子政务事业。

三十多年前信息中心刚组建时，还是国家电子政务的起步阶段，那两年正赶上政府机构改革，一些部委拆分了，一些部委合并了，但不管是新成立的还是职能调整的，都纷纷组建了部门所属的事业单位——信息中心（少数单位叫计算中心）。也是那两年，我国许多高校计算机专业刚刚大量培养出来本科生和研究生，这些计算机专业的年轻人首选的就是政府机关的信息中心，而信息中心更是满怀希望地面向全国招考计算机专业的大学生。在全国范围的应聘者中优中选优是各部委信息中心起步建设的重要工作。经过考试面试，被选中的很多都是名牌大学品学兼优的大学生。信息中心领导带领着这批有专业背景、朝气蓬勃的年轻人要大干一场。热门单位、热门专业，一派红红火火。

20世纪80年代末微型计算机的使用在我国刚刚开始，也是最时髦的专业和最热门的行业。根据当时信息技术应用的实际，信息中心的职能基本定位在机房的建设、设备采购和运行维护、计算机的安装和使用、软件的开发和初步的应用，而信息系统规划和建设、数据的安全管理等职能还都算比较超前。这些职能正契合了高校毕业生的专业课程：计算机原理、电子线路、计算机软件编程语言和基础数据库等。他们来到信息中心已经不再使用计算机前辈们的小型机，编写程序也不再用纸带穿孔机了，真是幸运的一代，也真是让众人羡慕的工作。1992年国办下达文件，提出了首先在政府机关普及推广计算机的操作使用、推进政府机关办公自动化程度的要求，拉开了电子政务的序幕。信息中心的年轻人拿出浑身解数编写教材、举办培训，把教会大家汉字输入、文稿的编辑和打印视为最能展现专业技能的机会。在机房建设和微机操作使用上信息中心的作用发挥得如鱼得水。

随着政府上网工程、机关内网和外网的建设、办公自动化的推进以及政府门户网站的开通，开启了计算机应用的进程。2002年中央办公厅、国务院办公厅提出把电子政务建设作为今后一个时期我国信息化工作的重点，政府先行，带动国民经济和社会发展信息化。规划安排的"两网、四库、十二金工程"首先把信息中心推到了电子政务的前沿，同时也让信息中心职责的内涵发生了更深入更广泛和更具有拓展性的变化，也正是这一变化将信息中心的"特殊"性凸现出来。

服务范围的全覆盖。首先办公自动化相联了部属所有单位，联网应用连接到省厅、地市甚至到县。这种相联模式完全突破了多年传统的分级管理模式，扩展了直接服务的边界。服务对象的全覆盖更是对信息中心服务工作的实际要求。上至部领导下到每个员工都接受着信息中心的直接服务和间接服务,安装机器、网络连接、查杀病毒。甚至部里有职工家里计算机出了问题找到信息中心都不会推辞。

随着党的十八大提出的"四个全面"战略布局同"四化"同步发展,"五位一体"的战略布局和创新、协调、绿色、开放、共享的五大发展理念,将电子政务信息化工程的建设目标和方式、政务信息资源的共享和协同、政务公共服务和建设网络强国等实施创新转型发展。面对中央的战略部署和战略布局,信息中心的工作面临着新的考验,工作内容的不断增加,早已从基础设施的使用、运行维护、各业务部门应用系统的建立和运行、专业数据的建立、系统数据的接收和安全保障上,增加了业务部门信息标准的研制、信息化应用项目的立项和项目、招标采购、部门信息化整体规划的编写和实施等,凡是与信息化发生关系的业务全部囊括,没有例外。服务单位、服务对象、服务内容的全覆盖形成了部属唯一一个"特殊"的事业单位,也成了唯一一个与部门的主体业务实时关联最紧密的事业单位。

30多年来,信息中心始终生存在一个飞速发展的朝阳业务环境里,一个应用需求以阶段跳跃式发展的业务环境里,这样的环境给信息中心发展带来极大的动力,每年新毕业生的到来给中心增加了新鲜血液和技术活力。没有任何一个行业所使用到的技术发展得比信息技术快,前边的技术还没用好新的技术就又来了,新技术的快速发展给信息中心带来压力可想而知。电子政务建设的全面启动到创新转型,需要的是一支适应应用需求和技术飞速发展的综合能力高强的专业队伍,中心的人奋斗着、拼搏着,决不掉链子。

当信息技术与实际应用相结合的步伐加快了的时候,熟悉政务业务、掌握政务管理已经是对信息中心迫在眉睫的要求。跨界专业不是计算机专业人员的主观愿望,而是形势所迫,更是电子政务任务对信息中心专业队伍的客观实际要求。一些人员不适应高要求的工作,离开信息中心去了计算机的专业公司,选择了干单纯的技术工作去发挥才能。绝大多数留下来的都成了信息中心的骨干。

为全面理解和准确把握业务部门的信息化需求，补齐管理专业不足的短板，信息中心人员直接坐到业务司局的处室里去，实际跟班作业，摸清流程、分析业务信息流量流向、理清内外业务关系。带着理工科的逻辑思维梳理出来政务清晰、严谨，甚至帮着一些部门把数据家底都摸清了。为了让社会上第三方的服务公司能尽快进入角色，信息中心人员就像双语翻译，把业务部门的需求用信息技术的思维传递给公司，再把公司设计的技术要求用管理的语言传递给部门用户。应用系统开发的质量保证了，但也硬生生把第三方公司的人员培养了起来，成了特定业务的知名公司。部门政务信息基础工作做的好坏只要用信息技术规范一下就一目了然。深入到政务业务中，拓宽了信息中心技术人员宏观视野，提高了总体分析和处理微观业务的能力，推进了技术与业务的深度融合。

三十多年来，面对互联网、云计算、大数据、人工智能等信息技术的飞速发展，一切都让信息中心更加认识到信息化的目标永远是应用，信息技术的应用永远在路上。与业务部门同心同德是做好电子政务工作的根本，这也是三十多年来信息中心坚守的工作准则。三十多年中无论任务多重从没有怨言，无论怎么加班都不在话下，无论社会再高待遇的诱惑都不动摇！干电子政务、干信息化无怨无悔！

这支信息化队伍经过三十多年的历练，立住了！通过努力奋斗建立的各应用系统在国民经济和社会发展中发挥了明显的作用；通过信息技术的应用使得政府的工作效率和治理能力提高了；通过利用互联网给老百姓提供的便捷服务开始落地了。

电子政务任重而道远。信息中心要四十岁了，四十而不惑。

对党的电子政务事业的忠诚、执着和拼搏不惑！

对始终把着眼点放在政务应用上狠下功夫不惑！

对落实"十四五"规划的各项电子政务项目不惑！

对坚持发展创新思路解决进程中遇到的问题不惑！

对刻苦学习、紧紧跟踪信息技术的发展不惑！

对成为政治能力强业务能力一流的专业队伍不惑！

2021 年 4 月

从传真网到互联网
——参与农业信息化早期建设二三事

杜维成

作者简介：杜维成，研究员，农业农村部信息中心原副主任，国家发展改革委"互联网+"行动专家咨询委员会委员。长期从事信息系统建设工作，现任农业农村部农业信息化标准化技术委员会副主任委员。先后主持完成多项重大工程，包括国家电子政务重点项目金农工程一期、农业信息服务"三电合一"系统、农产品批发市场大数据、国家农业数据中心建设等工程；主持起草了《农业部电子政务"十一五"建设规划纲要》《金农工程二期规划》《农业部电子政务"十三五"建设规划纲要》等编写工作，主持了多项农业信息化技术标准编制工作。

一、80年代的信息中心

1946年第一台电子计算机在美国问世，1969年互联网在美国问世，1981年第一台个人计算机在IBM问世。1983年我国推出CCDOS解决了PC机的汉字操作问题，1985年我国研制出第一台PC兼容机长城0520，1985年第一型联想汉卡诞生，1987年农牧渔业部信息中心成立……

在东三环团结湖路口东，向北就可以看见一座白色大楼，大楼门口的牌子上写着"中华人民共和国农牧渔业部"。

信息中心在大楼 7 层和 2 层西段。信息中心处室名称听着有点玄乎，分别叫作一处和二处，工作以后总有人问我，你在哪个处工作，回答说在二处工作，下一句多半是问二处是干什么的。因为单位人少不好细分职能，所以笼统称呼。信息中心包括临时人员不超过 30 人，二处有十多个人。一处承担办公室、财务会计和信息分析等工作，二处承担计算机网络、通信、软件开发、服务支持等工作，包括二楼的电话总机相关工作。2 层电话总机机房约 100 平方米，7 层计算机机房预留的面积约 200 平方米。和电话总机相关的人员在 2 层工作，其他人员都在 7 层。

稍后建设的机房分为三段，中间是主机房，主机房东西两头的机房东头的对内供开发人员使用，西头的可以对外供外来人员使用。一开始只有西头的可对外开放的机房配置了设备，主要是 IBM PC/XT、IBM PC/286、长城 0520，配有 5 英寸软驱容量 512K，硬盘多是 10M 或 20M，使用的操作系统是 MS-DOS 和 CCDOS，还有若干 24 针打印机。农牧渔业部大楼没有计算机网络，最先进的 IT 设备是二楼通信机房罗恩公司的 8000 门程控交换机，总机话务台信号灯光闪烁。司局长使用的是具有 ISDN 的数字电话机，个头比普通话机大一半，而且有来电显示内线号码的功能，时不时有处长问什么时候给他配备数字话机。现在回想，我见过的 IT 设备，可能只有罗恩公司那个话机的外观达到了"三十年不落后"，其他的没一样东西"三十年不落后"，可见信息技术发展之快。

当时个人计算机的主流 PC/XT 和 286 都是 1 万多元一台，大家的工资普遍是每个月几十块钱，所有人都认为 PC 机很金贵。尽管机关办公用房紧张，PC 机也都放在独立有空调的机房内，不用的时候绒布罩上。机房内的墙上挂着进入机房和使用计算机须知，比如进入机房要换白大褂和换拖鞋，云云。到了炎热的夏季，机房很受欢迎，因为当时很多办公室连电风扇也没有。

PC 机在机关已有少量使用，主要用途是打字，用的软件是 WORD-STAR，四通打字机还在各单位使用。公文大都是手写稿，一路手工运行，多数文稿到了文印厂准备制版印刷前才录入排版。直到后来部领导为了推进信息技术普及，说只看打印稿，手写稿不看，电子文稿才逐步得以普及。

80年代末农牧渔业部信息系统总体规划已经完成，调研资料比桌子还高，但一切还是要从现实起步。当时部里已经有了计算机的文字处理、工资管理和人事管理的老三样，DbaseIII是常用软件，但各自版本和应用环境不统一，影响了文稿传递和信息共享。为解决这个问题，时任处长方瑜基于联想汉卡开发了农牧渔业汉字输入法，收录了许多农业领域词汇，优化了输入方法，受到机关干部普遍欢迎，同时也借此统一了部里的桌面软件应用环境。为解决未来计算机远程联网问题，同事开始基于通信软件Crosstalk的汉化工作。同事们了解外部的技术变化主要靠报纸，每周发行的《计算机世界》或者《中国计算机报》一到，大家就轮番看，看新闻，看技术，看计算机行情。

我原以为到信息中心的工作是编软件，但苦于没有用户需求，或者说是业务部门还不了解计算机能干什么，初期的工作主要是技术支持服务。具体就是协助用户买机器、装机器、修机器，帮用户解决使用中的问题。由于工作需要，时不时要往联想公司（现在叫集团）跑，那时联想公司还是在计算所内办公的创业公司，负责接待我们的是和柳传志、倪光南等一起创业的同事。想想挺有意思，卖机器的是"文化大革命"前参加工作的研究人员，搬箱子装机器的是恢复高考后参加工作的技术人员，机器搞回来后主要是打字，大家相得益彰。

农牧渔业部没有局域网，更没有广域网，对外联络主要靠信件和电话。要想打长途电话，先要拨打113长途挂号台进行登记挂号，然后等待长途台接通对方后才能通话，等待时间可能几十分钟，也可能几小时，着急的话可以挂加急电话，费用翻番。

主机房还在虚位以待，只有同事从部工会借来的一套架子鼓摆在中间，下班以后便咚咚咚敲上一通，像是迎候着引进的DEC VAX8250超级小型机和VAX Ⅱ，我们快跨入网络时代了？

二、"第一个具有现代色彩的农业信息网"——农牧渔业部传真网

1988年的1月,北京天寒地冻,按常规这是总结前一年工作和筹划新一年工作的时间,可我们工作的脚步在紧赶慢赶,因为我们在筹划部机关第一个和各省市农业部门连接的信息网络,就是农牧渔业部传真网。

部里有20多个司局,每个司局都有一套或几套统计报表,报表的数据层层上报,上报的主要渠道是邮政,传递的是手写的或打印的信件。各司局从事统计类工作的人员对收发信件非常熟悉,笑谈自己的工作是"剪信封的"。农业局农情处收集农情动态信息时效要求较高,经和信息中心商议,决定给各地配备现代化装备——传真机,提升信息传递的效率。

虽然使用传真机比较简单,我们还是把各地农业部门从事农情工作的同志请到北京集中培训,可见当时对新的IT设备应用推广多么重视。按照处长的部署,我具体负责传真网培训班的组织工作。以前没办过会,对于怎么办好培训班心里忐忑。我和几个同事一起操办会务,联系了中国农科院培训中心,那地方能吃能住有培训教室,通知、联系、接站、住宿、研讨、课程和伙食等工作有序开展。各地来学习的同志多是省厅办公室或农业处的,他们看到培训教室一屋子传真机喜出望外。

开班第一天,照常有开班仪式,之后是上课和练习,大家听课学习试验的积极性也很高。虽然是在一个屋檐下,学员张三也会用电话呼叫李四,说"我要给你发传真,请给我接收信号";张三听到"滴"的信号音再按下发送键,李四收到传真件再用电话回复收到了。通过热热闹闹的课堂,预演着未来农情传递的场景。

一切进展顺利,直到开班第一天的中午午饭。事先在不突破伙食标准的情况下,已经把每顿的伙食都和食堂商量好了,除了早餐都是桌餐。饭菜在中午12点开饭前已经上桌,我和同事按事先安排站在饭厅协调大家的座位。大家陆续来到食堂,熟悉的人愿意坐在一起,几个桌子人都填不满,我强调大家再等一下,坐满一个桌开饭一桌,大家也很配合。

数九寒天食堂气温不高，后开饭的几桌饭菜已经有点凉了，预先的安排出了问题。趁着大家还没走，我喊了一声，说由于食堂温度不高，大家从晚饭开始不用等了，座位随便坐，到点就开饭。此后大家吃饭明显积极了，也用不着协调，大家都能吃上热乎饭了。计算机计算，不是"0"就是"1"；好多事情，既可以是"0"，也可以是"1"，还可以是"10"或者"01"……即使达不到完全一致，也能产生和谐。

培训的最后一天，部农业局局长到会部署下一阶段工作。他见了这么多传真机喜悦之情溢于言表，表示现在我们配备了最先进的传真机，一定要把农情工作搞得更好。在座谈会上安徽代表说，这次建立农牧渔业传真网是农业信息系统建设前进的一大步，改变了以前信息工作靠一杆笔、一张纸、一部电话的局面。会上大家议论纷纷好不热闹，充满了对农业信息化明天的期待。

几天后，信息中心主任参加完全国农业工作会议回来传达说：会议期间和各省厅进行了联系，大家认为传真网是农业部门第一个具有现代色彩的信息网。传真网要为各部门服务，要信息资源共享，农情系统的工作要进一步标准化，为今后计算机应用打好基础，要组织大中城市菜篮子价格信息网，做好上传下达。

不止是农业部门对传真机的应用重视，邮电部门也明文规定，传真机等属于电话线路复用设备，安装使用前要申请，批准后才能安装使用，好像各地每个月还要额外交话费之外的线路复用费用。当时的通信线路质量也不稳定，传真通信也不是每次都能顺利完成。我们使用误码率测试仪，逐条测试线路查找问题，判断到底是设备的故障还是线路的原因。

由于传真机使用的简单便捷，在农业系统得到较快发展，后来我又到山东、河南等地参与传真网推广应用相关工作，菜篮子批发市场也开始使用传真机报送菜篮子价格行情。虽然传真网不是计算机网络，但它在农情信息采集和菜篮子市场行情采集工作中发挥了阶段性的作用，有了农业工作和信息技术结合的雏形，算是农业系统计算机网络建设的前奏吧。

三、"国内第一个政府网站"——中国农业信息网

1989年初，1台DEC的VAX8250小型机和3台VAXⅡ到货了，操作系统是VMS/VAX，数据库是RDB/VMS。那时不懂什么是外包，厂家的工程师只做系统安装等技术支持，剩下的工作都要靠自己动手。二处两位处长带领处里同事一起努力，使用拖车、垫木、滚杠，用撬棍和绳子先后把庞然大物UPS、小型机等从一楼运到7楼机房并安装到位。和以前大型机动不动就占一面墙的体积相比，小型机的体积就小多了，主机和外设占4个机柜的宽度，机柜有1米多高。

农业部开通了自己的局域网，网络使用DECnet，布线使用同轴电缆，主干使用大拇指一般的粗缆，分支使用细缆，主干覆盖大楼各层，细缆按需布设。网络只在内部使用，尚无对外的通信接口。

机房里簇新的设备轰轰作响，网络设备和控制终端信号闪烁，基于主机系统的软件开始开发，感觉信息中心有样了。我们有自豪感，外边也时不时有人来参观。平时早上，处里的同事谁来得早，就主动收拾机房，吸地擦地打扫之类，然后才开始干活或看书学习，干劲很足。

信息中心的VAX小型机配了3个硬盘，每个硬盘1500M占半个机柜，硬盘比饼铛大，转起来虎虎生风。部领导到信息中心检查工作时，问系统管理员老刘，这么大的机柜，能存多少东西？老刘骄傲地回答说能存4000部《红楼梦》，领导感叹说真想不到啊，信息中心设备的能力这么强。VAX8250小型机配置的硬盘总存储量为4.5G，不如现在的U盘大。

这个阶段是技术引领，信息中心四处找活干。我配合北京市计算机研究所开展了部办公自动化的需求调研，重点集中在办公厅和人事劳动司，形成了需求分析报告。参与处长牵头的部人事管理系统的开发，使用RDB/VMS和Basic语言；使用Oracle和Fortran开发了菜篮子价格行情报价系统小型机处理部分；还从事了一些基于PC机的开发任务。那时没有开发工具，基本上是硬写。工作的过程中我认识了几个问题：一是只有搞清楚真

实需求、项目才可能成功；二是即使把需求分析搞透后各方确认，也很有可能返工；三是书本里说的通过信息系统建设让业务流程优化再造是理想。

1993年，农业部使用世界银行贷款开展农业支持服务体系项目建设，包含有信息系统建设的内容。有一天世界银行的技术专家到信息中心调研，说他们在美国可以使用Internet。我问他Internet是什么？他说这里要是能联网到美国去，他就可以演示给我们看。我联系了负责电话总机的工程师，临时给机房里的一部电话开通了国际业务，世行专家就使用我们的计算机和调制解调器呼叫美国的网络接入设备，接通后显示的是一个菜单，他使用的软件叫Gopher，通过对菜单的点击，可以查找检索有关内容，可以很方便地从Internet的一处跳到另一处。内容在计算机上跳来跳去，好像打开了世界的一扇门，我们好像在世界上转悠。我当时没有想到互联网后来对世界的影响，但我们几个围观互联网的人确实被惊到了，网络原来可以这么用！我们什么时候能用上？

到了1994年，电子邮件已在国外有较多的应用，在国内还是凤毛麟角。部里有关人员在对外交流中接收到的名片，大多留有电子邮件的地址。部里参与世行项目工作人员也需要电子邮件的支持。有不少人询问信息中心有没有电子邮件服务，可我们只有电话、传真和电传服务。

1994年下半年，了解到中科院2月份已经接入了互联网，也可以为其他单位提供接入服务，按照数据的使用量收费。报告给信息中心分管主任同意后，农业部年底通过电信部门的X.25线路联入中科院计算机网络信息中心的互联网接入端口。部内互联网应用踊跃，有需求的人员可以注册使用自己的电子邮箱了，也可以上网了。

当时互联网使用费用高昂，据说有的地方提供邮件服务也是按大小收费，一封邮件可能收几十块钱。就拿64K/S的X.25线路来说，需要初装费100元、设备费8000元、端口费每月1600元、专线费每月1260元，包月使用每70小时2000元，超过包月部分按数据传输量计费；中科院计算机网络信息中心互联网服务收费也有一个基础使用费用，超过以后按数据传输量计费，价格不菲。幸亏我们开通的只是64K的X.25线路，否则月底结账时可能吃不消。

1995年初，处里的同事通过给APNIC发电子邮件申请到8个C类IP地址。下半年，通过64K DDN联入中国电信的ChinaNet。开通了部的邮件系统，从此大家的名片上也有了部的邮箱地址。

那时没有网站设立的规章，大家想干也就干起来了。为了建立网站，处里派员外出学习Web制作技术，还跑到长虹桥边使用第一代KODAK数码相机，拍照农业部大楼，准备用作部网站首页图标，1996年初网站建成。网站叫什么名字引起大家热烈讨论，最后主任拍板，域名为www.agri.gov.cn，中文名称为"中国农业信息网"，这个域名作为农业部官网的域名使用了多年。

互联网的开通，不断给大家带来惊喜。1995年11月，国内有地方想养羊驼，当时畜牧司领导也查不到羊驼的详细信息，找到信息中心上网一查，网上有图有真相。这羊驼（alpaca）出自南美，网上羊驼的产地、特性、用途和价格等一目了然。畜牧司领导感叹信息中心还真有信息，要求赶紧把他的机器接入互联网。外事司在国外各种活动较多，当年联合国在西萨摩亚有一个会议，使用电子邮件解决了和国内文档沟通问题。有关部门查询到特定的种子包衣信息也是如获至宝。那个年代能拥有个人电子邮件是荣誉。1996年初清华大学教授到北京信息工程学院讲座，说美国都在使用电子邮件，同事的同学在那里工作就回应，"我的同学在农业部信息中心工作，他们就有电子邮件"。1996年，DEC公司和农业部信息中心联合举办互联网应用大会。

到了1997年，中科院计算机网络信息中心开始使用扩频微波作为互联网接入设备。经过测试，从部大楼到中科院计算机网络信息中心的空间链路并无遮挡，这让人松了一口气。使用扩频微波作为互联网接入线路，即免除了使用X.25或DDN线路的高昂费用，还可以提升通信速率到2mb/s。提升了接入能力后，我们在机房里设置了Modem池，用户可以使用电话线路拨入，使用面进一步拓展。但是高兴的时间也不算太长，大约1998年，眼看着到处大楼隆起，微波链路即将受阻。我们申请把微波天线挪到部大楼后边还在建设的宿舍楼上，那个楼更高更不容易遮挡。一天，几个部门一起研究宿舍楼的施工问题，包括审查我们提交的在大楼顶设置天线的申请。我带着技术方案上会，方案中有图纸有计算，包括承重和风阻数据，为减少天线风阻使用网状抛面。会议开始后，先是施工方说地下持续出水，需要加强施工措施云云，中间讨论了其他问题，最后一个是楼顶加装天线议题。我介绍了为什么要在楼顶建设微波天线，介绍了技术方案的计算数据。然后专家开始提问。一个问题是：你们对大楼使用有需求，应该在大楼设计之前提出来，现在大楼盖一半了才提出来，需要变更设计。我说：您说的对，可是在大楼设计时，我们还不知道有互联网，也不知道现在部里需求这么旺盛。一个问题是：在20多层楼上架天线，风阻很大，力乘以力矩，对大楼的扭力巨大，刮大风时很危险。我回答：天线的面积和重量有限，有计算数据在这里，相信不会对建筑有大的影响。会议合议以后，定下的调子是地基出水问题要尽快解决，在楼顶架设微波天线的事风险大不能干，为了不影响职工对宿舍楼的信心，会议内容大家不要公开。话说到这了，当然要以大局为重，总不能为了使用互联网，哪天一阵风把大楼刮倒了。散会后我向信息中心主任报告了会议的情况，特别说会议要求不要公开有关内容。等到大楼落成、人员入住以后，看到楼顶上高高架起的实心广告牌，起码是微波天线面积的几十倍，我才明白大楼地基处理得不错。不过这时运营商的互联网接入带宽和价格已经可以接受，也不需要微波链路了。

农业部网站建成后持续快速发展，信息量和访问量持续提升，影响力迅速扩大，服务能力不断拓展，连续三次在国务院办公厅主持的政府网站绩效评估中名列第二。国家信息化专家委在长沙开年会时，时任湖南省委书记对已经退休的方瑜主任说，他在交通部当部长时就是与农业部政府网站对标，让部里仔细研究学习我们农业部信息中心，后来他们追上我们了。当时对这些话还不太理解，直到2006年，信息中心主任参加国办在青岛举行电子政务论坛，看到了展览中介绍我国的政府网站建设历程，第一个开通运行的是中国农业信息网。我方才知道我全程参与推动和建设的网站居然是国内第一个政府部门的网站。信息中心使用信息技术支撑和服务农业部的业务工作，自身也得到持续发展。

农业部从传真网到互联网的建设，仅仅是拉开了部电子政务建设的序幕。此后，国内第一个内联网（Intranet）、部委第一个行政办公综合审批系统、农业部数据仓库、农业部办公自动化系统、农业部指挥调度卫星通信系统、农业部网站群和全国新闻联播系统、"三电合一"农业信息服务系统、金农工程、农产品批发市场大数据、农业部地理信息系统、农业部信息资源共享系统等项目陆续建成。信息中心的同事们锐意进取，在这些工作中克服了很多困难，取得了很多成绩，为电子政务和服务"三农"做出了贡献。在此，向所有参加过这些工作的同事们致敬！向所有关心支持农业信息化的领导、专家和朋友们致敬！

2021 年 3 月

"金土工程一期"建设中的问题与对策

查宗祥

作者简介：查宗祥，原国土资源部信息中心副主任，研究员。国土资源部成立之前，在原国家土地管理局任信息中心主任、局信息办副主任。1998年国土资源部成立时，参与组建国土资源部信息中心。1999—2011年任国土资源部信息中心副主任、部信息办副主任。所学专业为航空摄影与遥感，长期从事遥感、地理信息系统的技术应用。国土资源部信息中心成立后，一直致力于国土资源信息化技术的研究与电子政务设计，率先提出了国土资源电子政务基础平台的理念，研讨、设计和开发了国土资源电子政务平台，为金土工程建设奠定了技术基础。金土工程主要设计人之一，为推动部、省、市、县四级金土工程作出重大努力。著有《国土资源信息化顶层设计》，创立了国土资源信息化标准体系，主持国家863计划重大项目等。获国家科技进步二等奖一项，国土资源部部科技进步一等奖二项、二等奖四项，享受国务院政府特殊津贴的专家，被聘为科技部高新技术专家组专家、国家科技进步奖评审委员会成员。2009年获全国科技先进工作者荣誉称号。

国土资源部是国务院第三次部委调整时新成立的一个部，由原国家土地管理局和国务院地质矿产部合并，于1998年成立。由于原国土资源部和地质矿产部都没有信息中心，国土资源部一成立，在部信息化领导小组的指导下开始组建部信息中心，将原地质矿产部直属事业单位信息研究院（以情报收集研究为主）、地质矿产部法规司下设的信息技术中心和中国土地勘测设计院下设的信息中心合并，于1999年7月成立国土资源部信息中心，属部直属事业单位，编制230人。部信息化领导小组办公室（简称"信息办"）设在信息中心。

国土资源部信息中心成立后，开展了"数字国土"工程项目建设，其内容包括国土资源政务管理信息化、国土资源调查评价信息化和国土资源信息服务三块任务。

一、金土工程来由

2004年1月，时任国务院副总理曾培炎在国土资源部视察工作时，信息中心向曾培炎副总理介绍了"数字国土"的进展情况，曾副总理当场提出，要搞"金土工程"，形成"天上看、地上查、网上管"的国土资源管理运行体系。

在国家提出"两网一站十二金"后，"金宏""金关""金税"等工程已陆续起动，金关工程、金税工程已显示出明显成效。当时能申请到国家"金"字号工程，利用到中央财政的经费开展部门的信息化建设是莫大的机遇。当曾培炎副总理提出"金土工程"时，部党组立即成立了"金土工程办公室"，由一位副部长牵头，部信息中心负责"金土工程"项目的设计和申报。

二、金土工程的目标

金土工程是面向保护资源、维护权益、支持发展、服务社会的国土资源信息化建设工程。通过金土工程的实施，形成"天上看、地上查、网上管"的国土资源管理运行体系，全面提高国土资源管理与服务水平。

金土工程分三期实施，一期工程重点开展耕地保护和矿产资源管理相关系统建设，涉及全国65个节点，覆盖国土资源部和31个省（自治区、直辖市）、5个计划单列市、新疆建设兵团及27个试点城市国土资源部门。具体目标如下：

（1）形成上下联动、科学规范的网络化国土资源管理流程，促进国土资源依法行政与政务公开；

（2）建立国家直接获取国土资源信息的渠道，全面、准确地掌握国土资源信息及其动态变化，为有效参与宏观调控提供支持；

（3）全面提高国土资源信息为各级政府和全社会服务的水平，充分发挥国土资源信息的基础性作用。

三、金土工程的任务

金土工程是围绕解决国土资源管理与开发利用过程中存在的重大问题，面向资源监管、调控和服务的国家目标，开展的国土资源信息化建设。实施金土工程，就是要按照国民经济和社会发展的总体战略部署，通过信息技术的广泛应用，使国家能够直接、全面、准确地掌握国土资源信息及其变化情况，形成上下联动的、科学规范的网络化国土资源管理模式，克服现行资源管理体制下常规作业方式难以逾越的障碍，切实解决国土资源管理工作中存在的关键性、迫切性问题，全面提升国土资源管理与服务水平，并为国家重点电子政务工程提供必要的数据支撑和服务。具体的任务包括以下四个方面的内容。

第一，建立耕地保护国家监管系统。针对我国目前存在的大量占用耕地现象，为确保18亿亩红线，保证国家粮食安全的重大问题，建立起部、省、市、县四级耕地保护国家监管系统，使国家直接掌握准确、全面、翔实的土地资源管理数据，通过对土地利用状况进行动态分析，为调控土地供应总量和结构提供依据；形成覆盖全国的上下联动的网络化耕地保护监管系统，规范管理行为，实现上级对下级的有效监管，为实行最严格的耕地保护制度提供技术上的保障。

第二，建立矿产资源国家安全保障系统。针对我国目前经济快速发展中矿产资源供需矛盾日益突出，影响国家经济安全等重大资源问题，以围绕为国民经济可持续发展提供矿产资源保障为目标，建立探矿权、矿产储量、采矿权的矿产资源国家安全保障系统；面向国内外"两种资源""两个市场"，动态掌握矿产资源供需形势和市场变化趋势、资源勘查和开发潜力、全球矿产资源开发和供应走势，科学预测和及时预警矿产资源供需变化态势，为矿产资源勘查的战略部署，科学规划矿产资源的勘查与开发利用提供科学依据和有效服务，促进矿产资源的保护、节约与合理利用。

第三，建立地质灾害预警预报及应急指挥系统。针对我国地质灾害隐患多、灾害频发、开发活动引发地质灾害日益增多的现状，建立地质灾害预警预报及应急指挥系统。通过对地质灾害分布与发生发展规律的全面掌握，为重大工程选址、土地利用规划等提供决策依据；通过对重大地质灾害区部署网络化监测体系，为地质灾害发生的及时预警、预报，信息的实时传送、综合分析、远程会商和指挥救灾提供网络化的技术平台。

第四，建立基础性、战略性国土资源数据库。整合数量巨大、布局分散的地籍信息资源，建立标准化、规模化和可持续利用的多尺度地籍数据库；整理以纸介质和实物分散存放在全国各地的钻孔地质资料，建立地质钻孔数据库，拯救新中国成立以来国家累计投入上千亿元取得的宝贵地质资料，为经济建设提供广泛的信息服务；以历年来开展的国土资源与环境调查、评价、监测成果为基础，建立资源与环境监测数据库，为国家资源与生态环境建设提供基础信息服务。

围绕建立"耕地保护国家监管系统""矿产资源国家安全保障系统""地质灾害预警预报及应急指挥系统"和"基础性、战略性国土资源数据库"，金土工程的实施包括以下六个方面的内容：应用系统建设；数据库的建设与整合；数据中心建设；网络系统建设；安全系统建设；标准体系建设。

四、金土工程一期项目申请与批复

国家"十二金"工程有的已经建设的很有成效了，如"金关""金税",但"十二金"中也有几金没有批复下来,究其原因,有些工程预算经费太大,有的预算达十几亿元人民币。国家发展改革委及国家发展改革委高技术专家组对其经费预算的准确性都把握不住,所以项目就搁置下来了。

我们在做金土工程项目方案时,已经考虑到这一点:将金土工程项目分为三期来实施,预算经费为6亿元人民币,"金土"一期申请经费不超过2亿元人民币。我们认为2亿元人民币是国家发展改革委和专家组可控的范围,最终,"金土"一期申请经费为1.9亿元人民币。

由于各级国土资源管理部门是属于各级政府,按照中央财政与地方财政"分灶吃饭"原则,金土工程的经费不能用于65个节点上的基本建设,但这65个节点又是"金土"一期组成部分,没有经费是开展不了信息化建设的。于是,在金土工程一期的申请中,要求国家发展改革委向各省发一个文件:在国家金土工程实施中各省也设立自己省份的金土工程。只有这样才能解决各省金土工程的经费问题。

2006年6月13日国家发展改革委批复了《金土工程一期建设项目(中央投资部分)初步设计》,中央投资为1.07亿元人民币。同时,在批复文件中,国家发展改革委向各省加发了一个关于"在国家开展金土工程一期项目的同时各省(市、区)设立省金土工程"的文件。这标志着我部金土工程一期建设项目立项的圆满完成。

五、金土工程实施过程中的问题

(一)缺乏标准

金土工程是建立土地和矿产资源利用四级上下联动的信息系统,解决国家直接获取国土资源信息的渠道,实现系统对接和数据共享。

在纸介质环境下运行,标准显得不是十分重要,但系统建设标准先行,这是信息化建设的前提。当时存在国土资源名词术语不统一,数据没有编码,各类数据库没有统一的数据库结构,缺乏系统建设规范、数据库建设规范,没有信息系统、数据库管理系统验收规范,空间数据结构、分层、位置标注等都没有统一的标准,国土资源元数据是什么,知道的人也不多。标准建设成为当时的一大问题,也成为首要任务。

然而,各类标准的制定必须是在实践过后才能产生。制定标准,一是要熟悉业务,二是要清楚数据内容,三是懂得信息系统建设,国土资源几十个标准是经过了多人、多轮制定、修改的反复过程,才形成了国土资源标准化体系。

(二) 地理信息系统 (GIS) 的选择

国土资源数据中的空间数据具有数据量大,数据结构复杂等特点。当时的关系型数据库管理系统是用于结构化数据(如表格数据)的管理,不能管理非结构化数据。大量的土地空间数据(如土地利用现状图、土地利用规划图、城镇地籍图等)和地矿空间数据(如地质图、矿产资源规划图、矿产分布图等)在数据管理和运行中,必须要用空间数据管理的软件平台地理信息系统(Geographic Information System,GIS)。国土资源具有各种大量的不同内容的图形,在金土工程项目中都要进行数字化建库和管理,并支持国土资源业务系统运行

我国对空间数据的管理在20世纪90年代初才刚刚开始,采用的是国外空间数据管理系统。全世界GIS产品有几十种,但引入中国的并不多,国产GIS在20世纪90年代后期才开始研制,也不成熟。虽然金土工程建设已进入21世纪,GIS在国内的应用也较为普遍,但针对国土资源空间数据如此种类繁多、数据量巨大的国土空间数据,选择采用的GIS必须功能强大,稳定性好,否则,不足以对国土资源空间数据的管理。经过考察和多次专家讨论,最后选定以美国ESRI公司ArcGIS为主的金土工程项目空间数据管理平台。选用国产MapGIS作为国土空间数据管理平台的,必须确保MapGIS数据向ArcGIS数据格式的转换。

(三) 电子政务平台的思考和它的作用

金土工程一期最主要的任务是建设土地资源和矿产资源的政务管理系统,对土地、矿产多项业务手工管理模式实现网络环境下采用计算机

运行的数字化管理模式。

采用网络和计算机进行行政管理业务的运行，被称为"电子政务"。单项业务管理的计算机应用，在多部门已经普遍实现。但在一个部门所建应用系统多了，就发现系统与系统之间不能互联，数据不能共享，每个系统都是独立的"烟囱"。

产生这一情况的原因是各个应用系统由不同开发商开发的，没有统一的系统底层环境，没有数据标准和数据交换协议、接口，没有消息传递功能，更主要的是各开发商都没有一个能支撑所有应用系统在统一环境下开发和运行的平台环境。

每一个单位都有多项行政管理业务，而且一个行政管理业务的审查、审批，不是一个人或一个管理部门所能决定的，比如国土资源管理中的建设用地的审批业务，涉及11个部门，多个部门在统一环境完成各自的业务运行，又要能实数据的共享，这就必须有一个能支撑所有业务运行的平台环境，这就是电子政务平台。

电子政务平台既是一个开发平台，又是一个运行平台。它是利用自身拥有的开发工具和功能模块来快速"搭建"应用系统或快速修改系统，系统开发和修改如同搭积木。开发平台创建的应用系统发布到运行平台运行。

电子政务运行平台是一个由数据层、系统运行层和用户层三层架构的设计，具有统一的工作流程设计，统一的表单制定，统一的消息传递功能，统一的资源调配，统一的系统控制和统一的安全设置。这是一个功能强大的复杂的运行环境。没有电子政务平台，就不可能实现多业务之间互联互通，多节点联合运行和数据共享的系统。

国土资源部在"数字国土"项目建设中已经认识到这一问题，并开始了国土资源电子政务平台的设计与开发，金土工程一期项目批复后，又进一步对电子政务平台的功能和平台的稳定性进行了修改和完善，国土资源电子政务平台的设计与开发前后花了一年的时间，资金达800万之多。

金土工程一期项目批复后，原来参与国土资源信息化建设的二十多家开发商也非常兴奋，纷纷加入金土工程一期建设。但是，所有的开发商都不具有电子政务平台的技术，仍旧是单一系统的开发理念，这种"烟囱林立"的开发模式，将无法实现国土资源电子政务多部门、多业务的联合运行。对此，国土资源部信息中心召集所有开发商，向他们介绍和灌输国土资源电子政务平台的理念和思路，要求金土工程一期 65 个试点上的系统必须在统一的电子政务平台上开发和运行。经过讨论、认识，所有系统开发商都达成共识，一致接受了电子政务平台的理念，这也是后来金土工程一期在两年之内完成和超额完成任务的关键所在。

国土资源部率先在全国采用电子政务平台技术，也为我国电子政务建设向前迈出了关键的一步。

（四）网络建设及网络安全问题

金土工程一期的网络是实现部系统与 65 个试点系统之间的互联，以实现数据的共享，即部系统要与 31 个省（自治区、直辖市）及新疆生产建设兵团系统链接，这是部主干网，33 个市级系统链接各自省（自治区、直辖市）系统。

国土资源网由包括部机关和 65 个节点上的局域网以及部与省（自治区、直辖市）、省（自治区、直辖市）与市互联的主干网组成。根据国家保密局对政府内网的要求，内网与互联网要进行物理上的隔离。除国土资源电子政务数据有一定的保密性外，国土资源空间数据由于统一的坐标定位和高程定位数据，属于国家涉密信息。涉密数据的传输必须采用保密机，保密机的管理非常严格和烦琐，而且责任重大。各个部委在广域的链接方案上，均采用租用与互联网物理隔离的专线。金土工程一期主干网也是通过租用专线与各节点联网。

专网不是专线，专网虽然与互联网是物理隔离，但是也属于网络公共资源，大家都在租用这一公共资源，对敏感数据或涉密性数据，专网并不能保证万无一失，仍有数据丢失的可能。在这样的情况下，金土工程一期主干网采用专网加双向网闸的解决方案。双向网闸的功能是：数据进出时，以认定双方的传输协议来进行网络打开或关闭，数据通过双向网闸时又有加密和解密的过程。这样，确保了广域网上数据传输的安全。即节点的网络两端设有双向网闸，两个节点之间只作数据交换，部与省（自治区、直辖市）之间的主干网没有实现系统间的地址链接。

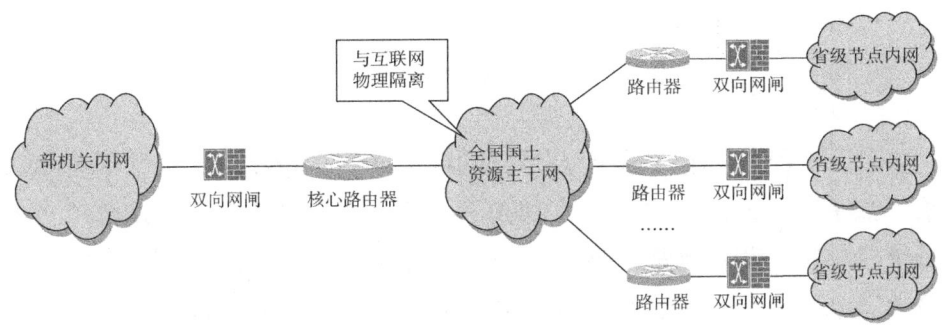

国土资源主干网连接示意

国土资源部机关局域网按涉密网要求建设，国土资源涉密数据在屏蔽机房存放。国土资源空间数据规定不在网上传输。

（五）信息化机构的建设的问题

国土资源部信息中心于1999年7月正式批复成立。1998年国土资源部成立后，省（自治区、直辖市）、市、县国土资源机构改革才逐步开始，虽然省、市两级仿照部机构设置，设有信息中心，但除了几个经济发达省、直辖市、计划单列市及原来机构改革前土地管理部门信息化起步较早的市（如上海、重庆、深圳、南京、武汉、长春、青岛、西安、南宁、合肥）外，很多省、市两级信息中心机构建设非常滞后，直到金土工程一期项目批复下来，65个试点单位中还有机构、人员没有到位的。

金土工程一期一经批复，国土资源部信息中心和信息办抓紧召开动员大会，首先要解决的就是65个试点单位上的机构建设与完善。要求65个参与金土工程一期的部门都成立信息化领导小组，来组织和领导金土工程的建设；组建一支强有力的信息中心队伍，来组织实施金土工程项目；成立信息办公室，在金土工程建设中协调和理顺业务部门与信息中心及开发团队之间的关系。由此，金土工程一期所有参与部门完成了信息化机构的建设。

国土资源部信息中心金土工程办公室，负责金土工程一期项目的设计和实施；部信息化领导小组办公室负责项目实施过程中与部各司局的协调，负责对金土工程一期65个试点单位行政协调，如以信息办向下发文，组织会议，组织检查，组织验收等。

（六）经费问题

金土工程一期中央投资部分是1.07亿元人民币，国土资源部每年拨给"数字国土工程"的经费是3600万元人民币，金土工程一期部节点的系统建设应该没有问题，但65个节点中，绝大多数省市没有经费支持。虽然国家发展改革委下发了各省要立项省金土工程的文件，各省国土资源厅将立项报告呈上后并无消息，中部有一个省国土资源厅只给了厅信息中心10万元启动经费。

在国土资源信息化建设上，基础设施建设、基础软件、安全产品、应用系统开发都需要有一定的资金投入，然而多数部门在经费筹措上都遇到问题。这个问题出在两个方面：一是西部有些经济落后省确实存在资金困难；二是有一些省不是没有钱而是领导对信息化不够重视，认为信息化离他们太远了。针对问题，由部信息办牵头召开了一次各节点分管信息化领导的会议，由部分管信息化的副部长来做工作，并明确讲清，这是国家"金"字号工程，需要按期、保质完成，各部门要克服困难。部信息办针对各个节点的项目执行情况以简报的形式发到所有单位。通过这两招，各个节点都开始或加大了经费的投入和队伍建设。针对西部几省，部信息中心也给予了一些如网络建设和服务器投入。对有一定能力来承担数字化一类的项目部门，可以得到项目经费。

湖南国土资源厅从省财政申请到金土工程项目资金，总投入达2亿多元人民币，江苏、上海、重庆、四川、吉林、深圳、湖北、辽宁等厅、局都投入了大量的资金。金土工程一期引入地方投资达十几个亿。

（七）人员和人才问题

信息化技术真正用于行政管理业务不到10年的时间，特别是国土资源政务管理业务中涉及空间数据的应用，更是增加了系统开发、系统运行的难度。20世纪90年代中期，我国才有了基于Windows操作系统的真正能用于空间数据管理的软件系统——GIS（主要是国外产品），而GIS的应用者主要是测绘、地质、地理等地学人员，大多数人不懂GIS（地理信息系统）。前面已经谈到，单一业务系统的开发应用，结果是形成系统间不能互联、数据不能共享的"烟囱"，而基于电子政务平台开发的政务管理系统是一项新的开发理念和新的运行环境，在电子政务平台环境下开发业务管理系统，再加入GIS对国土空间数据的运行，这样的系统无疑是一个非常复杂的系统。众多系统软件开发商也没有吃透这种系统的开发环境。

就信息化技术而言，各地新成立的信息中心人员中，真正懂的人并不多，大多数信息中心的编制才两三个人，有些信息中心主任一职也不是一定由懂技术的担任，而是谁有资格谁来坐这个位置，这就造成了信息化管理队伍力量薄弱的状况。

面对人员短缺，技术又跟不上的现状，怎么办？只有通过培训来解决。部信息中心和信息办及时组织了两类培训班：针对省、市信息中心人员，主要讲硬件环境、网络、电子政务等信息化普及性知识，GIS、电子政务平台的基本功能；针对社会上的系统开发商，主要详细培训国土资源电子政务平台环境和开发功能，并请GIS销售商培训ArcGIS的开发。两类学习班的人员都要考试和通过考试。

在金土工程一期中，部信息中心负责总体设计和应用系统的设计，由开发商实现。省、市65个节点上，信息中心主要负责弄清业务管理部门的需求以及与开发人员之间的协调，系统开发进度的监督，与部保持信息的上传下达。65个节点的系统开发全部依靠社会上的开发商团队。部信息中心派人到各个节点督促、检查，确保省、市系统开发中不走弯路。

六、金土工程一期初见成效

经过一年多的系统开发、调试、测试和试运行，部级系统和部分省级系统已初步达到土地、矿产部分业务网上联合办公，摆脱了纸介质手工作业，实现了无纸办公。如建设用地审批业务，针对 11 个部门审查，需要准备 11 份纸质资料，现在通过国土资源主干网，将项目数据报部系统，只需要一份资料入档备案。原来手工纸介质作业时，一个建设用地审批报件需要一个多月才能完成，系统上线后，只需一个星期就可完成全部工作。金土工程一期的建设，促进了国土资源电子政务的建设进度，大大提高了工作效率。各业务管理部门在逐步掌握系统并使用后，态度由原来抵制变为了欢迎。

针对还在建设中的系统，信息中心加大了对省、市系统的检查，及时发现问题，即时修改，保证进度，不拖整个项目的后腿。

西藏自治区和拉萨市的系统建设由中央单独安排经费，包括硬软件、局域网和系统开发的投资。西藏节点上的所有工作由部信息中心负责，从实地进行安装、调试、培训，直到实际应用。

七、金土工程一期工程验收

金土工程一期经过两年的建设，完成了部和 65 个试点的系统开发与试运，根据部《关于开展金土工程一期建设的通知》（国土资发〔2006〕208 号）要求，部金土工程办公室将于 2008 年 3 月 20 日开始对各试点单位金土工程一期建设任务进行验收。各省（自治区、直辖市）和试点城市国土资源管理部门要做好自查和验收准备工作。部信息办下发了《国土资源部关于开展金土工程一期建设试点单位验收的通知》（国土资信办发〔2008〕8 号）。由部信息办牵头，金土工程办公室开始对 65 个试点单位逐个开展项目验收工作，对建设用地审批、建设用地预审、矿业权管理等应用系统，国土资源数据库和数据库整合，网络、安全与软硬件环境以及文档、资金使用进行全面验收。65 个试点单位完成了项目规定的内容，全部通过验收。

（一）金土工程一期初步验收

初步验收是指金土工程办公室对国土资源部承担的金土工程一期全部

工作进行项目验收。2008年10月21日，由中国工程院院士，国家信息中心、中国电子协会、北京大学、国家档案局等机构资深专家组成的专家组，对部级系统和65个试点的省级、市级系统（已有验收报告）合并验收。专家组认为，金土工程一期建设项目完成情况良好，按照国家发展改革委批复要求完成了包括数据中心建设、应用系统建设、安全系统建设、标准化建设等主要内容的金土工程一期建设各项任务，初步形成了支撑国土资源监管、调控的信息化技术体系，取得了试点示范成效。项目经费管理规范，做到了专账管理、专款专用，符合财政管理有关规定的要求。文档内容规范，较为完整。专家组一致认为，金土工程一期建设项目按照初步设计施工，注重过程质量管理和控制，完成了规定的任务，实现了项目目标，对国土资源管理与服务水平的提高起到了促进作用，为国土资源信息化的深入开展奠定了基础，同意通过初步验收。

在金土工程一期项目完成期间，国家提出完成"计算机信息系统安全等级保护"的要求，金土工程一期项目也必须完成等级保护。金土工程的部级系统和65个试点的省级、市级系统从立项、经费审批、等级保护实施、检查、验收，前后花了一年多的时间，终于完成金土工程一期所有信息系统的等级保护。

（二）金土工程一期建设项目竣工验收

受国家发展改革委委托，2010年10月13日，国土资源部组织召开金土工程一期建设项目竣工验收大会。

验收会上分别宣读了工程分项验收专家意见、技术分项验收专家意见、财务分项验收专家意见、档案分项验收专家意见。综合验收专家意见是：金土工程一期建设成果已全面投入试运行，初步构建了以信息化为支撑的国土资源管理运行体系，为国土资源管理方式的转变提供了有力技术支撑，为国土资源监管能力不断提高提供了技术平台，为国土资源参与宏观调控提供了坚实的信息保障，为防灾减灾和经济建设提供了信息服务保障，为国土资源政务公开和全国国土资源信息化提供了基础支撑。

2021年4月

审计人眼中、心中、手中的电子政务

王智玉

作者简介：王智玉，审计署计算机技术中心原主任。1981年毕业于郑州大学经济系，高级经济师。1983年8月被组织部门从河南调入正在筹建的审计署，曾在办公厅、法规局、审计体系指导司、审计管理司、农业与资源环保审计司等单位长期从事管理及审计工作。1999年起任审计署计算机技术中心主任，2011年起改任审计署信息化建设办公室主任，参与金审一期
工程、金审二期工程建设的组织与实施。2013年退休。

2004年获《计算机世界》报授予的"2003年度推进中国信息化进程突出贡献奖"；2011年获中国电子信息产业发展研究院授予的"新世纪十年信息化建设优秀人物"奖。曾任中国计算机用户协会第七届、第八届副理事长，现任协会副监事长、数据中心分会理事长。

审计署一次偶然的"搬箱子"式的干部变动，活生生把我一个审计业务干部给安到了计算机技术中心，并且没有征求干部本人的意见！我心中不太满意，要求面见李金华审计长。李金华审计长耐心听完我专业不对口、创收没经验等似是而非的陈述后说：你的事儿，是我提议党组研究决定的，正是因为你是业务干部，才让你去计算机中心。你熟悉审计，知道怎样把计算机应用到审计业务上，你就干这一个事儿，其他的你不用多考虑。

那是1999年6月底，我肩负重任，带着一头雾水上任了。审计信息化事关重大，审计署党组不久加派有审计软件开发经历的哈尔滨特派员办事处副特派员李进建、曾经在大学当财务处长期间就开发财务管理软件的太原特派员办事处特派员助理周德铭分别到计算机技术中心、信息化建设办公室任职，与我搭档组成班子。就这样，三个审计人，误打误撞蹚进了 IT 圈。

那时候，还没有电子政务这个说法

20 世纪末的时候，"电子政务"四个字还很鲜见，否则一定会被当成重要的抓手，写进审计署报请国务院审批的《审计信息化系统建设规划》之中。当时对计算机的使用，除了海关、税务、统计等少数部委用于支撑支持主要业务之外，国务院大多数部门还是局限于办公自动化、政府上网工程。审计署在这两个方面也不落后，利用日元贷款项目的一台 SUN 小型机和中国经济信息网的出口，建立了自己的互联网网页；在一台惠普服务器上使用 NT 操作系统建立了自己的"机关辅助办公系统"，也算跟上了时代步伐。但是审计署不满足于这些，于 1998 年下半年提出了"审计工作信息化"的说法，并将以后实施的"金审工程"定义为："审计信息化建设项目的别称"。那时候，还没有"电子政务"这个说法。

2002 年 8 月 17 日，中共中央办公厅、国务院办公厅批转了《国家信息化领导小组关于我国电子政务建设指导意见》，即在电子政务发展历史上产生重要影响的 17 号文件。在 17 号文件中，金审工程被列为"十五"期间电子政务要加快建设的 12 个重要业务系统之一。同时 17 号文件在"十五"期间我国电子政务建设的指导思想中提出，电子政务要"适应改革开放和现代化建设对政务工作的要求，转变政府职能，提高工作效率和监管的有效性，更好地服务人民群众"；在电子政务建设的目标中提出，电子政务要使"中央和地方各级党委、政府部门的管理能力、决策能力、应急处理能力、公共服务能力"得到较大改善和加强。

审计署是国务院各部委中唯一一个没有行政审批权、不面向社会公众的部门,这就使得"更好地服务人民群众",改善和加强"公共服务能力"这两项,以及提高"应急处理能力"这类对其他部门来说至关重要的任务,在各级审计机关近乎不适用。因此,审计署的信息化建设更为聚焦于提高工作效率和监管的有效性,改善和加强部门的管理能力、决策能力,保持和提高审计能力,防止"失去审计资格"的风险,而很少与电子政务对标。这是审计信息化工作的一个特点,并且一直延续到现在:当各个政府部门忙乎"让老百姓少跑路""一网通办"让电子政务大放异彩的时候,见不到审计机关的身影。

没有区别就没有政策,适合自己的才是最好的。

第一个列入国家基本建设投资的信息化建设项目

《宪法》第九十一条规定,国务院设立审计机关,对国务院各部门和地方各级政府的财政收支,对国家的财政金融机构和企业事业组织的财务收支,进行审计监督。审计机关在国务院总理领导下,依照法律规定独立行使审计监督权,不受其他行政机关、社会团体和个人的干涉。按照惯例,每年审计署会在全国审计工作会议召开之前,向总理全面汇报一次当年的工作。

会后,审计署按照总理的指示,着手起草《审计信息系统建设规划》。其间到税务总局、海关总署、卫生部等部门开展了调研,邀请财政部信息中心刘邦君副主任、国家信息中心杨学山总经济师、国家统计局沈青华总工程师,以及国家计委、信息产业部、税务总局等各方面的专家召开了多个研究论证会,厘清了思路,明确了目标任务。按照国务院办事的规则,审计署把拟就的规划稿书面提交给信息产业部、财政部和国家计委征求意见。信息产业部的反馈意见认为,建设审计信息化系统将对国民经济健康发展起到积极的推动作用;国家计委、财政部原则同意规划稿中提出的目标任务,提出了一些具体修改建议。这个规划稿中提出的经费总概算为6亿元。

即使是以现在的目光审视审计信息化系统建设的目标任务,也是实实在在，堪称重点突出，直击痛点。放在建设内容首位的，是研制开发一批辅助审计软件，使计算机成为审计业务操作的主要技术手段。包括两类，一类是"能够基本涵盖审计计划、实施、报告全过程以及主要审计业务类型，并对电子数据进行抽样、分析、核对、评价，将审计人员关注的财务收支信息或疑点筛选出来供人工进一步检查判断的辅助审计软件"；另一类是"用以测试检查被审计单位会计信息系统，并能够揭露计算机作弊的审计软件"。而对于购置硬件设备，提出了"业务人员人均占有1台台式计算机、每个审计组有1~2台便携式计算机"的量化指标，但加上了"分期分批""经济适用"两个限制词。这跟后来一些重硬件、轻软件的信息化建设项目相比，高下十分明显。

后来跟国家计委协调的结果是，审计信息化项目很必要，也是总理同意的项目，国家计委肯定支持，投资从国家基本建设投资计划中安排。要分期建设，第一期的投资不要超过2亿元，这样审计署报上来，国家计委在权限之内可以直接批，不用再上国务院总理办公会讨论。

2001年4月，审计署报送了《审计信息化系统项目建议书（一期建设方案）》，提出的投资为1.98亿元，建设任务按照两年相应缩减；2002年7月，国家计委批复的初步设计和投资概算为1.928亿元。这样，第一个在国家基本建设投资中安排、按照基本建设项目审批程序批准的信息化建设（电子政务）项目至此诞生。

谁都难以相信，一辈子只建过一座小办公楼的审计署，在国家计委拿过一个第一。

"神枪手"们组建了"兵工厂"

现在时兴讲"痛点"。20世纪末审计机关甚至是审计职业面临的最大的"痛点"是时任审计长李金华担忧的"审计人员进不了门、打不开账"。审计的职责是检查财政财务收支的真实、合法、效益，主要的工作方式是查账。个人计算机（PC）应用普及之后，国民经济管理信息化、会计电算化发展迅速，并且有网络化的趋势，这对传统的手工审计方式提出了严峻的挑战。当务之急的应对之道是研发计算机审计软件，以计算机审计应对电算化会计，求得战略平衡。

开发审计软件的问题，自从1995年计算机中心成立之后，技术人员就在思考、尝试。无功而返的原因是无法解决数据采集转换问题。那时候除了几百种商品会计软件外，各个单位自行开发的不计其数！当时的老同事形容说：一个审计软件要想读懂这么多会计软件的数据，无异于要求一个翻译懂得全世界的语言。

这种认识放到全球，也是国际共识。当时被国际审计界奉若神明的ACL只是一个类似Excel的数据分析工具；加拿大审计署研发的IDEA，号称是审计软件，其实只是一个审计作业程序导向式的模板类工具，不涉及对财务会计数据的检查。1999年底，中国审计署计算机技术考察团访问挪威审计署，在那里发现了一个TOMS软件，挪威审计署已经在用它开展审计，令人兴奋不已，而细问之则学不得。因为挪威规定，政府部门只能使用一个指定的会计软件，审计软件没有数据需要"翻译"的问题。

在审计一线的业务人员似乎切肤之痛更强烈一些，跃跃欲试，纷纷出手开发审计软件。效果较为明显的是审计署南京特派办开发出了"数据接口"，有计算机专业背景的审计人员，可以用这个"数据接口"将会计软件的数据导入到Access（当时微软Office自带的数据库管理软件）、Excel，审计人员就可以使用计算机进行查询、排序、比对，开展计算机审计了。带领几个计算机专业硕士完成这项应用创新的刘汝焯副特派员是一名计算机的发烧友。李金华审计长曾经多次讲，听了刘汝焯的汇报"高兴得夜不能寐"。

后来，审计署计算机中心与南京特派办一起做过一次专题研究。刘汝焯副特派员就审计软件的功能提出，既然是审计署拿出来的软件，要能支持审计现场所需要进行的所有计算机操作，"数据接口"只是其中的一个功能。这与金审工程建设的总体思路不谋而合。后来通过广泛调研，在形成金审工程可行性研究报告、初步设计的过程中，逐步捋清了思路，将审计软件定名为"现场审计实施系统"。受软件行业风气的影响，还蹭微软Microsoft Office、金山WPS Office的热度，起了一个英文名字Auditor

Office，意即审计师办公室，依英文缩写简称 AO。

信息办周德铭主任不但是审计高手而且有会计软件开发经历，担纲现场审计实施系统的研发，真可谓是"知己知彼"；审计署特意抽调了一批审计业务骨干到信息办工作，参与审计软件的功能设计，他们在审计一线查问题都是"神枪手"。他们与计算中心、软件开发商的技术人员一起，组建"兵工厂"，开始为审计人员造"枪"了。

2004 年 10 月，集合了审计项目组内部管理、数据采集、审计分析、审计抽样、审计底稿、辅助工具等功能的现场审计实施系统 2005 版开发成功，开始向全国审计机关免费下发，推广应用。

与之相配合，审计署设计了 AO 应用培训课程，出版了培训教材。截至 2011 年 7 月，全国审计机关共有 36306 人通过 AO 培训认证考试。为了提高使用 AO 开展审计的质量水平，促进 AO 应用经验的积累与推广，审计署在全国范围内组织 AO 应用实例征集评选活动。2005 年至 2010 年，活动共收到各地报送的实例 7343 篇，产生优秀奖实例 375 篇、应用奖实例 2592 篇、鼓励奖实例 3039 篇，按审计业务类型结集出版了一套 9 本《AO 应用实例》丛书。

现场审计实施系统是金审工程建设的重要成果，它的成功开发，让审计人员无审计软件可用成为历史。

我们没敢说预警，更没敢说是人工智能

与现场审计相对的是非现场审计。现在金融机构的内部审计还是这么划分。当金审工程给安装在审计人员笔记本计算机上、带到被审计单位使用的那具审计软件定名为"现场"审计实施系统的时候，背后的伏笔是联网审计。联网审计与非现场审计是外延上有交叉的两个概念。

"联网审计，在联不在网；联网审计，在审不在联。"这句话，描述了联网审计的实质和主要矛盾。前半句说的是，在中国网络基础设施得到长足发展的情况下，网络可达不是大问题。但通过网络将审计信息系统与财务管理、会计核算系统联通，交互信息，被审计单位不可避免地

存在各种各样的思想障碍，解决被审计单位放心联的问题比拉根网线困难大。后半句说的是如何实现联网审计的目标，联起来之后，审计机关如何在联网状态下实施审计监督，并且取得与现场审计更好的成果，进而改变审计工作模式，则要比系统联通困难大。

在被审计单位信息系统上安装代理（agent）的方式一开始就被否定了。审计署提出了一个被审计单位技术人员可以接受、可以向领导讲明白的方案：在被审计单位放置一台前置服务器；双方系统之间用一个物理的"单刀双掷网络开关"隔离起来，起网闸的作用；每天凌晨1点，网络开关将前置服务器与财会系统联通（同时与网络另一端的联网审计系统断开），依只读的权限，采集前一天的增量数据，存放于前置服务器中；采集完毕，网络开关将前置服务器与财会系统断开，同时与网络另一端的联网审计系统联通，位于审计署的联网审计服务器接收前置服务器发送的增量数据，汇聚到联网审计数据库。一些技术细节，也做了可以令人信服的处理。

2006年初，《联网审计系统》（英文名称：On Line Audit 在线审计，简称 OLA）在8个中央部门开始试用。到2010年前后，有近2/3的中央一级预算单位的财会系统与审计署实现了联网。联网审计系统还被授权地方整体使用，或者单独使用一个部门模块。

联网审计对中央一级预算单位进行的"常态化经济体检""及时地审计整改"，对遏制财务违规违纪起到了重要的作用。前置机将采集的增量数据送抵联网审计服务器时，会依据一些规则进行筛选、与存量数据进行比对，有错弊嫌疑的记录会存入疑点库。理论上审计人员第二天一上班就会看到这些疑点……这样的场景放在今天该如何形容？但是当时我们只是弱弱地叫它自动审计功能，没敢说预警，更没敢说是人工智能。

顺便说一句，联网审计所涉及的组网模式、数据采集、前置机控制、数据规划、数据中间表、数据存储、数据分析、安全体系、组织方式与管理制度等，是通过国家863计划《计算机审计数据采集与处理技术研究》课题解决的。

"联网审计"，风轻气淡地说出来的四个字，背后的技术含量并不简单。

计算机应用带来的审计能力提升

审计信息化或者说是电子政务建设的直接结果是审计能力的提升。可以讲三个小故事。

（一）财务人员也来看审计"电算化"

由于市场机制的加盟，会计电算化的步伐很快，很多单位都"甩账"了。到了审计的时候，被审计单位往往还得把近期的账打印出来，提供给审计人员，审计方式显得很土。用上现场审计实施系统之后，审计人员再进门，表现就不一样了。他们直接向财务人员要备份盘，问清楚用的谁的软件哪个版本，插到笔记本计算机里就把数据复制出来，然后恢复成账的样子，显示在屏幕上，再然后分类、排序、计算、比大小……财会人员看了颇感震撼，招呼同事过来围观，惊奇的同时询问这是从哪儿弄来得这么先进的软件，审计人员装作不动声色，淡定地说我们金审工程自己开发的！

（二）啤酒和尿布之外的数据挖掘案例

有一个时期数据挖掘的概念在风头上，无数个售前人员来审计推销产品，讲述沃尔玛的啤酒和尿布的故事，如果再问他除此之外你还有什么案例？无一不是顿时语塞。审计署某特派办在对某航空公司的审计中，就提供出一个数据挖掘的案例。审计人员使用了一款数据挖掘工具，从航空运营数据中发现，客机回程携带燃油数量与航线两组毫不相干的数据，存在着某种正相关关系，经过分析研判，发现了涉嫌逃避燃油关税的违规线索，进一步落实之后，审计署在责成航空公司补税的同时，还建议税务机关对此做出明确规定。打那儿以后，无论在哪个场合，我讲数据挖掘都比售前的帅哥靓妹多一个案例。

（三）大鱼小鱼和虾米

21世纪初，中央政府拟对地方企业所得税进行微调，由原本全额归地方政府，改为以那年的征缴额为基数，以后每年增长部分要与中央分成，中央拿走的钱用于支持不发达地区。出于提高政策透明度的考虑，年底之前，中央政府把这个政策公开给了地方。没想到，当年各地企业所得税入库呈现爆发性增长，有的地方甚至增长300%，按这个"基数"，以后若干年中央都不可能得到分成。这事儿当然得查！审计署对16个"增长"较快的省市进行了地方企业所得税入库专项检查。审计署某特派办到了一个计划单列市，当地政府乐观地认为我有好几万户企业，你来十几个人，一天查一户一年也查不了1%，所以信誓旦旦地表示，我们的税收额是实实在在，欢迎到企业检查，点到哪家，我们以市政府的名义保证认真配合哪家。可是审计人员先到了税务局，掏出一张单子，说你从哪个、哪个库表里，把这些、这些字段的数据提供给我……拿到数据后，审计人员用计算机跑了一晚上，第二天向特派员汇报说：大鱼抓住了，小鱼抓住了，连虾米也捞上来了。"大鱼"是查出来一个企业多征缴了1.27亿元，"虾米"是查出来一个企业多征缴了0.11元。

工欲善其事，必先利其器。

联合国财务软件上的 Golden Audit

对"一个翻译要懂得全世界的语言"的难题，现场审计实施系统是以不断补充采集模板的方式解决的。审计人员只要知道会计软件的品牌版本号，在数据采集模块中找到对应模板，即可完成会计数据采集。审计人员得到方便的同时是IT人员的疲于应对，因为会计软件任何一个版本号的改动都要开发新的模板。此时，从北欧又传来"噩耗"：因为取消了政府部门只能使用某一个软件的规定，TOMS黄了。

审计署把解决审计软件"读懂"会计核算软件的问题，上升了一个高度去看待：会计软件种类繁多、互不兼容，给用户自主选择、调换软件形成了障碍，使用者的自主权利无法得到保障；经济监管部门和司法机关不能顺利采集使用会计数据，管理和执法活动受到限制；诸多管理软件无法利用会计数据，影响国民经济信息化顺利发展；数据迁移的困难，客观上保护了功能不强，服务不周的低质会计软件。

与建立社会主义市场经济机制的大背景相吻合，2003年初，审计署提请国务院信息办、国家标准化管理委员会批准，启动制定会计核算软件数据接口标准项目。审计署信息办、计算机中心与财政部、中国软件协会以及近30家软件公司的专家反复研究磋商，最终于2004年7月形成了接口标准的报批稿。2004年9月，国家标准委批准发布《信息技术会计核算软件数据接口》（GB/T 19581-2004），2005年1月1日起在全国范围内实施。

积极参与数据接口标准制订并署名为起草单位的，有国内"头部"（Top）会计软件厂商用友、金蝶、浪潮、小蜜蜂、金算盘，还有国际管理软件巨头厂商思爱普（SAP），这6家厂商产品的市场占有率90%以上，他们在自己的会计核算软件上增加了符合国家标准的数据接口，使得会计软件的贯标率（遵循执行国家标准的比例）很高。国务院办公厅曾于2001年11月发布了一个88号文件，其中要求：审计机关发现被审计单位的计算机信息系统不符合法律、法规和政府有关主管部门的规定、标准的，可以责令限期改正或者更换。审计机关和会计软件厂商共同加大对该项要求的宣传，促进了非标准会计核算软件退出市场。

2007年中国审计署审计长当选联合国审计委员会委员，中国审计署承担了对维和项目、难民署、儿基会等单位的审计。有一次，在一个遥远而偏僻的非洲国家，中国审计人员对某个联合国援助项目进行审计，在项目使用的管理软件中发现了一个按钮，图标标明"Golden Audit"，点进去一看，竟然是按照中国标准输出数据的地方——SAP是联合国所有管理软件的提供商，它识货，知道什么是好东西。

目前的情况就更加令人欣慰了。从2013年起，审计署守正创新，计算机中心两任杨主任（杨蕴毅、杨莉）一张蓝图绘到底，开始着手让中国标准走向世界。2015年3月，中国提出了将中国会计核算软件数据接口标准升格为国际标准的申请，获得ISO（国际标准化组织）批准；2019年12月，中国带领35个国家共同完成的《审计数据收集》（ISO 21378：2019）获批发布。同年9月，国际标准化组织（ISO）根据中国的提议，设立了"审计数据服务"技术委员会（简称ISO/TC 295），秘书处设在中国审计署。

中国审计，向世界贡献了中国智慧，提供了中国方案。

此 OA 非彼 OA

OA（办公室自动化）曾经是 20 世纪 80 年代末电子政务的主要建设内容，现在风头不劲，在有些地方，甚至不能作为独立电子政务项目报批，只好把相关功能模块塞进业务或者监管项目，打擦边球，可见大家对 OA 的不待见。虽然金审工程一期建设时并不存在这种顾忌，但是审计署仍然把自己的审计 OA 命名为"审计管理系统"，按照"OA+MIS（管理信息系统）+领导决策支持"系统三位一体的思路进行构建。

除了一般的办公室自动化软件均有的同质化功能外，审计管理系统是重要的业务系统。依国际审计界通行的说法，审计分为审计计划、审计实施、审计报告三个阶段，现场审计实施系统和联网审计系统进行的审计查证、取证操作，属于中间的审计实施阶段，而两端的审计计划、审计报告阶段，以及实际上还存在的"后报告阶段"（贪腐案件移送、审计结果公告、整改、行政应诉等），则需要在审计管理系统完成。审计署之所以能够把主业放进审计管理系统，是因为各级审计机关都只有一项业务——审计，不同于公安、民政等部门，有毫不相干的若干类业务、差异纷呈的业务流程，能够统一在 OA 中的，只能是反映业务结果的公文流转。业务单一，是审计管理系统定位的原点。

《审计管理系统》的"与现场交互"功能是受到各级审计机关领导欢迎的功能之一。审计人员通过《现场审计实施系统》交互管理，启动远程拨号连接、登录《审计管理系统》，可以把现场资料数据包回传到《审计管理系统》，相关领导可以遥控审计现场。这个功能，在金审工程二期中长大为交换平台和共享平台。

《审计管理系统》开发研制的同时，专门开发了供地方审计机关使用的地方版。地方版也是免费提供给地方审计机关使用。

中央财政投资建设的金审工程，又一次惠及了全国地方审计机关。

云计算的"奶奶"——"一拖N"

《宪法》第一百零九条规定,县级以上的地方各级人民政府设立审计机关。与全国其他行政机构一样,世纪之交时的县级审计局,一般只有十几个人,可以说它们基本不具备信息化甚至连办公自动化的条件。《审计管理系统》向地市县区推广的过程中不可避免地遇到了绕不开的阻力。

2004年11月,信息办到浙江省调研,丽水市审计局反映,每个县审计局如果都部署审计管理系统,不仅部署成本高昂,而且今后的系统运行和维护难以为继。丽水市审计局提出,能否搞一个1拖9模式,即在市审计局设立服务器,安装审计管理系统,其他9个县区审计局远程访问使用。信息办深受启发,在现场梳理了建设思路,回京经过方案论证和技术设计,确定在地方版功能的基础上,以丽水市为模型标的,开发审计管理系统"1拖9"版。2005年4月,"1拖9"版在浙江省丽水市10个审计局使用,获得成功。这个版本重点实现了分库管理的功能,尽管是10个审计机关(1市+9县区)共同使用一个审计管理系统,但是每个审计局在系统中是一个完整的逻辑实体,相互之间保持隔离,上下级之间交互机制和交互通道与使用审计管理系统相同。当时所采用数据库的性能,最多可支持拖20个,已经完全能够满足绝大多数地市审计机关的需要。后来,这个版本定名为"审计管理系统('1拖N'版)"。

审计署石爱中副审计长曾经对"1拖N"版的安装部署使用进行过一次调研。他先到天津市审计局的"1端",实地察看了区县审计机关报来的资料,到区县审计局看了"N端"的操作,从天津回北京的路上他又提出到廊坊市安次区审计局看看。当时因为廊坊市内一条主干道改造,安次区审计局临时易地办公,租的小院在一片玉米地里。当地电信运营商给审计局拉了一条临时光纤接通了审计局的电话,审计局利用光猫(调制解调器)富余的网口,接上几根网线扯到各办公室计算机上,就可以使用"1端"在廊坊市审计局的审计管理系统了。一天调研下来,石爱中副审计长对系统的可用性、易用性角度给予了充分的肯定。

审计署信息办将"1 拖 N"模式向国务院信息化办公室做了汇报，陈小筑司长激动地说，审计署为县级政府部门电子政务系统的落地，探索出了实现方式。毕竟长期在各地跑来跑去的她，对基层情况非常了解，相当多的部门还没有县审计局那么多编制呢！

后来，虚拟化、云计算技术在信息化项目建设中流行，经久不衰。回头想一想，"1 拖 N"模式在冥冥之中契合了虚拟化、云计算的思路，只不过做成这个事儿的时候是 15 年前的 2005 年。囿于技术水平，"一拖 N"实现的功能有限，不过按其辈分来讲，仍可以笑称是云计算的"奶奶"。

适配这碗苦酒，审计署 10 年前就尝过

《审计管理系统》构建在 Windows 操作系统、DB2 数据库、WebSphere 中间件环境下。一次偶然的变故，加上国家发展改革委组织实施信息安全专项的机会，审计署在金审工程二期建设的过程中开始考虑系统软件国产化。

调研中，无论是操作系统、数据库还是中间件厂商，都扬言自己具备支持办公自动化和小批量业务管理的能力，而它们都拿不准的问题都是自己能不能和其他系统软件同时串起来使用。据我们了解，当时还没有一个完整的应用项目，把三类国产系统软件相互之间打通使用。

审计管理系统软件国产化项目启动时，审计署遴选了中标、红旗两个操作系统，金仓、达梦两个数据库，东方通、金蝶两个中间件，由金审二期应用总集成商中软国际提供技术支持，负责与 6 个厂商之间的协调，开始进行互相之间的打通。目标很简单：每个系统软件都要与其他两类 4 个打通，共形成 8 个组合方案。真正做起来，这件事说难也难，说容易也容易。难的是从打通的角度看，各个软件都存在诸多毛病需要完善，而各个软件都希望别人先完善以适应自己目前的状况，但最后的平衡点是长远利益，一定要找到自己的缺点，才能在今后更大的范围与其他软件形成良好的生态关系。容易的是，过去之所以打不通，是因为没有人组织这么打通过，也没有一个项目供这些厂商实践。审计管理系

统充当了孵化器的角色,而且还是在软件开发商和业主的协调和技术支持下孵化。

这个过程说起来也有很多不易,我们也偶尔反问过,作为一个负责国家财政财务收支监督的专责机关,是否该进入这个领域经受磨难?不过,工作进展还算顺利,2010年12月,审计署信息办、计算中心在万寿宾馆召开了国产化应用支撑平台研讨会,向参会的20余位部委信息中心主任做了总体性介绍,7个软件厂商分别做了专题汇报。国产系统软件在金审工程项目上得以打通,全线应用,无疑鼓舞了电子政务应用平台国产化的士气。会后,随着金审工程二期对一期建设成果的升级,基于国产化系统软件支撑的审计管理系统进行了全面替代,审计信息化系统国产化(除桌面操作系统)基本实现。

工业和信息化部杨学山副部长一直很关心信息化建设的国产化问题。审计署向他汇报后,他表示,审计署做到这一步,也算尽了全力了。审计署的试点成果表明,除了海关、税务、统计等超大型业务系统还可能存在问题,一般的政务办公,国产化在部委是行得通的。下一步的责任在我们主管部门了。

近一两年更多地听到一个词,叫"适配"。它可以形容从CPU、服务器、电脑之间以及各种系统软件、应用软件的磨合适应,其中有很多困难,令当今的信息中心主任们头痛不已。如果说,当年所做的打通能算得上局部的适配,那么这碗苦酒,审计署10年前就尝过。

如果连字儿都不会打,还能指望他用计算机干什么?

无论是审计信息化还是电子政务,要想得以推进,最大的动力是人,最大的阻力也是人。中国计算机审计代表团曾经考察过以色列审计署,以方专家在情况介绍过程中问中国同事:当年在以色列审计署推行政策审计时,你们认为最大的阻力来自哪里?中方代表有的回答:获取全面的资料。有的回答:其他部门反对,国会通不过。他说:最大的阻力来自审计人员自己,他说你这样干的不是审计,你要求的我们不会干。谈到解决的办法,他说是培训和学习。

看来,中国人、外国人,在新事物面前,遇到的问题和解决之道都是相通的。审计署从开始设想建设审计信息化系统开始,就先行一步开展了两轮审计人员计算机基础知识和操作技能培训,史称初级培训。培训的目标是:会用 WPS 或者 Word 打字,会用 CCED 或者 Excel 制表,会用 Foxpro 或者 Access 管理少量数据,会上网,会杀毒。一开始参加培训的人员寥寥,后来不得不祭出考试、通报的大杀器。审计署发出通知,要求年龄在 55 岁以下的审计机关工作人员,均应参加审计署统一举行的上机考试;不定期通报各地审计机关参加培训并通过考试的人数及比例。审计署还明确:审计署将合格的考试成绩作为署机关、派出局、特派办工作人员任职及职称评聘的相关条件,有条件的地方审计机关可参照执行。这样,局面才有所改观。到两轮培训结束,审计系统共有 2.2 万人通过了培训考试。

实践证明,这一部分人,他们在学生时代,无缘接触计算机,当信息化时代到来的时候,在一定压力下接受一次从入门开始的系统培训,汲取新知识,掌握新技能,对于他们在今后的几十年里融入信息社会有关键的作用,也还是这么一批人,支持了审计信息化的不断推进。

很不幸的是,以各种理由拒绝参加培训的人成为信息化推进的阻力,特别是一些不会打字儿的领导干部,一边口口声声说"计算机不是光用来打字的",一边用计算机玩着入门级的挖地雷、扑克接龙游戏。他们在管理信息系统投入使用时下绊儿说:"就在隔壁屋,咳嗽一声都知道是谁,文件还要在网上审批,形式主义!"在审计业务系统投入使用时,又说:"审计软件再强大,能查出假发票吗?"有的还编了顺口溜嘲讽:"用笔抄就是好,练手练眼又练脑。"对此,一位审计署领导痛斥说:连字儿都不会打,还能指望他用计算机干什么?这种人只能靠自然淘汰。

审计业务人员会写 SQL 语句

有初级培训就应当有中级培训。有一次李金华审计长说,南京特派办的计算机审计搞得好，不仅仅是有几个学计算机的研究生，而是有那么一批人，他们既懂计算机又懂审计。要研究一下这批人，看看他们掌握了什么知识，计算机审计骨干就照这些人去培养。由此催生了旨在提高计算机审计能力的中级培训。

中级培训的对象是非计算机专业的审计业务骨干，目标是使审计人员通过培训，具备能提出计算机审计需求，又能克服困难，在现场实现审计目标的能力。这种能力被归纳成为"五能"：一能打开被审计单位数据库；二能将被审计单位的数据导出到审计人员的计算机中并转换成为审计人员可察看的数据格式；三能使用具有查询分析功能的通用工具或审计软件进行数据查询、分析；四能在审计现场搭建临时局域网；五能排除常见的软硬件故障。"五能"的说法虽然不太IT，但便于理解，有利于调动审计人员参与学习的积极性，获得各级领导干部的支持。

寻找培训合作伙伴采取了定向招贤的方式。根据署领导的要求，审计署向清华大学、北京理工大学、中央财经大学、北京信息工程学院4所在京高校发出培训项目邀标函，有偿征集教学大纲、按照"五能"的目标和审计人员现有计算机水平设计的教学方案，包括课程设置、各科教学内容和课时。清华大学反馈，审计署培训的内容，属于交叉学科，目前我校无此培训能力；中央财经大学教授会计电算化的唯一一个讲师赴美国进修，无人能回复邀标函。北京理工大学、北京信息工程学院积极响应，不约而同提出应开设计算机基础、网络、VB程序设计、数据库、会计电算化和审计软件应用6门课程。一般情况下，背靠背提出的相同方案都比较靠谱，课程就这么定了。

后来，因为住宿条件的优势，培训合作伙伴被确定为北京信息工程学院。双方商定：培训采用集中住宿、全封闭、全脱产、高强度的方式，时长70天，审计署出台严格的纪律，学院配合严格的管理，保证学员能够集中精力完成学习。开6门课，学院负责前4门，后两门由计算机中心安排讲师；编写与课程对应的专用培训教材，在清华大学出版社出版。

对于审计人员来说，每一门课都不容易。学员的努力程度几乎不可思议。审计署的学员被学校作为刻苦的榜样，拿来教育本科生。而学员自己则把中级培训称之为"魔鬼集中营"。2001年7月20日，第一期培训班结业，李金华审计长参加了结业典礼，向考试合格的学员颁发了由他本人亲自签署的"全国审计系统计算机审计中级水平考试合格证书"。直到他卸任审计长职务，为每张证书亲笔逐一签署的做法一直沿袭下来。有一次出国回来已是夜半，他没有回家而是到了机关，问其缘由，他说：我得先完成计算机中心给我派的活儿——第二天有一期中级培训结业，他要把考试合格证书签了。

从2001年至2011年7月，审计署共举办了33期计算机审计中级培训班，共培训1670人，其中：署机关及派出审计局295人，特派办636人。审计署规定，经过地方审计机关按照中级培训大纲举办的培训，以及自学中级培训课程的人员，亦可参加中级水平考试。同期，审计署共组织了49次计算机审计中级水平考试，5096人参加了考试，3946人通过；其中署机关及派出审计局通过248人，特派办1264人。

我们算过一笔账。审计署（连同18个特派办）编制4000余人，除去司局级以上领导和综合管理人员，一线业务人员大约3000人。在一定程度上可以说，有半数的审计业务人员会写SQL语句。难怪有被审计单位的领导说：这是一支不可思议的队伍。

信息办主任成了基建办主任

直到金审工程一期完成，审计署计算机机房的建筑面积只有232.46平方米。一期建成的各个应用系统及其设备，同居一室，审计管理系统服务器与因特网服务器只隔着一层玻璃隔断。在规划金审工程二期的过程中得出结论：新建审计署计算中心机房势在必行。

眼睛向内，在审计署的一亩三分地上实在找不出可以建改机房的位置。审计署有位领导提出，你们可以考虑一下，看审计署附近有没有地方，买也行，租也行。恰好就在审计署办公楼（门牌是北露园1号）南侧隔壁，北露园2号楼的东侧部分是中国工商银行的房产，当时是租给其他单位办公的。悄悄地考察了几次，我们相中了这个地方。计算机中心、信息办向署办公会汇报这个意向时,审计署负责行政后勤事务的部门了解情况更全面一些,提出来可能会有不少困难。审计署领导拍板说:没有比这个地方更合适的了!不管是租还是买,一定要占下来。只要占下来,谁也赶不走。

后来经过进一步了解,这处房产是财政部北京专员办参与投资合建的,后来置换给一家公司,这家公司借了工商银行的钱还不上,把它抵债了,目前作为不良资产剥离给华融资产管理公司。再与华融资产协商,得到两条让人更加托底的肯定性意见,一是愿意将此资产出让给审计署,二是根据国家相关规定,从四个资产管理公司购买的资产,购买方具有合法的所有权。

2005年7月,国家发展改革委高技术司许勤司长、王娜处长来审计署谈金审工程二期的投资安排,刘家义副审计长在自己的办公室,指着窗户外面的北露园2号楼跟许司长说,我们打算把那儿买下来一部分做机房,请国家发展改革委支持。后来在国家发展改革委批复的金审工程二期投资的土建部分中,包括了购买北露园2号房产和改建数据中心的投资。

改建项目正式启动后,工程进度方面遇到了意想不到的困难。2008年9月署领导决定改由计算机中心、信息办独立承办改建工程的所有管理工作,项目负责人改由周德铭担任,计算机中心于广军副主任协助。就这样,信息办主任成了基建办主任。

得知此事之后,审计署固定资产投资审计司的司长私下提醒说:基建是另外一个专业,这个项目将来肯定要专项审计,你们一开始就要把各项工作做扎实,程序上不清楚的地方,可以咨询我们。当时重庆特派办刚刚建成了自己的办公楼,审计署领导把负责基建的服务中心副主任彭德兴借调过来,协助周德铭主任负责施工现场管理。

多亏了这位彭德兴主任。有一天北京刮大风,偏偏这个时候工地上电焊的火花,引燃了加固混凝土养生所用的稻草,火焰非常猛烈地燎向脚手架外敷的防护网,眼看后果不堪设想。好在稻草是"呼隆"火,着得猛灭得快,稻草烧光了,防护网只是局部被熏黑。彭德兴主任说,防护网安装的时候,他不放心拿打火机试了,施工单位果然唯利是图,用的是不防火的网，他黑下脸来责令施工单位重新更换了阻燃防护网。

经过9个月的施工、安装，可用面积2510平方米的数据中心改建工程完工，竣工决算列明的交付使用固定资产2855.2万元，每平方米折合1.14万元——整个北京三环路以内，绝对找不到这么便宜的房子。

数据中心入口处，有一块大玻璃，上面贴着用灰色亚克力制作的"国家审计数据中心"8个字，这里成了来访者摄影留念的打卡地。

在那段特殊的日子里

就像新冠肺炎疫情让武汉人难以忘记2020年的春节一样，经历过"非典"的北京人对2003年的春天也是刻骨铭心。

"非典"型肺炎2003年3月输入北京开始小范围传播时，金审工程一期开工大会已经召开近一年，建设正在分四条线进行。一是进一步梳理现场审计实施系统的业务需求；二是以海关为范例，研究讨论联网审计模式和业务需求；三是梳理审计管理系统的功能整合需求；四是研究确定金审工程应用系统的开发技术构架，听取微软公司、IBM公司和软件开发公司的意见，比较J2EE和.NET的技术特点与差异。要在四条线成果的基础上，形成招标文件。

任何一个有信息化项目建设经验的CIO都可以体会到其中的工作量。不同于目前委托给咨询公司的做法，当时相关工作都是计算机中心、信息办的同事在亲自上手做。2003年3月29日，金审工程一期应用平台和相关软件招标结果公布，中国软件技术服务总公司中标审计管理系统平台、现场审计实施系统平台的开发；清华同方公司中标运行在审计管理系统之上的项目管理软件，长城软件公司中标运行在现场审计实施系统之上的审计计划软件。由不同公司开发的两个软件，用于验证平台的可靠性和挂接应用软件的灵活性。

招标之后，与中标公司的沟通成为主要的任务，天天会议不断，每天都有看不完的资料、写不完的文档。计算机中心、信息办的同事，对发生在距审计署不远的中央财经大学、北京交通大学的疫情近乎"无感"，毫不畏惧地忙碌着。直到 4 月 17 日中央政治局常委会召开会议研究"非典"疫情，4 月 19 日北京市宣布统计有误的存量病例由 37 例暴增至 339 例，4 月 20 日当天新发确诊超过 100 例发现疑似病例 600 个以上，4 月 24 日北京全市中小学停课，审计署按照国家机关的统一安排实行弹性工作时间……计算机中心、信息办的同事这才感到形势严峻起来了。

审计署的合同医院北京人民医院，自 4 月 7 日接诊第一例"非典"病人之后，全院有近 70 位医务人员感染，4 月 24 日悲壮封院。疫情就在身边，危险即在眼前，可是金审工程建设没法停。当时三个中标的 IT 公司没有放假，他们等待着与审计署交流、确认软件开发的细节，公司要项目进度；计算机中心、信息办的工作人员陪着他们忙乎，公交车不敢坐就骑自行车来上班，整个疫情期间，工作没有中断。几位司局级领导更甚，往往是从会议室出来，又坐在办公室计算机前又忙到华灯初上，下班时办公楼内已是空空荡荡。

当年 9 月 15 日，审计署成立 20 周年纪念日，审计管理系统在审计署机关上线试运行，金审工程建设有了第一批成果。事隔多年再想想，那会儿的干法儿是不是有点"虎"，冒着风险围着工作转的那些同事和 IT 公司的小伙伴儿，真的有谁出个三长两短，怎么对得起人家？

三位贤明的署领导

政治路线确定之后，干部就是决定的因素。回顾审计信息化推进的历程，顺风顺水，没有大的失误，建设成果还得到国家发展改革委、工信部等业务主管部门的肯定，得到广大审计人员的认可，要非常感谢三位贤明的审计署领导。

（一）李金华：振聋发聩的"三个失去资格"

李金华，中央财政金融学院金融专业毕业；曾在航空部五七二厂财务科工作，后升任厂长；1985 年由陕西省对外经济贸易厅厅长升任审计署副审计长；1998—2007 年任中华人民共和国第四任审计长；2008 年任十一届全国政协副主席。

丰富的财务、企业、审计经历，使李金华审计长敏锐地察觉到信息技术的发展对审计职业带来的挑战。1998年起李金华审计长在多个场合，多个场次频繁论述计算机在审计工作中应用的重要性，强调信息化建设是审计系统的一场革命。李金华审计长策划、领导了金审工程，建设起了适应我国经济管理信息化、财务会计信息电子化发展形势的审计信息化系统，亲自设计了计算机审计应用培训体系，培养出一支胜任审计信息化工作的审计队伍。在他担任审计长的10年间，中国审计的信息化水平跻身国际审计界前列。

李金华审计长对信息化有着深刻的理解，结合外部环境的发展和中国审计的实践，全面地形成了系统论统领下的审计信息化、数字化基础上的审计信息化以及审计信息化的核心目标是提升审计能力的思路，坚信审计信息化建设必将催生一种新的审计方式，具有很高的理论造诣。他给审计人员留下振聋发聩印象的是他关于"三个失去资格"的论断。

审计人员不掌握计算机技术就将失去审计的资格。这是李金华审计长在审计署向国务院报送建设《审计信息化系统建设规划》之前，多次讲过的一个论断。他抓住了事物的主要矛盾，将信息化要解决的首要问题定位于审计职业本身，失去了审计资格，就不再有审计职业，皮之不存，毛将焉附？国家治理体系将缺少部分机制，审计人员将失去工作岗位，李金华审计长的断言不是危言耸听，因而激发了审计信息化的原始驱动力。

审计机关的领导干部不了解信息技术将失去指挥的资格。这是李金华审计长在金审工程建设项目已经启动，计算机审计培训迅速开展的情况下对领导干部提出的要求。李金华审计长强调信息化是一把手工程，虽然不能要求领导干部精通IT，但一定要有所了解，不然就不能很好地支持、组织信息化建设；指挥审计业务工作也是一样，现代战争条件下，指挥官对武器的性能、基本的技术参数要心中有数，才好排兵布阵。信息化条件下，审计组到了现场第一件事情是做什么，被审计单位应当如何配合？审计人员在现场遇到了困难和阻力，审计机关应当配置什么样的资源给予支持？审计领导了解信息技术才能做出正确的决策，当好指挥员，单单"摇旗呐喊"是不够的。

审计机关的管理人员不掌握计算机技术将失去任职的资格。这是李金华审计长在金审工程一期建设项目竣工，包括了办公自动化功能的《审计管理系统》投入使用的情况下，对审计机关综合管理部门人员提出的要求。有的地方，审计人员在现场使用计算机软件从事审计，审计底稿、审计报告都使用计算机软件编制，回到机关，管理部门还要求恢复成纸质材料，这无疑是对信息化的嘲弄。李金华审计长在一期建设项目竣工大会上，特意要求机关管理部门带头用好《审计管理系统》，以适应审计信息化发展的潮流。

（二）刘家义：改变审计方式的"三个转变"

刘家义，自审计机关建立之初就进入四川省审计厅；1996年由审计署商贸审计司司长升任审计署副审计长；2008年接任中华人民共和国第五任审计长；2017年调任山东省委书记。

从1998年起，刘家义作为副审计长长期分管信息化工作，任审计长后全面领导审计工作，关注信息化。他经历了金审工程一期、二期、三期的建设，无论是在辅佐李金华审计长期间还是作为审计署一把手主持全面工作期间，都对审计信息化投入了大量的精力，贡献了丰富的智慧。

在审计署谋划审计信息系统建设的总体框架时，时任分管信息化工作副审计长的刘家义即提出了审计作业方式的"三个转变"。即从单一的事后审计，转变为事中审计与事后审计相结合；从单一的静态审计，转变为静态审计与动态审计相结合；从单一的现场审计，转变为现场审计与远程审计相结合。实现审计作业方式"三个转变"的技术支撑，是联网审计模式和技术。

1999年在审计署向国务院报送的《审计信息化系统建设规划》中，分析了传统审计作业方式所面临的外部环境及其变革的必要性："随着互联网的发展，电子商务、网上结算的产生，会计信息电子化逐步从单机走向网络，财务管理突破了空间局限，实现了对异地机构会计业务的即时远程处理与监控。面对审计对象的迅速发展变化，审计机关的作业方式必须及时做出相应的调整。"

与之相适应，审计署在《审计信息化系统建设规划》中向国务院提出，在横向上，逐步实现审计机关与财政、税务、海关、银行等主要经济管理部门相关信息之间的连接，实现与教育部、国家科委等掌握资金分配权部委的计划、财会等信息的连接；视条件成熟程度，在部分地区、行业，实行被审计单位通过网络直接将财务数据传送给审计机关的电子送达审计，或者由审计机关通过网络接入被审计单位财务系统进行远程实时审计。基本勾画出了联网审计模式的总体框架和技术路线。

经过金审工程一、二期的建设，改变审计作业方式的"三个转变"具备了落地的技术条件，形成了成熟的方案。目前，审计署正在结合金审工程三期的部署，深入贯彻中央审计委员会关于"做好常态化经济体检工作"的要求，继续完善联网审计技术，扩大联网审计范围，一张蓝图绘到底，一茬接着一茬干。

（三）石爱中：一个审计学者的视角

石爱中，审计学硕士、经济学博士，毕业于天津财经学院工业管理系，留校任教于审计系；曾任天津市审计局副局长、审计署外资审计司司长、社保审计局局长；2004年升任审计署副审计长，接替刘家义副审计长分管信息化工作，经历了金审工程二期的建设和金审工程三期的规划设计。

石爱中副审计长的学者身份，决定了他以独特的视角来认识、看待、组织审计信息化。分管审计信息化期间，他倡导并组织实施了五个具有长远意义的软课题建设。

一是制定专业审计数据规划。数据规划是软件工程的流程和技术之一，指根据业务需求对数据进行取舍、定性、规范，以保证数据库对其存储的数据进行良好的管理和调用。数据规划对于计算机审计同样是重要的，专业审计数据规划要达到的目标，是确定同一类审计项目所必需数据的最大公约数，这样积累的数据可以进行项目间的比对分析，使其发挥应有的作用。2007年《国家审计数据中心基本规划》发布之后，依此框架，审计署陆续发布了中央部门预算执行审计、国家税收审计、海关审计、商业银行审计、企业审计、社保审计、环保审计、领导干部经济责任审计的数据规划，基本涵盖了审计机关的主要业务类型，为审计软件建立审计业务处理模型提供了规范的数据要素支持。

二是编制计算机审计方法体系。计算机审计方法，原称计算机审计专家经验。2004年起，审计署面向全国审计机关征集使用计算机开展审计工作过程中形成的技能和方法，经评审，确认为计算机审计专家经验。至2009年底，共有1733个专家经验列入专家经验库。2009年起，审计署从建立方法体系的角度，依照《计算机审计方法体系基本规划》以及配套的语言编制规范、流程图编制规范，对专家经验进行提升，力图通过描述各类业务处理的数学表达式和计算机实现过程，使专家经验更为科学规范，便于机器读取，复用性能更优。至2012年金审工程二期竣工验收时，审计机关的主要业务类型均已总结发布了计算机审计方法体系，列入审计署专家经验的方法超过1万条。

三是征集AO应用实例。金审工程一期研制开发的现场审计实施系统投入应用之后，根据推广应用培训以及经验总结沉淀的需要，从2005年开始，审计署在全国范围内组织AO应用实例征集评选活动。所征集到应用实例出自审计机关的各种主要业务类型，连境外审计也有两篇入选，有效地检验了金审工程建设成果的实用性，并且为今后审计软件开发积累了宝贵的经验。

四是编制发布计算机审计实务公告。审计实务公告是国际审计界推荐最佳审计实践的一种文体形式，与审计标准、审计指南共同指导审计人员提高工作质量。在引入审计实务公告条件还不成熟的情况下，公告先行在计算机审计范围内开展，并且将其内容扩展为包括审计信息系统开发建设成果。至2012年底，审计署共发布计算机审计实务公告45个，数据规划、方法体系均列入公告范畴，还发布了审计软件技术规格说明书、数据库建设规范等。

五是提出数据式审计模式。审计模式是外国人总结的，到20世纪末，比较流行的有三种。一是账目基础审计模式，二是制度基础审计模式，三是风险基础审计模式。三种模式均产生并且适用于纸质资料环境。当审计进入信息化时代后，理应进入数据式审计模式。数据式审计的对象是信息系统内部控制机制和电子数据；数据式审计丰富了审计方法，但其核心方法不再是详查法、测试法等验证簿记正确性的方法，而代之以在数据处理基础上的数据分析法；数据式审计需要大量新型审计技术支撑，包括但不限于中间表技术、模型构建技术；数据式审计需要重塑审计程序和审计管理模式，甚至需要重新构筑基础审计理论。数据式审计模式是中国审计人向世界审计同行贡献的中国方案和中国智慧，它产生于厚实的审计信息化基础之上，是生产力推动生产关系发展的典型范例。

撰写此稿时，查阅了1999年12月28日印发的《审计署关于报请审批审计信息化系统建设规划的请示》，在里面又看到了当时写下的一段话：审计信息化系统网络要接入"中国电信经营的中国公用信息网、10所高校建设的中国教育和科研计算机网、中科院举办的中国科技网，以及服务商举办的北京在线、瀛海威、东方网景等"。不是我们目光太低水平太土，那就是审计系统踏进中国电子政务门槛时的起点。由此，审计出发，一直初心不改，未负韶华。

2021年4月

金卡工程激情燃烧的岁月

陈静

作者简介：陈静，1967年毕业于清华大学自动控制专业。教授级高级工程师。中国人民银行科技司原司长。现任中央网信办专家咨询委员会顾问、北京市信息化专家咨询委员会委员、中国互联网协会数字金融工作委员会专家委主任。曾任中国科学院成都计算机应用研究所所长、全国银行信息化领导小组办公室主任、中国人民银行参事、国家信息化专家咨询委员会委员等职。长期在中国人民银行科技司主持工作，负责中国银行业信息化建设规划、标准化、信息安全保障等工作，负责中国人民银行科技管理及信息化建设工作，包括人民银行信息化总体规划、实施建设及管理，其中如金融通信网络、中国现代化支付系统等业务应用系统的建设；负责办公自动化、"金卡工程"及银行卡联网通用；负责筹建中国银联公司；负责金融信息安全保障体系建设与管理等；负责金融信息化国家科技攻关，国家中长期科技发展规划中金融科技发展及信息化的编制等工作。

1993年启动的金卡工程是我国支付产业发展进程中具有重大意义的事件。它促进了银行卡的广泛应用，加快了金融信息化、现代化建设步伐，推动了金融改革与服务创新，对整个社会经济的进步发挥了积极的作用。抚今追昔，作为当年金卡工程的见证人和参与者，每当回忆起这项对中国金融业和社会产生了深远影响的宏伟工程以及工作中那段激情燃烧的岁月，都禁不住心潮澎湃，感慨万千！

金卡工程应运而生

1993年6月,江泽民总书记在视察中国人民银行沙河清算中心时指出,要加快实现金融电子化,在全民推广使用信用卡,减少现金流通,服务社会与群众,也有利于反腐败。此后,作为我国金融信息化重要基础性工程的金卡工程正式启动。

1993年年底,组织上将我从中国科学院成都计算机应用研究所所长岗位调到中国人民银行科技司任正局级副司长。当时,我国正处于经济高速增长和社会全面发展时期,对监管和服务提出了越来越高的要求。中国人民银行的电子化、信息化建设任务十分紧迫和繁重。我刚一上任就接到两个重要任务:一个是中国现代化支付系统建设,另一个是金卡工程。

金卡工程的直接领导是时任中国人民银行副行长陈元。我刚一到任,陈元副行长就找我谈话,强调科技司的重点工作之一就是抓好金卡工程,这是落实中央精神的一项重要工作,是加快社会重点领域信息化建设的"三金工程"的重要组成部分("三金工程"包括金桥工程、金卡工程、金关工程。金桥工程是指建立一个覆盖全国并与国务院各部委专用网连接的国家共用经济信息网;金卡工程是指以推广使用信息卡和现金卡为目标的货币电子化工程;金关工程是指国家外贸企业的信息系统实现联网)。1993年成立的国家金卡办公室(简称"金卡办")由当时的电子工业部牵头,中国人民银行是第一副组长单位,相关具体工作由科技司负责。我们与电子工业部紧密配合,共同部署金卡工程的实施,做了大量工作,其中包括:明确十二个试点城市及试点工作;召开试点城市工作会议;克服各种困难,建立相关的工作机制、完善相关的工作机构等。

在金卡工程初期,部分商业银行的相关部门不理解:金卡工程本应属于银行卡的事,为何金卡办却设在电子工业部。在陈元副行长的直接领导下,我们专门召开会议,会下也做了大量工作,要求银行系统认真贯彻落实党中央部署，支持将金卡办放在电子工业部，在金卡工程领导小组的统一领导下，积极抓好银行卡的推广、应用工作，把金卡工程切实搞好。在随后的岁月中，我们与金卡办紧密合作，风雨同舟，共同努力奋斗。这是金卡工程最终顺利推进的重要经验。

精心制定银行卡标准

1993年金卡工程启动后，由中国人民银行牵头，组织商业银行在海南省进行IC卡多功能应用试点，开启了我国银行IC卡应用的探索。试点工作最初是发行具有社保医疗就诊付款功能的银行IC卡，此举可以缓解患者在医院使用现金的不便。

1994年10月，经陈元副行长批准，由我带队，中国人民银行组织主要商业银行科技部、银行卡部负责人二十余人到泰国学习银行卡联网合作机制，随后到新加坡考察其"无现金社会"的规划和实施情况。1998年，由时任中国人民银行副行长尚福林带队，我任秘书长，组织一批商业银行的主管副行长访问比利时和法国。在法国重点考察了IC卡的发展和应用。在访欧回国后的总结会上，时任中国工商银行副行长李礼辉建议，由中国人民银行牵头制定中国的IC卡标准。此后，中国人民银行决定由科技司牵头，组织商业银行和有关单位抓紧制定我国的IC卡标准。经过艰苦努力，在1998年发布了"中国人民银行IC卡应用标准"（即PBOC 1.0标准）。这对推动中国IC卡的应用发挥了重要作用。后来，在我出席的一次国际金融会议上，中国的这种做法受到国外同行的高度肯定和赞扬。他们认为，由中央银行牵头制定本国的IC卡标准，中国是第一家。2000年，根据国际IC卡的最新发展趋势，中国人民银行又重新组织修订了标准，正式公布《中国金融集成电路（IC）卡规范》（即PBOC 2.0标准）。这为后来我国全面推广应用金融多功能IC卡奠定了良好的基础。

切实抓好银行卡联网通用

历任国务院领导都十分关心金卡工程。朱镕基总理曾明确批示：金卡工程"关键是联网通用"。这就为我们指明了工作方向。在其后的工作中，我们始终把金卡工程的重点聚焦于促进各发卡银行之间的联合。在银行卡推广初期，各银行为取得最大收益，都把POS机放置在大商场收银台上。比如，北京长安街沿线的一些大商场，各家银行的POS机重复摆放，有的收银台上竟然有十多个；与此同时，那些中小型商户的收银台却一个POS机都没有，用户无法刷卡支付。对这一现象，李岚清副总理等中央领导都很关注，明确要求改进。按照朱镕基总理关于"联网通用"的重要指示精神，中国人民银行做了大量深入细致的工作，提出明确的监管要求，积极协调商业银行之间的利益冲突，组织各行合理分配商户资源，很快取得了实效，POS机的布放面迅速扩大。

1998年，温家宝副总理到中国人民银行视察，并在商场考察POS机摆放和应用情况。在听完中国人民银行的相关汇报后，温家宝副总理对加快金卡工程的实施作出了指示，提出要在全国100个城市推广银行卡，并在两年内实现银行卡结算金额占社会消费品零售总额的10%。由于当时全国零售业银行卡结算的平均水平只有3%，中国人民银行和商业银行都感觉压力很大。然而，经过各方的共同努力，一年半后，在北京、上海、广州等一线城市，银行卡结算占比很快就突破了10%，而且全国的整个进程也在大大加快。联网通用工作的展开，极大地提高了广大群众用卡的便捷性，使银行的金融服务水平也大幅改善。

积极筹建中国银联

随着金卡工程进展的深入，我们发现，完全依靠央行的行政监管职能推动银行卡联网通用是不行的。比如，联网通用涉及银行卡的跨行、跨地区信息交换，必须建立全国和地区的银行卡信息交换中心，制定相关的业务和技术标准，解决好发卡行、收单行、中介服务等参与主体的利益分配。我们向金卡工程领导小组组长、时任电子工业部部长胡启立以及金卡办主任张琪司长汇报了这些情况后，他们同意人民银行在金卡办之下成立全国银行卡办公室（简称"银行卡办"）。这是一次非常重要的机制完善。银行卡办成立后加大了联网通用的协调力度和推动力度，相关标准也陆续出台。

伴随银行卡业务和联网通用的迅猛发展，我们很快发现，光靠银行卡办这样的行政管理机构也不能适应要求。2001年，时任中国人民银行行长戴相龙指示改组中国银行业信息化领导小组。他亲任组长，中国人民银行分管科技的副行长肖刚任副组长，中国工商银行、中国农业银行、中国银行、中国建设银行、交通银行、招商银行的行长以及我作为小组成员，我还兼任领导小组办公室主任。

银行信息化领导小组成立以后，戴相龙行长主持召开了4次会议，全部议程都是研究部署如何加快推动金卡工程及银行卡应用。最重要的成果就是决定成立全国银行卡联合组织。该组织为独立法人，进行企业化运作，其主要职能是按照市场经济规律要求，加快推动银行卡联网通用及应用的发展。

随即中国人民银行成立了银行卡联合组织筹备领导小组。为加强与相关产业部门的合作，最初中国人民银行领导希望从信息产业部门挑选一位司局级领导来负责这项重任，让我去征求意见，后因有关人员未落实而作罢。研究讨论的最终结果是，招商银行常务副行长万建华任联合组织筹备领导小组组长。该筹备领导小组进行了卓有成效的工作。在确定全国银行卡联合组织的选址时，筹备领导小组提了三个方案，分别是深圳、上海和北京。当时我们可犯了愁！按常规，为了靠近中国人民银行总行，该机构总部理当设在北京。为此，我召集时任中国人民银行科技司副司长刘永春和有关人员进行了认真研究，从该组织未来发展大局出发，大家初步同意设在上海。我们把这个意见向肖刚副行长作了汇报并获赞同。最终中国人民银行决定将该联合组织设在上海，同时批准其名称为"中国银联"（简称"银联"）。在中国银联筹建过程中，我多次到上海,得到上海市委、市政府的巨大支持与帮助。中国银联的成立是我国支付产业乃至银行业发展历程中一个具有里程碑意义的重大事件,它整合了原来分散在全国各地的银行卡组织,从此实现了我国银行卡产业统一规划、统一建设、统一管理和统一标准。如今,中国银联已与境内外两千多家机构展开广泛合作,银联网络遍布中国城乡,并已延伸至亚洲、欧洲、美洲、大洋洲、非洲170多个国家和地区。

在摸索中解决市场化问题

银联成立后,随即面临一项紧迫和复杂的工作:联网通用后的收费问题,即确定发卡行、收单行和中间服务组织之间的费率分配。为此,我们开了许多会,但一时也找不到令各方满意的解决方案。2003年"非典"时期,由于当时绝大部分医院尚不能用银行卡支付,使用现金结账不方便且容易感染病毒。时任中国人民银行副行长吴晓灵要求我们想办法尽快在医院内安装和使用POS机。可是公立医院的经费依靠财政拨款,捉襟见肘,而刷卡支付就要收手续费,医院不愿意负担。我们就与各发卡银行商量,能否暂免医院手续费。可是讨论中发现,问题并非如此简单。因为医院还分公立、私立、中外合资、外资等不同所有制形式,尤其是中外合资的医院,他们的营业利润是很可观的。最终我们讨论决定,国家公办医院暂时免收手续费。其他问题还有很多。比如,大型超市业务量大但利润率低,不到3%,如果用卡收1.5%手续费,大多数超市都不愿装POS机。与发卡机构商量后,决定手续费减半。但电器商城对此很有意见。他们认为,许多大型超市也卖电器,降低大型超市刷卡费率,对电器商城不公平。此外,一些餐厅有意见,并在中央电视台节目中公开抱怨,甚至还造成了一些风波。

这些问题都是因为我们在银行卡联网通用初期缺乏经验所致。所幸中国人民银行各分支机构做了大量深入细致的工作,才让收费暂行办法得以顺利实施。我曾就此问题私下咨询过日本银联(JCB)和韩国相关机构的总裁,方知这个问题在日本和韩国也很棘手,他们的办法是分别与不同行业商定手续费，对外严格保密。

拓展银行卡应用功能

按国际惯例，银行卡联网是不设密码的，在研究"银行卡管理条例"时，我们一开始也打算跟着国际惯例走。后来考虑到中国国情，决定由各发卡银行自主选择信用卡是否设密码。后来我国所有的人民币信用卡都设立了密码。实践证明，这对保障信用卡的资金安全发挥了重要作用。其后一年左右，英国等发达经济体的中央银行也纷纷修改了规则。联网通用的基本问题解决后，我们开始积极探索银行卡应用中的各种创新。比如，设计符合中国实际的信用卡的密码制度。按照当时的国际惯例，信用卡设立密码。

与支票相比，银行卡的一个重要缺陷是对第三方付款不方便。为了尽快弥补这个缺陷，中国银联成立后，积极拓展银行卡功能。在5个城市联合中小银行试点，在ATM上增加第三方转账功能，取得了很好的效果。

在金卡工程的推动下，银行卡及电子货币的应用发展突飞猛进，为随后的网上银行以及移动银行、移动支付的迅速发展、进入世界领水平先打下了良好的基础。

2021 年 4 月

金审工程的经历和思考

周德铭

作者简介：周德铭，经济专业研究生，高级经济师兼任大学教授，长期从事财务和审计业务工作。2000年任审计署信息化建设领导小组办公室主任、审计署办公厅巡视员，是金审一期工程和二期工程的责任人。金审工程建设和推广应用成果得到国家发展改革委的高度评价，被工信部领导评价为电子政务的最佳实践。国家863计划审计署课题和国家科技支撑计划审计署项目的主要负责人之一，审计署多个软件著作权和国家专利的发明设计人之一，2011年获科技部"十一五"国家科技计划突出贡献奖。

2011年退休。现任国家电子政务工程建设指导专家、信息惠民国家试点城市指导专家、国家政务信息系统整合共享专家组专家、国家大数据发展专家咨询委员会委员，以及相关部委信息化专家委员会专家。参与了《国家电子政务工程建设项目管理暂行办法》《"十二五"国家政务信息化工程建设规划》《关于开展国家电子政务工程项目绩效评价工作的意见》等文件的起草工作。

金审工程是2002年8月《国家信息化领导小组关于我国电子政务建设指导意见》强调的建设和完善重点业务系统的"十二金"之一。我参加了金审工程的一期、二期项目建设全过程，现将其中的点滴经历记录下来，同大家共思。

经历一：金审工程及其体系架构的由来

2000年5月的一天，时任审计署计算机技术中心主任王智玉找我说，审计署准备启动审计信息化，问我有没有可能来做这项工作，同时给我一份《审计信息化系统建设规划》（报送稿）。6月，我提前从挂职的审计署太原特派办回到了署里，开始了我从事审计信息化的人生经历。

（一）金审工程的由来

我担任审计署审计信息化建设规划领导小组办公室主任后，首先是按照国家计委的要求组织编写《审计信息化项目建议书》。当时社会上起步较快的是"金税""金桥""金关""金卡"等信息化工程。2001年，在我们编写审计信息化项目可行性研究报告的时候，看到国务院总理考察金关工程的消息，考虑我们的信息化项目名称能否叫"金审工程"，经向署领导报告后征求国家计委高技术司意见，高技术司同意在报送的可研报告中标注"金审工程"。2002年8月5日，国家发布的《国家信息化领导小组关于我国电子政务建设指导意见》中提出，继续完善办公业务资源系统、"金关""金税"和金融监管（含"金卡"）4个工程，启动建设宏观经济管理、"金财""金盾""金审"、社会保障、"金农""金质""金水"8个业务系统。于是，"金审工程"成为21世纪国家推行的"十二金"政务信息化工程之一。

（二）金审工程体系架构的由来

2017年5月，国务院办公厅发布的《政务信息系统整合共享实施方案的通知》（国办发〔2017〕39号）提出，各部门原则上将分散的、独立的信息系统整合为一个互联互通、业务协同、信息共享的"大系统"。我在参加国家政务信息系统整合共享指导专家组的过程中，面对政务信息化整合共享"大系统"的约束条件，也时不时联想起金审工程的集约化管理和系统架构约束条件。

1. 金审工程的集约化管理机制

金审工程的集约化管理机制包括提升认识、系统方向、统一领导。

一是提升认识。1999年，时任审计长的李金华提出，计算机审计是一场革命。同时，他指出：审计人员不掌握计算机技术就将失去审计的资格。之后，他又提出：审计机关的领导干部不了解信息技术也将失去指挥的资格，审计机关的管理人员不掌握计算机技术就将失去任职的资格。李金华审计长的"三个资格"成为全国各级审计机关、领导干部和审计人员开展"金审工程"的动员令。

二是系统方向。2002年，时任副审计长的刘家义提出，审计信息化要从单一的事后审计转变为事后审计与事中审计相结合，从单一的静态审计转变为静态审计与动态审计相结合，从单一的现场审计转变为现场审计与远程审计相结合。刘家义副审计长的"三个转变"成为"金审工程"建设发展的方向。2006年，时任副审计长分管审计信息化的石爱中在金审二期工程规划时提出，通过若干年的努力，建成"六个一"标志的国家审计信息系统。石爱中副审计长的指示成为"金审工程"重要的发展方向。

三是统一领导。"金审工程"始终坚持在审计署信息化建设领导小组的统一领导下全面实施，审计署业务司局和地方审计机关业务部门作为审计信息化的业务需求部门，审计署信息化建设领导小组办公室（后改为网信办）和审计署计算机技术中心实行全国审计信息系统的总体规划、建设部署和运行维护，审计署办公厅财务实行项目投资的安排，驻审计署监察局实行工程建设的监督管理等。

由于金审工程实行了严格的集约化管理机制，确保了信息系统的统一规划、统一设计、统一建设、统一部署。从20世纪90年代规划到现在的20多年里，没有出现审计署业务司局、派出机构因业务需求而自行建设的信息系统，避免了重复建设、重复投资。

2. 金审工程的系统架构

金审工程开始设计时，审计署计算机技术中心主任王智玉提出"养鸡和养猪"的说法，即养鸡可以每天下鸡蛋，为全国审计提供信息化的成果；养猪可以形成统一规划的审计信息系统，为全国审计机关和审计人员提供体系架构合理、系统功能齐全、数据资源完整、安全防护周到的信息化体系。于是，金审工程从一期至二期进行了审计门户网站、审计业务系统、审计管理系统、审计共享平台、审计数据中心、审计运维系统、审计安全系统的七大系统总体规划建设。

第一，审计署网站的部门网站规划建设。20 世纪 90 年代，审计署规划建设了包含审计署内设机构、在京和京外派出机构业务的部门网站。后来，审计署办公厅征求我的意见，说是某京外派出机构申请网站建设，我了解该派出机构建设网站是为了审计事项的后续报道，便提出为了统一审计署的对外口径，所有对外报道的审计事项都应经过审计署办公厅的统一审核，各派出机构不宜自行建设门户网站的意见。审计署统一规划建设的门户网站也符合后来国务院关于政府门户网站整合共享的要求。

第二，现场审计系统的业务系统规划建设。审计信息化的首要任务就是要为全国审计人员提供可使用、能使用、好使用的审计业务功能的信息系统。审计业务涉及财政审计、税收审计、金融审计、投资审计、企业审计、资源环保审计、农业审计、社会保障审计、外资运用审计、经济责任审计、境外审计等各行各业，如何进行统一规划？我组织审计署信息办将当时确认的全国二十几个审计业务软件调到北京逐一审查，抽取合理思路，确定了审计方法、审计数据、计算展现的审计数据分析模型，将几十类不同审计业务的特殊性归集到审计数据分析模型中，再构建不同审计业务的审计模型、审计数据标准化、集数据采集、数据转换、数据分析、信息传递、审计管理等于一体，规划了全国审计统一的"现场审计系统"。

2004 年 5 月，现场审计系统具备了项目管理（项目组织管理）、数据采集（采集模版）、审计分析（分析模型）、审计抽样、审计底稿（资料管理和项目归档）、辅助工具等功能，在北京、吉林、山西试用，根据试用情况进一步完善，10 月开始向全国 8 万审计人员全面推广使用，为当年的"审计风暴"提供了有力武器。

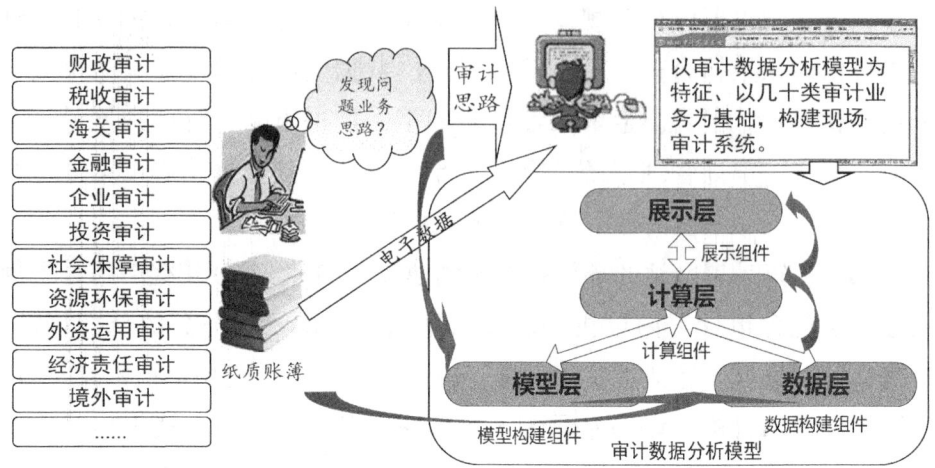

现场审计系统的构建思路

第三，审计管理系统扩展建设。20 世纪 90 年代，审计署以公文管理为主的审计管理系统上线，当时的功能较为单一。金审工程启动后，进行了公文管理、统计管理、档案管理、机关事务、信息资源、领导决策等功能的扩展建设。新版审计管理系统 2003 年在审计机关上线，2005 年开始在全国省级、地市、区县各级审计机关推广部署应用。

第四，联网审计扩展为数据中心的建设。2003 年，审计署在启动现场审计系统的同时，为保障财政、金融、社保等关系国计民生重要行业的健康安全可持续运行，开展了事中数据分析的"联网审计系统"研究。金审一期工程在国家 863 计划中申请联网审计的专题研究，开展中央预算部门、社保、银行等的联网审计。其中，对中央预算部门的基本支出、项目支出、非税收缴、政府采购等原始数据采用非联网采集方式，对增量数据采用联网采集方式，并对增量数据采用预警分析、对全量数据采用审计分析的方式，对发现的问题通过审计建议函及时反馈、督促整改，发挥"及时采集数据、及时分析预警、及时发现问题、及时督促整改"的联网审计方式的作用，保障关系国计民生重要行业的健康安全可持续运行。

到金审二期工程统一规划的审计数据中心，将联网审计系统纳入数据中心统一规划建设，建设了主题模型构建、主题数据构筑，形成了底层数据资源、顶层分析模型的审计数据中心。

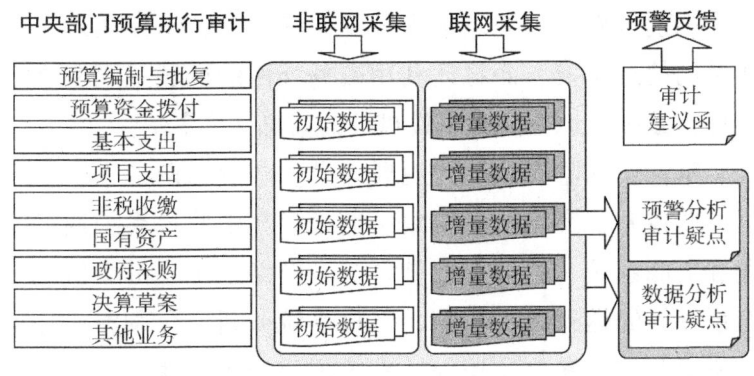

联网审计系统

第五，审计交换中心的规划建设。当时规划的目的是解决审计人员在现场使用的"现场审计系统"与机关的"审计管理系统"具有信息交换功能。我们研制了"安全客户端"，即在审计人员的便携式计算机上部署数据保险箱等功能，在机关的局域网上部署 VPN 设备等，通过 VPN 互联网使现场审计系统与审计管理系统安全连接、信息共享，实现在审计现场的各类信息能够安全传输到审计机关进行审计报告的汇总编制。

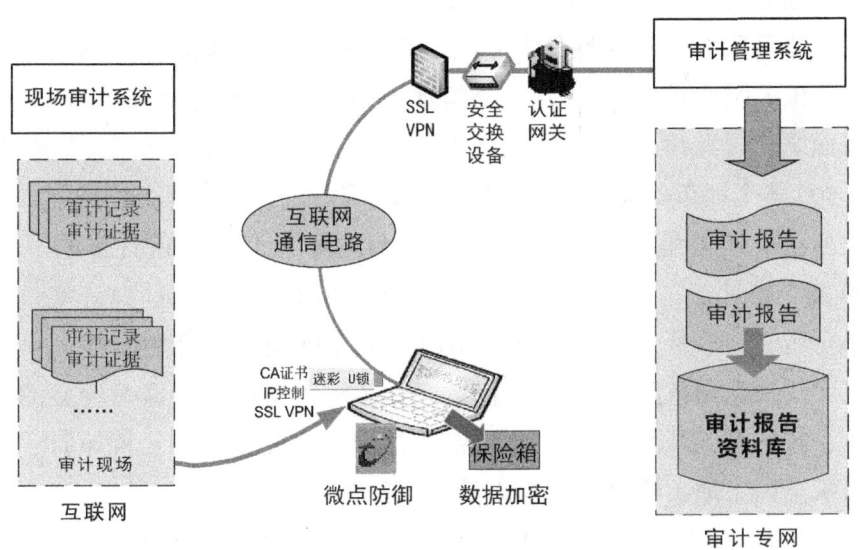

互联网与政务外网互联的安全客户端

到金审二期工程统一规划国家审计交换平台，不仅实现了审计现场与审计机关的信息交换，而且还利用政务外网的广域互联实现了审计署与京外审计特派办、地方省级审计机关的信息交换。

第六，审计运维监控系统的规划建设。金审二期工程统一规划建设的审计运维监控系统突出了系统集中监控。集中监控系统通过采集模块获取应用和资源系统、计算和存储系统、网络系统、机房供电和空调系统、安全系统等的运行指标数据，经过系统分析，分别将应用监控、网络监控、机房监控、安全监控等的系统展示送到应用处、网络处、安全处进行日常监控，保障信息系统的健康安全运行。

第七，审计安全系统的规划建设。金审二期工程规划建设的审计安全系统以三大员应用为组织保障、安全防护为技术保障、等级保护为制度保障的安全防护体系。

其中，以国家信息安全等级保护为主体，构建了信息安全等级保护、信息安全分级保护的安全防护体系，通过了国家信息安全等级保护、分级保护的测评验证。

上述七大系统的汇聚发力，有效支撑了全国性专项审计。2011年，为了摸清我国地方政府性债务情况，防范国家财政风险，保障国家财政安全，国务院要求审计署组织全国地方政府性债务的审计。这次审计，涉及面之广、跨度之长、规模之大。其中，审计对象包括全国30多个省、300多个地市、3000多个区县、8.6万个单位、37万个项目的187万笔债务；审计力量是全国动用了中央和地方4.1万多审计人员，组成3000多个审计组，审计署组建了全国地方政府性债务审计办公室；审计结果是历时2个月，摸清了截至2010年底全国地方政府性债务总额10.7万亿元。根据国务院要求，审计署2012年组织全国社会保障资金的全面审计；2013年组织包括中央和地方的全国政府性债务的全面审计；2014年组织全国土地出让金的全面审计；等等。

为了有效支撑全国性专项审计，我们利用建设的现场审计系统、审计管理系统、审计交换系统、审计数据中心，构建了审计署专项审计办公室与遍布全国审计现场5万审计人员的组织指挥、信息交互、数据集中分析系统，利用审计署门户网站对外宣传，利用审计运维监控系统、审计安全平台构建了全国性专项审计的运行维护和安全保障。

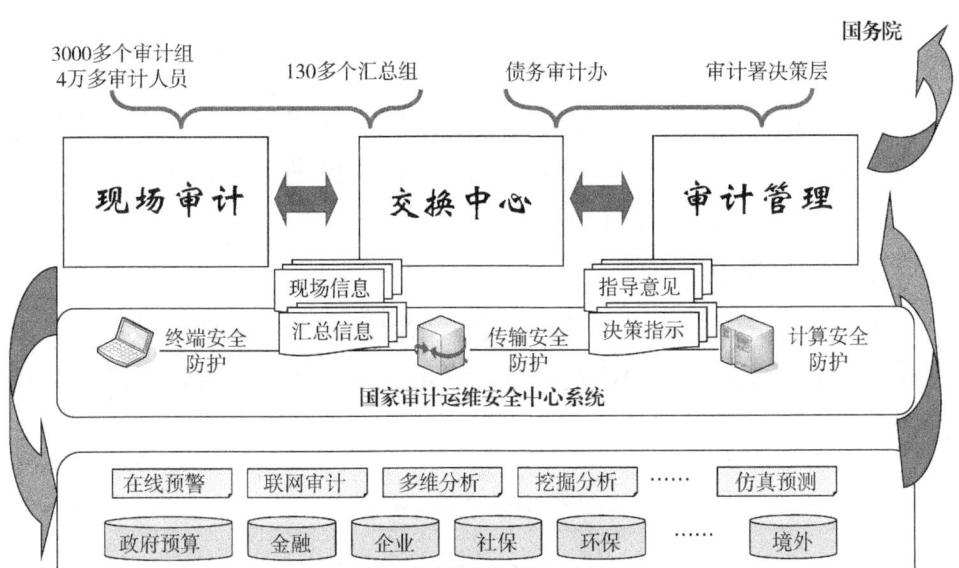

七大系统汇聚发力支撑全国性专项审计

经历二：金审数据规划和审计方法由来

审计信息化始源于20世纪90年代。当时，海关、金融等政府和企业实行了信息化业务管理，审计部门遇到了"进不了电子门、打不开电子账"的困惑，金审工程应运而生。"进得了电子门、打得开电子账"即数据应用成为开篇大事。

于是，审计署做了两件大事：一是1999年开始开展了全国审计系统计算机基础培训和中级培训，目的是让只懂审计业务的审计人员也能够识别和掌握一般的计算机命令和函数，具有"进得了电子门、打得开电子账"的本事；二是2004年随着现场审计系统的全国推广，审计署组织了计算机审计专家经验的征集和评审，目的是提升全国审计人员具有自行组织计算机命令和函数能够开展计算机审计的本事。随着计算机审计业务的开展，以审计专家经验为主的审计方法体系、与审计方法配套的数据也需要规范。2006年，我们在筹备金审二期工程的同时，组织了计算机审计的数据规划和审计方法的规范。

(一) 计算机审计数据规划

在编制国家审计数据中心基本规划的同时编制中央部门预算执行审计数据规划进行基本规则验证的时候,我们主要进行了数据资源业务目录、数据元素、数据表、元数据等的编写。

1. 数据资源业务目录

审计信息资源业务目录是满足审计部门履职所需的业务数据、管理数据、共享开放数据等的业务目录,满足审计履职各类应用系统的数据所需。

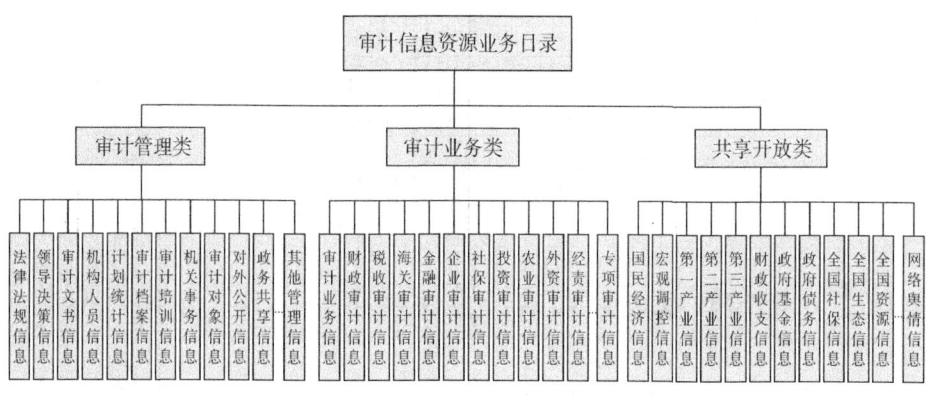

审计信息资源业务目录

在中央部门预算执行审计数据规划中,所需数据是基于业务处理功能。业务处理功能包括:预算编制与批复审计、预算资金拨付审计、基本支出审计、项目支出审计、非税收入收缴审计、国有资产管理审计、政府采购审计、决算审计8类。对应的审计数据为:基础资料、测评数据、预算数据、会计数据、决算数据、业务数据、审计数据7类。

2. 数据元素

数据元素(data element)是计算机科学术语,是数据的基本单位,是数据库的字段,在计算机程序中通常作为一个整体进行考虑和处理。通常在一类业务中往往具有多类子业务,而不同类别的子业务中可能出现相同的数据元素(字段),造成不同子业务数据处理的麻烦。为此,为实现数据元素的畅通有序，进行数据元素的规划，并在数据元素的整体中规划若干数据元素实体。数据元素是对同类业务中所有元素（字段）的统一规划，避免重复、错位等。

3. 数据表

数据表是按照特定业务目标组织的相关数据元素的集合。即从业务处理功能导出所需的数据类别、导出数据元素实体和数据元素、导出相关的基础数据表。

4. 元数据

元数据是描述数据的数据。业务数据表的元数据具体描述了标识符、资源名称、资源负责方、资源发布时间、资源摘要、资源定位、资源格式、资源分类等。

通过审计业务处理数据标准规范的研制，2007年以来，审计署发布了《国家审计数据中心基本规划》（审计发〔2007〕44号）、《中央部门预算执行审计数据规划》（审计发〔2007〕64号）、《国家税收审计数据规划》（审计发〔2009〕198号）、《海关审计数据规划》（审计发〔2009〕145号）、《商业银行审计数据规划》（审计发〔2009〕21号）、《企业审计数据规划》（审计发〔2009〕22号）、《社会保险审计数据规划》（审计发〔2008〕11号）、《环保审计数据规划》（审计发〔2010〕144号）、《领导干部经济责任审计数据规划》（审计发〔2011〕8号）等各类专业的审计业务处理数据标准规范，为审计业务处理模型提供了相匹配的标准规范的数据要素支持。

(二) 计算机审计方法规范

审计方法即业务处理模型是处理职能规定的各类业务处理的数学表达式和计算机实现过程。业务处理模型一般包括：业务逻辑处理模型、业务流程处理模型、业务审批处理模型等。

1. 业务逻辑处理模型

业务逻辑处理模型是指处理相关业务实体之间发生的业务逻辑关系的模型。

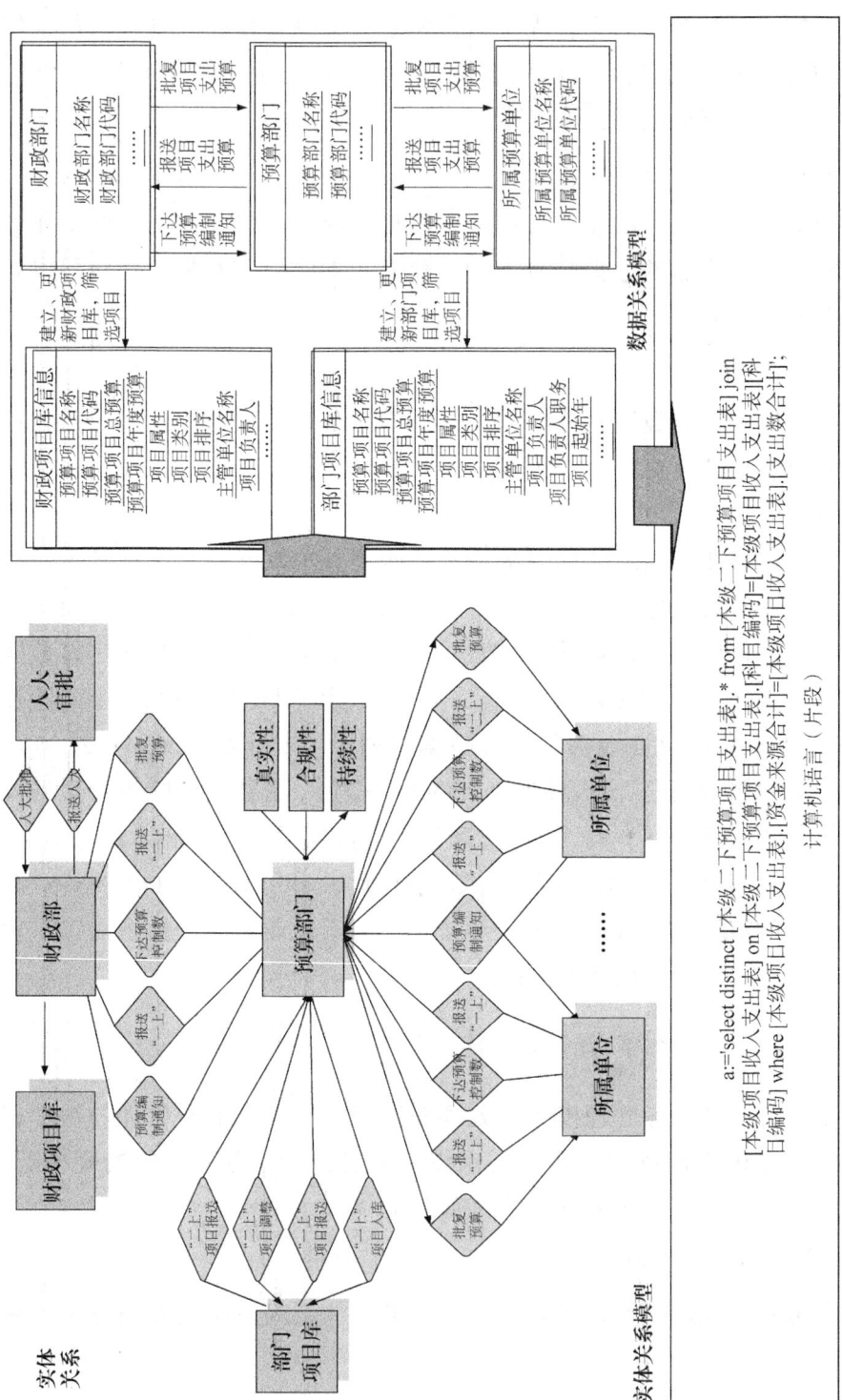

政府预算指标编制与审批实体关系模型

政府预算指标编制与审批实体关系模型。表明了三个部分：

一是实体关系模型。在财政部、预算部门和所属单位的实体之间，发生了"一上、一下、二上、二下"的政府预算指标编制和审批的关系；

二是数据关系模型。将实体关系模型转换成实体和关系的数据关系模型，就可以利用计算机进行处理；

三是计算机语言。对不同实体的报表报送、审批行为是否符合国家法律法规规定的数据表达式，进行计算机处理。

2. 审计方法模型规范

我们研制了审计业务处理模型的 12 项具体方法要素，包括：方法代码、方法名称、目标功能、所需数据、分析步骤、流程图、方法语言、适用法规、审计建议、作者单位、时间、标志。

通过审计方法规范的研制，审计署连续发布了《计算机审计方法体系基本规划》（审计发〔2008〕38 号）、《计算机审计方法语言编制规范》（审计发〔2008〕37 号）、《计算机审计方法流程图编制规范》（审计发〔2008〕34 号），以及《中央部门预算执行计算机审计方法体系》（审计发〔2010〕113 号）、《税务计算机审计方法体系》（审计发〔2009〕39 号）、《海关计算机审计方法体系》（审计发〔2010〕155 号）、《外资计算机审计方法体系》（审计发〔2010〕169 号）、《领导干部经济责任计算机审计方法体系》（审计发〔2011〕9 号）、《社会保险计算机审计方法体系》（审计发〔2011〕17 号）、《企业计算机审计方法体系》（审计发〔2011〕128 号）、《固定资产投资计算机审计方法体系》（审计发〔2012〕104 号）等，基本构建了各类专业的审计业务模型。截至 2012 年金审二期工程竣工验收时，全国已列入审计署《计算机审计方法库》的审计业务处理模型超过 1 万多条，为当时的"审计风暴"提供了计算机审计技术的强大支撑。

经历三：联网审计与数据中心模式由来

我们在进行审计业务处理模型和审计数据规范研制的同时，考虑到财政、金融、企业、投资等重要行业对国计民生的重大影响,仅仅采用事后的审计业务处理是远远不够的,应当采用事中与事后相结合的联网审计方式,同步开展了联网审计数据关联分析的研制。2003年12月,审计署联网审计得到了科技部863计划信息技术领域的大力支持,同意"计算机审计数据采集与处理技术"(编号2003AA30)课题立项,研究联网审计数据关联分析的主题模型和主题数据,也为之后的审计署数据中心建设提供了重要基础。

联网审计数据关联分析模型首先研究了中央财政组织预算执行的关联业务,包括人大批准预算、财政组织预算收入、组织预算支出、预算部门项目支出、政府集中采购、企业经营服务、银行办理和清算、国库和银行结算等业务等。

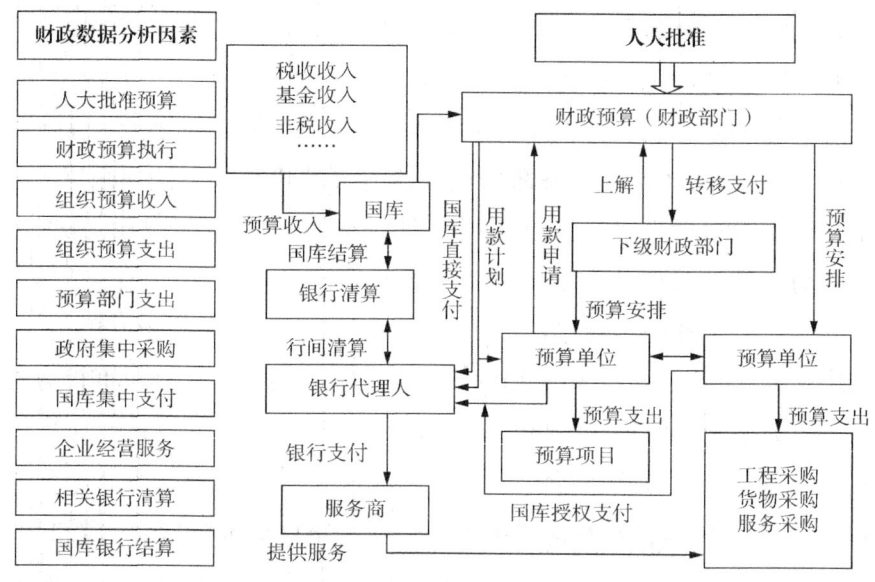

中央财政组织预算执行的关联业务

我们以中央部门预算执行审计为例进行联网审计研究,其业务包括预算编制与批复、基本支出、项目支出、政府采购等。具体的数据采集分为两类:初始数据的采集采用非联网方式,增量数据的采集采用联网采集。对联网采集到的数据进行预警分析,对总体数据进行数据分析,发现的问题通过《审计建议函》及时向预算部门提出,以便防微杜渐。

中央部门预算执行联网审计数据表就是利用主数据对相关基础数据表进行关联、抽取对基础数据表的重组。根据对预算部门、预算科目、预算年度的不同数据多维分析的需要，构建多维数据分析数据集。

从2006年开始，我们在经济执法审计局、农林水审计局等开展中央部门预算执行联网审计试点。之后，将联网审计试点面扩展到50个中央预算部门，取得显著成效。从2007年开始，联网审计试点在江苏、黑龙江、湖北、云南、青岛等地开展。黑龙江省审计厅创新了全省联动的"四大环节"社会保障联网审计模式。一是统一方案、统一组织。联网审计系统和联网审计数据在省审计厅统一部署，集中指挥。二是总体分析、发现疑点。通过省厅对全省社保资金的联网审计，发现社保资金中的各类问题。三是分散核查、远程分析。省厅将发现的问题疑点分发到所属的地市、区县，并为地市、区县提供链接省厅联网审计系统进行再次分析，通过《现场审计系统》进行问题核实的审计取证。四是综合评价、促进整改。通过地市、区县的问题核实，验证省厅总体分析的结果，将各类信息汇聚到省厅进行评价，向被审计方反馈，并督促整改。

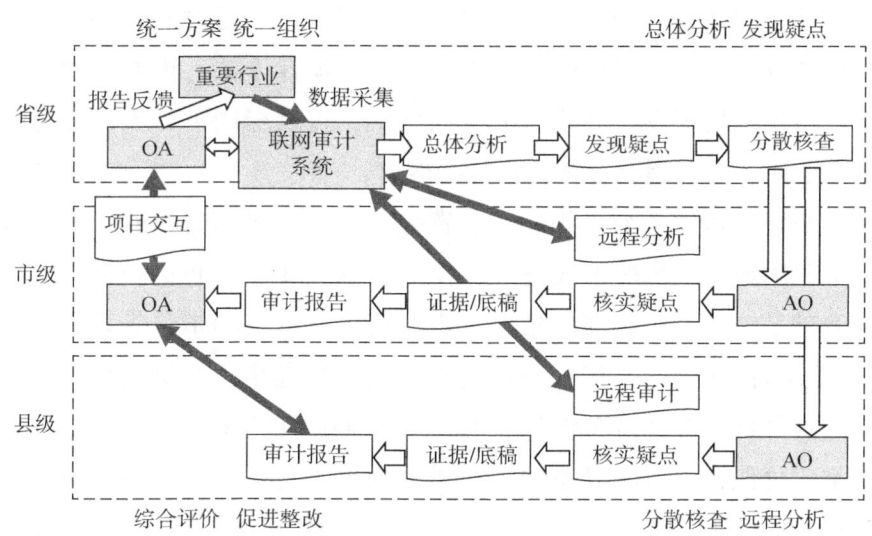

全省联动的"四大环节"联网审计模式

2007年，审计署在金审二期工程确定的数据中心规划中，利用联网审计系统的体系架构，构建了基于顶层分析的主题模型（包括原有的联网审计分析模型）、底层数据资源的数据中心。之后规划的数据关联分析模型、模拟仿真分析模型、大数据分析模型等均可列入主题模型。

审计署数据中心的全国部署应用。审计署规划中将数据中心规划为中央、省两级数据中心，中央数据中心为审计署内设机构、派出机构提供应用服务。省级数据中心为本省所辖的地市、区县审计局提供应用服务。

经历四：金审工程系统部署集约化模式

从金审工程信息系统的部署模式看，主要是三种。

一是现场审计系统采用中央、省、市、县四级部署模式。由于现场审计系统适用于每个审计人员便携式计算机的应用需要，所以在全国8万审计人员中普遍部署。审计人员可以利用现场审计系统与同级审计机关的审计管理系统实现信息交互、业务协同。每年通过县级评审、地市级评审、省级评审、审计署全国统一评审的审计方法，再通过网络传输到每个审计人员现场审计系统的方法库中，扩展全国审计人员计算机审计的方法库，不断提升计算机审计的能力。

二是审计管理系统采用中央、省级、地市三级部署模式，区县级审计机关利用地市级部署模式开展工作。2005年1月，我们在向全国推广审计管理系统时得知，浙江省丽水市利用自行开发的审计管理系统，通过广域互联使所辖的9区县使用终端直接连接地市系统进行使用。我们认为，这种模式对我国300多个地市、近3000个区县的审计机关具有很好的推广价值，可以满足基层审计机关的信息化需要，又可以减轻县级审计机关的人力、物力和财力投入。于是，利用审计署统一开发的审计管理系统改造成为"1拖N"版，审计署发布了《地方审计机关审计管理系统部署指导书》（审办计发〔2006〕142号），在全国审计机关推广使用。

三是审计数据中心采用以主题模型、主题数据为核心，中央、省两级部署模式。审计署数据中心的体系架构模式顶层采用多维分析、聚类关联分析等的主题模型,底层采用在数据表基础上构建与主题模型配套的主题数据,实行主题模型、主题数据为核心的系统架构。数据中心的部署模式采用在审计署本级部署,为审计署内设机构、派出机构的财政审计、税收审计、海关审计等提供技术支撑。在省级审计机关部署,为省级审计机关、地市级审计机关、区县级审计机关的业务部门开展财政审计、社保审计、企业审计等提供技术支撑。

经历五:金审工程重视地方创新建设模式

金审工程在实施统一规划、统一设计、统一建设、统一部署建设原则的同时,十分重视地方创新建设成果、中央地方共建共创共享的建设模式。

多方合作的现场审计系统。2002 年,在金审工程一期研制"现场审计系统"时,我们将计算机技术中心的数据采集模式、南京特派办的数据分析模式、太原特派办的审计底稿模式、长沙特派办的审计抽样模式、天津市审计局的审计项目档案管理模式等集于一体,参考国际审计软件模式,采用"审计数据、分析模型、计算展示"模型,构建包括审计项目的数据集和审计方法体系,研制开发了包括财政审计、税收审计、金融审计、投资审计、企业审计、环保审计、农业审计、外资审计、经责审计等于一体的现场审计系统。

多方试用的联网审计系统。审计署利用 2003 年在科技部 863 计划中立项的联网审计课题,组织经济执法审计局、农林水审计局等开展中央预算部门联网审计试点,组织上海特派办、南京特派办、长沙特派办开展海关联网审计,组织黑龙江省审计厅、青岛市审计局、云南审计厅等开展地方财政、社会保障方面的联网审计。向全国推广黑龙江省审计厅创新的统一方案、统一组织,总体分析、发现疑点,分散核查、远程分析,综合评价、促进整改的"四大环节"社会保障联网审计模式。为金审工程二期项目全面开展联网审计和数据中心建设奠定重要基础。

审计管理系统集约化部署模式。2005年1月，我们得知浙江省丽水市审计管理系统"市带区县"模式后，直奔浙江丽水考查，由于丽水审计管理系统技术问题使得文件显示时效较差，决定将审计署的审计管理系统按丽水模式进行"1拖N"改造，之后在全国近300个地市进行推广，实现了中央部门、30多省级、300个地市、3000个区县审计管理系统的集约化部署。

审计现场与审计机关信息交互审计项目管理模式。2008年1月，审计署办公厅转发《湖北省审计厅关于信息化条件下大型项目审计组织管理情况报告》（审办计发〔2008〕10号），介绍了湖北省审计厅，以"省市县三级审计网络"为载体，以审计管理系统和现场审计系统为支撑，实现现场审计与审计机关信息交互、业务协同，充分运用审计信息技术和手段，对审计项目进行统一组织和管理的模式。审计署利用已构建的信息交互功能，加之推广湖北省探索信息化环境下新的审计方式，为2011年开展全国地方政府性债务审计的大项目管理提供了重要基础。

金审工程本地化服务体系。2008年11月，审计署办公厅转发《浙江省审计厅关于建设完善金审工程本地化服务体系情况的报告》（审办计发〔2008〕294号），介绍了浙江省审计厅为保障系统运维和服务保障同时推进，同金审工程软件开发商合作成立了"金审工程浙江省服务办事处"，保障了金审工程本地化服务体系的初步运行。审计署在此基础上同财政部协商，构建了各省的金审工程本地化服务体系。

思考：金审工程对政务信息化影响的思考

回忆20年前开始的金审工程一期、二期建设成果，结合当前国家发布的一系列文件，觉得金审工程的成果对我国政务信息化有较大影响。

（一）金审数据应用对数字政府的影响

金审工程的数据规划和审计方法源自对数据的应用，由此创建了计算机审计方法体系和数据资源标准规范，对提升审计质量和水平发挥了重要作用。

数字政府就是以新一代信息技术为支撑,全面提升政府在经济调节、市场监管、社会治理、公共服务、环境保护等领域的履职能力,形成"用数据对话、用数据决策、用数据服务、用数据创新"的现代化治理模式。可见数据应用在数字政府中的重要作用。

《促进大数据发展行动纲要》(国发〔2015〕50号)开宗明义指出:大数据是以容量大、类型多、存取速度快、应用价值高为主要特征的数据集合,从中发现新知识、创造新价值、提升新能力的新一代信息技术和服务业态。可见即便对于大数据而言最重要的还是发现新知识、创造新价值、提升新能力的数据应用能力。

《关于加快构建全国一体化大数据中心协同创新体系的指导意见》(发改高技〔2020〕1922号)指出:以深化数据要素市场化配置改革为核心,优化数据中心建设布局,推动算力、算法、数据、应用资源集约化和服务化创新,对于深化政企协同、行业协同、区域协同,全面支撑各行业数字化升级和产业数字化转型具有重要意义。这里强调的就是应对数据要素市场化必须加强行业数字化升级和产业数字化转型。

(二)金审体系架构对政务信息化的影响

金审工程的体系架构就是一个符合整合共享的系统架构。从金审一期工程初步规划到二期工程全面规划,除涉密信息系统外,包括部门门户网站、业务系统、管理系统、共享平台、数据中心、运维系统、安全系统的七大系统。即便到金审三期工程也是将其中的系统按新技术要求进行扩展改造。

2017年5月发布的《政务信息系统整合共享实施方案》(国办发〔2017〕39号)指出,2017年12月底前,各部门原则上将分散的、独立的信息系统整合为一个互联互通、业务协同、信息共享的"大系统"。按照整合共享专家组的要求,"大系统"就是要形成部门的门户网站、业务系统、管理系统、共享平台、数据中心、运维系统、安全系统等原则上不超过10个系统。应当说,金审工程的体系架构不仅符合国家要求的

"大系统",而且对其他各部门也具有较大的影响。

(三)金审集约化对政务信息化的影响

金审工程的集约化表现在系统的部署模式上。其中,2004年现场审计系统的业务系统在中央、省级、地市、区县四级部署及其应用;2005年审计管理系统在中央、省级、地市三级部署,四级应用;2008年审计数据中心在中央、省级两级部署,中央审计数据中心满足审计署内设机构、京内外派出机构的应用,省级审计数据中心满足所辖地市、区县审计机关的应用。可以说,金审工程业务系统、管理系统、数据中心等的集约化部署应用模式,对政务信息化产生了一定的推进作用。

(四)金审三网互联对政务信息化的影响

金审工程从数据流转角度定义了互联网、政务外网、政务内网的数据定位和安全互联的数据集。互联网域:可以利用计算机从互联网门户网站获取相关审计信息,将信息切换到互联网 VPN 的数据保险箱,获取审计证据、形成审计底稿。政务外网域:将审计证据、审计底稿和相关资料从现场的互联网域传输到机关的政务外网域,利用计算机在政务外网域进行数据的汇聚,形成审计报告。政务内网域:将同一审计项目的多类审计报告进行抽取、汇聚,形成综合审计报告(涉密),向党中央和国务院报告。

为此,2004年4月,审计署向国家主管部门递交了《金审工程内网与专网数据交换解决方案》;2005年进行了联网审计前置机服务器、单向切换数据交换设备的实验;2006年专门组织了相关部委中心主任同国家主管部门和研究所的专题座谈会;2007年获得了国家主管部门的批准,使用专门的"双向交换""单向导入"设备解决互联网、政务外网与政务内网之间逻辑隔离、物理隔离条件下的互联互通、信息共享,构建了三网互联、业务协同的安全保密机制。

应当说,金审工程的三网互联、业务协同机制对当前许多部门的三网互联难题具有较好的借鉴作用。

(五) 金审数据中心架构对当前数据中心的影响

金审工程数据中心的核心体系架构是主题模型与主题数据。2000 年，根据署领导关于审计信息化"三个转变"即从单一的事后审计转变为事后审计与事中审计相结合的指示，我们研究提出"预算跟踪+联网核查"模式。根据 2003 年联网审计业务提出的多维分析、聚类关联等主题模型，再构建与主题模型配套的主题数据，研制主题模型与主题数据同步构建知识专利，解决政务部门履职中面临的社会问题，以解决社会问题、提升政务履职能力需要为最终目的。

当前，很多数据中心包括大数据中心的建设中，较为重视基础设施建设，对主题模型与主题数据的研制建设重视不够。对此，金审工程数据中心以主题模型和主题数据为核心的体系架构将是一个较好的药方。

(六) 金审国产化对政务信息化的影响

金审工程从 2008 年开始对金审一期工程建设的审计管理系统、二期工程建设的审计交换中心采用国产化系统软件，对操作系统（中标普华 Linux、红旗 Linux）、数据库（达梦数据库、人大金仓通用数据库）、中间件（金蝶 Apusic、东方通 TongWeb）进行组合测试。2010 年 4 月发布《审计署关于 2010 至 2011 年对地方审计信息化建设任务的指导意见》提出，从 2010 年开始新部署的审计管理系统"1 拖 N"版将统一使用国产化系统软件，从 2011 年开始对已部署的审计管理系统逐步更新为国产化系统软件。

当前，国家开展信创产业发展和产品替换，包括国产化芯片服务器、操作系统、数据库、中间件等。当年金审工程的国产化替换也算是先期的推进和影响。

(七) 金审中央地方共建对政务信息化的影响

金审工程在 2000 年规划现场审计系统、2003 年开展联网审计系统创建、2005 年实施审计管理系统（1 拖 N）模式、2008 年构建审计数据中心，同时开展的审计现场与机关信息交互项目管理模式、金审工程本地化服务体系等一系列活动中，充分重视中央和地方创新建设成果，实施了中央和地方共创共建共享的建设模式，有力推进了金审工程的全面进展。

党的十九届五中全会通过的《中共中央关于制定国民经济和社会发展第十四个五年规划和二〇三五年远景目标的建议》提出，坚持共商共建共享原则，是我国已进入高质量发展阶段的需要。当前政务信息化已全面进入共创共建共享发展阶段，金审工程也算是提前进行了尝试。

（八）金审运维集中监控对部门信息化的影响

金审工程在 2007 年的立项报告中提出，建设集中监控运维系统，包括对审计署局域网、各特派办局域网的各类应用软件、操作系统、数据库、中间件等，计算系统、存储系统、网络系统、备份系统、机房设备系统、安全设备系统，接入审计署局域网的各特派办局域网、各省级审计机关局域网的网络接入情况的各类运行指标数据接入集中监控运维系统，经系统分析将应用系统、网络系统、安全系统、备份系统、运维系统等分屏幕传送到信息中心的办公室、应用处、网络处、安全处，传送到各特派办、各省级审计机关信息中心（处）确保金审工程信息系统的健康安全可持续运行。2008 年审计署启动的集中监控运维系统对其他部委信息系统监控起到了一定的推进作用。

2021 年 2 月

亲历海关信息化建设四十年

吴幼毅

作者简介：吴幼毅，海关总署原总工程师。1980年进入海关总署工作，历任海关总署科技装备司处长、业务规范司副司长、通关管理司副司长、全国海关信息中心（电子通关中心）主任、福州海关关长、海关总署驻天津特派员办事处主任，2016年任海关总署总工程师，2017年10月兼任科技发展司司长。长期从事海关信息化的组织和推动工作，先后参与了海关H883、H2000、H2010、金关工程一期和二期等重大海关信息化工程建设，曾荣获国家科技进步二等奖、三等奖，在海关信息化应用方面造诣深厚、建树颇丰。

对比上一代人，20世纪50年代出生的我们这代人是幸运的。我们生在新中国，长在红旗下，刚踏入社会即迎来了改革开放的好时代，置身于建设中国特色社会主义的热潮之中。改革开放四十年之时，也恰是我职业生涯的四十年。回顾这四十年，真是弹指一挥间，自己虽然没有成就一番伟业，但想来过得很充实，成就感满满。20世纪80年代初，我从学校毕业分配到海关总署工作，在科技部门一干就是数十年，有幸亲历了中国海关事业的变革、海关科技的发展，尤其是海关信息化建设的全过程，感慨万千。

中国海关是国内最早开展信息化应用工作的国家行政部门之一。在过去的四十余年里，伴随着我国改革开放和科学技术的发展而不断发展，取得了骄人的成绩。海关信息化应用，经历了单项业务应用、多业务集成应用、跨关区/跨部委联网应用、互联网应用及大数据应用等发展阶段，先后实施了以 H761、H883、H2000、H2010、H2018 等工程为代表的一系列重大工程，信息化涵盖了海关业务全领域全过程，实现了海关管理数字化转型。限于篇幅，本人将着重讲述三个具有里程碑意义的工程建设情况，以飨读者。

零的突破——H761 工程

20 世纪 70 年代后半叶，特别是粉碎"四人帮"后，国家进入了改革开放的全新发展阶段。作为身处改革开放最前沿的海关，面临着前所未有的压力和挑战，新形势新任务不断涌现，业务量与日俱增。以深圳口岸为例，春节期间海关查验往返香港的旅客从凌晨 2 点到晚上十一二点，甚至通宵达旦，仍难以满足需要，等候过境的旅客排起一条条长龙，不见尽头，屡遭香港同胞和媒体诟病。当时海关各项工作几乎都是手工操作，靠自行研制的少量 X 光机、金属探测器、量布机等简易工具进行检查。关税征收和贸易统计使用算盘或手摇计算器，许多一线关员手指都磨出了茧子。海关工作效率受到各方关注，大家都为寻找出路而绞尽脑汁。开启海关业务信息化之路的首个工程——H761 工程，源于时任国务院副总理的李先念同志。1975 年，李先念副总理在一份外贸部海关管理局（海关总署前身）上报的材料上批示"海关能机械化否？"（彼时"现代化"一词还不普遍，更没有"信息化""数字化"的说法）。

李先念同志的批示实际是给海关出了一道考题。为落实国务院领导指示，海关管理局首先想到的是向国外同行学习，为此，经报外贸部批准，组成了一个 5 人小组赴国外海关学习考察。考察活动取得了丰硕成果，不仅大大开阔了眼界，而且萌发了许多奇思妙想。回国后在上海召开了新中国海关史上第一次科技研讨会。会上提出了包括自行研制或引进电子计算机在内的十余项科技应用设想。1976 年，在向国家计委申报获得专项经费后，海关管理局正式联合国内相关科研院所及大学组建科技攻关小组，开展了一系列海关专用科技装备的研制工作。其中最大的一项是研制计算机应用系统，被命名为"H761 工程"（H 为汉语拼音"海关"的首个字母)。

H761工程由四个部分组成：计算机硬件系统，由苏州计算机厂负责、华南理工大学参与研制，主机为苏州计算机厂生产的 DJS 130，内存容量为 64KB 的磁芯存储器，外存是日本进口的可卸式磁盘机，以及配套的纸带输入机和终端机等；操作系统和应用软件，由中山大学和上海市计算技术研究所共同承担系统总体方案制定，进行多用户操作系统和应用软件设计；机房装修，按计算机房要求由九龙海关（香港回归后改称"深圳海关"）负责组织施工；海关技术人员培训，由华南理工大学负责。

1976 年，海关科技人迈出了政务信息化之路的第一步。1976 年 1 月，海关管理局以集中工作的形式，从广东地区海关抽调 20 多名有理工科专业背景或从事技术工作的海关骨干人员，并经三个月的计算机基础知识的技术培训后，分别参加到各协作单位共同进行主机研制、外设安装和维修及软件编程工作。

在这一年中，会战小组遇到了不少困难，经历了很多艰辛。那时国内计算机是个很神秘的东西，普通人根本不知道计算机为何物，不但没见过，甚至闻所未闻，应用领域也仅限于少数科研院所和高校的科学运算。大家既缺乏经验，也没有多少可供参考的资料，都是在边干边学、边学边干中摸索着前行。当时能采用的国产主机系统 DJS 130 就是一台裸机，不提供任何应用功能，只认识数字 0 和 1，并通过纸带机进行软件输入。工程组人员硬是自主开发研制出了操作系统、应用软件和多路通信设备，并将全部软件设计用手工方式在纸带机上打孔，形成 0 和 1 组成的"天书"，输入计算机。可想而知，除了研发工作本身，其手工的工作量有多大！当时工程会战主要集中在苏州和深圳两地，参加会战的海关同志，从深圳到苏州往返都是坐火车硬座，吃住等生活条件也很艰苦，苏州集中工作场所离工程组人员住地较远，不论白天黑夜，还是刮风下雨、下雪，都得步行往返。夏天一身汗，雨天一脚泥，冬天得在泥泞的冰雪地上行走。计算机研制结束后要运往深圳九龙海关安装，当时的内存储器是由磁芯构成的磁芯板，需要非常小心呵护，因此这些磁芯板运往深圳时是由会战小组的同志用双手捧着坐火车硬座到关里的。条件虽然艰苦，在各方的全力支持、会战小组同志们的共同努力下，工程从

1976年1月开始实施，至1977年初完成全部研制任务，仅用了一年的时间，各项建设任务得以按时、保质完成。随即系统在九龙海关罗湖口岸旅检现场投入试运行。又经一年的不断改进完善后，系统于1978年春节前夕正式在罗湖口岸投入运行，1979年系统推广到珠海口岸的拱北海关。

H761工程应用系统投入使用的有进口旅客应税行李物品征税、重点人员查控名单（黑名单）检索、"四种人"携带重点物品的查控、出入境车辆管理和工资发放共5个项目。系统投入使用后解决了海关旅检现场大量的手工作业，使车辆入境登记、出境核销、旅客行李物品征税、重点人员、重点车辆查控实现了自动化，大大提高了海关旅检现场的工作效率，降低了海关关员的工作强度和压力。H761工程主机虽小，却能一台主机带26台终端，同时运行多个应用软件，响应时间不超过3秒，这在当时是极为罕见的。因此，在原四机部组织的鉴定会上被国内同行专家称之为"小机干大事"，并认为系统的功能、性能、应用范围及其取得的经济和社会效益都处于国内领先地位。该工程获得全国海关科技进步一等奖。

H761工程也得到李先念同志的充分肯定。他在《九龙海关研制安装应用电子计算机情报检索系统取得初步成果》一文批示："很好。再抓，一抓到底。"该工程的重大意义在于：它是一项具有开拓性和前瞻性的工程，它的成功研制实现了计算机技术在国家行政管理事务领域应用的零的突破，揭开了海关信息化应用的序幕。其硬件系统一直使用到1986年才由进口的VAX 11/750机所替代，完成其历史使命。目前，该系统主机及部分外设被中国海关博物馆收藏，成为海关信息化建设的历史见证。

经典之作——H883工程

1991年8月25日，《科技日报》发表了该报记者李钢同志撰写的题为"H883—中国海关的突破"的长篇报道，系统地介绍了中国海关在深化改革过程中，应用电子信息技术改造传统海关业务的艰辛历程。报道引起了时任国务委员宋健同志的高度关注。阅读后宋健同志作了重要的长篇批示，盛赞海关总署领导"有远见卓识，又有采用新技术的魄力和勇气"。该报道也引起了社会各界的广泛关注。那么为什么H883工程会引发大家的关注？它究竟是一个怎样的工程？它对中国海关的改革、现代化进程及信息化发展究竟意味着什么？当年9月，在国家科委组织的工程鉴定会上，以两院院士张效祥、杨芙清、王行刚等为主要成员组成的专家组一致认为：H883工程是一项对促进改革开放，加强进出口管理具有综合性和全局性意义的系统工程。系统功能强，配套性好，性能优越，技术先进。特别是由于中国海关监管业务的复杂程度及变化频繁程度，远远超过了经济发达国家和地区，与外国海关同类系统相比有其特殊的难度。因而，从系统的开发难度、实施难度、技术水平及其获得的社会经济效益等方面综合考察，该系统在国内处于领先地位，达到了同类系统的国际先进水平，为我国计算机应用开辟了一个新的重要领域，也为应用信息技术改造传统管理模式提供了一个很好的范例。可以说专家组的鉴定意见准确而清晰地回答了上述问题。

H883工程是一个以需求为导向的大型信息系统工程。1987年，为顺利实施沿海地区经济发展战略和适应外贸体制改革，进一步加强外汇管理，进出口配额、许可证管理和海关监管，国务院下发了《关于加强海关工作的通知》。该通知要求海关在新形势下，加强宏观管理，发挥监督管理的职能作用，打击走私违法活动。同时要简化手续，改进服务，提高效率，为"大进大出"（当时的口号）创造更好的条件。也就是要求海关在口岸上既要"管得住"，又要"通得快"。而在当时的条件下，无论是海关既有的监管模式，还是海关的人财物资源和科技保障上，都是难以适应的。面临对外改革开放、经济迅速发展的新形势对海关工作提出的新任务，海关总署迅速召集各地海关技术骨干进行研究，国内一些专家也纷纷建言献策，大家一致认为要适应新形势新任务新要求，海关业务必须采用计算机"一条龙"的处理模式，即走海关业务处理信息化之路。与此同时，在与国际海关的交往中我们了解到，国外海关尤其是发达国家海关也在积极推进跨境贸易货物通关的信息化处理，通常称之为货物清关系统。这一动向进一步坚定了我们的判断和自主开发通关系统的信心。由此，H883工程应运而生。

为保证H883工程的顺利实施，海关总署成立了由分管科技工作的副署长为组长的工程领导小组，负责工程的组织领导、督促协调等工作，并进行工程重大问题的决策。工程领导小组下设 H883 工程组，全面负责工程的总体设计、集中开发测试、系统部署、业务流程再造、应用操作规范编制和人员培训等工作。各试点海关分别成立 H883 工程领导小组和工程实施组，负责本关试点工程的组织领导和系统试点运行工作。

  该工程所建系统的全称为"海关报关自动化系统"，简称"H883 系统"。工程的目标是利用计算机辅助决策技术对进出境货物管理的全过程，包括前期管理、现场监管及后续管理，进行全程处理，系统记录和存贮的数据信息反映了进出境货物及其监管过程的全面情况，构成了海关进出境货物综合数据库。H883 系统功能覆盖了海关对进出境货物管理的全部作业环节，包括报关单预录入、审单、征税、查验放行、税收管理、舱单管理、许可证、减免税、企业管理、新贸管理、保金保函、统计转换、单证管理等海关核心业务，加上业务管理、参数库、单证库、系统管理、运行管理等保障系统运行必备的基础性功能，共计 18 个子系统。共 1000 多个源程序，程序语句 40 万余行。

  H883 工程的重要意义在于，通过工程的实施，海关在设计开发及技术管理中摸索出一整套先进的适应海关场景的信息化工程理论与方法，为之后数十年的海关信息化建设奠定了基础、提供了路径和明确了方向。在工程建设管理原理方面有：比较研究法与原型法相结合的决策方法、生命周期法与原型法相结合的开发和管理方法、"自顶向下"设计与"自底向上"开发相结合的发展战略以及集中与分散相结合的两级维护体制；在辅助决策模型开发原理方面有：法规文件的"结构化分解"、法规内容的"逻辑化综合"以及业务法规的"数字化表达"；在数据库及软件设计技术原理方面有：完整配套的模块化程序设计技术、Rdb 关系型数据库优化的使用技术、共享系统区内存空间技术、隐含操作说明技术、程序独立性设计技术、运行监控及出错处理技术；在系统网络结构设计原理方面有：系统及网络结构对应用模式的适应性原理、主机系统的可靠性及可扩充性结构原理。上述成果集中体现在工程实施过程中形成的三本书中，即《报关自动化系统标准化规范》（蓝皮书），《报关自动化系统集中开发试点工程总体方案》（黄皮书）和《报关自动化系统集中开发试点工程系统说明集》（红皮书），共计 200 余万字的文档。

H883 工程于 1988 年 3 月批准立项，同年 7 月正式开始集中开发，经过近一年的开发和测试验证时间，到 1989 年 5 月 1 日在九龙海关（香港回归后改称深圳海关）下属文锦渡海关投入试运行，之后推广到全国海关应用。H883 工程自 1996 年完成在全国海关的推广应用到 2002 年开始逐步被技术更先进、功能更完善、性能更良好，更能适应海关集中垂直领导体制和现代化海关工作的新一代海关通关系统（H2000 工程）所替代，又经历了数个大版本的修改完善和更新提高，直至形成 H883/EDI V5.0 版，加入了 EDI 便捷通关和无纸通关的要求，实现了与外网数据交接，如网上报关、网上付税等。2003 年全国海关完成 H2000 系统的切换工作，H883 系统完成其历史使命。可以说 H883 系统的开发应用极大地推进了海关现代化进程，使海关信息化建设进入一个崭新的阶段，是中国海关进入信息化发展快速道的标志性事件。这一工程对海关业务改革和基础建设产生了广泛而深远的影响，有力地支持和保障了海关业务改革和建设，取得明显的社会效益和经济效益。

跨世纪工程——H2000 工程

H2000 工程是海关信息化发展历程中的又一里程碑工程。工程酝酿于 20 世纪最后几年，实施于世纪之交，投入运行于 21 世纪初。20 世纪 90 年代，邓小平南方谈话后，我国迎来了新一轮改革开放浪潮，社会主义市场经济模式基本确立，国民经济发展进入快速道，支撑经济发展的三驾马车格局逐步形成。对外贸易"大进大出"政策的实施使海关各项业务成倍增长，甚至呈几何级增长。加入世贸组织谈判接近尾声，只有一步之遥，可以预见的跨境贸易爆炸式增长近在咫尺。海关的资源配置越来越跟不上形势的发展需要，必然影响到海关履职的有效性，海关又一次面临事业发展的瓶颈。而与此同时，作为支撑海关改革和发展的核心业务系统——H883 系统已经平稳运行近十年，虽然功能强大而成熟，但由于开发当年国家网络基础设施的缺乏，采用了以各地直属海关为基础的分布式架构部署，每个海关各有一个机房一套系统。而世纪之交的数年里，全国网络基础设施有了很大发展，使集中式大系统的部署和应用成为可能。据此海关总署研究决定，遵循海关垂直管理体制的必然要求和按照海关业务改革发展的需求，启动实施H2000工程，建设以海关总署为核心、数据大集中的H2000通关业务管理系统（简称"H2000系统"），以积极的姿态迎接21世纪的到来。

H2000系统采用了全新的技术架构、部署方式和应用模式。该系统以集中式数据库和三层次结构为特点，实现了全国海关货物通关信息的共享，简化了数据交换传输，具有较高的可靠性和可扩充性。在技术平台方面，经过对当时各大主流技术平台的原型测试，我们选择了微软Windows操作系统、"数据库系统+ORACLE数据库系统"的组合平台，以适应"集中式中央数据库+中间应用处理层+前台操作展示层"的三层次结构的应用场景；在网络保障方面，在完成全国海关ATM专网建设后，又进一步细分隔离出由H2000系统独享的海关业务运行网；在系统容灾方面，在北京主运行中心之外，按"双活"要求在广州建立了异地容灾运行中心，保障了口岸通关业务一年365天高可靠不间断的运行。

经过海关科技人员和业务专家的共同努力，在微软公司的支持和配合下，H2000工程从1997年进行前期选型测试开始，到1999年开始系统总体设计，完成系统编程开发、测试和系统运行环境准备，再到2002年完成北京、广州两地上线试运行，历时4年。2003年3月海关总署召开H2000系统试点验收及扩大试点部署会议，拉开了H2000系统在全国推广的大幕。可谁也没有想到的是，当年春天的"非典"开始在神州大地上肆虐，系统的推广遇到了前所未有的恶劣环境。但困难并没有压倒海关科技人，我们充分利用海关信息化程度高的优势，在推广应用过程中，大量采用了电视电话会议和网络会议的形式，举行了一系列推进会、协调会和系统应用培训。

然而，在H2000工程开发和系统推广应用过程中，面临的最大挑战是：H883 系统在其十余年的运行过程中，各关根据本关区业务特点和需要开发了不少关一级的外围系统（俗称"外挂系统"）与之对接，并成为 H883 系统难以切割的一部分。所以如何将各关必须保留的项目与 H2000 系统进行无缝连接，实现 H883 系统向 H2000 系统平稳切换，同时又保持各海关通关业务的连续、稳定和高效运行，成为绕不开的最大问题，被当时国际海关组织的专家称为"开着汽车换轮子"。最终在时任海关总署总工程师杨国勋同志的带领下，我们设计了一套巧妙过渡方案，迎刃化解了这一难题，主要做法是采用渐进切换模式。首先将技术切换与业务切换分开进行，在技术切换环节又将数据库切换与应用系统切换分开进行，而在每一个切换环节还要按各关业务量大小或外挂系统多少分类依次切换。在整个切换过程中 H883 系统各项服务始终保持不中断，并根据切换进度渐次退出。

H2000 工程的顺利实施和 H2000 通关系统的成功应用，为海关应对中国加入世贸组织后跨境贸易超乎想象的飞速发展提供了强有力保障和支撑。在过去的十余年间，我国的 GDP 经济总量数连跳，快速超越各主要发达国家，成为全球第二，紧随美国之后。H2000 工程的顺利实施和 H2000 通关系统的成功应用，还为近 20 年来的海关改革创新提供了条件，为提升海关的治理能力提供了基础。比如，海关货物通关集中式动态数据库的建立，使海关提供进出口贸易统计日报（T+1）成为可能，使海关统计分析工作得到了全面提升，使海关监管货物跨关区通关更加便捷，使进出口货物数据跨部门稽核更加高效，等等。同理，超大规模的货物通关数据使海关基于大数据分析的监管风险、税收风险的管理工作如虎添翼，也使海关的内控机制得到了进一步加强，风险点的捕捉也更加精准高效。

H2000 系统及其升级版 H2010 系统，自推广应用之日起一直稳定安全运行了 18 年，至 2020 年被最新一代通关系统所替代，在完成其历史使命后光荣退役。

中国海关的信息化之路，已经历了 40 多个春夏秋冬。征途上数代海关科技人接力前行，为之流过汗水，留过脚印，几乎每过十余年就会上一个新的台阶,这不竭的动力源于他们不变的初心,并始终与时代的脚步同频共振,为中国海关事业的发展,为我们国家的伟大复兴,作出了不可磨灭的贡献。

2021 年 4 月

金税工程浅谈

赵国际

作者简介：赵国际，国家税务总局征收管理与科技发展司原巡视员、电子税务管理中心原副主任，曾任全军信息化工作办公室工程组副组长（大校）。博士，高级工程师。学习过4个专业：计算机软件、应用数学、模拟仿真与自动控制、反应堆工程与反应堆安全。做过知青、生产小队副队长，北京军区工程兵战士、文书和军械员，教导队学员、技术干部，清华大学硕士、博士、共青团干部，北京军区司令部、总参通信部参谋，总参某通信团副团长，曾交流参与国务院信息化工作办公室工作。参与筹备组建全军信息化领导小组、办公室、专家咨询委员会的工作，参与《国家信息化"九五"规划和2010年发展纲要》的研究和起草，参与国家重大专项《区域综合电子信息系统》的总体立项论证工作（含北斗系统、预警机等项目），参与组织《金税工程（三期）可行性报告》的研究、修改和协调工作。参与《金税工程（三期）初步设计方案》的制订和组织管理工作，负责组织完成该《方案》中安全体系以及身份认证系统的有关设计、项目建设、实施运行工作。参与协调组织金税三期工程广域网项目、计算存储项目、运维管理平台项目、灾难备份项目等项目的建设、实施、运行等工作。作为主要成员于1995年获国家"八五"科技攻关重大科技成果奖，2002年获军队科学技术进步一等奖，2003年获国家科学技术进步二等奖。

金税工程是经国务院批准的国家级重大电子政务工程，是早期国家电子政务"十二金"工程中名列前茅的重大工程，主要目标是构建覆盖全国的、统一的税收管理信息系统，是税收管理信息系统工程的总称。由国家税务总局为主导，负责该工程的组织领导、规划设计、建设实施、运营维护、升级完善等工作。持续时间长，涵盖范围广，提升效率高，发展空间大。目前，金税工程在税收领域中发挥着十分重要的、不可替代的作用，为我国税收工作取得巨大成就和不断进步作出了突出贡献。

一、启动金税工程的背景

伴随着国家改革开放的深入开展和国民经济的快速发展，在税收领域出现了不少不法分子，他们利用伪造、倒卖、盗窃、虚开专用发票等手段偷、逃、骗国家税款，其违法犯罪活动十分猖獗，为有效防止和打击这些不法分子的犯罪活动，国家决定在加强纸质专用发票物理防伪的基础上，进一步引入现代化的技术手段，强化增值税的征收管理。

1994年2月国务院召开专题会议，指示要求尽快建设以加强增值税管理为主要目标的"金税工程"，会议同意利用人民银行清算中心的网络系统建设该工程的交叉稽核系统，同时指出防伪税控系统要先试点，后推广。为组织实施好这项工程，国务院成立了国家税控系统建设协调领导小组，下设"金税工程"工作办公室，具体负责组织、协调系统建设的工作。1994年下半年，防伪税控系统和交叉稽核系统开始试点，事实上的"金税工程"正式启动，也可以说是"金税工程"的第一期工程正式启动。

二、金税工程主要的三个阶段

到2021年初为止，金税工程主要可分为三个阶段，目前已经完成了第一期工程、第二期工程、第三期工程（以下简称"一期""二期""三期"），现在正在筹划和准备第四期工程。

第一期工程：1994年，国家税务总局启动建设增值税专用发票交叉稽核系统；

第二期工程：2001年，国家税务总局开始组织建设金税二期工程，对从开票、认证、报税到稽核、稽查等环节，进行了全面监控，主要监控对象仍然是增值税专用发票；

第三期工程：2005年开始，为实现"业务一体化、技术一体化、系统一体化"，实施金税三期工程的建设。2005年9月7日，国务院审议通过金税三期工程项目建议书；2007年4月9日，国家发展改革委批准金税三期工程可行性研究报告；2008年9月24日，国家发展改革委正式批准初步设计方案和中央投资概算，标志金税三期工程正式批准并实施。2013年，金税三期工程在重庆、山东、山西等国税局、地税局单轨上线运行。根据国家税务总局的部署，2015年1月8日，金税三期工程优化版应用系统在三省（区）六单位（广东、内蒙古、河南的国税局、地税局）单轨上线。大约在2016年上半年在全国31个省、5个计划单列市的70个国税局、地税局，顺利完成单轨上线。

一期、二期、三期的提法，粗略可认为是按照在国家税务总局申报国家项目材料中的表述，以及国家对工程项目批复的内容来称谓的。但我们可以站在更宏观、更高层面来看，在一期、二期、三期工程项目建设的同时，全国各地税务系统的各级部门，根据国家对税收工作的要求，以及税收事业自身发展的需要，还新增添、扩充、完善了一些相关的信息化项目，并且结合各自的工作实际，开发建立了各种不同的应用系统，尽管这些项目和系统，有的在一期、二期、三期的项目的立项报告中论述得不多，但也是金税工程中的重要组成部分，是金税工程的重要补充。

三、金税第三期工程的总体目标和主要内容

金税第三期工程是金税工程中的核心工程，其总体目标是建设完成"一个平台、两级处理、三个覆盖、四类系统"，将建成一个年事务处理量超过100亿笔、覆盖税务机关内部用户超过80万、管理过亿纳税人的现代化税收管理信息化系统。

金税第三期工程建设的主要内容，可以简述为"一二三四"，其粗略

解释是：

"一个平台"：根据一体化原则，建立一个基于统一规范的，包含网络硬件和基础软件统一的应用系统平台。实现覆盖税务总局、国地税各级机关以及与其他政府部门的网络互联；逐步建成基于因特网的纳税服务平台。

"两级处理"：依托统一的计算机网络和技术基础平台，建立税务总局、省局两级数据处理中心和以省局为主、税务总局为辅的数据处理机制，逐步实现税务系统的数据信息在税务总局和省局集中处理，实现涉税电子数据在税务总局、省局两级的集中存储、集中处理和集中管理，使业务流程更加简化，管理和监控更加严密，纳税服务更加简便，系统维护更加便捷，系统运行更加安全。支持数据总体分析，实现宏观分析与微观分析相结合、全局分析与局部分析相结合，全面提升数据综合利用的水平，提高决策支持能力。

"三个覆盖"：应用信息系统逐步覆盖所有税种，覆盖税务管理的重要工作环节，覆盖各级国税、地税机关，并与有关部门联网。

"四类系统"：通过业务的重组、优化和规范，逐步形成一个以征收管理和外部信息为主，包括行政管理和决策支持等辅助业务在内的四类信息管理应用系统。重点建立：以税收业务为主要处理对象的征收管理系统，以外部信息交换和为纳税人服务为主要处理对象的外部信息系统，配套建设以税务系统内部行政管理事务为处理对象的行政管理系统，面向各级税务机关税收经济分析、监控和预测的决策支持系统。

金税第三期工程建设了现代化税收管理信息化系统，该系统是功能齐全、协调高效、信息共享、监控严密、安全稳定、保障有力的税收管理信息系统。

四、三期系统的主要特点

（一）实现业务规范统一化、税收管理规范化和制度化

实现了一般纳税人公司注册全程网办，无须法人到场；三期系统通过统一税务标准代码体系，实现税务事项及类型的规范统一；通过统一

表单文书标准，实现全国范围内的数据采集和利用；通过统一业务需求规范，统一编写业务工作手册，形成体系相对完整、逻辑相对严谨、覆盖面广的业务需求，并按照业务需求，不断充实、优化、完善，使税收管理更加规范化和制度化。

（二）实现全业务覆盖

三期系统业务框架实现了全覆盖，覆盖了各层级国、地税机关征管的全部税（费）种，覆盖了对纳税人税务管理的各个工作环节。

（三）简化涉税事项

三期系统以简捷高效为目标，优化重组业务，明确受理即办事项，精简处理环节，实现税务事项的多业务处理模式。以流程管理为导向，实现"工作找人"；将执法结果监督转变为过程控制，规范统一执法；以"减轻纳税人不必要的办税负担、减轻基层税务机关额外的工作负担"为原则，简并了涉税事项、流程和表单。

（四）加强纳税遵从风险管理

引入风险管理理念，将提高税法遵从度作为税收管理的战略目标；立足于风险防范，着眼预警提醒，聚焦高风险领域和对象。

（五）建设信息化纳税服务平台

三期系统引入以纳税人为中心的业务理念，突出个性化服务，建设能提供多种渠道组合的、协同服务的信息化服务平台。为纳税人提供多样化的服务手段和统一的服务内容，能够提供网上、电话等多种办税服务渠道，以及提供涉税事项处理、信息查询、推送与发布、双向交流互动等全方位的服务，从而满足纳税人多方位的纳税服务需求。

（六）实现信息共享和外部涉税信息管理

三期系统通过建设国税、地税统一标准的核心征收管理应用系统，实现国地税业务交互、信息实时共享，加强共管户的管理，实现联合登记、联合双定户核定、联合信用等级评定、申报信息共享，提高双方信息采集准确率，达到国地税双方强化税源管理、提高税源管理水平的目的。并通过双方信息的共享共用，优化办税程序，减轻纳税人的税收负担，提高纳税服务水平。以外部涉税信息交互为基础，充分利用现代信息技术手段，构建全国统一的外部信息管理系统和信息交换通道，形成以涉税信息的采集、整理、应用为主线的管理体系，为强化税源管理提供外部信息保障。

（七）推进全员建档管理模式

三期系统针对所有办理涉税（费）事项的组织和自然人，建立税收档案，确认组织和自然人唯一有效身份证明，并在国地税通用，改变了以往基于税务登记制度的税收建档模式，实现税收全员建档。将全员建档管理模式全面应用于各业务流程的业务处理过程中，为管理决策系统实现一户式电子档案查询奠定基础。此外，把自然人纳入税收建档的范围，强化自然人税收征管，为建成并投入使用的全国统一个人税收管理系统，开展的个人所得税综合税制改革、财产税深化改革等奠定了基础和提供数据。

五、实施金税工程的重大意义和作用

实施金税工程，尤其是实施金税第三期工程的重大意义和作用，主要有以下几点：

第一，优化纳税服务，通过信息网络和现代技术手段，为纳税人提供优质、便捷、全方位的税收服务；逐步实现了纳税人足不出户的轻松办税，从而大大减轻了纳税人的办税负担。

第二，统一了国税、地税核心征收管理应用系统版本，实现了业务操作和执法标准的统一规范，促进了税务部门管理职能的变革；实现了税务系统全国数据大集中，及时利用全面准确的数据信息，提高决策的科学化水平和税收征管水平，有效降低了税收成本。

第三，有力地推动了国家电子政务建设，促进了政府部门间的信息共享和协作，为提高国家宏观经济管理能力和决策水平，提供多方位的有力支持，从而对国家的经济建设和社会发展，发挥了积极而重要的作用。

六、金税第四期工程建设展望

税收是国家财政收入的主要来源，是保证国家正常发展的关键命脉。正常年份税收收入占国家财政总收入80%以上（2020年疫情年份也占75%），加上目前各种"社保"和非税收入也移交给税务征收。税务重任在肩，"税"和"费"的征收管理系统，要及时适应征收管理新增的各种需求，现有三期系统已经不能满足新增的现代征管要求（全方位、全业务、全流程、全智能），因此，实施金税第四期工程（以下简称"四期"）建设，是十分必要的，也是相当紧迫的。当前，国家税务总局正在抓紧四期建设项目的申报和加紧做好相关准备工作。

2021年3月，中共中央办公厅、国务院办公厅印发了《关于进一步深化税收征管改革的意见》（以下简称《意见》），《意见》是引领、指导金税工程后续建设的纲领性文件。《意见》明确要求：

一是在税收治理中实现数字化、智能化、智慧化的突破。以发票电子化改革为突破口、以税收大数据为驱动力，建成具有高集成功能、高安全性能、高应用效能的智慧税务，全面推进税收征管数字化升级和智能化改造。

二是在近期5年内，基本建成"无风险不打扰、有违法要追究、全过程强智控"的税务执法新体系，实现从经验式执法向科学精确式执法转变；基本建成"线下服务无死角、线上服务不打烊、定制服务广覆盖"的税费服务新体系，实现从无差别服务向精细化、智能化、个性化服务转变；基本建成以"双随机、一公开"监管和"互联网+监管"为基本手段、以重点监管为补充、以"信用+风险"监管为基础的税务监管新体系，实现从"以票管税"向"以数治税"精准监管的转变。

三是加强对数据资源的深挖细掘、智能分析和融合共享，充分运用大数据提升税收治理现代化水平。特别是依托信息技术和税收大数据，大力推行并不断拓展"非接触式"办税缴费范围，目前初步梳理"非接触式"办税缴费清单214项，其中203项可全程网上办理，基本实现"服务不见面，时刻都在线"。充分运用智慧税务的重要基础——税收大数据，不断强化税收大数据在经济运行研判和社会管理等领域的深层次应用，分析经济运行情况，形成有分量、高价值的税收分析报告，有效服务各级党委政府的经济决策和部署。

目前，全国各级税务部门正在认真落实《意见》的有关决策和部署，细化《意见》的工作和任务，其中十分重要的突出任务是实施四期建设。从"系统工程论"的角度来初步分析理解四期，四期将会提升现有现代化税收征管系统，使该系统更加完善、更加强大、更加便利、更加智能，从工程项目的视角来看，主要包括以下系统：优化和升级三期（"税"和"费"）已有系统；建成涉税业务更加全面的监控系统；建成统一的非税业务系统，实现对"社保"以及主要非税收入的征收；建成信息共享更充分的系统，打通国家各部委、央行、其他各银行等有关通道，实现信息共享；建成信息核查更完善的系统，实现对企业相关人员手机号码、企业纳税状态、企业登记注册信息的全面核查；建成对税务内部各级部门的控制监督平台，强化内容控制监督，大大提升控制监督能力；建成高端"云化"全打通的系统，实现"税"和"费"的征收进入全数据、全业务、全流程、全智能监控的工作模式，为智能办税、智慧监管提供必要的条件，为实现更严格、更精准、全方位、全智能化的税务稽查奠定基础；探索建立全国统一的税务云征管服务平台和全国统一的电子税务局；建立确保税收数据全生命周期安全，严格保护纳税人、缴费人的商业秘密、个人隐私等的信息安全系统。

我们十分期待金税工程再迈上新的台阶，早日建成金税四期工程，使金税工程在国家税收事业中，在国家经济建设的进程中，发挥更大的作用，取得更加辉煌的成就。

2021年3月

"金信工程" 与国家法人库

石跃军

作者简介：石跃军，原国家工商行政管理总局信息中心总工程师，研究员，北京市信息化专家咨询委员会委员。曾任全国电子业务标准化技术委员会委员、中国信息协会安全专业委员会主任委员。长期从事工商行政管理信息化的规划、总体方案设计及项目实施管理工作，设计、主持建设了全国工商系统业务专网。主笔工商行政管理信息化"十五""十一五"规划。设计、执笔"金信工程总体技术方案"及"金信工程项目建议书"。在"十五"国家重大科技专项"中国电子政务试点示范工程"中，设计、主持"国家工商总局电子政务关键技术研究与开发"课题。主要参与、主持设计国家法人库、一照一码、三证合一、电子营业执照技术方案和标准，组织制订全国企业信用信息公示系统、利用大数据加强市场主体服务与监管技术方案。出版《PowerBuilder 程序设计基础与应用开发》《IntraBuilder 应用开发指南》《Visual j++ 与 Activex 的 Web 应用开发》《政务机器人——RPA 的政务应用》等专著。1996 年荣获"全国科普先进工作者"称号。2018 年退休。

工商行政管理系统信息化始于 1984 年，从使用四通中文打字机打印营业执照起步。之前，每个工商局都有一位鼻梁上架着一副老花镜的老先生用毛笔一笔一画地书写营业执照，虽然字体不一，风格各异，但也造就了一批"书法家"。与此同时，所积累的大量企业登记档案信息分散存放在各级工商局的铁皮柜子里，管理、使用极为不便。于是，各级工商局除了打印营业执照外，陆续开始使用计算机管理、查询企业档案。

"金信工程"的由来

"金信工程"源自"红盾工程"，由时任国务院总理朱镕基提议更改，时任国务院副总理吴仪同志亲自取定。

工商行政管理机关（2018年机构重组更名为"市场监督管理"）是国务院主管市场监督管理和行政执法工作的职能部门，所掌握的各类市场经营主体注册、动态变化和监督管理信息，是国民经济宏观和微观管理的基础性信息资源，是建立社会诚信环境和为社会公众提供服务的公共信息资源。为了运用信息技术，快速、动态、完整地收集、处理、使用各类市场经营主体信息，提高信息反应的灵敏度、时效性与利用率，改善监管执法手段，提高工作效率，规范行政行为，优化工作程序，增强政府决策能力，提高政府管理和服务社会的水平，1999年12月22日国家工商总局批准实施"工商行政管理内部业务网"工程，简称"网络工程"。国务院分管工商行政管理工作的领导、时任国务委员吴仪同志非常重视和关注总局实施的网络工程，要求听取网络工程及工商系统信息化工作的专题汇报。那时国务院办公厅的会议室里还没有计算机、投影仪等设备，我们携带投影仪于2000年6月16日在国务院办公厅会议室用演示文稿（PPT）方式辅助总局局长向吴仪国务委员详细汇报了网络工程的技术和实施方案、工作进展及全系统信息化情况。吴仪国务委员充分肯定工商系统网络工程的必要性、重要性和方案的可行性，强调指出信息化对工商行政管理业务工作的重要支撑作用，同时提出，可将网络工程中原31个省、5个计划单列市的联网方案扩大增加10个副省级城市联网。

网络工程的总体目标是网络互联、信息互通。具体目标主要包括：一建立总局与46个副省级以上和3个在京直属单位之间的计算机通信网；二建立总局逻辑集中管理、各地物理分布存储的"企业"主题数据库与信息共享系统；三建立信息传输与部分业务处理系统；四初步建立网络管理与网络安全框架体系。

网络工程是在各地工商局具有一定信息化基础上启动实施的，全系统普遍存在一些约束网络工程实施的情况，主要是：各地自行组织开发的业务处理应用系统，在指标体系、存储格式、信息表示、信息共享等方面差异很大；运行平台、开发平台不统一，版本众多，大部分是在局域网上运行的基于文件共享方式的网络版本，还有个别单机版本，主要功能是局域网环境的联机事务处理（业务操作）；缺少总体数据规划，应用系统分散在各个业务部门，相互之间彼此独立，没有数据关联，信息不共享，业务处理不互通，信息孤岛现象突出；没有标准统一的数据库系统和信息资源共享机制，大部分省级局的数据不是集中存放管理；大多数地区的企业数据库中的数据准确度不高，数据更新不及时；等等。因此，系统设计时需要考虑和兼顾的问题是：既不改变各地已有的网络系统，又要实现网络互联；既不改变各地已有的应用软件系统，又要实现信息共享；既要建立标准统一的数据库，又为各地留有充分的发展空间；在总体目标约束下，划清总局与地方局的边界，明确各自的目标、任务，各司其职，同步推进。

网络工程于2000年4月由中国工程院沈长祥院士、杨芙清院士主持公开招标采购全国联网工程承建商。网络工程覆盖地域广泛、涉及部门众多、技术比较复杂，在总局党组及各级主要领导高度重视下，在总局的集中指挥和全系统的全力配合下，全国一盘棋，积极努力，创造条件，密切配合，协同作战，克服各种困难和不利因素，于2002年12月全网联通，2003年通过以沈昌祥院士为组长的专家评审验收。以联网互通、信息共享为目标的网络工程各项任务基本完成。网络工程坚持标准先行的原则，工程之初就组织力量研究制订"网络应用系统总体设计方案""共享与交换数据标准""IP地址标准"等，立足于高起点、发展余地大，既规范各地应用，也为下一步全面实施红盾工程奠定了基础。网络工程采取了统一设计方案、统一技术标准、统一资金使用、统一关键设备、统一核心软件、统一组织施工的方式。在总局和各地节点共安装了网络设备 154 套、网络安全设备 98 台、服务器 113 台、系统软件 220 多套，投资 4000 多万元。建立了总局与各节点单位的一级骨干广域网络系统，其中，总局到直辖市、自治区、计划单列市和不含省会城市的省采用中国电信的 128Kbps 帧中继直接连接；总局到含有省会城市的 10 个省采用 256Kbps 帧中继直接连接；总局与西藏采用卫星通信方式联接，除数据传输外，还提供了视频会议功能。总局作为网络主节点，设置网络管理中心，管理、监测全网运行，对 49 个子节点内网共享区中的设备进行管理。网络管理系统具有性能管理、故障管理、配置管理、安全管理等基本功能。由分层的数据平台来支持不同种类的应用系统，开发了信息共享应用软件，转换导入了 200 多万条企业信息。数据平台由三个层次的数据库系统构成：第一层是位于局域网络系统中的业务操作型数据库系统，用于支持日常业务处理工作；第二层是位于共享网中的主题型数据库，用于对全国信息查询、统计分析、进行数据交换及处理部分信息关联的业务；第三层是服务型数据库，用于对社会、相关部委提供信息服务。其中，第二层共享网主题型数据库是整个系统的核心层，由各网络节点的数据库和所对应的数据采集、抽取、转换、加载、处理、管理、维护、备份、恢复等数据管理构成核心层。

网络工程的系统设计具有一定前瞻性，即符合而后发布的《国家信息化领导小组关于我国电子政务建设指导意见》的框架，又具有工商行政条块管理的特点，其系统架构至今仍在沿用。网络工程基于"共享区"概念的网络系统与应用系统的多层体系结构，将数据与应用分离，基于 NET 活动目录和 XML 数据交换技术，实现了对分布式数据库查询的"一点请求，全网响应，按需反馈"，较好地解决了异构系统的网络互联、信息互通问题，不仅有效地保护了原有软硬设备、应用软件和数据资源，也为应用系统提供了一个开放的操作环境和数据接口，为日后解决跨应用平台、跨操作系统环境的数据整合和应用协同奠定了基础。后来各部门普遍采用的"数据交换前置机"是"共享区"的一部分功能。网络工程在全网采用了防火墙、安全网关、虚拟专用网络（VPN）等技术，实现了集中管理的身份认证及"一点登录,全网漫游"。网络工程以较少的投资建立了工商系统一级骨干网,从技术层面上实现了联网互通的目标要求。

为了保证工商行政管理系统信息化建设的可持续发展,在网络工程建设末期,国家工商总局即开始谋划二期工程,并将前期实施的网络工程以工商行政管理的徽标命名,称"红盾一期工程",着手起草"红盾工程(二期)总体方案"。经过多次征求业务部门和系统有关部门的意见,先后修改六稿,并请以李德毅院士组成的专家组进行了论证,总局批准下发了《关于印发〈全国工商行政管理系统红盾工程(二期)总体方案〉的通知》,并向国家发展改革委申报立项。红盾二期工程原定的主要目标和任务是:在一期工程建设的基础上,进一步完善网络系统,推动省以下工商行政管理机关加快网络系统建设;结合国务院对政府信息化的要求,根据工商行政管理工作的需要,围绕市场监管执法职能和市场监管方式改革,争取"十五"期间建立一个以市场经营主体登记和监督管理为基础、以"经济户口(企业)"管理为纽带、业务覆盖全面、功能齐全、监管有效、信息共享的全国工商行政管理信息系统;健全安全系统;拉动数据中心建设;开展网上办公;建立工商电子政务平台和与海关、税务等政府部门的执法协作平台,使工商系统的信息化水平再上一个台阶,提高监管有效性,提高办事效率,提供为民服务。红盾工程的主要目的是从以往的单一业务处理应用向整体业务处理应用转变,从以往的业务处理事后档案性管理向流程化实时管理转变,从以往的数据静态管理向动态管理转变,实现横向互通、上下联动、动静结合、整体执法。

在研究制定"红盾工程(二期)总体方案"期间,国务院总理朱镕基于2001年7月29日来到国家工商总局考察工作,首先到计算机房,观看商标注册和管理自动化系统演示,听取有关情况介绍。随后,与副司级以上干部进行座谈,时任国家工商总局局长、党组书记王众孚同志工作汇报时提及全系统信息化建设和应用情况,朱镕基总理询问信息化工程叫什么名称,王众孚局长以改不了的浓重湘音回答叫"馄饨(红盾)工程",同是湖南人的朱镕基总理说:"馄饨工程?馄饨,馄饨,一碗一碗的,不好,你们改个名字吧。叫'金盾工程',不行,金盾是公安的,你们再想一想。"在随后的讲话中,朱镕基总理强调"要充分利用现代信息技术,改善监管执法手段。要加强推进全国工商行政管理系统的信息化,继续搞好计算机网络工程建设,提高通信、交通和监管等方面的装备水平,广纳专业人才,更有效地加强市场监管执法"。

业务司局和信息中心一边落实朱镕基总理的指示精神,研究完善红盾工程建设内容,一边绞尽脑汁取名,提出"金企""金管""金监""金商"……六七个工程名称,一年多也没统一意见,只好先按"红盾工程"的名称叫着。

2002年1月9日在全国工商局长会上,吴仪副总理在与会议代表座谈时指出:"目前,我国市场经济秩序混乱的重要表现和根源之一,是经济活动中信用程度低、信用差。整顿和规范市场经济秩序要标本兼治,其中一条就是要建立社会信用体系。工商行政管理机关是企业登记、市场准入机关,掌握着企业的'经济户口',应当实现计算机联网,把企业登记和企业经营活动结合起来进行监管,通过及时对企业登记、变更、注销等活动以及违法违规行为记录在案,提供查询等,使违法者违法行为无处藏身,促进守法经营,诚实守信。""当务之急,要加强工商系统信息化建设,促进建立社会信用体系。信息化既是工商部门的监管手段,也是创新监管方式的依托。工商行政管理系统的信息化建设要整体规划,分步实施。首先要全国联网,实现工商登记管理资料的共享和综合利用。在此基础上,逐步实现工商与银行、保险、公安、海关、税务、质检等部门的联网,使所有企业及其经营者的经营活动有据可查。工商系统计算机联网投入多,难度大,国家工商总局要切实加强规划和协调,避免各地分散建设,各搞一套。"

按照吴仪副总理的指示精神,自2002年开始,各级工商行政管理部门在红盾工程的基础上,利用信息技术手段创新监管制度、更新监管手段,先后推出了以市场主体准入、经营和退出行为全程动态监管为主要内容的企业信用分类监管、个体工商户分层分类监管、12315行政执法和案件办理及广告监测、重要商品监管、商标网上服务等一系列新的监管措施，提高了监管执法效能和水平，优化了管理服务工作，取得了显著成效。为了不断推进制度创新，持续深化工商行政管理体制、机制和监管方式改革，国家工商总局总结各地经验，于2003年开始在全系统全面推行"企业信用分类监管"改革和"经济户口"数据库建设，而支撑"企业信用分类监管"的计算机网络、应用软件系统和"经济户口"数据库自然成为红盾工程的重要建设内容。

2003年8月在国家工商总局召开"全国工商系统学习贯彻'三个代表'重要思想规范市场秩序推进企业信用分类监管经验交流会"之前，王众孚局长向吴仪副总理汇报请示时，提出"红盾工程"更名一事，吴仪副总理从推进企业信用建设的角度提出"金信工程"的建议。据此，在这次会议上，王众孚局长的工作报告正式提出"金信工程"建设，同时提出了以企业信用分类监管为主要内容的金信工程建设的总体思路和五年工作目标。吴仪副总理莅临会议并再次强调，"从这几年的实践看，整顿和规范市场经济秩序必须从源头抓起。工商部门现在推进的这两项改革，一项是加强对市场主体的全程监管，规范市场主体行为，一项是关口'前移'，加强对市场客体的监管，都是抓源头。两者相辅相成，对扰乱市场秩序的违法行为有很大的抑制，是整顿和规范市场经济秩序'标本兼治、重在治本'的有力举措。这两项改革对社会信用体系建设也很有意义。""要通过企业信用建设推进工商系统的信息化建设"，"工商部门加快监管改革步伐，必须加快信息化建设步伐，只有加快信息化建设，才能把现代科技运用在监管执法中，不断更新监管手段，创新监管方式方法，提高办事效率。各级工商部门对信息化建设一定要高度重视，在信息化建设上要舍得投入，舍得花力气，舍得下功夫。要选用一批懂技术、懂业务的骨干力量。要加强工商系统内的信息资源的共享和综合利用，也要加强与税务、银行、海关、质检、外汇等部门之间的信息沟通和资源共享。"

为了落实国务院领导的指示精神和总局的工作要求，海关信息中心立即组织力量，在"红盾工程（二期）总体方案"的基础上，进一步细化梳理业务需求，调整完善目标任务，起草金信工程技术和实施方案及向国家发展改革委的立项报告。这时，我正全家在北戴河休假，领导一个电话，中止休假，连夜坐了六七个小时火车回来参加工作。

金信工程的总体目标，一是立足工商行政管理职能，围绕企业信用体系建设，利用信息网络技术，建立全国共享的企业经济户口数据库，及时、准确、完整地记录企业的各种信用信息，为实现企业分类监管提供基础信息依据，并确保国家基础企业法人数据库的准确完整；二是整合工商行政管理职能，建立上下互动、横向互通的行政执法信息处理网络系统，在全国范围对企业的准入、退出与经营行为实施联动监管，建立"一处失信、处处制约"的惩戒机制，强化政府对企业信用行为的监管，扩大监管、执法覆盖范围，提高监管、执法水平，加大对失信企业的监管力度。

金信工程2005—2007年阶段的建设内容是：完善两个网络系统，建立两级数据中心，构造两个支撑平台，整合两类业务应用，推进两项信息服务。

两个网络系统：从总局到工商所的系统业务专网，即"工商行政管理网"；对外公共服务网。

两级数据中心：总局数据分析、交换中心；省级数据汇聚、应用中心。

两个支撑平台：支持数据整合和应用整合的应用支撑平台；保障互联互通、安全应用的安全支撑平台。

两类业务应用：以经济户口数据库为基础，以企业准入、存续、消亡为主线的企业信用分类监管应用；以12315为基础的相对集中受理、统一指挥调度、快速反应处置、分工协作办理的行政执法网络应用。

两项信息服务：以信息共享、数据交换为主的政府部门信息共享服务；以信息查询和业务受理为主的社会公众信息服务。

两个网络系统、两级数据中心和两个支撑平台是"金信工程"的基础设施，两类业务应用系统和两项信息服务是"金信工程"的应用目标。围绕上述建设内容，研究制订标准规范，购置必要的网络、服务器、存储、安全设备和系统软件、支撑软件，开发构件化的应用软件，培训业务和技术人员。

召开"金信工程"技术研讨会

2003年11月,国家工商总局向国家发展改革委申报以总局和11个试点省、市工商局企业信用分类监管为主要内容的金信工程(一期)立项报告和项目建议书,并正式去函要求将前期提交的立项报告的"红盾工程"更名为"金信工程"。国家发展改革委高新司负责、经办的同志们对工程更名迷惑不解,一致认为,"红盾工程"既有显著行业特征,又与"金"字号工程大不相同,经我们解释说明后才认可同意。同时,正在开展信用系统建设的银行系统和搞信息的统计系统也看中"金信"二字,对"金信工程"名称提出疑问,一方面是国家发展改革委高新司的同志帮我们做了一些解释工作,另一方面,类似商标注册的申请在先原则,谁先申报提出谁拥有。之后,在历次发展改革委组织的项目建议书乃至可行性研究报告专家评审会上,都会对"金信工程"的名称提出疑问,每次我们都要进行一番解释说明。

2006年5月,国家发展改革委批复《企业信用监管(金信工程一期)项目建议书》;2007年3月,国家发展改革委批复《金信工程一期(中央建设部分)可行性研究报告》;2007年9月,国家发展改革委下达了《国家发展改革委关于企业信用监管一期工程(中央建设部分)初步设计方案和投资概算的批复》,2007年底,"金信工程一期"正式开工建设。在《国家信息化领导小组2007年工作要点》（国信〔2007〕2号）中，将工商信息化建设放在国家电子政务建设的大局中统筹考虑，指出"推进重点工程建设，带动电子政务发展。加强公共财政体系信息化环境顶层设计，推进金财、金关、金税、金宏、金融监管、金审、金信和金安等信息系统建设，增强宏观调控和公共服务能力"。这是首次在国家层面明确"金信"工程的概念，是工商行政管理信息化从部门级建设上升到国家级建设的一个里程碑，国家"金"字号工程又添一金。

金信工程一期项目的建设规模包括总局和11个试点省、市局及部分下级机构，覆盖总局、6个省、3个直辖市、2个副省级市、22个地级市、143个县（区）工商局和1308个工商所。项目中央预算专项资金7486万元（不含地方配套资金）。国家工商总局数据中心建立了由数据采集、数据交换、数据整合、数据服务、数据管理等子系统构成的数据整合平台。对试点单位的工商基础数据进行了全面梳理，针对试点地区的业务系统不同、技术体系不同、代码表示不同、数据格式不同等难题，采取统一定义数据标准、个性化定制数据复制策略和转换规则、自动提取数据和检查质量等技术方法以及明确责任、落实岗位等管理措施，完成了对试点单位的异构数据的汇总、交换和整合，并扩展采集了其他省市的已有数据，建立了全国企业身份基础信息、全国"黑牌"企业及负责人等7个主题数据库。通过梳理业务、规范流程、利用平台、整合资源，建立了具有共性的录入审批、证照文书打印等6类基础功能构件库及22个基础功能构件，以这些构件为基础开发了总局的"市场准入与退出管理"，"行政执法案件管理"等综合性的业务应用系统及全国业务协同的企业分类监管、12315行政执法等应用系统，并投入生产运行。对总局政府网站进行了升级、改造，建立了总局公共服务系统和应用支撑平台，增加、完善了总局网站的网上工商业务受理、信息发布与查询、公众互动服务、政府信息共享等服务功能。重新规划、整合、设计安全体系，规划网络安全域，从网络、应用、数据、管理等方面对基本安全防护体系进行了加固，扩展了总局网络信任服务系统的服务能力。

2012年7月金信工程一期建设项目初验。2013年11月金信工程一期建设项目竣工验收。验收委员会对金信工程一期建设项目给予充分肯定，认为完成了全部建设任务，项目组织实施有力，工程建设成效显著。

金信工程的建设具有重要的意义，一是为工商行政管理信息化建设确定了目标和思路，可以保证全系统在统一规划、统一标准、统一技术体制的前提下有序推进；二是为进一步促进工商行政管理机制体制改革创新可提供更加有力的支持，使工商行政管理各项工作更加适应新形势下改革开放和创新型国家的需要；三是对我国社会信用体系建设起到了积极促进作用，为社会信用信息的整合和使用提供基础性保证；四是作为国家电子政务体系的重要组成部分，可为相关政府部门和社会公众提供必要的支持与服务。金信工程一期实现了企业信用分类监管的目标，促进了国家法人库的建设进程，奠定了商事制度改革的基础。

从企业数据库到国家法人库

国家法人库建设自2002年7月国家信息化领导小组提出，直至2014年10月方由国家发展改革委批复立项，历时12年，缘由何在？

国家法人库初始称"法人单位基础信息库"，"十二五"后改称"法人单位信息资源库"，是由企业法人（含非法人市场主体，国家工商总局主管）、社团法人（民政部主管）、事业和机关法人（中编办主管）及其他组织机构（基金会、民办非企业、农村村委会、城市居委会、联合国和其他国际组织驻我国境内机构、宗教活动场所、财政部批准的会计事务所、司法部批准的律师事务所等）构成的基础信息库。其中，社团法人、事业和机关法人、其他组织机构数量较少且相对稳定，而企业法人数量庞大且变化很快，企业生生死死，2000年时的估算是每年高于30%。法人库建设的初始基本思路是以法人单位组织机构代码为统一标识，建设基于工商、民政、编办、税务和质检业务管理系统的标准统一的法人单位基础数据库群，整合和统一不同部门的法人单位基础信息，实现信息资源共享，促进政府部门间的协作，为相关部门履行监管职能和国家宏观决策提供信息支撑，并为社会提供广泛、准确、动态的法人信息服务。2012年《"十二五"国家政务信息化工程建设规划》确定的"法人单位信息资源库"工程总体建设目标是：以国家电子政务基础设施为依托，以国家工商总局、中央编办、民政部、国家质检总局四部门的法人基础信息为基准，以人力资源和社会保障部、国家税务总局、国家统计局等部门的法人信息为校核，建立覆盖全国法人的，以法人单位的法人组织机构代码、法人名称、法人注册登记代码（部门交换码）、法人设立的批准或核准机关、法人设立的批准或核准时间5项信息为基础的，具有基础性、实有性、唯一性的国家法人单位基础信息资源库，在国家层面形成真实、鲜活、完备、权威的法人基础信息，为公共管理部门和全社会提供法人的基准信息；建设具有普遍共享意义的法人业务信息库，形成包含各类法人信息的物理集中库。构建统一的共享交换平台，促进并实现整个法人单位信息资源库的建设与共享，为所有政务部门依法共享法人基础信息和有关业务信息提供有效路径。

2002年7月，国家信息化领导小组第二次会议审议通过了《关于我国电子政务建设的指导意见》，当年8月5日《中共中央办公厅国务院办公厅关于转发〈国家信息化领导小组关于我国电子政务建设指导意见〉的通知》（中办发〔2002〕17号，简称"17号文"）的规定，"十五"期间电子政务建设的主要任务之一是"规划和开发重要政务信息资源。启动人口基础信息库、法人单位基础信息库、自然资源和空间地理基础信息库、宏观经济数据库的建设"。据此国家信息化领导小组办公室（简称"国信办"）制定《我国电子政务一期工程建设方案》，确定了"十五"期间重点建设"人口基础信息库""法人单位基础信息库""自然资源和空间地理基础信息库""宏观经济息数据库"四大基础性、战略性资源数据库。

在制定发布《我国电子政务一期工程建设方案》之前，国信办已经开展了大量调研论证工作。就国家法人库建设，国信办的同志曾打电话到国家工商总局办公厅，通知"国家要建法人库，要来国家工商总局调研企业法人信息及数据库建设情况（大意）"。不知国家工商总局办公厅哪位同志接的电话：企业数据库呀，我们已经建了，不必来了！（大意）。

直截了当地把国信办的调研活动撅了回去。

确实，国家工商总局是在建设企业数据库。国家工商总局于1999年12月22日局长办公会决定、2000年开始组织实施的全国"网络工程（红盾工程一期）"中的一项主要任务就是"建立总局逻辑集中管理、各地物理分布存储的企业等主题数据库与信息共享系统"。至2002年中期，除办公楼搬迁及机房尚未就绪的两三个省外，全国网络已经联通，各副省级节点（31个省、区、市，15个计划单列市）已在"共享区"上建立了本省的企业数据库，全国转换、导入数据200多万条，统一的核心软件完成联调测试，整个网络系统已经具备了按主题、专题进行数据采集、提取、挖掘、分类、联机分析处理和以企业、案件、自然人为主题的信息查询，发布、更新及信息上报/下发、用户管理、权限管理、数据维护等功能。虽然全国的企业数据分布在46个节点上，但"一点登录，全网漫游""一点请求、全网响应、按需反馈"的设计目标已经实现。制定了用于界定和规范网络中用于共享、交换、传递、查询的数据指标范围及内容的《工商行政管理信息网数据共享与交换标准（暂行）》。虽然如此，但部分省市的企业登记数据不全面、不准确，除了营业执照上的数据项外，大部分数据没有录入计算机。有的省级局虽然录入了较多数据项，但差错率较高。中部、西部等省级局的业务处理系统还不完善。由于机房装修、电力供应、设备故障、线路质量等原因，每天都会有四五个甚至七八个节点无法联机，或未及时进行数据更新，使已经联通的网络出现阻断或空数据库现象。此时的企业数据库还只能说是初步形成了框架，无法提供准确、及时、完整的有效服务。企业数据库建设仅仅迈出了第一步，系统建设、运行维护的路还很长。因此，总局正在谋划"红盾二期工程"，以期逐步从根本上解决存在的问题。而负责这项工作的信息中心正为缺少相应建设经费而发愁，一在不断调整修改技术方案，争取量力而行，二是主动与国家发展改革委沟通，希望能够列入国家项目，争取国家资金支持。

而我们办公厅接听国信办调研电话的这位同志，可能不了解要举全系统之力建设企业数据库的艰难性和现状，抑或不知道国家法人库不仅只是企业数据一类法人，抑或对有关部门插手本部门数据不感兴趣……反正不知什么原因，把国信办伸过来的橄榄枝掐断了。

政务信息化，没有业务部门的了解理解、大力支持和积极配合是搞不起来的！

与此同时，国家质检总局全国组织机构代码管理中心（以下简称"代码中心"）对建设国家法人库有热情、有积极性，因而在国家信息化领导小组在第二次工作会议上明确法人单位基础信息库建设项目由国家质检总局牵头。2002年9月23日成立了国家质检总局牵头负责，中央编办、民政部、国家工商总局、国家税务总局、国家统计局等部门参加的法人库项目领导小组，领导小组办公室设在国家质检总局国家标准化管理委员会。

自2002年始，代码中心做了大量工作，成立了管理、技术等工作小组，与各参建部门沟通协调，组织力量设计技术方案，编写项目建议书，召开专家论证会……于2004年11月将《法人单位基础信息库（一期工程）项目建议书》上报国信办及国家发展改革委。但是，由于在业务流程分析与设计、法人库建设模式、建设方案、数据归属、采集/更新/使用/服务/发布方式与职能定位、管理权限，法律支撑环境、工作程序等原因，牵头单位与参建的法人主管和数据源头工商、民政、编办部门意见分歧很大，项目建议书几经修改，仍难达成一致。国家法人库立项未获批准，建设陷入停顿。

政务信息化，不依据职能而为，不紧贴业务而做，是很难搞成的！

在此期间，国家工商总局没有放慢企业数据库的建设步伐。在国家工商总局2003年11月申报、国家发展改革委2006年5月批复的金信工程一期项目的主要任务之一是"建成涵盖全国市场主体的经济户口数据库，基本实现与其他政府部门的信息共享"。项目中的"经济户口数据库"就是企业数据库，该库名称一是源自吴仪副总理在2002年全国工商局长会议上的讲话：工商行政管理机关是企业登记、市场准入机关，掌握着企业的"经济户口"，应当实现计算机联网，把企业登记和企业经营活动结合起来进行监管，通过及时对企业登记、变更、注销等活动以及违法违规行为记录在案，提供查询等，使违法者违法行为无处藏身，促进守法经营，诚实守信。目前，一些工商局已经建立了企业"黑名单""黄牌警告"等制度，对建立企业信用体系起到了积极的促进作用。二是与国家质检总局牵头、代码中心负责还在申报的国家法人库以示区别，避免重复建设之嫌。至2012年，金信工程一期完成全部建设任务，建立了全国企业身份基础信息、全国"黑牌"企业及负责人等7个主题数据库，进入验收阶段。在金信工程一期建设期间，国家工商总局还组织了"数据质量和联网应用检查年"活动，设计了数据指标抽取、比对等程序，以自动化为主、人工为辅的方式，对数据质量工作的组织领导、数据管理制度、纸质与电子数据一致性、联网数据上传更新、联网数据、本地数据、联网数据应用等多个方面进行检查，检查结果全国公示，大大提高了企业静态、动态数据的及时性、完整性、准确性，促进了基础数据的全国高速联网应用。

2012年5月5日，国家发展改革委印发的《"十二五"国家政务信息化工程建设规划》再次提出，"十二五"期间，国家重点建设人口信息资源库、法人单位信息资源库、空间地理信息资源库、宏观经济信息资源库、文化信息资源库五大基础性、战略性信息资源库。其中，法人单位信息资源库由企业法人基础信息库（含非法人市场主体）、社团法人基础信息库、事业法人基础信息库和机关法人基础信息库组成，分别由国家工商总局、民政部、中央编办负责建设。

2012年7月11日，国家发展改革委高新司召集国家工商总局及部分专家进行座谈（之前，国家发展改革委分别与中央编办、民政部进行了座谈），国家工商总局企业注册局局长、信息中心副主任和信息中心总工程师等人参加了座谈会。会上，就国家工商总局负责的企业法人基础信息库建设思路进行了交流沟通。同时，国家发展改革委高新司负责同志指出，鉴于国家质检总局牵头国家法人库建设的职能所限、利益所困、十年未果的状况，国家法人库还需确定一个新的牵头单位，统筹协调国家法人库的建设工作。考虑到国家工商总局登记的主体数量约占工商、编办和民政三大登记部门注册的主体数量90%以上比例，且工商部门在数据库建设和数据运用方面有一定的经验，因此国家发展改革委高新司负责同志提出，请国家工商总局考虑牵头国家法人单位信息资源库建设。我们表示，会后将尽快向总局领导报告后给予答复。恰巧，参加座谈会的企业注册局局长曾任信息中心主任，信息中心副主任曾在企业注册局工作并参与了前期国家质检总局牵头的国家法人库的全程工作。业务司局和技术部门认真分析研究，一致认为，牵头建设国家法人库虽有部门协调难、承担工作量大、项目管理复杂等诸多困难，但相比人口信息资源库、空间地理信息资源库、宏观经济信息资源库等其他国家基础性、战略性信息资源库的建设进度，国家法人库已严重滞后，急需加快建设进程；工商部门掌握着5000余万（2012年数据）各类市场主体的登记注册和日常监管信息，是企业法人数据的最重要源头部门，承担的工作、责任及义务都远超其他部门，牵头建设国家法人库责无旁贷；工商部门承担国家赋予的市场监管和行政执法职能，具备牵头的职能优势；金信工程一期的经济户口数据库建设为国家法人库建设准备了必要的数据资源，积累了可借鉴的宝贵经验，奠定了坚实的技术基础；中央编办、民政部门态度鲜明，支持国家工商总局牵头国家法人库建设。牵头建设国家法人库责任重大。据此，企业注册局和信息中心联名报告请示总局。总局党组高度重视，召开专门会议研究，决定要举全系统之力，积极配合发改委做好国家法人库建设的牵头工作。

但是，对于变更国家法人库建设牵头单位，国家质检总局持有很大不同意见。国家发展改革委高新司甚至提出"工商实际牵头、质检名义牵头"的调和性双牵头方案。后经国家发展改革委高新司多方协调，多次沟通，并经国家发展改革委几名主要领导同意，最后确定由国家工商总局牵头八个部门（国家工商总局、中央编办、民政部、国家质检总局、人社部、国家税务总局、国家统计局、国家信息中心）开展国家法人库立项、建设的组织工作。

国家工商总局由"自拉自唱"自己部门的企业数据库建设走向"齐奏合唱"承担国家法人库建设的重任之路。

这期间，虽然正是国家工商总局局长到龄换届之交，但前后两任局长都视承建国家法人库为己任。分管副局长亲力亲为，事无巨细。成立了由总局领导任组长的项目领导小组，制定了《国家工商总局法人库项目建设管理工作方案》，并依据该方案建立国家工商总局工作机构和工作机制，建立了由分管领导为组长、以企业注册局为主、信息中心为辅、相关业务司局参加的国家法人库建设管理工作组，成立了各参建单位代表参加的项目协调组织实施机构；调动各司局和地方局骨干参加项目的系统分析、设计工作；主动走访参建单位，了解相关业务和需求；多次召开参建部门沟通协调、调研分析会议……项目各参建单位共同委托国家行政学院电子政务研究中心编制《国家法人单位信息资源库项目建议书（一期）》及工商、民政支撑应用所要求的《需求分析报告》。

2014年1月27日，牵头中央编办、民政部、国家质检总局等八部门联合完成了国家法人库项目建议书的上报会签，形成了《国家工商总局等八部门关于送请审批〈国家法人单位信息资源库（一期）项目建议书〉的函》（工商企函字〔2014〕6号），报送国家发展改革委审批。2014年10月29日国家发展改革委批复《国家法人单位信息资源库（一期）项目建议书（中央建设部分）》，2015年11月国家发展改革委批复《国家法人单位信息资源库（一期）地方建设部分项目建议书》。

2015年11月11日向国家发展改革委报送《国家法人单位信息资源库（一期）可行性研究报告》，2016年7月11日国家发展改革委批复《国家法人单位信息资源库（一期）项目可行性研究报告》。

2017年4月24日向国家发展改革委报送《国家法人单位信息资源库（一期）项目初步设计方案和投资概算》，2017年10月31日国家发展改革委批复《国家法人单位信息资源库（一期）初步设计方案和投资概算》。

历时12年的国家法人库正式进入建设实施阶段。

2021年6月

职业工作平凡事　顺势而为谋发展

王连印

作者简介：王连印，博士。原国家质检总局信息中心副主任，中国网络安全审查技术与认证中心原党委书记、副主任、研究员。

参加完成国家"九五"重点科技攻关项目专题项目《检验检疫综合业务管理系统》，成果获得省部级一等奖；主持承担国家检验检疫局机关办公自动化系统建设、国家质检总局新办公楼局域网建设、检验检疫综合业务系统（CIQ2000）和质检广域网等若干重点工程项目建设；主持完成《普惠制原产地证明书报文》等国家标准以及《金质工程标准和规范》等工程标准的制定工作；主持国家电子政务建设重要应用系统"金质工程"的建设；主持完成工信部、国家发展改革委和科技部相关专项和课题研制研究工作。主持完成检验检疫、质检信息化发展"十五""十一五"和"十二五"专项规划的制定工作。

在公开出版物和学术会议上发表论文近40篇。

担任国家发展改革委、公安部、最高人民法院、科技部、工信部和北京市等若干部门网络安全和信息化咨询专家，参加许多国家重点工程项目立项、建设和验收等方面的咨询和评审工作。

信息技术高速发展是我们这个时代的主旋律，各个行业都在经受信息技术革命的洗礼，这里既有挑战，更有机会。

在我的职业工作中，正值信息技术高速发展期，政务信息化对于推动行政体制改革、支撑业务运行发挥了重要作用，有幸参与了很多政务信息化建设，做了一些平凡的工作，目睹了信息化发展带来的变革，有所体会。时间所限，将早期经历记二三事如下。

一、初入行业辅助政务事务

1993年初，我的一个博士研究生同学介绍我到国家进出口商品检验局（简称"国家商检局"）信息中心工作。到底要不要调动工作岗位，我确实很犹豫。一方面，自1978年改革开放以来，中国对外贸易稳步发展。中美贸易摩擦从未间断，最惠国待遇起起伏伏，知识产权保护301条款调查不时出现，中美贸易在摩擦中前进，美国是中国的最大贸易国，商检属于外贸领域，贸易发展，商检领域自然不会差。另一方面，我当时所在的中国有色金属工业总公司信息中心这边已经在1992年2月聘任我为信息中心副主任（有色技术经济研究中心计算机室副主任），试用期一年马上就到了。我若在转正之后调离，显得不够仗义，单位也未必可以顺利放行，若调动工作，职场起步阶段的重要台阶就算白走了，辗转反侧，思考再三，考虑到外贸发展的大背景，我还是来到了国家商检局。

当时，国家商检局信息中心职责很杂，和机关工作能挂上钩的地方主要是进出口商品检验统计和机关相关计算机应用系统支撑，后来信息中心又和商检协会合并，业务内容更加繁杂，包括发展会员、为商检系统和外贸企业提供服务等。当时信息中心的几个主任深受改革大潮的影响，做了很多服务项目，比如编制进出口商品企业名录系列图书、建设出口企业信息数据库、录制影视宣传资料、组织开展外贸商检知识电视讲座节目录制等，在服务外贸企业的同时，也获得了一些"创收"收益，财务管理体制也逐渐实行部门核算、自收自支。我作为主任助理兼部门主任，负责信息中心计算机部工作。很快，计算机部面临的一个重大矛盾开始显现了，这就是既要服务好国家商检局机关，做好发展规划、硬件维护和系统运行支撑等工作，又要搞好创收，这一问题很快引起中心领导班子的注意，经过研究，提出的解决方案是在信息中心下成立技术中心，业务上由国家局科技处直接管理（1994年下半年当时国家商检局下设司局，科技处改为检验科技司），经过沟通后，国家商检局对这一方案给予支持，虽然机构、人员和经费上没有办法在短时间内落实，但在业务上给我们派的活多了起来。

1994年3月16日，在国家商检局主持下，几易其稿的商检计算机联网方案提交局长办公会议研究，分管科技的吕保英副局长和分管信息中心的许复兴副局长参加会议。王久安局长讲话说原则上批准这个方案，并说此事势在必行，现在搞不算太晚，要本着先易后难、由近到远、由少到多的总原则进行，逐步实现和地方局联网，年内有一两项业务上网。费用由科技处科研经费、信息中心自有收入和国家局技改费按2：3：2的比例分摊。当时我们很不理解，我们又出人又出钱，不太合理啊。后来经过一年多的实施后，感觉领导的决策是正确的，在互联网大潮到来之前，实现和地方局联网的技术手段和业务触角都是有限的，方案虽然在技术上是合理的，但在应用上确实是超前了。后来，我们只是完成了机关部分办公业务系统，如出国管理等系统的开发应用，和各地方局的联网只能采用拨号方式，当然，我们自己的那部分出资也没有真正投入。

国家商检局对信息中心十分信任和支持，我个人也得到培养和成长，1994年6月安排我随中国EDI（电子数据交换）代表团出席在马来西亚吉隆坡召开的国际UNEDI/FACT会议，1995年10月随商检科学技术考察团组赴日本进行考察，1995年12月在第二届商检科技委计算机专业委员会换届时，我被委任为副主任委员。我直接参与商检系统信息化"九五"发展规划和国家重点科技攻关计划项目（科技部）"九五"商检EDI建设关键技术研究报告的起草编制、项目论证和实施等工作。

这样，我算正式步入政务信息化这个行列了。

二、技术培训感知网络互联

（一）开通全国商检电子信箱

1995年，互联网开始在我国应用，我们还算是比较早地接触到了互联网，并在互联网应用全面爆发的前夜，进行了电子信箱应用实践。

20 世纪 90 年代，电信部门开始数字化转型，建立光缆链路、开通分组交换网（X.25）等网络，提供基于分组交换网的电子邮箱、基于 X.400 的 EDI 数据交换等数据服务，1995 年 5 月 16 日，北京数据通信局提供因特网接入服务，那时全北京才有 700 多个用户。

现在各种通信工具可以使人与人之间实现即时通信，交流文字、语音和视频信息，传播速度和容量几乎能够满足日常所有的需求。电子信箱也是一个人人熟知和广泛应用的信息传输工具，在信息传输过程中发挥重要作用。其实电子信箱的发展也是逐渐迭代而来的。

1995 年，当我们了解到邮电部门利用分组交换网（X.25）提供的电子信箱服务功能时，联想到各地商检局向国家商检局报送数据和信息资料没有有效的手段，便通过签报的方式请示国家商检局，开通全国电子邮箱系统，国家商检局领导很快进行了批复。

开通全国商检系统的电子邮箱系统，实际上就是为国家商检局机关和设在全国各地的直属商检局每个局分别设置一个电子邮箱，实现各地商检局和国家局之间、各地局之间的信息交换，更主要的是解决各地向国家局报送数据和信息，以及国家局向各地局发信息的需求。这不要说在今天不是问题，就是在 1995 年之后，互联网开始普及应用之初也不是问题。互联网早期就是以网站打开局面的，而网站上的免费邮箱更加普及，成为互联网的标配。

然而在 1995 年初，信息交换还确实是个问题。

为了使这项工作有序开展，我们着实做了一些工作。我们编写了邮箱命名规范，通过邮箱名称标识各地局，还编写了信息分类码表，在 1995 年世界电信日当日，请来现在是中国工程院院士的邮电部数据通信局刘韵洁做专题讲座，并请数据局技术人员给我们培训，讲邮箱接入和邮箱使用知识，参加培训的人员都是来自全国商检系统信息化骨干，在会上，对如何使用电子邮箱传输信息提出了要求。为了提高电子邮箱使用率，我们和国家局负责公文流转和信息编发的人员商量，由国家商检局首先开始行动，把原来通过传真发的重要通知通过电子邮件发送。这个方法很有效，记得有一次，一个地方局匆忙打来电话，说有一个重要会议通知没有收到，经他们查问是通过电子邮箱发送的，让我们再教一次邮件的操作方法。经过这件事后，这个局电子邮箱使得最好，报送信息最多，再没有出现耽误接收国家局信息的情况。这种推进方式，使地方局逐渐养成了通过电子邮箱接收和发送信息的习惯，电子邮箱系统的作用得以发挥。

从1995年开始，互联网逐渐开始普及应用，到2000年左右，搜狐、新浪、雅虎和网易等互联网门户网站逐步兴起，基于互联网上的电子信箱越来越普遍，并且大多数都是自行免费开通，这种基于分组交换网的电子邮箱没有使用几年便被新技术替代了。

（二）初识互联网

1995年6月，我和几个同事一起，到中国科学院高能物理研究所参加了为期三天的互联网培训，那是我第一次接触互联网。

经过一系列互联网基础知识培训后，我们便开始上机操作实验了，学习使用互联网。我们通过互联网即时地查询位于美国大学服务器上的文献资料，如果查询结果不满意，可以随时切换关键词，查询结果直接显示在面前，一下子找到这么多资料，这和在图书馆通过卡片索引、找到文献后复印的查找方式相比，方便程度真是令人吃惊。我们还通过事先注册好的邮箱互相发邮件，这些信息几乎不用等待就经过美国站点转给了在同一个房间的同伴，确实有一种很神奇的感觉。

那时，第一个互联网网站（worldwideweb.cern.ch）刚刚建立起来，浏览器 NCSA Mosaic 和 Netscape 也刚出现，但都尚未在全球普及应用，更别说在中国应用了。现在信息能够在全球同步传播，但那时无论是信息还是技术我们都是慢半拍的。访问方式也多种多样，比较复杂，当时使用的访问工具有很多，并没有统一成浏览器方式。包括 TelNet、FTP、Gopher、WWW、WAIS、Archie 等，输入多是命令行，显示的结果也很单调。不像后来浏览器界面，栏目丰富，风格一致。在国际联网方面，1995年6月，中国科学院网（CASNET）、邮电部网（CHINANET）刚刚形成，教育网（CERNET）还正在建设，中科院高能所网（IHEPnet）、北京化工大学（BUCT）也通过日本节点联入国际互联网，后来逐渐演化成中国互联网的"四大出口"当时才刚刚起步。

我曾经参加过各种培训，但这次培训对我的冲击很大。使我比较早地感受到互联网的威力，为后来积极在力所能及的范围内加快推进互联网应用提供了思想上的准备。

精密组织铸就经典案例

2016年12月9日，国家质检总局局长支树平在中国电子检验检疫（e-CIQ）主干系统建设总结表彰大会上宣布e-CIQ主干系统完成上线。以此为标志，运行17年的检验检疫综合业务系统（CIQ2000）退出历史舞台。

CIQ2000支撑了检验检疫业务的运行，在检验检疫信息化建设和发展中发挥了基础性、关键性作用，在我国政务信息化建设中也具有非常典型的代表意义。

在我从事政务信息化的职业工作中，CIQ2000建设无疑是最重要的经历之一。作为成百上千CIQ2000建设者当中的一员，我在各级领导的指挥下，和同志们一起，参加了一些组织管理工作，回顾其建设历程，深有感触，分析其发展规律，仍有意义。

（一）建设背景

CIQ2000是在机构改革的大背景下提出的。1998年3月，国务院机构改革，将原来的国家进出口商品检验局、卫生部卫生检疫局和农业部动植物检疫局合并（"三检合一"），组建国家出入境检验检疫局（以下简称"国家检验检疫局"），全国各地设35个直属检验检疫局，实行垂直管理。4月，任命田润之为国家检验检疫局局长，葛志荣、王凤清、于大海、宋明昌为副局长，6月30日国家检验检疫局召开机构改革动员会议，7月，国务院办公厅发布国家检验检疫局"三定"方案，10月，国家检验检疫局完成机关内设机构定岗定编，任命司局和处级领导。

随着国家检验检疫局机构改革，各地检验检疫机构改革也在进行，各直属局成立了"三检"临时领导小组。机构改革对信息系统建设提出了更高的要求，原来各自的系统难以满足新的需要，急需一套新系统支撑业务工作，CIQ2000就是在机构改革的这个大背景下提出的。

（二）部署决策

国家局领导迅速筹划和决策，从顶层为CIQ2000系统建设进行设计和布局。

机构改革之后，如何统一"三检"的业务规范和办理方式成为关键。1998年10月开始，法规与综合业务司就针对机构改革的新需要，开展检务改革调研，制定检务改革方案和统计改革方案，统一全国检验检疫的单证格式等内容，这些工作既统一了业务，同时，也为信息系统建设奠定了业务基础。办理检验检疫业务，没有信息系统支撑是不行的，但是以什么的方式来组织开发、怎么样发挥各个部门的作用，到底是依靠业务还是技术部门，这些问题似乎一直都存在。关于系统开发，当时存在各种意见和看法，有的主张以一两个大局为基础，在原有信息系统基础上修改，有的主张以商检局业务为基础，把动植检和卫检业务包括进来，有的认为全国检验检疫情况复杂多样，统一系统很难满足要求，当然也有人认为开发一套全新的系统更为合理，各种意见可谓五花八门。

在12月24日召开的信息中心全体干部会议上，王凤清副局长对信息中心的定位、信息化组织模式和当前的重点任务做出了宏观安排，为CIQ2000建设做了组织准备。王凤清提出了一系列加强信息中心建设的思路，包括国家局信息办设在信息中心，通过授权的方式赋予信息中心一定管理职能；信息中心在服务机关、服务检验检疫的同时，对全系统信息化工作负责；所有重要业务系统均由信息中心组织开发；等等。这些思路为信息中心的发展奠定了坚实的基础，也为CIQ2000的启动开发做了技术上、组织上的准备。在会上，王凤清副局长要求信息中心，开始着手准备检验检疫业务系统的建设工作。

1999年2月9日，葛志荣副局长考察信息中心，听取解决计算机

Y2K 问题的汇报，支持信息中心承担信息化建设的组织和实施工作。

随后，1999 年 2 月—7 月，在林德康主任主持下，信息中心开展了大量调研和研讨，对检验检疫业务系统建设模式、边界、技术等问题广泛征求意见，逐步形成了思路。这些工作，又为领导决策提供了有力支持。1999 年 7 月 14 日，王凤清副局长听取综合业务司检务改革方案的情况汇报，提出了建设 CIQ2000 的关键思路：一是在组织开发力量方面，由综合业务司和信息中心共同组织，国家局统一集中开发，信息中心、地方局人员和合作软件企业三部分力量组建开发队伍联合攻关；二是在时间方面，检验检疫机构挂牌时启用新证书和新系统，新系统第一步可考虑受理报检和出证两个模块；三是在配套环境方面，考虑数据库、小型机等软硬件资源配备问题，由国家局统一配备。这些决策意见经党组会议通过后，很快变成总局党组的决策，党组的决策又很快统一了全系统的意志，在业务、技术和政治方面，CIQ2000 建设的条件已经成熟。

1999 年 8 月，按照党组决定，综合业务司和信息中心又对 CIQ2000 启动工作做进一步的准备工作。按照软件工程建设的思路，编制了一个详细的系统开发组织方案，把组织方式、各个阶段（总体设计、需求分析和详细设计）的时间进程、开发人员构成和骨干人员名单进行了反复推敲，落实到书面上，以国家局文件的形式发布。在人员方面，最初提出的方案包括四个工作组，即专家咨询组、分析设计组、系统开发组、系统实施组，考虑开发时间紧，避免出现议而不决的情况，有关领导提议不设置专家咨询组，在系统建设中，确有需要征求意见的时候，可专门听取专家意见。至此，"大战"前的准备工作已经到位。

（三）青岛启动

1999 年 8 月 12 日，林德康主任和高建华（时任综合业务司副司长，后任信息中心主任）带队，由国家局、地方局和开发公司选派的 40 多人队伍进驻山东青岛，以 CIQ2000 启动会议为标志，CIQ2000 建设正式拉开序幕。选择青岛作为开发基地，主要考虑青岛是山东检验检疫局所在地，业务量比较大，业务人员和技术人员能力比较强，对国家局的决策部署落实非常到位。很多业务模式可以从山东"三检"中直接找到原型。在启动会上，林德康、高建华分别做了动员讲话，对加快检验检疫综合业务系统建设的重要性、迫切性，开展需求调研和系统分析工作的原则、任务、时间要求和工作要求进行了阐述，综合业务司负责相关工作的处长分别介绍了检务改革方案和统计改革方案。

随后，工作团队又细分出四个小组，即流程工作组、计收费工作组、统计工作组和单证工作组分别开展工作，业务人员提思路、提素材，技术人员负责整理、转化成计算机设计要素，每天晚上四个小组主要成员集中开会，汇总各自进展情况，把需要横向沟通的问题提出来，大家一起研究解决方案。这种统分结合的工作方式既能把握住整体又提高了效率。

这阶段工作最主要的成果是针对报检、计收费、检验检疫、签证、统计、入境货物流向跟踪、出境货物口岸等业务内容，形成系统需求分析说明书，为后续设计开发奠定了基础，取得了第一战役的胜利。

形成需求分析说明书是预期范围之内的事，但在同时，工作团队也提出了两个建议。一是建议修正CIQ2000一期工程建设范围。原来计划先做报检和签证两个子系统，满足急需，经过研讨，大家认为仅这两个子系统形不成流程，修正后功能得到了扩展，工作量有所增大，开发周期需要延长，但系统流程会更加完整，功能也更加强大。新的提法是以检验检疫业务流程管理为主线，以出入境货物检验检疫管理为重点，实现报检、计收费、拟制证、签证放行和统计等功能。二是建议进一步组织力量确认和优化检验检疫业务流程、统计指标体系等问题，必须在开发之前把设计搞定，避免后续大幅修改。要把类似机构代码、数据规范和业务编码等编码体系确定下来，把计费标准、口岸与内地执法分工等业务问题确定下来，这些问题是开发团队解决不了的，需要调度新的力量完成。国家局党组对这些意见高度重视，决定分南北两片进一步广发征求意见函，进行研讨，进一步完善需求分析报告；同时成立编码组，解决业务编码和数据规范等问题；编制并启动应急方案，提前下发检验检疫新单证，由各局结合自身的实际情况，将其纳入现行系统或采取其他解决措施,确保不影响出证,提出检验检疫统计的基本要求,保证统计数据不间断。这种实事求是、根据实际情况修正工作方案的做法,确保了CIQ2000稳定进行和高质量发展。

(四)战斗团队

在CIQ2000开发建设过程中,有一个特别能战斗的团队值得记录下来。这支队伍来自国家局和各地方局,在CIQ2000建设队伍的"番号"为系统设计和开发工作组,由信息中心苏莉文牵头,主要成员包括罗时龙、黄传恭、母卫华、王宏志、张涛、胡建光、陆清、王寅、王飞、赵明杰、袁泽华、汤道志等人。这支队伍的核心成员贯穿始终,他们深入开发工作的一线,和开发商的同志们一起工作,在CIQ2000建设中发挥了重要作用,做出了重大贡献。

下面这张表记录了他们参加的各个阶段的工作情况。

时间	地点	工作阶段
1999年8月12日—9月1日	青岛	系统需求分析
1999年9月12日—9月29日	青岛	系统详细设计
1999年10月12日—11月30日	广东	系统程序设计与编码
1999年12月6日—2000年1月30日	青岛	系统联调修改测试及山东青岛局试点运行
2000年2月21日—4月11日	青岛	系统第一次优化及青岛局换版
2000年4月17日—4月30日	北京、天津	第一批试点局试运行
2000年5月8日—6月5日	福建、四川等	第二批试点局试运行
2000年6月7日—7月30日	北京	24个局培训及系统第二次优化

可以看出,核心队员连续在一线工作累计近300天,为CIQ2000建设付出了智慧和汗水。

(五)环境建设

CIQ2000应用系统运行,离不开网络和软硬件支撑环境。经过精心策划和反复论证,国家局决定在全国检验检疫系统统一进行配套环境建设,并以名为"检验检疫计算机系统平台建设（一期工程）"项目为基础在全国实施。

在全国统一进行设备采购、部署和安装调试，对我们来说是一个新生事物，而且时间要求非常紧张，必须进行详细而又周密的安排和部署。

第一，必须明确边界。哪些内容由国家局做，哪些工作由地方局做，需要确定一个明确的界限。国家局除了统一为直属局及其分支局配置服务器、操作系统、数据库系统、网络中心交换机这一核心职责之外，还要负责统一规划，负责把所购设备与地方物理环境和网络系统集成；各直属局及其分支局负责本局的配套环境，包括机房、不间断电源、布线系统、PC工作站、外设、集线器、路由器等配套设施建设，完成相应的工程实施。国家局和各直属局紧密配合，切实把支撑环境建立起来。

第二，我们精心策划了两个阶段集成的策略。为了节省现场集成的时间，在服务器发到现场之前，根据各局的实际情况，我们组织进行了第一步集成，就是把国家局统一配备的IBM服务器、Windows操作系统、ORACLE数据库系统、Nortel中心交换机，统一进行单机集成，安装系统软件和CIQ2000系统，这给实施工作带来了极大的方便，现场实施的重点在于调试和配置，当有新的版本时，再进行更新。集成工作变得十分规范和有效。确保了在较短的时间内完成全国35个直属局及其分支局（共313个机构）的集成工作。

第三，进行精准的时间控制。实施拖期就会影响CIQ2000的部署和应用，而在全国这么大范围内实行采购、生产、到货、第一阶段集成、现场集成多个环节的工作，出现拖期的可能性很大。为了防止这种情况出现，我们进行了周密的安排，拟定了详细的实施步骤。在纵向上，明确了每个阶段的工作内容、时间段和实施直属局的名单，确定了实施前准备、分级培训等计划，在横向上，分三批到各个直属局进行集成实施，分期进行培训。再细致的安排，也难以避免特殊情况的出现，我们预先考虑了这种可能，因此专门安排了一个时间段进行兜底实施，对于个别未按计划实施的局，在这一阶段补齐，最大限度地保障了环境建设的完成。

第四，对环境建设内容步骤和实施提出十分具体的要求，包括建设实施的组织领导、培训工作、货物到货验收、硬件集成、软件调试和技术支持与服务等每一个环节都进行反复的沙盘推演，对可能遇到的问题进行分析判断，提出明确的要求，进行具体的安排。

在全国大范围内统一软硬件基础环境、统一配备和统一组织实施为CIQ2000迅速在全国推广应用奠定了坚实的基础，发挥了重要作用。

（六）试点应用

CIQ2000第一版于2000年元旦在青岛检验检疫局进行首个试点应用，经过优化改版，2000年4月在北京、天津开展第一批试点应用，随着逐步升级完善和迭代开发，2000年5月又在福建、四川等8个局开展第二批试点，通过两批试点，系统逐渐成熟，2000年6月开始在全国以第三批试点的方式分三路平行开展上线应用。

试点应用工作是真刀实枪地开展业务应用，对于各地通过"三检合一"的新的检验检疫机构，人员需要磨合、办事程序需要磨合，业务规则需要磨合，CIQ2000在这种磨合过程中上线应用显然具有很大的挑战性。

因此，如何组织好试点应用工作就变得更加重要了。在CIQ2000的建设历程中，每到系统建设的关键阶段，业务部门和技术部门都会编写各种各样的详细组织方案，出台详细的部署文件。CIQ2000试点应用是一个重要阶段，因此，出台相关方案成为当时的一个关键任务，在调研、总结、研讨和提炼的基础上，CIQ2000试点及推广应用部署方案作为检验检疫信息化工作会议的重要文件，进行充分讨论和征求意见，修改完善后发布实施。项目组织和管理工作的关键思路和关键点，都是通过部署方案和文件来体现、来贯穿的。

1. 责任划分

CIQ2000是由国家局组织开发的，又在各直属局及其分支机构应用，所以必须明确各自的责任划分，这就是国家局统一部署，各直属局在试点应用阶段作为责任主体，负责组织实施，不仅负责直属局本部的实施，还要负责其管理的分支局和办事处的实施工作，这个划分把责任做了有效的分解，避免事事都找国家局。

2. 赋能

直属局会不会对 CIQ2000 不熟悉，存在能力不足的问题呢？这完全有可能。怎么办？我们采取了一系列做法解决这个问题，用现在说法，就是为他们"赋能"。

方法之一，开展大规模培训。培训工作分基础技术培训、专业技术培训和应用培训三个层次，国家局举办三期培训班，为直属局培养专业技术人才和应用骨干人才，这些人才成为"种子"，回去之后在本局范围内再进行更大规模的培训，各直属局还自行组织基础技术培训和业务操作培训。培训内容十分丰富，例如 CIQ2000 使用环境培训，针对 CIQ2000 基于 Windows NT 操作系统和 Oracle 数据库开发，采用 PowerBuilder 作为开发工具，证书制作采用 Microsoft Word 文字处理软件，对这些部分的概要知识、安装部署方法进行培训；基础数据准备培训，鉴于业务数据准备是运行的必备条件，在明确如何准备基础数据、谁来准备基础数据的基础上，重点对 HS 编码、商品统计分类代码、检验机构代码（国家局准备）、HS 编码对应的品名与施检部门、企业信息、报检员信息（直属局准备）的数据准备方法进行培训。国家局还建立了技术支持与保障体系，确定了试点问题的反馈机制和渠道，包括版本的更新与维护、数据代码的更新与维护的方式，建立了常见问题解答（FAQ）、热线服务机制，对于突发性主要问题，赴现场服务。

方法之二，通过组织 CIQ2000 相关座谈会、研讨会的方式赋能，交流使用过程中的经验，分析存在的问题，探讨解决方式。

方法之三，建立模拟运行环境，国家局在举办培训时，下发 CIQ2000 试用版软件，以及操作培训教材、操作手册、代码手册等相关资料，各局结合实际建立"综合业务系统"模拟运行环境，用于本局应用培训和模拟实际业务运作。

3. 现场试点和传帮带

国家局综合考虑区域分布、信息化发展状况、技术和业务骨干人员分布情况等多种情况，在第一批、第二批试点上线阶段，精心选择确定了 10 个试点局，进行试点上线工作。第一批北京、天津试点局顺序进行，第二批福建、四川等 8 个试点局分三组平行进行，国家局派出开发组技术人员到各试点局帮助上线应用。在每个试点局，都安排 2~3 个周边局的技术人员和业务人员参加试点工作，他们对环境准备、数据准备、系统初始化、权限设置、参数匹配和新旧系统切换进行观摩，对培训组织方式、内容进行学习，对应急处置进行感受，为本局试点应用创造条件。这种"传帮带"方式效果很好。

4. 部署环境准备

CIQ2000 不仅能够在局域网环境下运行，而且还能够在城域网环境下运行，可以方便地解决同城异地办公条件下的应用问题，在"三检合一"机构改革初期，同城异地办公很普遍。我们提供了不同的部署模式，包括对于业务不完全独立的异地办公点或办事处，须采用集中处理模式（同一个数据库服务器），对于业务独立的异地办公点或办事处，既可采用集中处理模式，也可以采用分布式处理模式（数据库服务器独立），供各局结合实际进行选择。

5. 业务统一

全国各地不同，每个地方的检验检疫重点业务也各有侧重，"三检"机构处理业务的方法也会有很大差异，在这种情况下，强调"特殊性"的可能性十分大，处理不好，推广应用工作就会受阻。国家局果断决策，要求业务运作模式和必须和 CIQ2000 程序配套，各局的业务运作模式必须与 CIQ2000 系统为基准，对于业务运作模式与系统不同的，必须调整原有运作模式，使之与系统程序相配套。可以说，这一要求打破了"常规"，很多情况都是修改程序满足业务需求，试想一下，如果全国那么多点都强调各自的特殊性，程序修改就会没完没了，因此，这一要求为快速推广应用奠定了基础，当然，在程序开发过程中，我们广泛听取意见，最大可能涵盖不同的业务模式和业务需求，为这一要求的提出提供了有力的支持。

（七）规律认识

1. 领导重视

局领导多次在会议上讲话，部署工作。

李长江局长多次主持党组会议，研究部署 CIQ2000 建设。2000 年 3 月 23 日，带队向时任国务委员的吴仪同志专题汇报信息化建设有关问题；3 月 24 日，全国检验检疫信息化工作会议召开，提出信息化工程是绿灯工程，不能有红灯，黄灯也不行的论述；7 月 21 日，为 CIQ2000 使用手册作序，指出 CIQ2000 系统的推广应用，对于提高检验检疫业务的执法水平，提高工作效率，方便进出口企业都具有十分重要的意义。

葛志荣副局长在 1999 年 10 月 13 日召开的 CIQ2000 北方片研讨会上讲话，指出 CIQ2000 是支撑机构改革的重要举措，也是信息化体制改革的重要内容。

王凤清副局长亲自主持了 CIQ2000 的建设，多次听取专题汇报，做出明确的部署；在全国出入境检验检疫检务工作会议、综合业务系统（一期工程）第一期培训班和全国检验检疫信息化工作会议（2000 年 3 月 24 日）等会议上发表讲话，部署 CIQ2000 开发建设、推广应用工作和配套环境建设；专程到青岛视察开发和试运行工作。

宋明昌副局长深入一线进行工作部署，1999 年 8 月 23 日，赴青岛开发现场了解情况，做出部署；后来又先后两次赴青岛，在开发、测试和试点的关键节点，现场解决问题，部署工作。

通过以上不完全统计，足以反映国家局领导层对 CIQ2000 建设的重视。

2. 业务和技术双发力

在 CIQ2000 建设过程中，综合业务司与信息中心共同牵头、各司其职、共同发力。

综合业务司出台检务改革方案、统计改革方案，出入境检验检疫电子报检管理办法等大量业务制度、管理和规则文件，规范业务流程、规则、代码等必备要素，通过总局文件、通知、通告等方式进行工作部署，在人员组织和调度、实施组织方案及实施技术方案的制定、试点和应用等各个环节都发挥了十分重要的作用,这些作用具有不可替代性,没有业务部门支撑,没有业务制度、流程、规范等各个方面的同步推进,技术再怎么努力也不行。即使系统开发出来了,也难以持续应用。

信息中心在系统建设和推广应用的关键阶段,都出台详细的部署文件,进行了周密的组织,这些文件既是工作要求,又是行动指南,这些文件从调研分析中来,并在实施试点过程中不断深化和完善,可操作性非常强。信息中心在CIQ2000建设中,全程组织软件系统的开发实现,包括组织编制需求说明书、详细设计说明书、数据库设计说明书,组织软件代码的开发,组织系统测试、试点、试运行和推广应用,等等,在每个阶段都发挥了重要的技术支撑作用。在CIQ2000建设中,机房、网络、计算和存储等基础环境准备工作,特别是在全国统一进行的配套环境建设,为CIQ2000的顺利部署应用提供了重要保障。

说到这里,我想对业务和技术的关系谈些看法。在政务信息化建设过程中,人们常常讨论"电子和政务"或者"技术和业务"的关系,有人说技术要服务于业务,有人说技术要引领业务,我认为技术和业务是一枚硬币的两面,两者相互依存、相辅相成,只不过不同时间节点上,哪一方更需要加强一些而已。在电子政务发展的早期,很多政务系统需要通过信息化的手段来处理,技术服务于业务;此后,业务不断规范、信息化手段也不断强大,业务和技术处于并重阶段;随着技术的不断发展,传统的业务方式很难满足现实需要,这次就需要技术引领,通过技术创新变革业务模式,升级甚至颠覆原有的业务模式,实现技术创新下的业务模式创新,近年来,云计算、大数据、移动互联网、物联网和人工智能等技术与政务的结合,创新出许多过去未曾有的业务模式。

3. 需求导向作用不可忽视

CIQ2000伴随检验检疫机构改革而生,为了满足新机构的业务需求,必须建设新的系统,涵盖商品检验、动植物检疫和卫生检疫三大方面的业务支撑。强大的需求,很快使建设一个统一的、综合的业务系统形成共识,去除了不同地方、不同规模的地方局因业务具有个性化、特殊化特点而抵触统一系统建设的杂音。强大的需求，使配套系统建设、资金投入、业务模式与新系统相适应等问题变得顺理成章。

在政务信息化建设中，需求导向和应用导向作为第一原则必须时刻铭记在心，没有强大业务需求的项目很难持续发展。在规划一个项目建设时，需要不时地拷问，到底解决什么业务，应用系统给谁用，使用之后会从哪些方面产生益处，这些问题清楚之后才是怎么建设的问题。

（八）运行情况

随着时间的推移，CIQ2000 的功能不断扩展，增加了电子报检、电子转单和电子监管等等内容，功能不断强大，接口能力也不断增强，成为检验检疫最核心的应用系统。

CIQ2000 列入检验检疫科研计划项目和科技部"九五"国家科技攻关计划项目，成果通过科技部验收并获科技兴检一等奖。

CIQ2000 自 2000 年全面上线，共运行 17 年，直到 2016 年 8 月，中国电子检验检疫（e-CIQ）主干系统陆续在全国各检验检疫机构上线，CIQ2000 才逐步退出历史舞台。CIQ2000 运行时间之长，涉及范围之大，业务功能之多，支撑能力之强，发挥作用之大成为我国电子政务系统建设的一个经典案例。

2021 年 3 月

矢志不渝 创新前行
——我在电子政务工程建设过程中的心路历程

王娜

作者简介：王娜，国家发展改革委高技术司信息化处原处长、高技术司副局级巡视员，现已退休。在国家发展改革委工作近30年，参与了我国邮电行业的相关规划和政策的研究制定，邮电行业重大项目审批；参与"十五""十一五"我国信息化发展规划和相关政策的研究制定；牵头组织研究起草了"十一五""十二五""十三五"国家政务信息化工程建设规划，负责研究起草了国家电子政务工程建设项目暂行管理办法（55号令）、政府信息资源共享管理暂行办法等一系列指导和规范国家电子政务工程建设的相关政策文件，具体负责审核国家电子政务工程建设项目；牵头组织研究起草了促进大数据发展行动纲要，并负责组织实施大数据应用试点工作；牵头组织起草"信息惠民"国家试点城市实施方案和互联网+政务服务信息惠民试点实施方案，以及信息惠民国家试点城市评价指标体系的研究制定；负责组织了"十一五"国家信息安全发展规划的研究起草工作，连续10年组织实施了国家信息安全专项；"十二五"国家政务信息化工程建设规划获国家机关工委公文大赛二等奖，国家政务信息化顶层设计研究获国家发展改革委全系统软课题研究二等奖，国家大数据发展战略研究获国家发展改革委全系统软课题研究二等奖等。

我国电子政务建设从20世纪80年代后期起步，90年代取得积极进展，21世纪初蓬勃发展进入建设高潮期至今方兴未艾。回顾这三四十年我国电子政务走过的路，见得着自己职业生涯的起伏延展，这其中有着我们这一代人的光荣与梦想。

一、时代背景

20世纪80年代后期至《国家信息化领导小组关于我国电子政务建设指导意见》（中办发〔2002〕17号，以下简称"17号文"）颁布，应该算是我国电子政务发展的初级阶段。这十多年时间里，我国政务部门主要以办公业务信息系统（OA系统）为主要建设内容，经历了从手写到用打字机再到计算机录入的转化过程，办公流程也开始步入电子化过程，开启了无纸化办公时代。这一阶段，各部门对电子政务重视程度还不高，认识较浅，更多的是处于学习和观望之中。真正意义上能支撑各部门履职的业务信息系统建设还很少，应用领域单一、范围很窄，"金关""金税"等为数不多的业务信息系统才起步。利用计算机进行电子数据处理，切实提高了政务部门办公效率和管理水平，也为我国信息化建设奠定了基础，积累了经验。随着全球化、信息化进程的不断加快，以及信息技术的快速发展，国家层面越来越重视信息化建设。

2001年8月，为加快我国政务信息化建设和维护信息安全，中共中央、国务院批准成立了国家信息化领导小组，12月正式成立了领导小组办事机构——国务院信息化工作办公室，具体承担领导小组的日常工作，时任国家发展计划委员会主任曾培炎任办公室主任。该机构成立不到一年，就研究起草并出台了17号文，做出了"把电子政务建设作为今后一个时期我国信息化工作的重点，政府先行，带动国民经济和社会发展信息化"的重要决定。文件还明确提出"十五"期间我国电子政务建设的主要任务：建设并整合中央和地方统一的门户网站；建设和整合统一的电子政务内网和外网（两网）；启动人口、法人单位、自然资源和空间地理基础以及宏观经济信息库（四库）的建设；建设和完善办公业务资源系统；加快建设"金关""金税"、金融监管、"金财""金盾""金审"

"金农""金保""金农""金质""金水""金宏"12个重点业务信息系统等。

17号文的出台具有里程碑意义,各部门开始重视信息化建设,很多单位都将其列为"一把手"工程。由此,我国电子政务建设步入快车道,进入全面建设和加快发展阶段。但是随着项目建设部门的热血高涨,雪片般的项目申请报告涌向国家计委高技术司,方案五花八门,内容参差不齐,急需加强规范。可那时我们对电子政务本质的认识比较有限,也没有能够直接借鉴的成功案例,缺乏相关项目审批经验。这就要求我们项目审批方与申请方加强学习、沟通和交流,就如何建设好电子政务工程,设计方案应重点考虑哪些因素,包括哪些建设内容和建设任务,建设目标如何科学设定等形成共识。现在回想,走过这一阶段还是很艰难的,大家摸着石头过河,边学边干,不断探索电子政务建设模式和管理方式,遇到很多难以逾越的问题,想明白、理通顺很不易,致使项目审批工作进展缓慢,项目审理时效成为相关方面攻讦的"堵点"。为解决这一问题,促进电子政务快速健康发展,高技术产业司研究决定出台相关项目审批管理制度。

从17号文颁布到《国家电子政务工程建设管理暂行办法》(国家发展和改革委员会令〔2007〕第55号,以下简称"第55号令")出台历时4年,我当时在信息产业处任副处长代理处长,承担起了这一工作。4年间的压力折磨和因缘际会现在想来历历在目,艰难困苦玉汝于成,经受住考验才能对得起领导信任,于国家于事业做出一份自己的贡献来。第55号令是我国第一个针对电子政务工程建设项目进行规范性管理的文件,包括一个主件和4个附件,还有与之配套发布的4个文件和一个参考文件,这些文件对建设方和审批方进行双向约束,具有首创价值。这之后,我们又陆续出台了国家政务信息化建设规划等一系列文件,内容涵盖对电子政务工程全生命周期的规范管理和项目建设要求。实践证明,这些管理制度的出台,有效控制了电子政务工程项目的投资规模,保证了工程质量,对促进我国政务信息化的高质量发展和提高国家投资效益发挥了指导作用,意义重大。这里就和大家分享一下其中的故事。

二、建章立制谋篇布局

（一）革故鼎新，肇始艰难

17号文明确提出了20项重点建设任务，个别政务部门根据自己的特殊需求还提出了一些例外项目，按照特事特办原则，经国家信息化领导小组批准同意，先后启动了相关工作。按照当时国家基本建设项目审理程序，政务部门的建设项目总投资在2亿元以下基本建设项目，由当时的国家发展计划委员会（以下简称"国家计委"）审批，超过2亿元的项目由国家计委审核后报国务院审批，重大项目还要报国家信息化领导小组审批。可想而知，那一时期审理国家电子政务工程建设项目的工作量有多大，任务有多艰巨，责任有多重。能否把好审核关，不仅直接关系到建设项目的质量，国家投资的效益和效能，还关系到我国政务信息化建设的成效，以及电子政务工程建设对我国信息化发展所发挥的引领作用。由于这是一项全新的工作，先期积累的基本建设项目审核经验派不上用场，每每遇到新问题不知怎样处理，常常如芒在背，压力极大，睡不着觉。

怎么办？办法只有一个，就是迎难而上边学边干，抓紧学习、提升能力、解决问题。我们在深入学习领会17号文件精神的基础上，大量阅读相关资料，深化对电子政务项目的体系化认知。同时，加强调查研究，组织召开座谈会，广泛听取多方专家意见和建议，加强和项目申报单位交流沟通。记得那时每逢周末，我就将近期工作中遇到的问题集中起来，向时任北京航空航天大学副校长、国家信息化专家咨询委员会委员的教授请教。教授非常支持我们的工作，专门组织北航计算机学院的老师和他的博士生与我们组成团队一起研究探讨这些问题。在这一学习交流和讨论碰撞中，我对我国电子政务建设的思路、关键点以及需要解决的问题有了进一步的认识和理解，研究团队还形成了关于我国电子政务建设的思路和建议。教授还带队给高新技术产业司主管信息产业处的副司长进行了专题汇报，领导听完汇报后非常兴奋，说是他迄今为止听过的最好的思路和建议，很认可我们对我国电子政务建设的分析研究。得到领导的肯定和赞许，在场的同志都非常高兴，深受鼓舞，这也更加激发了我的工作热情。

通过学习研究，我们对电子政务工程项目审核应该掌控的关键要素，初步做到了心中有数。原以为参照国家计委已很成熟的基本建设项目审批相关文件规定，就可以开展电子政务工程项目受理审核了。可一经付诸实践，还是遇到了诸多问题：

一是认识不到位，项目申报颠倒了"技术"服务"政务"的关系，项目的系统性、协同性差，缺乏顶层设计。项目审理过程中，发现各申报单位报来的项目建议书或可行性研究报告，格式各异，内容空泛，深度不够，既缺少职能部门所面临的社会问题分析，也缺乏对政务业务的需求分析和流程梳理。报告大多罗列了一些想要建设的信息系统，对为什么建、怎么建、建成后发挥什么作用，都没说明清楚，有的甚至根本就没有考虑这些因素。即使有的项目提出了项目建设目标，也基本是定性的，没有定量指标，形同虚设。除此之外，很要命一点就是缺乏项目的总体规划和顶层设计。大多数建设方案关注的都是技术，忽略了电子政务的本质——以业务驱动和目标导向为目的。电子只是手段，是支撑工具，建设电子政务工程是为了进一步提升政务部门的执政能力和服务水平。通过信息化手段的建设，能够更快更多地获取履职所需的数据资源，而且是鲜活真实的数据，做到靠数据说话，靠数据决策，靠数据管理，靠数据创新，更好地服务于民。由于认识上还不到位，各单位提出建设的业务信息系统，基本都是相互独立、自成体系的。按这样的思路搞电子政务建设，势必会形成新的信息孤岛，部门内部的信息系统互联互通、信息共享和业务协同都难以做到，更别想实现跨政务部门的信息共享和业务协同了，通过电子政务系统建设来更好支撑政务部门形成合力科学履职的初衷也将在一定程度上落空。再就是项目的投资规模普遍过大，总投资少则几个亿，多则上百亿。如果这样的项目获得国家批准建设，必将带来新一轮的盲目投资和重复建设，不仅浪费国家资源，更会阻碍国家信息化发展进程。

二是缺乏切合电子政务工程项目审核的标准、流程和制度，把关难度大，交流成本高。电子政务工程建设与传统意义上的基本建设项目完全不同，看不见、摸不着，不像铺公路、建机场，该不该建、好不好用，建的质量好坏，一目了然，比较容易判断和考核。那时我们审核所用的程序和规定都是从传统基建项目套用过来的，真是生搬硬套、削足适履，非常不适用。即使发现项目报告中存在的一些问题，如：建设内容简单，方案深度不够；政务业务需求分析缺乏，内容描述不清楚、不到位；投资规模过大，缺乏投资估算依据；缺乏与信息系统强耦合的安全解决方案，等等，按照当时的审批程序，也只能把审理中发现的问题和建议，通过面谈或电话沟通的方式，反馈给项目申报单位的联系人，要求其对报来的建设方案进行修改完善后再送给我们。这么做的原因是，按当时的规定，报给国家计委的项目，如果是已列入相关规划或国家有关文件中明确提出的建设任务，我委必须无条件受理，没有特殊情况是不能将项目报告退回原申报单位的。我也考虑过通过行文的方式将修改意见正式反馈给原申报单位，但经请示，领导没同意，认为项目单位所报的方案都是经过各部门主要领导签批同意的，书面提出修改意见对相关部门不尊重。带来的后果是，修改完善项目建设方案的时间都算在审理时间之内，给大家留下了我委审批项目时间太长的印象。我是项目审理的具体执行者，不仅感受到项目单位的不满，也受到过单位领导的批评。现在反思起来，这其中有自己认识水平、管理能力不足的主观因素，也有在当时条件下信息交换时间成本高、达成共识难等一系列客观原因。比如，有的项目负责人换了，整个沟通过程就得重来一遍，耗时费力，影响项目审理的整体进程。有的项目单位主要领导换了，建设思路需要研究调整，部门内部尚未形成共识，项目就一再耽搁。主客观因素的叠加，致使一个项目从申报到批复需要很长时间，表面上看是审批部门不作为，实际上原因是多方面的。

思前想后，要改变现状只有建立一套符合电子政务发展特征的审核管理制度：一方面，理清建设方和审批方的权责，减少随意性和个人裁量权，做到职责清晰、有章可循，这样才能切实提高审批效率，保障工程质量和国家投资效益、效能；另一方面，通过制度建设才能统一思想、提高认识，明确顶层设计要求，通过强化统筹规划提升项目建设的系统性、协同性，做到科学建设、科学决策、科学审核。只有这两方面都做到位，才能切实落实中办发17号文件精神，实现国家提出的通过政府先行引领我国信息化发展的战略初衷。

（二）立足长远，建章立制

1. 创建制度

2003年，由于信息化工作的重要性和工作量不断提升，改革后的国家发展改革委高技术产业司成立了信息化处，审批国家电子政务工程的职责划转过来，我也随之到信息化处任副处长，继续负责电子政务审理工作。我向信息化处处长汇报了建章立制、着眼全局的思路，处长非常支持，还和国信招标的主要负责人商量，让他们组成一个研究小组来支持我们做一些基础性工作。随后，我也请来几位业内专家会同国信招标的同志，启动了研究工作并组建了管理制度起草小组。其中的主要起草人有时任国家信息中心副主任的杜链、审计署信息办主任周德铭、国家发展改革委投资项目评审中心项目部的黄阳发主任、时任中国国际工程咨询公司高技术业务部徐红副主任、时任哈尔滨工程大学计算机学院院长张文意老师、国信招标公司部门经理李强等。从2004年开始启动研究起草，到2007年8月才以《国家电子政务工程建设项目管理暂行办法》（国家发展改革委第55号令）（以下简称"55号令"）正式发布。55号令的编制出台历经4年。在此期间，我们边审理项目边总结经验边建立制度。大家集思广益，群策群力，将关注重点放在国家电子政务工程建设项目应该"怎么建""怎么管"上，力争构建一个促进国家电子政务可持续协调发展的长效管理机制。讨论中大家对电子政务建设面临的问题逐个进行分析，对每个条款反复讨论，字斟句酌，反复推敲，最后形成一系列规范文稿，一个主件带多个附件，主件对电子政务项目管理全流程进行规范，附件分项细化编制说明。办法主件共九章三十八条，涵盖适用范围、申报和审批管理、建设管理、资金管理、监督管理、验收评价管理、运行管理、法律责任及附则。附件对编制电子政务工程建设项目的项目建议书、可行性研究报告及初步设计等报告提出了详细要求，以及项目建成后国家对项目验收的有关规定等。从而形成了国家电子政务工程全流程规范管理制度。55号令发布后，项目单位相当于拿到了一个航海罗盘，基本可以按图索骥，对编制报告起到重要的指导作用，也规范了项目的审批管理。55号令的出台改变了我国对电子政务项目的管理参照基建项目管理实施的现状。

2. 查漏补缺

除此之外，我们还根据实际工作需要，逐步填补制度漏洞和空白，按照建设与规范并进，安全与发展并举的原则，在55号令发布后又陆续研究出台了一个参考指南和四个配套文件。

（1）参考指南。

研究发布55号令的同时，我们就开始推动"项目需求分析报告编制参考指南"的写作工作。需求分析是项目建设前期工作的关键环节，是项目建议书和可行性研究报告的重要组成部分，关系到政务业务和目标分析，是与政务职能相关的社会问题及其症结的分析，是业务功能、业务流程和业务量分析，是所需的信息化支撑能力的分析，对确定项目建设内容和投资规模具有重要参考作用。55号令中已把项目需求分析规定为必选动作，这一工作不仅要做，还要做好做深入。

虽然项目需求分析非常重要，但按照当时的基本建设审批程序，它不能成为一个独立环节。也就是说，做需求分析所发生的费用，不能单独列入项目预算，当然也没有可执行的预算标准。需求分析在项目建议书中只是一个小科目，按项目前期费核算，资金总额严重不足，与真正做好一个项目需求分析所投入的成本相差很大。再加上当时缺少做需求分析的专业队伍，会做的人也很少。所以当时这项工作是既不具备资金、人力支持，又没有太多咨询机构感兴趣。所以，我们推进开展项目立项前需求分析工作时，阻力很大，不少部门反对，还把意见反映到我的主管领导那里，我感到很委屈、很无奈。为了能够继续推动这一工作，减少矛盾，就采用先行先试的方法，循序渐进，积累经验，让事实说话，而需求分析编制指南也需要通过试用，发现问题，不断地完善。我记得当时参与试点的部门有高法、高检、海关、监狱局、食药局等部门。试点开展后，反应很好，大家认为深入做好项目需求分析非常必要，对确定建设项目内容、建设目标和投资规模、软硬件配置等提供了参考依据，同时也提高了他们自身的业务水平。实践证明，通过开展需求分析，项目报告编制的质量得到大幅提高，减少了项目审理中双方的沟通成本，缩短了审批时间和整个项目建设周期，大大提高了各方工作效率。

（2）配套文件。

一是拟定了《国家电子政务档案管理暂行办法》（档发〔2008〕3号）。55号令研究起草时，我们就意识到，信息系统的建设、运营、维护比传统基建项目复杂得多，尤其是应用软件的设计，一旦设计团队或主要设计人员换了，就会给系统运维以及升级换代带来诸多问题。鉴于此，电子政务项目建档必须与项目建设进程同步实施。为规范电子政务工程建设项目的档案管理，充分发挥档案在项目建设、运行、管理、监督等方面的作用，我们发起并配合国家档案局共同研究起草发布了《国家电子政务档案管理暂行办法》（档发〔2008〕3号），要求国家电子政务建设项目从项目设计开始全流程建档，要有电子文档，明确提出项目档案是电子政务项目竣工验收、运行维护、升级改造等工作的重要依据。

二是研究出台了《国家发展改革委关于进一步加强国家电子政务建设项目管理工作的通知》。明确了项目单位要建立一把手负责制，要在充分发挥部门内部业务单位主导作用的基础上，强化业务单位和技术单位的协调配合，确保电子政务更好地服务于政务业务，要实现应用系统的协同互动，以及有关基础设施和信息资源共享等相关要求。

三是牵头会同财政部研究起草并发布了《关于加快推进国家电子政务外网建设工作的通知》（发改高技〔2009〕988号）。明确为了加快推进国家电子政务网络建设，推动各级政务部门利用国家政务外网开展各类业务应用，避免重复投资、重复建设，充分发挥国家电子政务公共设施的作用和效能，国家发展改革委原则上不再批准新的部门专用业务网络，财政部门原则上不再安排新的部门专用业务网络运行维护经费，国家对地方政府外网建设确有经费困难的西部省区和享受西部政策的中部地区给予一定资金补助等有关规定。通知的出台，对推动中央部门利用外网部署应用，以及地方外网的加快建设，都发挥了积极推动作用。

四是牵头会同公安部、国家保密局共同研究起草并发布了《关于加强国家电子政务工程建设项目信息安全风险评估工作的通知》（发改高技〔2008〕2071号），以及《国家电子政务工程建设项目非涉密信息系统信息安全风险评估报告格式》。通知明确了电子政务项目安全风险评估的主要内容，即分析信息系统资产的重要程度、评估信息系统面临的安全风险、存在的脆弱性、已有的安全措施和残余风险的影响等。并要求电子政务工程从项目方案编制到建成后的运营维护，必须落实分级保护或等级保护的相关规定，项目建设单位应在项目建设完成后试运行期间，组织开展项目的信息安全风险评估工作，并形成相关文档，该文档作为项目验收的重要内容，项目投入运营后建设单位应定期开展信息安全风险评估，检验信息系统对安全环境变化的适应性及安全措施的有效性，保障信息系统的安全可靠，切实做到在保安全中求发展。

实际上，通过强化对政务信息系统开展风险评估工作，一方面增强了电子政务系统安全保护的整体性、针对性和时效性，另一方面也推动了分级保护和等级保护制度的落地，支撑了保密局、公安部等部门的工作，也为我国形成专业化的风险评估队伍提供了舞台，为我国重要信息系统安全可靠运行保驾护航。这是我委会同部门通过工作上协同配合，形成合力，促进各部门工作都取得实效的典型案例。

这个文件的出台也有一个小插曲，记得在2002年，我委刚开始国家电子政务工程项目审理工作，不少人对政务部门建信息系统有安全方面的担忧。有位领导说，"我们工作中形成的信息都放在电脑里，这安全吗？只有放在自己大脑里才是最安全的，我只相信自己！"我的分管副司长也提醒过我，"政务部门建了信息系统，是方便了大家工作，提高了工作效率，但是大量的信息资源，很多都是涉密信息，就像盖个玻璃罩子，很容易泄露，如何保障网络信息安全？你要想好。"这些话提醒了我，也促使我开始关注网络信息安全，开展相关研究。这开阔了我的视野，认识到信息系统建设必须同步规划设计和建设与之强耦合的网络信息安全保障体系，才能确保信息系统安全可靠运行。

3. 好事多磨

55号令从启动研究到正式发布历经4年，期间经过了诸多坎坷。文件初稿的形成大概用了一年多的时间，2005年就已完成。但出台55号令这样的规范性文件，需要有一系列审批流程，首先要上我司司务会讨论。由于我委当时已有统一的基本建设项目建设管理办法，某一个领域单独建立管理制度还史无前例。所以几次上司务会讨论都有不同声音，认为电子政务项目就是基本建设项目，不应该单独设立管理制度，也不应该有专门针对电子政务项目报告的编制大纲和项目验收大纲。也有人对我们提出的对工程项目建成后国家要组织验收，建立项目验收制度，编写项目验收大纲提出反对意见，认为我们没干过验收工作，没必要独出心裁。关于这些问题，有时会上讨论得很激烈，争论得面红耳赤。为此，我也掉过眼泪，哭过鼻子，寒过心。尽管很长时间都没被认可，但我一直坚持自己的观点，坚信管理办法总有一天会出台，我和几位专家一直在不断听取多方意见，对办法及附件的完善修改从没间断过。

2007年上半年，按照网信办的工作部署，我委会同财政部、中编办等部门组织一些业内专家对我国电子政务工程项目开展大检查工作。在大检查工作中，我们发现建设项目重建设轻应用问题比较严重，主要有：建设项目普遍偏重硬件投入，软件投入占总投入不到30%，片面追求高性能的硬件配置，大马拉小车；电子政务应用方面侧重于内部事务处理和自我服务，面向公众服务的业务应用功能不到3%，面向决策支持的业务应用不到8%；信息共享和业务协同能力不足，共享机制还没形成；部门专网迁移到国家电子政务网络的速度缓慢，当时中央部委90多个专网的业务，仅有3个部门的6项应用迁移到电子政务外网平台；电子政务带动民族产业发展能力弱，工程采购软硬件产品中，核心产品基本是国外的，国产采购金额不到总采购额的四成等。结合大检查工作中发现的问题，我们将有关解决问题的办法和要求补充到管理办法中，特别要求项目建设单位在合情合理合规的情况下，尽可能采购国产软硬件，我们还通过组织国家信息安全专项、中央和地方电子政务项目国产化应用试点等方式，推动我国自主产业快速成熟发展，以满足我国电子政务工程建设对自主产品的需求。

4. 瓜熟蒂落

2007年6月，国务院信息化工作办公室要组织第一次全国网信工作会，会议由曾培炎主任主持。会前，国信办需要准备上会文件。那时我们的工作与国信办沟通交流多，管理办法在起草中也听取过他们的意见，国信办就要求我们将起草的管理办法作为会议材料上会征求意见。高技术产业司司长把我叫到他办公室，问我管理办法是否具备上会征求意见条件，我说没问题，文稿本身已具备出台条件。司里对管理办法进行了审核后，作为全国网信工作会会议材料征求了各方意见。修改完善后，正式征求了中央有关部门和地方意见。这时，验收大纲在"金审"项目一期工程验收中试用可行，系列文件具备了审批条件。2007年8月13日，经我委领导批准同意，《国家电子政务工程建设管理暂行办法》即国家发展改革委第55号令（一个主件和4个附件）终于颁布。

为了让大家能够真正理解55号令，切实起到规范、指导电子政务工程建设的作用，我们还组织有关方面在全国范围内召开宣贯会，对有关内容进行解读，组织专家给部门及有关咨询机构做项目方案编制和需求分析方法的培训等。这样，到我们处跑项目的人少了，打电话咨询的人也少了，我们能够腾出更多时间推动电子政务及信息安全等其他方面的工作。令人遗憾的是，尽管需求分析编制参考指南在项目申报中发挥了重要作用，但一直没能正式颁布。进入"十二五"时期，国家开始"放管服"改革，政府简政放权，简化基本建设审批程序，社会各界对电子政务的认识也全面提高，我们就没有再推动相关出台工作。

（三）防患未然，注重安全

1. 构架体系，初建规划

随着对电子政务的理解加深，我们从2002年开始启动了信息安全战略研究。我们找到国家计算机网络应急技术处理协调中心，提出开展国家信息安全战略研究的想法。中心的主任认为非常必要，就帮助我们组织相关专家着手研究。那时我们都是利用休息时间进行研究，也会在中心展开讨论，有时能饿着肚子讨论到深夜。大家认识到，随着我国信息化进程的不断加快，国民经济和社会发展各领域对信息化手段的依赖程度越来越高，信息系统常规性风险，新技术应用的潜在风险，数据资源汇聚性风险交织在一起，如何保障信息系统的安全可靠运行，保障国家的网络信息安全，是我们必须面对的重要课题，一定要在保安全中求发展，建立底线思维，筑牢网络信息安全防线。基于上述考虑，从2002年开始，经过近两年的研究，我们从技术和管理两个层面提出了我国信息安全保障体系架构，形成了国家信息安全战略思路。这之后，我委牵头，会同网信办、工信部等机构成立了联合起草组，并在我们之前研究信息安全战略原班人马基础上组建专家组，共同研究起草了我国第一个国家信息安全方面的规划，即"十一五"国家信息安全规划，这一规划于2005年经国家信息化领导小组批准后正式发布，因内容涉密没对外公布。

上述研究对完善电子政务工程管理制度，明确要求电子政务工程全生命周期都要严格落实等级保护和分级保护制度，确保重要信息系统安全可靠运行，对电子政务系统和安全保障体系必须形成强耦合设计理念起到支撑作用。

2. 忠孝难全，伤心往事

"十一五"国家信息安全规划的研究起草很费精力，可借鉴参考的资料几乎没有，电子政务方面的工作又千头万绪，需要解决的问题多。那两年工作压力特别大，常常通宵达旦，没时间照顾家人。2004年4月下旬的周末，我回秦皇岛探望父亲，父亲病情突然加重，我抓紧把父亲送进医院，想着无论怎样这次一定要请假照顾老人。为不耽误工作，我连夜返京给处里其他同志转资料、交代紧急待办事项，准备第二天返回，没料到当天晚上父亲就离世了。同年9月中秋节前的下午，我们组织召开规划研讨会，听取企业意见。正开着会，突然接到姐姐来电，告诉我饱受肺癌折磨的母亲也去世了，我顿时泪如泉涌。母亲一直盼着我早两天回秦皇岛陪她过中秋，我心里也知道那是和母亲的最后一个团圆节了，可就是放不下工作，留下终生遗憾！一年中，两个挚亲离世，我都没能守在跟前侍奉几天，每每想起就愧疚不已，对不起两位老人。

（四）砥砺前行 强化统筹

1. 潜心研究，规划"十一五"

为强化顶层设计，统筹项目建设。2003年，高技术产业司启动了"十一五"国家电子政务工程建设规划研究工作，具体交由我负责。参与的有国家信息中心，中科院数学与系统科学院生物信息中心，北京航空航天大学计算机学院等单位。参与研究的主要专家有时任国家信息化专家咨询委员会常务副主任周宏仁，中国科学院数学与系统科学院生物信息中心主任章祥荪院士，国家信息中心主任王常胜、副主任杜链，北京航空航天大学的张文意老师等。大家对欧美日韩等国家信息化发展战略，电子政务建设经验进行分析研究，对我国电子政务发展情况以及存在的问题进行剖析。围绕政务信息化作为政府管理创新载体的本质，核心价值取向，通过网络实现政务部门组织结构和业务流程优化重组，超越时间空间，全方位向社会提供高效、透明、规范的信息管理和公共服务，以及政府公共管理的职能定位等形成系统性认识，并结合我国电子政务发展实际，对我国政务部门的职能也就是三定方案进行梳理等，提出了我国电子政务发展的有关建议。这一研究成果获得国信办软课题研究优秀奖。在此基础上，我们起草完成了"十一五"我国电子政务建设规划，并上报国家信息化领导小组。

2. 开拓创新布局"十二五"

（1）创编规划，压力山大。

2009年10月我们开始启动"十二五"国家政务信息化工程建设规划编制工作，并组织成立了规划起草组和专家组。起草组由国家发展改革委牵头会同中共中央办公厅、国务院办公厅、中央编办、工信部、财政部等有关部门组成。专家组由国家信息化专家咨询委员会委员高新民、国家信息中心原副主任杜链、审计署信息办主任周德铭、时任哈尔滨工程大学计算机学院院长张文意教授，国家网络信息安全管理中心罗建中处长等组成专家组。大家分析总结了十年来我国政务信息化工程取得的成效和存在的问题，研究了中央国家机关68个部门提出的"十二五"期间信息化建设需求和建议，以及机构改革后部门新的三定方案，在深入调研和与各有关部门座谈交流的基础上，结合"十二五"时期的新形势、新任务、新要求，完成了"十二五"国家政务信息化工程建设规划初稿。之后，通过反复征求各方面意见及专家论证评估，经历多轮修改完善，形成规划送审稿。报请国务院同意后，于2012年5月由国家发展改革委正式发布实施（发改高技〔2012〕1202号）。当时，我们对"十二五"我国政务信息化发展形成了一系列判断，认为：未来十年，是我国工业化、信息化、城镇化、市场化、国际化深入发展的新时期，也是加快推动经济发展方式转变的关键时期，更是我国信息化全面推进，深化应用的重要阶段。国家政务信息化工程建设，必须充分体现信息化支撑国民经济和社会发展的战略作用；必须要把以人为本、和谐发展作为重点；必须把改革公共服务模式，创新行政运行机制作为着力点；必须通过加快推进政务部门跨部门跨区域的信息共享和业务协同增强合力，共同解决面临的社会难题的目标。以此，增强治国理政能力，提高公共服务水平，提升政务效率和效能。

基于上述认识，我们研究确定了规划的总体思路，明确了目标驱动、需求导向的顶层设计。可以概括为实现三个转变，坚持三个原则，突出三个重点。所谓三个转变，就是在我国电子政务工程建设目标上，要实现从过去注重业务流程电子化和提高办公效率，向更加注重支撑部门履职、提高政务效能和有效解决社会问题转变；在建设方式上，从部门独立建设、自成体系，向跨部门跨区域协同互动和资源共享转变；在建设模式上，要从粗放离散模式向集约整合的模式转变。要实现三个转变，项目建设方和审批方，都必须按照三个原则要求进行项目规划、设计和实施：一是解决社会问题的原则；二是提升信息能力的原则；三是构建整体系统的原则。三个重点，主要是从两个维度考虑：一是涉及人民群众根本利益，二是信息化能发挥作用。基于此，我们确定了保障和改善民生、维护经济社会安全、提升治国理政能力三个重点。围绕三个重点提出四大类 29 项工程,而且每个工程都是在认真研究梳理相关领域存在突出问题基础上提出的。

现在回想,从规划总体思路的形成,到规划指导思想、建设原则、建设任务和保障措施等全部内容的确定,大家形成共识的过程非常艰难。因为"十二五"政务信息化工程建设规划,没有按传统套路走,以单一政务部门为单位设计的重大工程,而是按照互联互通协同共享的原则来设计的。项目架构比过去单一部门建设的工程复杂得多,需要部门间的密切配合和齐心协力才能完成。所以从规划起草小组、专家起草组的研究到形成共识,再到提出建设需求的政务部门,以及规划颁布要经过的全部审批环节所涉及单位和部门认同这些原则、内容,都经历了很艰难的沟通讨论甚至是争论。那时,我带着起草组和专家组成员逐个部门地听取意见,逐个环节地给有关方面汇报解释,从委内到委外,逐级争取认同。

这个历程,真是不堪回首,作为主要操盘手,当时压力非常大。编制规划的两年多的时间里,我们长期固定使用我委一个会议室,一是便于大家一起讨论问题,二是有利于提高工作效率和确保规划质量,写作班子的核心成员张文意老师和罗建中老师就在此办公。规划起草中,我们不断会遇到一些新问题,经常是各持己见争论到面红耳赤。与相关部门交换意见,彼此的看法也时常大相径庭,形成共识实属不易。那时我已是信息化处处长,日常工作也很繁重,长期的压力使我身心疲惫,得了一次严重的肺炎,后来经常发低烧,并且两耳不能听大一点的声音,要戴耳塞工作,晚上只能靠安眠药入睡,医生确诊是焦虑症。但规划到了上报审批的最后阶段,时间不等人,只有靠药物控制坚持工作。记得规划送审稿要上报国务院的最后几天,我头晕到起不来床,又必须对规划文本进行最后把关,只好让处里同事把稿件送到家里,躺在床上核稿。

国务院办公厅具体负责的处长,基本认同我们的规划思路,认为这个规划如果能落地,对中国电子政务发展将具有里程碑意义,但规划提出的每一项任务都需要相关部门的配合,协调难度太大,实施难度更大。但按共建共享原则规划建设电子政务项目,是党的十七届五中全会《关于制定国民经济和社会发展第十二个五年规划的建议》提出的"以信息共享、互联互通为重点,大力推进国家政务信息化网络建设,整合提升政府公共服务和管理能力"的要求,再难也得走,这一关必须得闯过去。我们多次去国务院办公厅汇报,介绍我们所做的基础研究工作,包括对每一个共建项目的总体架构设计,保障规划实施落地的政策措施等。国务院办公厅领导看到我们的工作做得很细,落地内容都有考虑,也就打消了顾虑。按照国务院办公厅意见对规划文本进行修改完善后,2012年4月我们获得国务院的正式批复,同年5月我委印发了《国家发展改革委关于印发"十二五"国家政务信息化工程建设规划的通知》(发改高技〔2012〕1202号)(以下简称《规划》),该《规划》获得2012年国家发展改革委全系统软课题研究二等奖和国家机关公文大赛二等奖。《规划》的发布实施,也将我国政务信息化建设推向协同共享深化应用的新阶段。

(2) 加强宣贯,推动落地。

围绕《规划》落实,我们开展了大量工作,首先是加强《规划》宣贯。一是组织业内30余位专家从不同角度,不同应用领域,对规划思想和内容进行解读,形成辅导读本;二是会同有关部门组织了对中央部门和地方的《规划》宣贯会,对《规划》提出的指导思想、基本原则、建设任务、政策措施和落地要求等进行系统讲解,进一步统一思想、形成合力;三是组建了国家电子政务工程建设指导专家组,细化《规划》提出的重大工程项目建设的总体框架和建设思路,指导项目建设单位开展项目工程架构研究和设计,为规划实施提供咨询。

在《规划》的具体落实工作中,一方面我们要求共建单位建立信息共享跨部门的协调机制,共同研究确定信息共享内容,并签订共享协议,请专家指导项目单位启动项目方案的顶层设计工作;另一方面我们严格把控项目审批关,审理中对没有提供信息共享协议和信息资源共享目录的,以及在工程项目的建议书(包括需求分析报告)、可研报告和初步设计等申报材料中,未专门分析信息共享需求的项目申请不予受理,对信息共享协议和项目申请材料中有关内容不满足相关部门信息更新需求的项目不予批准等。

为了确保规划的各项建设任务能够按照坚持需求导向、突出建设时效、坚持统筹协调、强化协同共享、坚持创新发展、保障网络信息安全的建设原则组织实施,我们还会同有关部门研究出台了四个配套文件。

一是会同有关部门联合下发了《关于进一步加强国家电子政务网络建设应用的通知》(发改高技〔2012〕1986号),加快推进统一电子政务网络建设和应用;

二是会同有关部门研究出台了《关于加强和完善国家电子政务工程建设管理的意见》(发改高技〔2013〕266号),强化电子政务工程建设有关要求,确保《规划》提出的建设任务切实落地实施;

三是会同有关部门专门研究出台了《关于进一步加强政务部门信息共享建设管理的指导意见》(发改高技〔2013〕733号),推动政务信息系统互联互通、信息共享和业务协同;

四是会同有关部门及专家研究出台了《国家发展改革委关于开展国家电子政务工程项目绩效评价工作的意见》(发改高技〔2015〕200号),其中包含两个附件,一个是国家电子政务工程项目绩效评价基本指标,一个是国家电子政务工程项目绩效评价编制大纲。绩效评价工作意见的出台,对于促进电子政务建设向"以效能为导向、以服务为中心转变",形成绩效评价与投资管理相互约束的联动机制,提升电子政务项目建设和管理的整体水平具有重要的意义。

至此,加强我国电子政务工程项目建设、进行全生命周期管理的整套规范性文件全部完成并发布,这些工作的开展,包括《规划》的建设思路到建设内容的确定,都有很多创新性,在一定程度上打破了惯性思维和路径依赖,对我国电子政务整体化集约化发展,切实推动部门间协同共享,提高政务效能和投资效益,切实推动我国政务信息化进入深化应用新发展阶段,都得到了规范性和指导性作用。

考虑到在17号文件发布后的十几年里,我委结合不同时期面临的各种问题,按照发挥制度优势,弥补制度漏洞和空白的思路,出台了十多个文件,文件内容又有交叉重复。结合"放管服"改革的总体部署和政府简政放权的总体要求，我们着手进行管理制度整合和修订工作，起草了《国家政务信化项目建设管理办法》，为2019年12月国务院办公厅印发的《国家政务信化项目建设管理办法》（国办发〔2019〕57号）打下了良好基础。

3. 信息惠民，助推转型

（1）筹划试点。

2012年，我委研究提出信息惠民的有关建议，并将其纳入《"十二五"国家战略性新兴产业发展规划》（国发〔2012〕28号）。我们一直认为，推进信息化建设让老百姓得到最大的实惠，提升人民群众获得感，是政府信息化的核心内涵。主要思路是，采取农村包围城市的路径，推动地方先行先试，探索信息化优化公共资源配置、创新社会管理和公共服务新机制新模式，加快提升公共服务水平和均等普惠程度，为全面推进信息惠民工程积累经验，同时也为中央政务部门加快推进跨层级、跨系统、跨业务、跨部门、跨地域（五跨）的协同管理和服务提供经验。工程实施的着力点，是以解决当下体制机制民生服务的突出问题为核心，通过优化再造业务流程，打破制度壁垒，有效整合孤立、分散的政务服务资源，通过创新服务模式、体制机制和政策制度，打破公共服务各领域、各环节的服务瓶颈，逐步实现政务和社会服务的全覆盖、全天候受理和一站式办理，构建方便、公平、普惠、高效的公共服务信息体系。

我们组织11个部门及有关专家共同研究，确定了与老百姓切身利益关系密切的健康医疗、社会保障、教育资源共享和养老与社区服务，以及需要提供窗口服务的十大领域，选取了试点示范、先行先试的城市，发布了《关于深圳市等80个城市建设信息惠民国家试点城市的通知》（发改高技〔2014〕1274号），以形成示范带动效用。考虑到信息惠民工程的艰巨性和复杂性，为确保试点城市的实施方案能够按照1274号文的要求组织实施落地，发挥国家层面对地方工作的指导作用，我委会同11个部门成立了信息惠民国家试点城市指导专家组，专家组成员主要来自11个部门推荐和研究机构，以及业内有经验的专家，指导专家组主要职责是：协助中央部门研究解决试点城市建设中的矛盾和问题，适时开展相关政策制度的研究，重大工程的过程评估及相关咨询指导工作，及时了解地方的工作情况等。为了推动信息惠民试点城市建设切实取得时效，以评促建，我们又组织有关部门和相关机构，以及指导专家组专家研究提出了信息惠民国家试点城市评价指标体系，并于2015年2月正式下发了《关于开展信息惠民国家试点城市评价工作的意见》（发改高技〔2015〕312号），以及评价指标体系的附件。这些对地方加快推进服务型政府建设，起到积极作用。为了鼓励地方建设好信息惠民试点工程，我委会同财政部研究提出，根据试点示范的工作成效，采取后补助的方式，对条件成熟的试点城市，中央财政安排部分启动资金予以支持，两部委还会同有关部门对试点城市实施效果进行考核验收，并根据考核验收结果给予财政奖励，对考核不合格的，国家将收回已拨付的资金。

这种多部门联合组织、跨层级协同推进，多机构合作参与、多方面专家提供工作支撑的协同共进的工作模式，不仅对地方加快推进信息惠民试点工作，加快我国政务信息化实现"三融五跨"即技术融合、业务融合、数据融合，实现跨层级、跨地域、跨系统、跨部门、跨业务的协同管理和服务模式的创新，起到积极推动作用，而且也助力了单一部门的工作推进，更满足了多部门合力履职的需要。事实上，这种工作方式，不仅在信息惠民工程中采用，我们在研究制定一系列国家电子政务工程建设项目规范管理制定，以及编制起草我国政务信息化相关规划和相关政策等时，都采用了这种工作模式，所以在本文其他部分章节就不再重复介绍多方面合作共赢的工作模式。

（2）推动政府创新服务。

进入"十二五"时期，国务院一直把简政放权，作为全面深化改革和政府职能转变的重要抓手。面对困扰群众办证多、办事难，跑路多、重复跑、跨地跑等问题，2015年李克强总理明确批示，要求发改委牵头会同有关部门抓紧研究提出改进意见。按照总理批示要求，我委立即牵头会同有关部门成立专门小组共同开展研究，还委托国家信息中心和中国信息通信研究院等研究机构及有关专家开展专题研究，紧锣密鼓地进行走访调研，实地了解各地实际情况和百姓需求。最终，研究形成"一号一窗一网"服务模式的总体思路。"一号"就是实现一号申请，简化优化群众办事流程；"一窗"，就是实现"一窗"受理，创新政务服务模式；"一网"就是实现"一网"通办，畅通政务服务渠道和方式，随时随地提供政务服务。实际上，也是通过信息惠民方便老百姓，倒逼政务部门创新服务管理模式，优化再造政务服务流程，加快实现跨层级、跨地域、跨系统、跨部门、跨业务的协同服务和信息共享，以"互联网+"思维推动政府由管理型向服务型转变。

经过反复听取各方意见，并进行多次重大修改后，我委形成《推进互联网+政务服务开展信息惠民试点实施方案》报送国务院。国务院批准后，下发了《国务院办公厅关于转发国家发展改革委等部门推进"互联网+政务服务"开展信息惠民试点实施方案的通知》（国办发〔2016〕23号）。这是我国首次提出加快推进"互联网+政务服务"的要求，对于推进部门间的协同共享，简化群众办事环节，降低应用成本，提升社会公众满意度，提高政府行政效能，推动实现三个转变，即变"群众跑腿"为"信息跑路"、变"群众来回跑"为"部门协同办"、变"被动服务"为"主动服务"发挥了积极作用。

4. 统筹布局数据赋能

（1）开展顶层设计。

随着信息技术在各领域深度应用，数据量暴增，大数据时代即将到来。为与时俱进，跟上形势发展，我们按照司里要求，抓紧收集发达国家关于大数据发展战略性指导意见等相关资料，开始组织有关方面对大数据展开研究，形成大数据提升政府治理能力、大数据助力经济转型等政策建议，以政务信息的方式上报国务院。之后，为了促进大数据发展，加快建设数据强国。按照国务院部署，2014年10月，我委会同工信部建立联合工作机制，成立起草组，启动《大数据行动纲要》研究制定工作。起草组在贵州、广东、上海、湖北等地进行了大量的调查研究，也委托中科院、工程院、信通院、赛迪等研究机构开展专题研究；我们还分类召开有关部门、研究机构、企业和专家座谈会，专题听取阿里巴巴、腾讯、百度等数十家企业的意见。2014年12月形成初稿后，经过反复征求各方意见和多次重大修改，形成了《国家大数据发展纲要》。2015年8月19日，李克强总理主持召开国务院常务会议，审议通过了《促进大数据发展行动纲要》，2015年8月31日，国务院正式印发了《促进大数据发展行动纲要》（国发〔2015〕50号，以下简称《行动纲要》）。《行动纲要》是我国促进大数据发展的第一份权威性、系统性、纲领性指导文件，从国家大数据发展战略全局的高度，对我国大数据发展进行了顶层设计，统筹布局，对推动我国大数据产业链的健康发展，发挥了战略性指导作用。

行动纲要的核心思想是：数据已成为国家基础性战略资源，大数据正日益对全球生产、流通、分配、消费活动以及经济运行机制、社会生活方式和国家治理能力产生重要影响。同时，大数据已经成为推动经济转型发展的新动力，重塑构架竞争力的新机遇，提升政府治理能力的新途径，从国家层面要加强顶层设计和统筹规划，大力推动政府数据的共享开放，加大关键技术研发，产业发展和人才培养力度，着力推进数据汇聚和发掘，深化大数据在各领域的应用，科学规范利用大数据，切实保障数据安全。加快建设数据强国，释放数据红利、制度红利和创新红利，提升政府治理能力，推动经济转型升级。

正是基于上述考虑，以着力解决共享数据、会用数据、管好数据这三个核心问题，《行动纲要》提出了"三位一体"的主要内容：一是加快政府数据共享，推动资源整合，提升治理能力；二是推动产业创新发展，培育新产业、助力经济转型；三是健全大数据安全保障体系，强化安全支持，促进健康发展；一体就是围绕全面推动我国大数据发展和应用，加快建设数据强国这一总体。围绕这"三位一体"，具体明确了五大目标，七项措施，十大工程。并且据此，分解出76项具体任务，确定了每项任务的具体责任部门，以及时间表和路线图，建立了由我委牵头40多个部门参加的部级联席会议制度，定期沟通《行动纲要》落实情况，部署推进工作等，确保《行动纲要》的落地和实施。

（2）建制度促共享。

为切实推动政务部门信息系统互联和公共数据共享开发，深化应用，解决大数据发展中普遍存在的"不愿共享开放、不敢共享开放、不会共享开放"的难题,考虑到从国家层面出台促进政务信息资源共享方面的法律法规时间较长,经研究决定借鉴地方经验,采取过渡方案,制定政务信息资源共享开放管理办法。我们信息处与国家政务信息化咨询专家组的专家周德铭等人,一起开展了相关研究起草工作。我们参考了一些国家和国内一些共享做得比较好的城市,在推动城市信息共享方面出台的相关地方法规,结合我国政务信息化建设的实际情况,起草了政务信息资源共享管理办法,并于2016年9月出台,即《国务院关于印发政务信息资源共享管理暂行办法的通知》(国发〔2016〕51号,以下简称《暂行办法》)。《暂行办法》明确提出应遵循政务信息"以共享为原则、不共享为例外,需求导向、无偿使用、统一标准、统筹建设,建立机制、保障安全的原则",以及各部门业务信息系统尽快与国家数据共享平台对接等方面的要求。为了有效落实信息资源共享的要求,我们还编写了统一的《政务信息资源目录编制指南》给部门提供参考。这也是我国第一个专门针对加快推动政务部门信息资源共享管理方面的规范文件,对切实推进政务部门信息共享发挥重要作用。

5. 创新突破编制"十三五"规划

2015年,我委启动了"十三五"国家政务信息化工程建设规划的编制,我作为信息处处长责无旁贷地承担起相关具体工作。起草编制过程中,我组织起草组和专家组首先对"十三五"时期我国政务信息化发展面临的形势进行了分析。认为我国已进入大数据时代,正是全面深化供给侧结构性改革,持续深化"放管服"改革,创新宏观调控方式等一系列重大改革任务的关键时期,需要信息化手段创新支撑,政务信息化已经成为全面深化改革的重要抓手。尽管"十二五"时期我国政务信息化按照实现三个转变、坚持三个原则、突出三个重点的思路,促进了工程建设理念的重大转变,共建项目已经成为政务信息化建设的主要形态,信息共享、绩效评价、管理办法等一批创新性制度和办法颁布实施,一定程度上改善了部门系统的分割、资源分散的局面,政务信息系统日益成为政务部门高效履职重要手段。但从总体上看,还有与国家治理体系和治理能力现代化不相适用的地方,业务协同、互联互通和信息共享还是存在一定难度，三难问题仍没彻底解决。因此，"十三五"时期，我国政务信息化工程建设，应在遵循"十二五"政务信息化建设总体建设思路、基本原则的基础上，必须全面创新突破，彻底打破条块分割和信息孤岛，解除提升国家治理能力的重要瓶颈；必须坚持两个创新着力点，从政府供给侧角度加强政府治理成效创新，从需求侧角度加强公共服务创新，切实推动政务信息化迈入以集约整合、全面互联、协同共治、共享开放、安全可靠为特征的创新突破新阶段。

基于上述思考，确定了"十三五"我国政务信息化建设的总体思路：一是创新发展理念，把推进国家治理体系和治理能力现代化作为政务信息化工作总体目标，把推动政府治理创新和公共服务创新作为抓手，将大平台、大数据、大系统作为较长时期的任务一抓到底，要做到以路径创新驱动发展。二是打破思维定式和固有理念的束缚，要以创新思维、开放思维、服务思维、系统思维，加强对政务信息化建设的管理，要充分发挥市场作用，促进工程建设主体和服务主体多元化，实现政府投资建设为主向政府和社会投资双轮驱动。采用新技术、新理念、新模式优化业务流程，创新业务模式、改革管理制度、强化协同治理，坚持制度创新和技术创新并举，实现由项目驱动向创新驱动转变。三是打破服务瓶颈和路径依赖，要创新服务模式，实现以行政办公需求为主向以服务公众需求为主转变，统筹共建电子政务公共基础设施，实现分散建设向共建共享转变。通过大系统、大数据、大平台顶层架构的实施落地，有力促进信息系统融合、数据融合、技术融合，形成以数据为支撑的治理能力和服务公众的能力，适应大数据时代对信息化发展的需要。据此，我们按照系统工程的理论思想，对"十三五"时期应该重点创新突破的业务方向进行了梳理和系统性规划设计，提出了依托统一的顶层设计架构，重点推进"两网、一平台、四库、六系统"（国家电子政务内网和国家电子政务外网，构建全国一体化信息基础设施，人口基础信息库、法人单位基础信息库、自然资源和地理空间基础信息库、社会信用信息库，党的执政能力体系、民主法治体系、综合调控体系、市场监管体系、公共服务体系、公共安全体系为主要内容的重大政务信息化工程建设任务，并研究形成了"十三五"政务信息化建设规划,经国务院批准,于 2017 年 8 月正式发布了《"十三五"国家政务信息化工程建设规划》(发改高技〔2017〕1449 号)。

《"十三五"国家政务信息化工程建设规划》的实施,对推动"三融五跨"、打破信息孤岛、推动协同共治、促进共享开放发挥了重要作用,为推进国家治理体系和治理能力现代化提供了强有力的信息化支撑,也为下一步国家政务信息化发展谱写了新篇章。

三、探究本质 学以致用

(一)弥补短板

为了提高自己信息化管理工作的理论水平,2003 年我参加了北京航空航天大学经济管理学院博士研究生招生入学考试,有幸被录取,成为北京航空航天大学经济管理学院夏国平副院长的博士研究生,所学专业是信息工程管理。5 年的学习历程,在老师的指导下,对系统工程学理论有了一定了解,视野也不断拓展。学习期间也会经常结合自己的工作进行学习,并将其运用到电子政务工作中。

电子政务是一个复杂的系统工程,是以政务目标驱动的信息系统,是运用各种管理信息技术,通过对政务系统的组成要素、组织架构、控制机制、政务信息流等进行分析研究,使政务系统整体与局部之间关系互相配合与协调,实现信息共享和业务协同,达到电子政务体系最优运行,更快更好地支撑政务部门协同高效履职,提高政务效率和政务效能。

基于这些认识,结合自己工作,我将博士论文题目确定为《国家电子政务工程建设项目绩效评价指标体系研究》。我认为,既然电子政务工程,是业务驱动和目标导向的系统工程,那建成后能否发挥作用,目标是否实现,应有合适的方法对其进行评价,应建立一套评价指标体系,客观衡量电子政务工程建设的成果。在博士学习期间,我有意识地积累相关资料,对国内外的一些评价指标体系进行学习研究。结合自己日常工作,带着问题学习,请教老师和有关方面专家,也会有针对性地就一些问题展开讨论。并于2005年开始论文的起草工作，在相关老师的指导下，用3年时间完成了《国家电子政务工程项目绩效评价指标体系》论文。通过这5年学习和研究，使我对政务信息化的本质有了进一步认识，对形成顶层设计的思路，及对顶层设计的理解都有很大的帮助。这些积累也对我更好地组织开展政务信息化方面的工作，起到了很重要的支撑作用。在牵头负责起草编制"十二五""十三五"政务信息化规划过程中，许多思路理念都是在学习中形成的。在日常工作中，结合项目审理工作，利用所学相关基础理论知识，以及在论文撰写过程中查阅的大量资料，也经常会发现实际工作中存在的管理漏洞和制度短板，比如，怎样客观地评价我国电子政务工程项目的建设成效和投资效益等。

（二）推动绩效考核

尽管《国家电子政务工程项目暂行管理办法》中已有相关要求，项目建成后国家要进行验收检查，但其主要是合规性检查，基本不涉及建设效能的检查内容。而且项目建成后是否有效能，要运行一段时间才能显现出来。国家花费那么大力气，投入那么多资金及人力物力建设的电子政务工程项目，就是为了更快更好地支撑政务部门履职，有效解决社会问题，为百姓提供透明、便利和快捷的服务。那么建成后，是否达到预期目的，应用效能如何，投入的资金是否合理，都应该在项目建成后予以客观地评价。通过这几年的理论学习，结合工作的需要，我深刻认识到国家应该出台电子政务绩效评价方面的管理制度，包括绩效评价指标，且是客观量化的评价指标。要充分发挥绩效评价这个指挥棒的作用，达到以评促建，以评促改，进一步提高项目建设的效能，提升政府投资决策水平和投资效益，同时也应有助于政府管理模式的创新，以及建立效能型政府，这是一件非常有现实意义的事情。但是当时大家对政府绩效评价，尤其是对政务信息化建设项目进行后评价的认识和重视程度还不够，再加上一个评价指标体系的科学性、适用性、有效性及成熟度都需要大量的验证，需要不断完善和多方面的支持才能形成。

这一创新性的工作，当然也需要有足够的耐力和坚持，更需要不断的研究与探索。2008年，在借鉴我论文的研究成果基础上，我就开始组织相关专家启动了电子政务工程建设项目绩效评价前期准备工作，并结合我国电子政务建设实际情况，草拟了绩效评价工作意见和指标体系。并选择一些已建成的电子政务工程项目，如"金关"工程等，用我们设计的绩效评价指标进行试测，再听取相关方反馈意见。经反复修改完善，评价指标体系逐渐完善成熟。2014年，根据《国务院关于投资体制改革的决定》要求，国家发展改革委制定并出台了《中央政府投资项目后评价管理办法》（发改投资〔2014〕2129号）和《中央政府投资项目后评价报告编制大纲（试用）》，之后我委才牵头会同中央编办、财政部等部门正式启动《关于开展国家电子政务工程项目绩效评价工作的意见》的起草工作。由于我们前期已做了准备，意见很快就形成了，经过反复征求各方意见后，2015年年初，《国家发展改革委关于开展国家电子政务工程项目绩效评价工作的意见》（发改高技〔2015〕200号）正式出台。《评价意见》明确提出，电子政务项目绩效评价，是中央政府投资项目后评价的重要组成部分，是政府绩效评价和投资预算管理的主要内容。开展电子政务项目绩效评价是客观衡量电子政务系统建设完备程度和支撑履行政府职能的有效抓手，有助于量化评价电子政务项目的应用效能和投资效益，引导促进电子政务工程项目建设向"以效能为导向、以服务为中心"转变，对提升电子政务项目建设和管理的整体水平，促进政府管理模式创新、建立效能性政府具有重要意义。同时，也明确把电子政务绩效评价结果作为政府工作绩效评价的重要参考，电子政务项目绩效评价结果，既作为评价已建项目应用效能、以评促建的重要手段，也是后续电子政务项目规划制定、项目审核、投资决策、项目管理的重要参考依据。这项工作的推动展开，对于提高项目的管理水平和投资效益，增强服务和应用效果，发挥了很好的作用，在促进我国电子政务建设持续、健康、安全和有效发展中，扮演了重要的角色。对我本人来讲，指标体系研究成果的转化落地，助力了电子政务项目规范管理，支撑了我的工作，心里还是有那么一点点的小窃喜。

四、结束语

回首我国政务信息化 40 年的发展历程，在我所经历并见证的我国政务信息化工程建设的创新过程，既有工作推进顺利取得实效被大家认可时的喜悦和欢笑，也有一些做法不被人理解使工作推进受阻被领导批评时的无奈和苦恼。但每当想到我国政务信息化取得的成效，想到自己作为一个电子政务工作者，能够参与其中，并为之而奋斗，执着地追求，所付出的努力和艰辛都十分值得，今天如果说自己在工作中做出了些许的成绩，这一切都离不开有关方面协同配合、更离不开领导和有关专家学者的鼎力支持，这是全处同志共同努力工作的结果。如今铭记在心里的更多是欣慰，是感恩。

最后，以习近平总书记在 2016 年 4 月 19 日网信座谈会上的一段话为结束语，因为这正是我在 30 年工作中始终不渝认真坚守的，即"创新推进政府信息化工作，必须以勇于担当的使命感和责任感，顺应技术创新发展大势，正确认识、运用新技术和新模式，抢先抓住信息革命机遇，顺势而为，乘势而上，相向而行，构建符合时代发展要求的政务服务体系，以信息化推进国家治理，立足新发展阶段，贯彻新发展理念，构建新发展格局，统筹发展和安全"。

2021 年 4 月

工业企业两化融合对电子政务的启示

王安耕

作者简介：王安耕，1965年毕业于清华大学计算数学专业。长期从事软件开发、管理信息系统分析设计与实施、计量经济模型研制以及信息化发展政策等研究工作。历任国务院大规模集成电路与计算机领导小组、国务院电子振兴领导小组、国家信息化领导小组专家咨询委员会第一届、第二届、第三届委员。工信部两化融合工作领导小组专家组组长、中国两化融合服务  联盟专家委员会主任。曾获国家科技进步奖二等奖，部委级科技进步一等奖、二等奖多项，获有突出贡献专家称号，享受国务院政府特殊津贴。

2008年工业和信息化部成立。工业企业两化融合工作作为新成立的工业和信息化部（以下简称"工信部"）的一项重点工作，成立了工信部两化融合工作领导小组，部长苗圩同志任组长，下设两化融合专家组，我被任命为专家组组长。苗部长要求，首先要弄清楚工业企业两化融合的情况如何。

根据苗部长的要求，专家组制定了工业企业两化融合水平评估标准。经过反复讨论，专家组统一了认识，即指标体系应该能反映出工业企业两化融合水平的内在本质，而不是简单地设置若干指标项，每个指标给予一个分值就行的。所以，设置的各项指标可以分为三大类：基础设施建设类、业务应用类和效益类。其中，效益类还分两类：竞争力和经济效益。

对于工业企业来说，不同行业的企业业务差别很大，特别是经济效益也差别很大，不同行业的企业互相比较一般来说是没有多大意义的。所以，作为试点，选择了纺织行业。

经过一段时间的工作，纺织行业两化融合水平评估工作告一段落，工信部两化融合工作专家组与纺织行业专家一起听取了试点工作成果的汇报，专家们都觉得，试点取得了很好的成果，基本达到了试点的预期目标。在会议要结束前，我问了一个问题，为什么没有汇报纺织行业两化融合工作对企业的经济效益和竞争力提高有什么作用这个内容。纺织行业协会的同志面有难色，说做了相关工作，就是做不出来。我问道，什么叫作不出来？是不是纺织行业企业两化融合水平和企业的经济效益的相关性拟合曲线的误差太大了？纺织行业的同志回答说，是这样的。我当时说，如果真的是没有相关性，那么我们在两化融合做的工作就是无用功，我们就既不能说服领导抓两化融合工作，更不能说服企业重视和从事两化融合工作，我们所有工作就白做了。说实话，当时我的心中也没有底，因为在信息化圈子里的人都知道，有一个所谓的"信息化悖论"，这个悖论是这样说的，我们到处都可以看到信息化的存在，但就是在经济统计中看不到！

就是这个信息化悖论，使得很多人，包括领导、学者，更不用说一般的老百姓，对信息化抱一种怀疑态度。如果我们的两化融合水平评估结果不能显示出两化融合工作对企业的竞争力和经济效益有好处，我们为什么要推动两化融合？

我就和纺织行业协会的同志说，你们把原始数据的经济效益指标与两化融合水平指标的散点图给我打印出来，让我仔细看看，你们先讨论别的问题。

我拿到散点图，看了好一会儿，忽然发现，如果所有数据拟合为一条曲线，这条曲线的拟合误差确实是太大了；但是，如果拟合为两条曲线，即没有实现集成的企业拟合为一条曲线，而实现了集成的企业拟合为另一条曲线，拟合误差会很小的！我告诉了纺织行业协会的同志，当场做出了相关的拟合曲线图，确实误差很小，在统计处理的合理范围之内!而且,在集成前和集成后这两条曲线之间的经济效益和竞争力有一个阶跃!

到此,结论已经很清楚,企业在实现两化融合集成前,信息化带来的效果是渐进性的,尽管有效果,但是不明显。只有突破了集成这个关口,企业由于信息化工作带来的效益和竞争力提高,才会出现一个"飞跃"!

纺织行业两化融合水平评估的第二成果是,当时能突破两化融合集成关口的企业数大约不到1/6!所以,要让信息化工作能明显提高我国工业企业的经济效益和竞争力,当务之急是尽一切努力尽快突破两化融合集成关卡!

工业企业两化融合的综合集成主要有三个方面:企业的采购、生产、销售和财务集成;企业的研究开发和生产的集成,以及企业生产计划和车间制造过程集成。

经过十多年的努力,工业企业实现了集成的比例,从不足1/6到略超过了1/5。这个数字充分表明了,要突破集成关卡,绝非易事。

为了解决这个问题,工信部领导提出,是否可以参考 ISO 9000 国际质量管理标准的方法,制定一个中国工业企业两化融合管理体系标准,以推进中国的两化融合的进程。根据这个思路,我们专家组组织了相关各方面的专家,既有典型工业行业长期从事两化融合工作的著名专家,也有开发推广两化融合相关专业软件的企业代表,以及部分行业协会的有关专家,起草我国的工业企业两化融合管理体系标准。在各方面专家的共同努力下,具有中国特色的工业企业两化融合管理体系标准诞生了,这是我国信息化工作的一项重大成果,它不仅对工业企业信息化工作有直接的指导意义,就是对所有的相关信息化工作,包括电子政务工作都有参考意义。制定这项标准最重要最核心的思路是,两化融合(以及类似的信息化应用工作如电子政务等)不仅仅是一项技术工作,而是一项包括组织优化,流程重构,技术创新和数据开发利用等多方面工作的综合性工程。为此,标准规定:

一把手原则。企业一把手必须对企业两化融合工作负责。

为了防止一把手工作过多,忽视了两化融合的具体领导工作,规定要指定一位企业高管作为一把手的代表具体负责两化融合管理工作。

组织、流程、技术和数据四要素互动原则。两化融合工作不仅仅是一项技术工作,而是一项包括组织重组、流程重构、数据开发利用与工业和信息技术支撑四个要素的综合性技术和管理工作。

我认为,尽管工业企业两化融合工作和政府部门的电子政务工作有很多不同的地方,但是也有很多可以互相参考的思路。

一加强领导。电子政务不仅是一个技术工作,而是涉及组织、流程、技术和数据的综合性管理——技术工作,没有强有力的领导是不行的。

二关键是流程优化。现如今各项相关技术(如网络技术、计算机技术、数据存储处理技术等)都已经成熟,原有的人工管理流程的局限性和新技术的无限可能性的矛盾日益严重。要以流程优化重构为主要抓手,真正发挥出新技术的无限创新性,加速我国行政管理新型能力的培育成长。

在流程优化的基础上,加强政务数据的开发利用工作。当前首先要进一步加强跨部门跨地区跨应用的政务数据共享工作,真正全面落实让数据多跑路,老百姓少走路的要求。

进一步落实政府数据有序开放工作,该放尽放,真正带动社会化大数据应用的发展。

2021 年 5 月

信息化琐忆

漆永新

作者简介：漆永新，教授级高级工程师，享受国务院政府特殊津贴。曾任冶金部信息中心主任，中国钢铁协会信息化专务，中国计算机用户协会副理事长，冶金电信协会理事长。主持完成多项钢铁行业信息化工程并获奖。在各部委中第一个把汉字终端送进部长办公室，首次实现了各司局间和企业间联网，为解决钢铁企业信息化的目标、任务、技术、推动企业信息
化作出了重大贡献。退休后，作为信息化部特邀专家，参与推动两化融合技术发展。获信息产业部专家组先进工作者称号。为冶金行业改革开放后第一个在国际学术会议上发表论文的作者。发表百余篇学术论文。被聘为北京科技大学、东北大学兼职教授。

我刚接触这个行当时，还没有"信息化"这个词，叫计算机应用。1966年初，复旦大学在上钢一厂用计算机控制转炉炼钢，我参加了实习。后来，太钢使用西门子的控制机，我们获得了它的管理程序的宏汇编程序文本，我以专业知识深入了进去。

我在太钢的表现被一位冶金部下放到厂里锻炼的干部赏识，他把我推荐到部里。

1979年，我参加筹建冶金工业部计算站（信息中心的前身），后被选派到德国留学。这是改革开放后的第一次选派。我进了斯图加特大学，师从国际知名教授 E. J. Neuhold 从事分布式数据库系统的构建。走上了学科的前沿。我在这里完成的论文"Interactive Query and Definition Facility for Semantic Dictionaries",后在洛杉矶的第二届国际 ER 会议上宣读,成为冶金系统第一人。

回国后,翻译了《POREL 系统》(北京信息工程学院印行)、《数据库系统实现方法》(科学出版社出版),编制了《数据库开发规范》(国家计委、国家标准局 1986 年公布),开讲了《数据库深化教程》(中国农科院研究生教程,1988 年,64 学时)。

1985 年,在首钢月季园召开了一次讨论部委计算机应用的会议,当时报刊上尽是苏联的经验。我在会上放了一炮,提出我国部委信息系统不能照搬苏联 ACY 的模式,可以搞数据库加方法库为基础的决策支持系统。引起了较高的关注。《计算机学报》《计算机世界》向我约稿,先后发表了 16 篇学术论文,比较重要的有《数据库和方法库集成的辅助决策系统》(1984 年发表于部委级计算机管理信息学术会)、《一个方法库管理系统的方案》(1985 年发表于《计算机学报》)等。国家信息中心李正男总工邀我参加了国家信息系统总体规划项目。在镜泊湖的研讨会上,我认识了老李刚挖过来的一位北大毕业研究生杨学山,他一直当到工信部的副部长,成为我们这个专业里行政级别较高的专家。

21 世纪初,中国计算机用户协会成立,我和众多部门的专家有了更多接触的机会,与陈正清、施雨农、李正男、蔡金荣、赵进延、戴维镛、沈青华、华平澜、冯国志、张科、刘彦明、王智玉等往来频繁,成为要好的朋友。记得我们团聚苏州,探讨 IT,上会的,不但有 IT,还有状元郎翁同龢的座椅、阳澄湖的大闸蟹,我后来成诗一首:

霜叶桃园落,闻说蟹子黄。
东篱陶令闲,西垂郎中裹。
探看寻伊妹,搏击点视窗。
倘徉广电界,且醉五粮乡。

1986 年,应邀到瑞士 Landis&Gyr 公司中心实验室作学术休假,用 5 个月的时间开发成功一个关系型数据库系统,这是一个多用户、多进程的复杂软件，系统用 POTAL 和 Modula 语音编写。40 多位有博士学位的同事参加了测试，获得一次性通过，得到了"Mr. QI did excellent work"的评价。

在我担任冶金部信息中心主任期间，1985—1988 完成了全国冶金统计报表数据库系统，有 14 人参加，由我主持，使冶金统计年报的出报期提前了 4 个月。

此后，又完成了冶金基本建设项目数据库和冶金施工企业数据库，包容了中华人民共和国成立以来的十万条相关记录。完成了全国冶金工业普查数据处理，30 万条记录，打印上万页报表。完成了冶金地质矿产数据库。

1990—1991 完成了冶金部机关办公自动化系统，历时一年，17 人参加，我任技术组长，负责总体设计和软件开发，受到王副部长和办公厅的表彰。

由我任设计组长，花费 112 个人月完成的冶金经济信息系统被冶金部批准实施，并获得国家科委、财政部、国务院电子办颁发的优良系统奖。

由我主持设计并实施的部长查询系统在 1987 年开通，把信息资源送到了五位部长的办公室，《人民日报》曾在头版报道。

退休后着力推动企业两化融合的工作。

20 世纪 90 年代，我作为冶金部计算机应用领导小组的成员，以专家组长的身份，参加了首钢、宝钢、攀钢、马钢、涟钢、湘钢、酒钢等三十几个企业 MIS 系统的咨询评审，推进了行业计算机应用的发展。

进入 21 世纪，我以中国钢铁工业协会信息化专务的身份，推动行业信息化由初级阶段向成熟阶段发展。据 2008 年的统计，占全国钢产量 53.4%，约 40 家企业进入成熟应用，实现了"产销一体、管控衔接、三流同步"（这个思路后来被工信部采纳，表述为"管控衔接、产销一体、业财无缝"）等。应用覆盖了企业生产经营运行的核心业务，其中近半数的项目达到或者接近达到国际先进水平。进入深度应用的有宝钢、湘钢、兴澄特钢、首钢矿业、南钢等。

我是一个技术人员，但我首先摒弃技术驱动的思路，把握住效益驱动,抓住了交货期,国际先进的钢铁企业的平均交货期精度以周计,而我国大多数企业的交货期精度为2个月。一个月产钢100万吨的企业,每月多付7倍银行利息。怎么提高交货期精度?答案只有一个:建设产销一体化的系统。从而有了"产销一体,管控衔接"的任务。

指挥企业信息化需要科学的方法论。我用价值树分解的方法,以企业发展战略为根,循因果关系层层分解成枝叶,找出可控的关键指标,进而找出相关流程,梳理优化之,将其列入应用性项目。

前后十年中,我研究钢铁企业信息化的目标、任务、技术和工程建设,2003年编纂完成并且公布了《编制钢铁企业信息化总体规划和钢铁企业信息化建设(改造)项目可行性研究报告的指导意见》,2004年编纂完成并且发布了《钢铁企业信息化分类编码指导意见》,发布了《钢铁工业可持续发展支撑技术:钢铁企业信息化技术》。2005年,中国钢铁工业协会向全行业发布了《钢铁企业信息化及其效益指标体系》试用版。2006年,中国钢铁工业协会公布了《"十一五"中国钢铁企业信息化发展建议》。2007—2008年,组织行业内外的专家进行了《中国钢铁行业信息化绩效研究》并发布了报告,构成了我国钢铁企业信息化的实际标准,给出钢铁企业信息化路线图。我提出的一组数据概括来,这就是12个字(产销一体、管控衔接、三流同步)、22项任务、2大标志(双上线)、5级功能结构(KMS-ERM-MES-PCS*2)、5大作用(管理创新的孵化器、企业精细化经营的助推器、资金安全的保险闸、进入全球市场的直通车和高层科学决策的信息库)、3条技术路线、1个技术难点(排产)。

期间,我主持了2005年、2009年的钢铁行业信息化自动化国际研讨会,作了主题报告。出版了《数据库系统实现方法》(科学出版社)、《钢铁企业信息化知识读本》(冶金工业出版社)、《冶金企业管理信息化技术》(冶金工业出版社)、散文集《触摸风景》(敦煌文艺出版社)、《快乐山水间》(中国石化出版社)等。

2021年3月

几件小事的回忆

阎冠和

作者简介： 阎冠和，研究员，原北京市经济和信息化委员会副主任，原北京市政协科技委员会副主任，原北京市委市政府信息中心主任，原北京奥组委票务中心副主任。

2020年1月初，春节即将到来，全国几亿人频繁地从空中、海上、铁路、公路奔向家乡，奔向家人，奔向吉庆祥和的新春佳节。突然间，随着武汉市新型冠状病毒感染的肺炎疫情防控指挥部发布通告：自2020年1月23日10时起，全市城市公交、地铁、轮渡、长途客运暂停运营；无特殊原因，市民不要离开武汉，机场、火车站离汉通道暂时关闭。恢复时间另行通告。从这一天开始，人们听到和被要求做到的就是非必要不要出门、不要聚集、出门要戴口罩。1月24日是农历除夕，往年的这一天到处都在欢天喜地欢庆佳节，然而由于新冠肺炎疫情，街上几乎是空无一人，出行的人们都是口罩蒙面，即使在街上相遇也不相识。随后的岁月中，宅在家里，闲来无事有充足的时间回想过去，憧憬未来，经历过的一些往事又重现在脑海中，历历在目。

一、抗击"非典"

2003年年初"非典"在多地发现，并在一定范围内呈急速发展的态势，3月6日，北京接报第一例输入性"非典"病例，抗击"非典"的战役随之打响。北京市医疗资源众多，隶属关系复杂，当时并没有建立全市统一的疫情上报机制和信息系统，抗击"非典"首要的问题就是要实时准确掌握疫情，以便市委市政府做出决策。2003年信息化基础较差，电子政务外网也是刚刚建成投入使用，网络接入的单位比较有限。因此，信息化支撑抗击"非典"，第一项任务就是要连通网络和开发系统，网络工程师们夜以继日地协调路由、铺设光纤、架设机器、调试设备，经过多方努力网络顺利地建成并投入运行。建设网络的同时，相关部门抓紧时间商讨并确定疫情上报系统的需求，确定需要上报的信息及上报规则与制度。与此同时，软件工程师确定建设方案和技术方案并同步开始了软件开发。仅仅几天的时间，一套完整的疫情上报和管理系统就开发完成，通过严格的测试后顺利上线运行。疫情上报系统投入运行后，我们就盯着显示器，看着那一条一条疫情信息上报，一个一个病例的实时症状，一条接着一条地显示出来，大家心情非常沉重，也非常紧张，一条信息就是一个病例、就是一条生命、就是一个传染源，看不到的是众多医务人员、流调人员、服务人员冒着被感染的危险为抗击疫情而努力奉献着。

随着防疫工作的深入，网络和系统不但始终稳定运行，还随着工作需要逐渐完善系统、增加新的功能。为了更精准地掌握所有感染者的病情及治疗进程，系统将每位患者的数据全部叠加到地图上，只要点击图层上的图标就可以查询到患者的全部信息，包括姓名、性别、身份证号、住址、工作单位，每天的病情和治疗情况等。

"非典"的传染性很强，一些医务人员在初期被感染甚至付出生命，但所有医务人员毫无畏惧，始终战斗在抗击"非典"的第一线。当时既要始终保持重组优质的医疗资源，又要确保切断传染源，保证专家们能及时对疑难重症病人开展专家会诊，指导治疗，于是派专业技术人员在做好防疫保护的条件下进入病区架设了基于网络的电视电话会议系统，一线医务人员在病区、专家在病区外通过网络会议系统开展会诊。这应该是远程网络诊疗系统的第一次大规模实践，为打赢抗击"非典"做出了贡献，也为后来开展的远程网络诊疗系统打好了基础、积累了实战经验。

北京有十个远郊区县，约有650万常住人口。农村的物质条件比城里差，卫生环境和医疗资源都比较差，村落的居住生活方式使防疫工作的难度加大，一旦发生感染病例，隔离和切断传染源也比较困难，市领导决定开发"北京市农村疫病防控系统"。接到任务之后由北京市信息办、北京市卫生局和北京市农业局组成工作组确定防控重点、工作规则和上报信息，并立即组织队伍，加速开发软件系统，经过七天的努力，完成了系统开发和测试，顺利上线。在软件开发的同时，在全市十个远郊区县的乡、镇、行政村或自然村展开网络建设，打通了村到乡镇、到区县、到市相关部门的几级网络。开通后，村里每天定时上报本村全部人口规定内容的各项信息，发现可疑病症随时上报，各级医疗机构均在信息上报一小时内到达现场处置。各级职能部门可以随时通过系统了解本辖区农村疫情，全市650万农村人口的防疫情况一目了然。这个系统在后来暴发禽流感期间也发挥了重大作用。

二、建设信息亭

信息亭全称是"数字北京信息亭"。2003年北京市政府工作报告提出要加速"数字北京"工程建设、推动信息服务等消费向深层次发展。建设数字北京信息亭被确定为当年市政府督察室的督察专项，具体职责由北京市信息化工作办公室执行，任务是2003年内在全市建设几百个室内和室外的信息亭。信息亭以服务市民为核心，提供政务信息、公共服务信息、旅游导游信息、地图查询等市民的衣食住行等各类信息的查询。在进行信息亭功能和系统设计与开发的同时还需要进行亭子和终端的设计。最终确定室外的亭子为圆形，终端机之上又设计了一个大尺寸屏幕，可以播出视频和文字信息，亭子的外立面设计为大幅面广告位，室内只有挂在墙上的终端机，终端机具有信息发布与查询、地图、读写卡、打印等功能，通过触摸屏实现拼音输入或手写输入。信息亭建设的各项工作有条不紊地开展之时，北京发生了严重的"非典"，大多数单位停工、宅家、防疫，室外信息亭建设的地址规划没有受到什么影响，比较顺利地确定了建设地址规划；室内机的建设规划受到了很大影响，因为防疫不允许进入现场勘测，规划进展非常缓慢，经过多方协调和承诺做好防疫措施，终于完成了100多个室内机的建设规划。经报批后制定了施工计划，具体建设也并非一帆风顺，首先室外信息亭要先做用地规划申报、占地要报批、用电要申请、网络要申请等，当通过全部申报、审批和申请的各项工作，终于可以动工建设时，又被告知用电必须入地、有线网络也要入地、遇到绿地要绕行、电线入地刨沟产生的土不能回填，等等，工程进展的每一步、每一天都会产生这样那样的问题或困难。在全体参与人员的共同努力下，终于按时全面完成了全部工作，信息亭顺利投入运营，虽然存在功能有限、网速较慢等不足，但还是获得了一致好评，运行了若干年后，由于网络带宽、移动互联网应用和手持终端等的快速发展等诸多原因，使信息亭没有了什么大的用途，逐步退出了历史舞台。信息亭存在的几年中除了信息惠民以外，还起到了其他的一些意想不到的作用，比如，下雨天能躲雨、大风天可避风、情侣们依偎着谈情说爱、乞丐夜宿其中。

三、网络信息获取

（一）市政交通一卡通

2003年12月31日，经过两年多的系统建设和测试考核阶段，北京市政交通一卡通系统在北京巴士公司的121条线路的5169辆公交车和北京地铁13号线上全线开始试应用。2006年5月在全市所有公共交通中正式启用，市民可以持卡乘坐全市的公交车、地铁和出租车，刷卡乘坐公交车还可以享受打折的优惠。由于全面刷卡乘车对公交公司和市民来说都是第一次，刷卡器具是否能正常运行，市民是否能顺利刷卡乘车，公交公司能否顺利进行数据收集等事关全体市民出行和社会稳定，正式开通使用前市政府秘书长交代设专人在开通使用后随时关注互联网上的相关信息，及时了解交通出行相关的社情民意，每半小时向秘书长书面汇报一次。由于公交一卡通开通前的各项准备工作做得比较充分，系统运行稳定，维护及时到位，总体情况稳定，市民出行顺利，一周之后就停止了网络运行监控采集。

（二）头版五条

市领导每天都要阅读很多材料，阅读报刊也是每天的必修课，为了便于市领导快速阅读报刊的重要新闻，从 2004 年起，选定了人民日报、北京日报、文汇报、解放军报、大公报等 18 种报刊头版五条重要和重点新闻汇集并将原文编辑成电子文档，刊登到市领导专用办公系统供市领导根据目录选择阅读，当市领导要将某条新闻推荐给其他市领导阅读时只需点击推荐和选择领导的姓名即可将这条新闻推荐出去，若还有推荐批示可随新闻一同推荐。这项工作方便了领导阅读，节省了阅读时间，受到一致好评。

（三）互联网舆论

随着互联网发展，网上充斥了各种各样的观点和言论，通过互联网可以及时、充分了解网民们关注的热点问题，也可以了解和掌握各类专家们和大咖们都在关注什么问题，持有哪些观点，舆论动向等，从 2004 年初起，由专人跟踪互联网上舆论动向，经过选择汇集成册，原汁原味地刊登到市领导专用办公系统供市领导选择阅读。

日月如梭，十几年瞬间过去了，往年的故事犹如发生在眼前。

2021 年 3 月

亲历国家及地方电子政务发展中的几件要事

金锋

作者简介：金锋，江西省信息中心原主任、研究员，曾任国家电子政务标准化总体组成员、国家行政学院电子政务专家委员会委员，江西省教授级高工评审委员会主任委员，享受国务院特殊津贴。

1994年，由于工作需要，我被调入江西省经济信息中心担任常务副主任，后更名为江西省信息中心，并担任主任，直至2012年退休。在这18年中，我除了做好江西省电子政务建设与服务工作之外，有幸参加了国家电子政务发展中的若干大事，从中，既受益匪浅，也切身感受和了解了我国电子政务发展的早期动态、历史进程、领导思路和宏观决策等情况。

一、关于《中国电子政务工程》建设方案

2001年初，我国正处于电子政务快速发展初期，时任国务院副总理李岚清和吴仪，分别给朱镕基总理写信。两位副总理的意见不谋而合，认为，2000年以来，我国在建立政府信息网络方面，政府各部门做了不少工作，取得了一定的成效。但是，许多部委都有建立本部门信息网络的需求。两位副总理认为，当时需要解决两大问题：一是中央政府要尽快建立统一的信息标准和信息网络平台，供各部门使用；二是各政府部

门的信息网络，不应理解为物理网络，而应利用中央政府统一网络平台，建立各自的信息汽车的"行车路线"，以免造成极大的浪费。朱镕基总理对两位副总理的来信十分重视，批示时任国家发展计划委员会主任曾培炎研报国务院。国家发展计划委员会主任曾培炎，副主任王春正、张国宝高度重视此项工作，亲自部署并要求国家发展计划委员会高技术司和国家信息中心深入研究统一建设政府信息化等问题，提出"中国电子政务工程"建设方案。当时国家发展计划委员会高技术司主持工作的副司长许勤，国家信息中心主任高新民、副主任杜链十分重视这项工作，立即组织力量开展工作。于是，我被借调到国家信息中心，负责"中国电子政务工程建设方案"执笔起草工作。为了做好方案起草工作，我们认真学习了当时国家有关领导关于电子政务建设的指示和讲话；学习借鉴了有关国家部委和有关省区市电子政务建设好思路、好方法和有益经验。许勤司长多次到国家信息中心现场，讨论研究中国电子政务工程建设的重大问题、指导思想、建设原则、总体目标、工程架构和建设内容等，为方案起草奠定了良好基础。杜链副主任主持了方案起草工作，在我执笔起草方案的全过程，杜链副主任负责全程指导，明确提出方案的结构、章节、内容、总体架构和需要解决的问题等，并亲自执笔，对方案初稿进行修改、补充、完善。经过一个月紧张有序的工作，完成了《中国电子政务工程建设方案（送审稿）》。

《中国电子政务工程建设方案》明确提出以"统一领导、统筹规划、网络共建、资源共享"为指导思想；以建立统一而先进的政府信息平台及其传输网络，整合现有部门和地方政务信息系统，保障政府信息网络的互联互动和信息共享、高效利用，提高政府信息化水平等为总体目标。方案明确了中国电子政务工程架构和建设内容。包括统一建设中央政府内部信息网、地方政府内部信息网；政府外部信息网、政府信息公共交换平台、政府公共数据交换中心等。在此基础上，提出了工程实施的组织保障、资金保障和政策法规保障。

正在有关部门准备推进中国电子政务工程建设实施的时候，我国开始酝酿并推行力度较大的政府机构改革。国家发展计划委员会改组为国家发展改革委员会，编制压缩数百人，部门职责也做了相应调整。中国电子政务工程建设实施被搁置。

中国电子政务工程建设虽然搁浅,但是,集约化统一性建设全国电子政务工程的思路和方法已经在我国党政领导、政务部门、专家学者中形成共识。为此后出台的《国家信息化领导小组关于我国电子政务建设指导意见》(17号文件)奠定了良好基础。

二、关于全国第一个省级电子政务统一网络平台

2002年,时任国务院信息化工作办公室副主任刘鹤主持了中办17号文件《关于我国电子政务建设指导意见》的起草工作。刘主任深刻领会上级领导指示精神,准确把握我国新时代国情,紧紧抓住集约化建设这一核心,组织精干得力人员,为集中统一推进全国电子政务起草指导意见。我作为地方代表,多次参加了17号文件起草的讨论研究和征求意见会议。在上海参加完最后一次会议后,我带着尚未印发的17号文件征求意见稿回到省里,立即向时任江西省发展改革委主任孙刚和江西省常务副省长彭宏松汇报,建议江西省按照17号文件精神,启动全省电子政务统一网络平台建设。孙刚主任十分支持开展全省电子政务统一网络平台建设,多次、反复找时任江西省省长黄智权和常务副省长彭宏松汇报工作,建议及时启动全省电子政务统一网络平台建设,为全省各级党政机关网络互联、信息共享提供统一网络平台,制止网络分散重复建设。黄智权省长、彭宏松副省长经商议,同意了孙刚主任的建议,决定及时启动全省电子政务统一网络平台建设。此后,彭宏松副省长召集省直有关部门负责人开会,征求意见。参加会议的省发展改革委、省工信厅、省财政厅、省广电厅、省通信管理局、省公安厅等部门的代表全部表示支持。为此,省政府专门发文,决定集中力量建设全省电子政务统一网络平台,采用一网通方式,实现省委、省人大、省政府、省政协、省法院、省检察院与全省各级党政机关的网络互联、信息共享、业务协同和安全管理,制止网络分散重复建设。并明确全省电子政务统一网络平台由省信息中心负责建设和运行维护。会后,彭宏松副省长把我叫到他的办公室,亲自交代:建设全省电子政务统一网络平台,是黄智权省长和我看

准了的事情,省直各部门均表示支持,看准了的事情,就要抓紧抓好。今后有什么困难和问题,你可以直接找我汇报解决。

万事开头难,当时17号文件尚未出台,全国没有一个省、区、市开展全省电子政务统一网络平台建设,江西省是第一个"吃螃蟹"的省份。为了少走弯路,规范有序地做好项目建设,我赶往北京邀请17号文件的主要起草人、时任国务院信息办政策法规组组长杨学山到江西省指导工作。杨学山组长专程来到南昌,给省直各部门、各设区市的代表作专题讲座,出席项目建设座谈讨论会解答问题,并深入机房现场,指导统一网络平台建设与布局。理清了我们的建设思路和实施方法。在项目招投标阶段,网络设备选型是道难题。当时,我国与世界各国一样,大多采用某国的主流网络产品。那时,我们在局域网中已经有过该产品的使用经历,有切肤之痛。客观地说,该国的主流网络产品质量和性能是好的,但是最好的产品也有可能发生故障。有一年,我们的局域网网络设备出现故障,请求该国厂商前来维修。该厂商每天要收数千元技术维修费,而且效率十分低下。该国厂商维修人员把故障设备拆下后,需要把设备寄到国外维修,修好后再寄回国内重新安装,往返时间快的也要一个多月。要知道,我们的局域网是一个正在运行的网络,任由网络中断一个多月根本无法接受。再加上该国厂商在与我们的前期技术交流中,提供的技术方案非常奇怪:每个设区市居然要部署两台路由器。这样不但大大增加了项目投资总额,而且增加了故障点,增大了运行维护的难度。在这种背景下,我们很希望找到一家公司与之竞争。此时,华为公司开始进入我们的视野。那时的华为公司刚刚推出自己生产的网络设备,但没有在全国党政机关实际应用的成功案例。怎么办?本着积极慎重的态度,我们组织多名技术人员前往华为公司总部进行实地考察调研,开展技术讨论、方案咨询和售后服务探讨。华为公司立足技术创新和严谨务实的作风给我们留下了深刻印象。最终,我们决定同意华为公司参与项目招投标竞争。经过招投标程序及专家组评标,华为公司中标,成交价不到某国公司投标价的一半。我省成为全国省级以上党政机关中第一个采用华为公司网络设备的省份。实践证明,华为公司的网络设备质量是好的,运行是稳定的,售后服务是到位的。有一次,华为公司的设备出现故障，该公司第一时间派技术人员带着新设备把故障设备替换下来，保障了网络运行畅通。同时，把故障设备送去维修，修好后再重新装上，有效保障了全省电子政务统一网络平台的持续稳定运行，有效解决了我们的后顾之忧。

在统一平台上，我们开发建设了全省党政机关视频会议系统。为省市党政领导及政务部门免费就近提供视频会议服务。每年为省市党政领导及政务部门提供视频会议服务近百次。既显著提高了工作效率，又大大节省了会议经费。同时，基于全省电子政务统一网络平台，我们研发并开通了共享数据统一交换平台、信用江西系统、公共资源交易系统、投资项目联合审批系统等一批跨部门、跨地区的公共业务应用系统。在取得成功的基础上，我们又实施了"政务网乡乡通"工程，将全省电子政务统一网络平台进一步向乡镇、街道延伸，采用"一网通"的方式，统一解决全省各级党政机关面向乡镇的联网需要。集约化建设全省电子政务统一网络平台有三大优点：一是便于网络互联、信息共享和业务协同；二是大大节省电子政务项目投资，避免分散重复建设；三是有利于加强信息安全管理。

江西省电子政务统一网络平台建成开通后，得到有关方面的高度评价和充分肯定。在国务院召开的省部级领导干部电子政务培训班上，作为专题向省部级领导介绍和推广。国家发展改革委高技术司在江西召开现场会议，推广集约化建设电子政务统一网络平台的江西模式，并正式发文，介绍推荐江西省建设电子政务统一网络平台的做法与经验。全国每个省区市均前来实地考察调研，为全国集约化推进电子政务建设进行了有益尝试。

三、关于国家电子政务外网招标

2006年夏天，我接到国家信息中心的电话，前去参加国家电子政务外网的招标评标工作。国家信息中心常务副主任王长胜到会并宣布成立国家电子政务外网评标专家组。专家组由国家工商总局信息中心石跃军总工，我和其他3位国家有关部委信息中心的5名专家组成，同时指定我为评标专家组组长。王长胜主任强调，建设国家电子政务外网是国家信息化工作领导小组的工作部署，国家发展改革委已经批准立项建设。它将广泛连接国家各部委、各省市县政务部门，承载各地、各部门非涉密业务应用系统，实现全国各级政务部门的网络互联、信息共享、业务协同和安全管理，制止网络分散重复建设，意义十分重大。前不久，国家电子政务外网第一次招标由于种种原因流标了，引起上级领导的重视与关注。因此要求我们认真、细致、扎实地做好本次项目招标评标工作，务必不能再出现流标事件，圆满完成本次项目招标。会后，王长胜主任又单独对我传达了上级领导关于做好招标评标工作的指示精神；同时交代，这次国产网络设备也参加了招投标，要认真审阅国内外网络设备的投标文件，比较各种投标设备的指标、报价、性价比、服务承诺等各自的长处与不足。在同等条件下，国产网络设备也是一种正常的选择。可以说，我们这次是临"难"受命，为了做好本次项目招标评标工作，我们评标组5名成员开了碰头会，由于大家都是来自有关部委和地方多年从事信息化和电子政务工作的有经验人员，对存在问题的分析和解决问题的方法把握到位，很容易形成共识。大家从技术参数、投标报价、性价比及售后服务等方面对项目招投标和评标工作进行了深入探讨，对可能出现的问题和有效的应对之策也进行了讨论。大家还对国内外网络设备各自的长处与不足进行了客观分析，认为国外主流网络设备质量是好的，国内外市场占有率也很高，但是存在两大不足，一是价格高昂，二是售后服务欠佳；国内网络设备推出时间不长，市场占有率不高，产品质量有待验证，但是有两大长处，一是价格较低，二是售后服务好。如何选择，有待于开标后，对他们的技术指标、报价、性价比和售后服务等方面进行综合评分。通过碰头会，大家统一了思想，明确了方法，做到了心中有数。时任国家信息中心公共服务部周民主任为会议准备了系统翔实的资料，各评标专家认真审阅了招投标文件，按照会议要求和相关程序，规范有序地开展了招标和评标工作，对参与投标的公司及网络设备等分别进行了独立评分，综合各位评委的评分意见，最终国内网络设备中标。至此，专家组圆满完成了本次项目招标和评标工作，开创了国产网络设备在国家电子政务系统中应用的先例。

会后，我被留下来继续配合做好国家电子政务外网的网络线路及互联网出口招标工作。当时的国家三大通信公司——中国移动、中国联通和中国网通参加了项目投标。第一次招投标时，三大通信公司按照常规线路租用标准报价，没有对本项目进行特殊优惠，因此三大通信公司的投标价均居高不下。年线路租用费最低报价3500余万元，最高报价5000余万元。超过了项目底价和有关管理部门可承受范围，致使第一次线路招标流标。怎么办呢？王长胜主任召集我们开会研究对策。大家认为，三大通信公司线路报价高的一个重要原因是，公司主要领导对本项目了解不多，对其重要性认识不足。因此，有必要主动登门与三大通信公司领导沟通，争取他们的理解和支持。王长胜主任带领我们拜访了三大通信公司领导，向他们介绍项目的背景、覆盖面、应用规划和发展前景等，得到他们的理解和支持，取得了较好的效果。在随后开展的国家电子政务外网通信线路第二次招标中，三大通信公司均调低了投标价。其中，中国网通公司以最低价1500万元中标，比我们的预期价还低，圆满完成了本次项目线路招投标工作。

此后，在各地、各部门的支持配合下，国家信息中心积极有序地开展了国家电子政务外网建设、应用和运维保障工作。为了进一步推进国家电子政务外网建设，维护国家政务外网的统一、完整和有效运营，推动各级政务部门利用国家政务外网开展各类业务应用，2009年，国家发展改革委和财政部联合发出《关于加快推进国家电子政务外网建设工作的通知》，要求国家政务外网横向要连接各级党委、人大、政府、政协、法院、检察院，纵向要覆盖中央、省、地（市）、县，满足各级政务部门社会管理和公共服务的需要。为避免重复投资、重复建设，充分利用好国家已建电子政务公共设施，国家发展改革委今后原则上不再批准新的部门专用业务网络，财政部原则上不再安排新的部门专用业务网络运行维护经费。经过多年的建设，国家电子政务外网已经成为全国各级政务部门开展电子政务业务应用的主平台，承载了大量部门专业应用系统和跨部门公共应用系统，取得了很好的效果。

2021年3月

弹指之间三十年，电政青岛些许事

刘惠军

作者简介：刘惠军，1982 年毕业于山东海洋学院（现中国海洋大学）。退休前任青岛市人民政府副秘书长、青岛市电子政务和信息资源管理办公室主任，高级工程师。致力于电子政务开发和管理工作 30 年，带领团队创造了以集中统一和集约化发展为特色的电子政务"青岛模式"，形成了规模化的电子政务应用体系，推动了政府管理和服务创新。

一、上路

1986 年 1 月，我从山东海洋学院（现中国海洋大学）调到青岛市委办公室从事信息采编工作。5 月，市委办公室决定要买一台微机，领导认为我这个从大学来的应该懂计算机，于是就让我负责。其实我当时对计算机一无所知。我的大学专业是海洋地质，毕业后留校工作也没接触过计算机。好在上了大学又在大学工作了几年，培养了一点研究能力和自信心，于是就大胆接受了任务。经过一个月的考察研究，最后在苹果和 IBM 之间选择了 IBM PC/XT（第一次选择就蒙对了方向）。但买了微机干什么？当时大家都没想过。崭新的"宝贝"在专用的空调机房里舒服地躺着，既没人会用，也没人想用。我蒙蒙眬眬感觉它应该在我负责的信息采编工作中发挥点作用，于是就琢磨着买书学习研究。我记得当时设在青岛的中科院北海研究站开了一间计算机书店,我进去一看就傻了眼,琳琅满目却不知如何选择。这时一本名为《DBASE Ⅲ 数据库编程》的书吸引了我,其中"数据库"三个字让我直觉这应该就是我所需要的。买下后,我回家对爱人说,给我两个月时间,什么也别让我干,我要攻下这本书。两个月后,就似懂非懂地试着编程,很快解决了信息条目检索和采用情况统计问题。兴奋之下继续探索,两年后居然把机关信息工作的全过程都自动化了。

1991年,我被调到秘书处任处长。秘书处的工作很繁杂,公文、会议、档案、文印等都要管,我就试着编写通用的软件,并组织建设计算机网络。几年下来,形成了集多种功能于一体的 UOAS 通用办公自动化系统,不仅实现了公文、会议、信访、信息、档案、接待等机关业务管理自动化,而且建成了全市机关的计算机通信网,实现了公文、信息无纸化传递。其间还与合肥工业大学预测与发展研究所合作,开发了一套管理信息与辅助决策系统,并获得了青岛市科技进步二等奖。

1996年,上路整10年,青岛市设立市委市政府计算机中心(正局级事业单位),我被安排到这个机构任副主任并主持日常业务工作,从此走上了专业电子政务和信息化之路。

二、引航

1995年5月,当时我在市委办公厅秘书处任处长。一天早晨,我到时任省委常委、市委书记俞正声办公室送文件。俞书记突然指着我手里的一摞简报说:小刘,这些简报资料以后能不能不送了,能不能通过计算机网络传给我看。我当时就感觉机会来了,赶紧说:我们正在推进计算机网络建设,很想让领导联网查看文件信息,但就怕领导不接受。书记说:那好,你们先给我配台计算机,联上网,我给你们当试点。

书记要给我们当试点!这可让我既感动又紧张。配计算机、联网都好办,但内容从哪来?用什么软件看?在当时可是不小的难题。好在我有开发 UOAS 通用办公自动化系统的底子,经过三个多月的苦熬,我将 UOAS 移植到 Windows 操作系统,用户操作体验变得比较友好。内容呢?初期我们是把中央办公厅、国务院办公厅每天下发的各地报送的信息以及两办编发的信息刊物，自动加载到数据库，通过 UOAS for Windows 联机查看。

8月底系统上线，俞书记看后非常高兴。从此，俞书记每天一上班必定开机联网查阅信息。后来，这个系统功能不断完善，内容不断充实，逐步演变为服务于市委、市人大、市政府、市政协和市级机关各部门的"决策资源网"。

俞书记用了接近两个月以后，我记得应该是10月26日，书记秘书突然打来电话，让我到书记办公室开会。参会的有市委、市政府的秘书长、办公厅主任、有关副秘书长，以及市政府办公厅信息处负责人和我（当时青岛的办公自动化工作，市府办由信息处负责，市委办由我所在的秘书处负责）。人到齐后，俞书记说：我们今天开个专题会议，研究一下办公自动化工作，你们谁汇报一下？当时大家都没有准备。秘书长就让我汇报。还好，我当时掌握情况比较多，也思考过一些问题，于是就认真地汇报起来。但不到10分钟，也记不得当时是不是汇报到了体制问题，俞书记接过话说：这件事，我看要统一机构、统一网络、统一软件。目标嘛，能不能在"九五"期间基本实现全市机关无纸化办公。

这时市政府的一位秘书长插话说：市政府办公厅已经开发了一套软件，和市委的不兼容怎么办？俞书记非常干脆地说：那就得改呀！他接着说：市委、市政府已经搬到一座楼办公，不可能搞两套系统。再说，市长也是副书记，总不能用两套系统吧！今天的市长、副市长，明天可能就是书记、副书记、常委，也不能今天学会了市政府的软件，明天再学市委的。

俞书记接着说：保障措施嘛，首先要成立个机构，这个机构放在市委办公厅，市政府可能觉得不顺，放在市政府办公厅市委也会觉得不顺，我们能不能成立个正局级机构？这时一位秘书长吃惊地说：正局级就是市直单位啦！俞书记说：市直就市直嘛！这位秘书长接着说：那就得报省里批啦！俞书记说：我们成立个事业单位怎么还用省里批？

俞书记最后说：你们按照刚才说的思路和目标，抓紧拿出个方案，报市委常委会研究。

根据俞书记提出的"三统一"原则和全市机关无纸质化办公目标，我们制定了《青岛市宏观决策和办公信息服务网络系统建设方案》，总投资4000多万元。1996年1月，俞书记又亲自主持召开了一次专题会议，听取方案汇报。经过讨论，俞书记说：看来我们步子有点大，投资有点多，要不先在两办试点，然后逐步推开，把投资控制在1000万左右，这个数常委们应该能接受。

根据会议要求，我们重新修改了方案，投资缩减到1280万元。

1996年2月17日，市委常委会议研究通过了方案，决定组建市委市政府计算机中心，由市委办公厅和市政府办公厅共同管理，以市委办公厅管理为主；计算机中心的规格、编制、性质问题，由市编委研究；所需经费由财政局审核后，逐年投入。当年5月，市编委正式批复成立市委市政府计算机中心，为局级事业单位，内设网络系统部、软件系统部、综合数据部，均为处级。

后来事业越发展，我越感到俞书记主导的这次决策之英明。他为青岛的办公自动化和电子政务工作确立了很高的定位，搭建了一个大舞台。更关键的是，他让青岛的办公自动化和电子政务在发展初期就走上了集中统一的道路。

三、促统

（一）其实你是对的

1997年4月，市委办公厅、市政府办公厅下发《关于建设我市信息化"金宏工程"的通知》（"金宏工程"是指宏观决策和办公信息服务网络系统建设工程），其中有一条是要求全市各级机关统一办公自动化软件。文件下发几天后，城阳区委办公室负责同志就带着青岛科技情报研究所所长来到我的办公室，说城阳区已投资8万元，委托科技情报所开发了一套软件，很快就要投入使用，希望市里"开恩"，不要强制他们使用统一的软件。我当时的第一想法是，城阳区还真是挺超前，要不是为了实现统一办公，还真应该好好表扬，而且他们的软件刚完成开发，让其胎死腹中，真有点于心不忍。但转念一想，如果这次破了例，那么"统一之战"岂不未战先降？于是我说：俞书记提的目标是全市机关无纸化办公,也就是流程互通。全市 12 个县市区、近百个部门,如果大家都用不同的软件,靠接口交换实现流程互通,难度恐怕太大了吧。还不错,最后区里的同志表示服从市里的规定。临走前那位所长诚恳地对我说:刘主任,其实你是对的。

(二) 挑战者成了示范者

1998 年 1 月,青岛市基于 Lotus Domino/Notes 的多功能一体化综合通用网络办公系统——"金宏办公服务系统"开发完成,在两办试用半年后,7 月 20 日,市委办公厅、市政府办公厅下发《关于在全市机关启用"金宏办公服务系统"的通知》(青办发〔1998〕55 号),规定"全市各级机关的办公自动化应用,必须统一使用'金宏办公服务系统'","在这个系统的功能覆盖范围之内,任何单位不得另行开发和引进其他系统"。

9 月的一天,市经委负责办公自动化工作的部门负责人来到我的办公室,说他们要搞网络化办公,要用大楼的综合布线系统,需要计算机中心帮助配置线路。我问他软件怎么办?他说要用省经委的软件,理由是省经委有统一要求,而且不要钱(而当时我们的"金宏系统"是收费的)。我暗想这次遇到挑战了,这可是大事!思索片刻,我对他讲了三条意见:第一,市委市政府也有明确规定,要求全市各部门使用统一的办公软件,你们回去再学学 55 号文件;如果是省经委的,可以按省经委的要求办。第二,你们去研究一下市里的软件,看看功能怎么样(我对"金宏办公系统"的功能还是很有信心的)。第三,钱的事,我们都是市委市政府的部门,不就是这个兜揣进那个兜的事吗?好办!

他们很认真,马上找我们软件处的技术人员研究软件,一看就是近两个小时。一个星期以后他们回复,经过认真权衡,决定用市里的软件。我马上安排软件处和网络处全力配合,好好服务。到年底,经委内部基本实现全员网上办公。引来很多部门上门学习取经。这对"金宏办公系统"的早期推广起到了示范、引领和促动作用,而且由于其应用领域比较广,提出了很多新需求,对我们完善系统帮助也很大。

（三）犯上以求

1997年11月20日，市委市政府计算机中心与青岛邮电局信息产业有限公司签订因特网接入协议，虽然带宽只有128K，但市委、市政府及其部门从此与世界连通。与此同时，我们代市委、市政府起草了建设"政务信息网公众网"的意见，编制了涉及38个部门，20个大类100多个子类的信息资源目录，并明确了责任部门。3月初，文件呈送市政府分管领导审签，但未获批准，理由是：不要搞重复建设。市政府一位副秘书长对我说：市信息中心已经建设了"青岛经济信息网"，你们没有必要再建网站。我说：我们要建的是市委、市政府的门户网站，经济信息网替代不了。他说：领导已经批示，就这样吧。

我拿着市政府退回的文件，向市委于少军副秘书长（兼计算机中心主任）汇报。于秘书长确实经验丰富办法多。他说先以座谈会的方式把任务布置下去，再想办法。于是我们分三批召集《信息资源目录》涉及的部门负责人开会，征求意见，每次于秘书长都亲自主持。会议最后，他总要加一句：大家不要等文件，回去以后马上开始组织信息资源，报到市委市政府计算机中心加载入网。

就这样，青岛政务信息公众网在没有正式获批的情况下启动建设。后来我们商量干脆降低规格，以两办批转计算机中心报告的形式发文。当时两办的文件不需要分管书记和市长签发，秘书长签发即可，而且市委办公厅主导制发的文件，市政府办公厅一般很少提出不同意见。就这样，1998年4月24日，《市委办公厅、市政府办公厅批转市委市政府计算机中心关于市委、市政府计算机公众信息网建设意见的报告》正式下发。

1998年5月18日（这是我们特意选定的日子），《青岛日报》在报眼位置刊发消息——青岛政务信息公众网开通。青岛市委、市政府面向公众的网上服务正式起步，这标志着青岛的办公自动化工作开始向电子政务转变。后来好几位研究电子政务的专家都认为，这是国内第一个严格意义上的政府门户网站。2000年1月，由国家信息化办公室批准并指导、中国互联网络大赛组委会组织开展的"中国优秀网站100家"评选中，青岛政务信息公众网成为政府与组织类 10 个中国优秀网站之一。

后来我一直想，如果当时我们放弃青岛政务信息公众网的建设，青岛的电子政务会是什么局面？大统一的体制还可能形成吗？

（四）纲举目张

2001 年初，我们提出进行电子政府战略研究的任务，并着手制定电子政府工程"十五"规划。这在当时很具挑战性。其中电子政府的目标到底如何表述，我思考很久，不得其解。有一天我在网上搜索，突然发现上海交通大学管理学院几位学者的一篇论文，其中"电子政府的发展方向——一体化政府"的表述让我豁然开朗：与传统政府相比，电子政府的本质就是用信息网络技术武装起来的政府，使政府可以打破层级和部门间的分隔，实现信息共享、流程互通、业务协作、联合服务，最终形成网络环境下的一体化政府。于是，我们在规划中将电子政府的长远目标表述为："逐步形成网络环境下的'一体化政府'，为社会提供'一站式服务'"。

2001 年 5 月 22 日—23 日，市政府召开"电子政府战略与技术研讨会"。会议期间进行了青岛市电子政府工程总体规划和相关技术方案论证。由国务院办公厅、中央组织部、信息产业部、国家质量技术监督局、省政府办公厅、省信息产业厅、中科院、中国社科院、北京大学、航天科技集团，以及济南、青岛 5 所高校的领导和专家组成的高层专家组，对总体规划和相关技术方案进行了评审论证。专家组对青岛的规划给予充分肯定，但对"一体化政府"的提法，好几位专家都提出疑问，感觉拿不准。当时我非常担心专家组要求删除这一目标，于是有点贸然地站起来进行解释，告诉专家这一提法是有理论依据的。最终专家组顺利通过评审。这一规划成果，后经市政府多次研究，最终成为《青岛市电子政务工程 2002—2005 年总体规划纲要》，于 2002 年 3 月由市委办公厅、市政府办公厅印发实施。

"一体化政府"目标的确立，对青岛电子政务的发展起到了纲举目张的作用，集中统一体制的坚守、集约化模式的探索、一体化平台的建设，共性应用的强制统一、中央数据库的建设和信息共享的持续推进等,都是围绕"一体化政府"目标展开的。

(五)犯错以求

2002年8月,青岛市电子政务工程(一期)已进入全面实施阶段,其中全市机关宽带网络互联工程的设备和线路已经招标,但在网络规划时并没有考虑内、外两网结构。

8月20日前后的一天,文秘人员送来刚收到的中办发〔2002〕17号文件(中办、国办《关于转发国家信息化领导小组关于我国电子政务建设指导意见的通知》),看到电子政务网络由物理隔离的内网、外网构成的规定,我马上紧张起来:如不抓紧把外网也建起来(正在建设的网络属于内网),一定会有人来争建,那青岛的电子政务网络乃至电子政务管理体制,都将从统一走向分裂。我马上拿起电话,让网络处调整网络设备,同时通知正在为我们敷设光纤的青岛广电,到各部门的光纤要增加芯数,保证内外两套网络需要。

果然不出所料。不到半个月,市信息办(设在市计委)主管处长打来电话:刘主任,17号文件你看到了吧?电子政务内网你们建得差不多了,我们什么时候商量一下外网怎么办?我回答:外网我们已经建好了,还商量什么呢?建好了?怎么可能呢?他反问道。我给他讲了实情。最后他很无奈地说:那就不用再商量了。

如此一来,青岛没有形成内外网分建分管的局面,但市审计局在进行工程绩效审计时,审出两项挺严重的问题:一是网络工程超预算,二是200多万的网络设备实行单一来源采购(因加建外网补采设备),不符合规定。

这是我犯的错误。但我至今仍然认为,这次错误犯得值!

(六)超前

2002年8月,青岛被国务院办公厅和科技部列入电子政务试点示范工程。试点示范的重要任务之一,是电子政务模式探索。2003年7月,专家组来青进行中期检查。在制作汇报 PPT 时，我苦思冥想青岛电子政务模式到底如何概括？最后使用了一个很直白的名称——"强核–辐射"模式（后来改用"集约化"模式），并作了这样的说明：为保证"四统一分"体制贯彻落实，计算机中心超前预测需求、超前规划、超前立项，适时建设和升级技术系统，强化和优化电子政务核心系统的功能，并通过高性能的网络将核心系统的功能辐射到部门，从而大幅度降低电子政务的总体成本。

超前？有专家严肃地提出疑问：电子政务的基本原则是应用导向，你们的技术系统怎么能超前呢？我说：在青岛的模式下，如果核心系统不超前，等部门提出需求后，我们再进行规划、立项、建设，部门早把我们抛弃了。再说，我们是在超前预测需求的前提下超前规划建设，也是需求导向嘛。

问题越争论越明。通过争论，专家组认可了青岛的做法，给予了很高评价：青岛市电子政务试点示范工程在电子政务技术体系建设、运行机制和应用模式上有重大创新，并已形成较大规模应用，取得了显著的经济和社会效益，对全国城市电子政务有很大示范作用。

通过这次争论，更坚定了我们的信心，增强了超前的自觉性。此后，跟踪技术和应用发展趋势，赶在部门需求产生或行动之前启动平台和应用建设，就成了我们的工作常态，成为巩固集中统一体制的重要措施，也使青岛的电子政务工作一直比较从容。

（七）车同轨书同文

网上审批，是我们推进电子政务应用中最艰难的项目之一。2001 年制定的《青岛市电子政务工程 2002—2005 年规划纲要》，就把网上审批作为重点任务提出。但网上审批的启动和推进，却是一个艰难的探索过程。2003 年，我们申请了几百万元专项资金，用于部门电子政务应用试点，其中安排了几个网上审批服务项目，试图以资金支持的方式推动各部门发展网上审批。尽管这些试点项目后来都顺利通过验收评审，但在我看来确实水平不高，而且不符合集中统一原则和一体化政府目标。2004 年下半年，我们开始考虑能否建设统一的网上审批平台，并组织开展工作流软件研究和应用系统开发。2005年初,夏耕市长在政府工作报告中提出要"抓紧建设网上审批平台,提高电子政务公共服务水平"。10月,完成软件招标,准备启动试点应用。但越到最后时刻,我的担心越厉害:要把几十个部门、几百项审批业务纳入统一的平台流转办理,责任太大。尽管已有大统一办公的成功经验,但审批业务千差万别,流程复杂,还要面向公众受理和反馈,大统一的模式行得通吗?失败了怎么办?在启动试点的会议召开前几天,我来到市政府马泽秘书长办公室,向他汇报了我的担心。我说:要不我们就退一步,让部门自愿,特别是那些审批业务量大的强势部门,是不是不一定强制统一?马泽秘书长语气很平和但态度很坚定:秦始皇时代就车同轨书同文,现在都信息化时代了,还能各搞各的?真是一语惊醒梦中人。一句话让我顾虑顿消,信心重回。最终,青岛市确定了"全市统一、两级分建,分级集中、分布式应用,一网式流转、一站式服务"的网上审批模式,并明确规定:未经市委、市政府批准,部门不得单独建设网上审批技术系统。2006年,市政府下发《关于加快推行网上行政许可的通知》网上审批由试点转向全面实施。2008年,市政府决定建设行政审批物理大厅,网上审批平台成为与物理大厅配套的虚拟大厅,同时启用。

网上审批应用大统一的成功,进一步巩固了集约化模式,也标志着青岛电子政务发展进入更高级阶段。

(八) 三不原则

2008年初,市政府常务会议研究财力安排时,据说各部门涉及信息化的项目竟有几十个(据发展改革委相关负责同志口传),市长对此提出了严厉批评,所有项目全部搁置,其中也包括我们提报的电子政务共享平台项目。

2008年1月23日,根据常务会议的要求,时任市委常委、常务副市长王书坚主持召开信息化统筹整合专题会议。会上,我代表市委市政府计算机中心作了"全面推行集约化模式进一步降低电子政务建设成本"的汇报,核心内容就两条,一是在现有技术平台基础上扩充完善,形成全市机关共享共用的大平台；二是为了让各部门向大平台集中，所有项目最好让计算机中心把一下关，防止重复建设。之后，信息产业局负责同志也汇报了一些情况，并提交了已经起草好的《信息化项目管理办法》，其中最关键的内容是：根据《山东省信息化条例》规定，所有信息化项目都要由市信息产业局（市信息化领导小组办公室）审核。这时王书坚市长让发改委和财政局的同志谈意见。两个部门都认为必须把关，但由谁把关？都模棱两可。

该王书坚市长总结决策了。他说：我看只能交给计算机中心审核把关。这时信息产业局的一位处长急了，赶紧插话说：王市长，《山东省信息化条例》……没等说完，就被他的领导制止了。当时我也有点出乎意料。因为我们未曾想过要代替信息产业局主导项目审核把关，只是希望参与一下，避免部门重复投资建设。这时我灵光一现说：计算机中心的项目可由信息产业局审核把关。王书坚市长说：这个办法好。他继续说：电子政务技术平台都在计算机中心，信息产业局不了解平台情况，怎么把关呀？我心里暗想：王市长太明白了！（以后好几次在电子政务的关键问题上，王市长都做出了非常专业的正确决策）。

经过讨论，会议确定了电子政务统筹整合的目标：以市委、市政府现有电子政务核心技术体系为基础，通过扩展完善，形成全市机关电子政务共用平台，今后各部门的电子政务系统一般都要以该共用平台为基础进行开发建设。没有特殊需要，各部门不再单独建设电子政务基础平台，不再建设机房，不再设立信息中心，逐步将全市机关的电子政务系统整合到统一的平台上。这就是青岛电子政务发展史上著名的"三不原则"。

根据这次会议精神，市发改委很快下达了5000多万元的"信息大厦电子政务基础设施"（即共享平台）项目建设投资计划。《青岛市电子政务建设项目管理办法》也于2008年11月由市委办公厅、市政府办公厅印发实施。平台强大了，体制理顺了，比较彻底地解决了部门各自为政、分散建设问题，也为青岛电子政务进入云服务时代奠定了基础。

四、办法总比困难多

（一）"撒手锏"

1992年初，我所在的市委办公厅秘书处开始探索计算机网络建设。并采用 Novell 网络操作系统建成试验网。但由于市委已决定东迁，马上要搬到临时办公场所，全市联网的计划暂缓。

1994年初，新办公楼接近建成，我们考虑重新启动全市党委系统联网工作。此时市政府办公厅的信息报送网络已运行3年，但联网范围仅限12个县区和20多个重点部门。听说我们要启动党委系统联网，信息处处长善意地建议我只考虑与县区联网。他说：与部门联网太难了，让所有部门全部联网，几乎不可能。我未置可否，但心想：市委办公厅一定要让所有部门都联网。

4月14日，市委常委、秘书长主持召开全市党委系统计算机联网工作会议，确定年内通过局域网实现大楼内40多个部门以及市委办公厅各处室入网，同时通过远程工作站实现与12个县区、大楼外重点单位和市政府驻外机构联网。最终目标是通过远程工作站实现所有市直单位、重点企事业单位和乡镇联网，形成覆盖全市的计算机通信网络。

理想很丰满，现实很骨感。正如信息处处长所言，联网工作很不顺利。一年多以后，1995年5月17日，市委办公厅不得不再次发出《关于加快全市党委系统计算机通信网络系统建设步伐的通知》，分两批列出了各单位的联网时限。但很多单位仍然无动于衷。无奈，我不得不给各单位一把手打电话催促。其中一位性格直爽的局长对我说，花那么多钱联上网，不就是隔三岔五给你们报几条信息吗？太不值得了！

这句话让我很受刺激。折腾这么多年联网，在办公厅确实发挥作用了，但对下面的单位有什么用呢？怎么做才能让部门感觉有用呢？我突然想到了"公文"。秘书处不就是管公文的吗？如果能网上传递公文，不再印发纸质公文，可是一举两得的撒手锏呀！

事关重大（这在当时可是破天荒的），先在内部充分讨论。大家都觉得是好事，但都担心，传下去的文件被篡改了怎么办？当时，这确实是个很棘手的技术问题。后来我提出一个办法，如果网络传下去的文件出现异议，以市委办公厅存档的为准。

问题都想清楚了，我向市委常委、秘书长作了汇报。秘书长是一位观念超前、敢说敢干的办公自动化倡导者和推动者，他听了我的汇报，不仅支持，而且要求抓紧办。

1995年9月28日，市委办公厅正式下发《关于正式启用全市党委系统计算机通信网络，改革文件、信息传递方式的通知》，规定从10月1日起，开始利用计算机网络传递市委下发的非密级文件和信息，年底之前，继续发送纸质文件。从1996年1月1日起，对市直单位停发纸质文件；5月1日起，对包括驻青单位在内的所有受文单位停发纸质文件。

撒手锏一出，各单位纷纷前来办理联网手续。龟行两年多的联网工作，三个多月就全面完成了。之后，凡是新成立或调整的市直单位，都会主动申请联网，有的单位甚至"走后门"争取联网。

这件事，使"应用导向"的意识在我的头脑里扎了根，成为以后20年我从事电子政工作的基本遵循。

（二）免费的"午餐"

1998年两办《关于在全市机关启用"金宏办公服务系统"的通知》，规定全市机关办公自动化应用必须统一使用"金宏系统"，同时规定这套系统的定价为9.8万元（指服务器端软件，市级机关可享半价优惠）。这就是说，各部门如果要实现内部网络化办公，必须自筹4.9万元购买"金宏系统"，加上硬件和系统软件，至少需要20万元。尽管后来我们实际上取消了"金宏系统"的收费，但硬件和系统软件仍需部门自筹资金。因此，直到2003年底，使用"金宏系统"实现内部网络化办公的部门只有十几个。

2004年1月29日（春节后上班第一天）晚上6点多，市委常委、秘书长给我打来电话，生气地问：为什么金宏网（青岛市电子政务网络和金宏办公服务系统的简称）下发的文件处长看不到？我解释说：市委文件只发到各单位办公室,办公室负责内部流转。他更生气:可人家说金宏网没连接到处室。这可点到我们的痛处了。我赶紧说:正在推进,但各单位不太积极。他不由分说地命令:你今年必须把金宏网连接到所有部门的内部处室。我当时想:近百个部门内部建网上系统,少说也得2000万投资,今年的投资盘子已经确定,不可能再申请到资金,这事基本没谱。但看秘书长正在气头上,只能先答应下来,心想过后再解释吧。于是我说:好的秘书长,你放心,我想办法。

事后得知,当天市委下发了一个很重要的文件,晚上秘书长遇到一个单位的处长,就问他看到文件没有?这位处长说没看到。秘书长说通过网络下发的文件,几秒钟就到了,为什么看不到?那位处长告诉他金宏网只连到他们办公室。于是秘书长生气了,就打通了我的电话。

第二天一上班,我召集软件部全体人员和"金宏办公系统"开发人员开会,传达秘书长的要求,讨论如何应对。在大家七嘴八舌的讨论碰撞中,我突发奇想:有没有不花钱的办法?此念一闪,不知为什么一下想到了"虚拟化"。于是我问技术人员:有没有可能用我们计算机中心的设备和软件,为各部门虚拟系统,这样不需要各部门花钱,事情不就好办了?大家一听都兴奋起来,又七嘴八舌讨论起技术问题。最后我对技术人员说,我给你们一周时间,你们给我一个明确答复,行还是不行?

两天后技术人员就告诉我,虚拟化的办法行得通。我当时真有"山重水复疑无路,柳暗花明又一村"的感觉——从1995年俞书记提出全市机关无纸化办公的目标,到现在已经8年多,这次终于有门儿了。我马上动手代市委、市政府起草文件。

2月6日,市委办公厅、市政府办公厅发出《关于扩展金宏网加快推行无纸化办公的通知》,点了名要求96个市直单位,2004年底之前必须将金宏网延伸到领导桌面和内设处室,有条件的单位可延伸到每位工作人员。市委办公厅和市政府办公厅通过金宏网发给各单位的公文,必须通过网络传送给单位领导和内设处室,一般不得再印制纸质文件进行流转。

经过近5个月的开发改造,至7月1日,支持虚拟化的"金宏电子政务集群系统"上线,当年为56个部门虚拟了内部办公流转系统,加上以非虚拟方式独立部署的单位,当年有 70 个单位形成了内部办公流转条件。虽然没有达到年初确定的目标,但却创造了 ASP（Application Service Provider,应用服务提供者）模式,形成了低成本大规模快速推进应用的新路子。

后来青岛的网上审批、执法、信息公开、网站整合、政务服务、政民沟通等一大批应用的成功,都得益于这种模式。

后来我不喜欢"应用服务提供者"这个舶来的晦涩名称,就改用直观的"应用共享服务"（Application Sharing Services,ASS）代替。近几年云服务大行其道。回过头来看,ASS 不就是云服务中的 SaaS 吗?

（三）让市民诉求像上级文件一样成为待办事项

1999 年 1 月 18 日,根据市长的要求,青岛政务信息公众网开通市长信箱,信件由市长公开电话办公室负责处理。当时我们还借题发挥,开设了 38 个部门的领导信箱。这一发挥可给我们自己出了难题。由于部门接收邮件的责任人不落实,市政府办公厅也没人负责督查,致使部门领导信箱长期处于半瘫痪状态。

2004 年底,在考虑下一年重点工作时,我认为这个问题应该好好想办法解决,就让网站处从后台查看各部门对市民来信的接收情况,结果真把我吓了一跳——居然有 1500 多封邮件未被接收,个别部门甚至从未接收邮件,接收了的邮件如何处理的?我们也一无所知。问题真的不能再拖了!

当时我想,看来给各部门开个邮箱账户,然后要求各部门接收市民来信的机制是行不通的,必须用我们自己开发的软件,把市民来信推送给各部门,而且必须能够随时掌握各部门办理和答复的情况。然而推送到哪里呢?办公入口!我眼前一亮。当时我们的"金宏办公系统"已普及到所有部门。"金宏办公系统"的首页是"待办"（后来成为各级各部门所有公务员的办公门户）,各部门办公室（秘书处）已形成每天打开"金宏系统"接收文件的习惯。如果把市民来信推送到"待办",那么各部门就会像接收市委、市政府的文件一样,自动接收市民来信。

根据这一思路,我们在 2005 年工作要点中列入一项重点任务:"建设网上政民沟通系统,并实现与金宏办公系统、青岛政务网的集成,形成党政机关各部门直接接受市民咨询、求助、投诉、建议和批评的渠道"。10月31日,采用外网受理—内网办理—外网反馈机制,集网上诉求受理、办理流程定制、办理结果反馈、结果满意度评价、办理情况统计等功能于一体的新型政府信箱(当时叫政府在线)开通,建立了56个部门和12个区市政府"一站式"与市民沟通和为民服务渠道,形成了统一受理、部门分办、结果公开、群众评议的运行机制,彻底解决了部门对市民来信来而不收、收而不办、办而不公开的问题。

此后,政府信箱逐步成为市民表达诉求的主渠道之一。2006年收信量即达到2.2万多件,2016年(我退休那年)达到7.4万多件。每年的办结率均在95%以上。如果不考虑重复和无效信件,办结率达到100%。

(四)从集中到分散

2006年,为探索实时在线沟通服务模式,我们在青岛政务网上试办"在线访谈"栏目,先后邀请市招生办、市南区政府、市物价局、市规划局、市劳动保障局等部门领导到我们电政办(计算机中心已更名为电子政务办公室)的会议室接受市民访谈。2007年扩大试点,共组织访谈17次。2008年,以青岛市政务公开工作领导小组办公室(设在电政办)和青岛市电子政务办公室名义印发《青岛政务网"在线访谈"工作实施方案》,在线访谈走上制度化,当年组织访谈36次。2009年电政办搬到新的办公楼,我们还专门装修了一间访谈室,当年组织访谈达到73次。

但随着访谈次数增多,部门意见也越来越大。原因是每进行一次访谈,就要有一位部门领导带着一众工作人员到我们访谈室,很不方便,也影响部门正常工作。而且每次访谈,我们也要有负责同志到现场,安排专门工作人员现场保障服务,牵扯精力很大。这绝不是长久之计!我想。

恰在此时,市政府办公厅提出利用在线访谈平台,开展集中式大规模"网络在线问政"的创新思路。2010年年初和年底各开展了一次,每次都组织56个部门,分成四批,每个部门由主要领导带2~3人(场地所限)到电政办培训室集中,其他大部分工作人员在本单位远程参与,共同回答市民的问题。由于时间集中、规模大、宣传策划到位,活动影响很大,公众参与踊跃,每次都能收到上万条诉求和意见建议,现场回答不完,活动结束后必须在限定时间内回复。两次下来,部门感觉压力很大,希望改进。看来,这种方式也难以为继。

2011 年初,市政府办公厅下发《关于做好市政府部门"网络在线问政"常态化工作的通知》,要求在做好集中访谈的同时,开展常态化访谈试点。为此,我们提出了统一平台、集中调度、分布式上线的思路。说白了,就是还用原来的软件,但各部门不再需要到我们的访谈室来,而是在自己的会议室或办公室组织访谈;上线人员也不一定是领导,谁最熟悉业务谁上线。

思路一变、方法一改,青岛政务网的实时在线服务终获突破。当年 19 个重点部门参与试点,开展常态化访谈达到 366 场,答复或解决问题 11069 个。2012 年扩大到 56 个部门全部参与,常态化访谈达到 674 场,答复或解决问题 16140 个。

(五)借力

如果有人问我,你从事电子政务工作最大的困难是什么?那我一定会告诉他:是推进应用。在青岛,自从 2003 年市委市政府计算机中心加挂电子政务办公室牌子开始,市委市政府赋予电子政务办公室的职能一直是"全市电子政务的管理、统筹、协调、推进和技术支持"。看起来职能很充实,但实际上我们一不主管行政业务,二不掌控行政权力,要协调推进电子政务应用,确实是举步维艰,困难重重。

如果有人问我,你从事电子政务工作最有效的办法是什么?那我一定会告诉他:是借力。我曾总结了一套电子政务应用推进法:出主意→建系统→找主角→交出去→退二线→保服务。"找主角""交出去"其实就是借力的过程。

在青岛电子政务发展史上,我们最大的一次借力,是配合市纪委(监察局)推进电子监察。

早在 2006 年,市纪委(监察局)就参与到网上审批的电子监察。后来市纪委(监察局)酝酿对行政权力实施全面电子监察。用时任纪委书记何建平的说法,就是"要用无情的电脑管住有情的人脑"。

当时我们意识到,市纪委(监察局)是最有力可借的部门,电子监察是推动电子政务应用的难得机遇——因为要实施电子监察,必先推进权力运行信息化。当时市纪委副书记、监察局局长韩明升在经过一番考察后,悟出其中的道理。他形象地比喻:"电子政务是母,电子监察是子"。当时直接分管这项工作的市纪委常委、监察局副局长王锦妹,则非常看重电子政务一体化平台和应用体系对实施电子监察的基础作用,而且她还力主将电子监察相关建设资金统由电政办管理使用。

共同的目标,高度的共识,彼此的信任,带来双赢的合作。从2008年与行政审批服务大厅配套建立电子监察室开始至2013年底,我们合作启动实施了网上审批深化、行政处罚权规范透明运行、公共资源交易平台整合、工程建设领域信息公开和诚信体系建设、网上政务(办事)服务体系建设等一系列重大电子政务应用工程。市纪委(监察局)则依托电子政务共享平台和部门业务应用系统,建成覆盖40多个权力领域的电子监察系统。

(六)第三方评估

网上办事,是我一直追求但直到退休也没有真正实现的目标。

1998年5月开通的青岛政务信息公众网,就设立了"为民服务"栏目,功能是介绍基层和人民群众到机关办事的各种程序。1999年1月,为响应全国政府上网工程,我起草了《青岛市"电子政府计划"实施方案》,虽然流产,但降低目标后变成《关于实施"政府上网工程"的通知》,由市委办公厅、市政府办公厅下发。其中有一项任务:积极规划建设网上审批、备案系统,改变基层和群众到政府办事的方式,逐步实现项目审批、证件办理、申请审核、税费交缴等办事过程电子化、网络化。之后青岛政务网几次改版,以及2005开始坚持数年的网上审批工程,都试图让企业和市民足不出户就能通过政府网站办成事。但成效甚微。

直到2012年,由市监察局牵头,法制办、电政办、审管办参与,联合启动网上便民服务体系建设,时任市纪委副书记、监察局局长王锦妹非常重视,亲自谋划、协调、推动,网上办事服务终于有了突破性进展。2013年11月,青岛政务网开通"市民一站通""企业一站通"和"我的政府一站通(市民的个性化门户)"三个专题网页,整合59个部门2200多项政务服务和9类400多项公共企事业单位服务事项,对涉及个人和企业整个生命周期的审批办事服务事项提供办事指南、表格下载、信息查询和网上办理等服务。其中能提供网上申报和受理的有600多项。

但是，这些光鲜数字背后的问题仍然非常突出：事项不全、指南不明、更新不及时；尤其是网上申报和受理，不仅数量少，而且大都停留在"仅仅能够"的水平，用户体验很差；能够实现全程网办的更是凤毛麟角。

2014年是攻坚突破的关键年。然而恰在此时，由于全国纪检监察系统实行"三转"（转职能、转方式、转作风），市监察局不再承担政务公开领导小组办公室职能，也不再牵头推动网上政务（办事）服务。

担子又落到电政办肩上，一时间大家都不知所措，有的工作人员甚至想到放弃。这时我找分管副主任商量办法。我说，这是电子政务最重要的应用，决不能放弃。关键就两条，一是体制，可以让办公厅牵头，实际工作由我们电政办承担，这样就顺了。二是要想一个"撒手锏"级的办法，调动部门的积极性。想来想去，最后想到第三方评估。为保证不受干扰，提高权威性，我说评估机构决不能从本地找，省内也不行，必须从国家找。最后确定与国家行政学院电子政务研究中心合作开展评估。

评估方案一下发，一些行动迟缓的部门迅速行动起来，主动对接，补充内容，制订网办计划。到年底，网上政务（办事）服务能力和质量得到很大提升，市级机关上网上服务事项达到2443项，综合网办率达到53%。手机版网上办事应用程序也上线试运行。

2015年，青岛被国务院办公厅纳入国家政务服务首批试点，第三方评估成为主要试点内容之一。后来，在青岛试点的基础上，国家行政学院电子政务研究中心配合全国一体化在线政务服务平台建设，每年开展省级政府网上政务服务能力调查评估，成为全国网上政务服务的重要机制。

（七）服务是法宝

2002年10月，青岛被国信办列入首批4个"企业基础信息交换试点"城市。试点工作由市信息办（设在市计委）牵头组织。当时我们计算机中心已基本完成电子政务一期工程实施，全市机关已实现宽带网络互联，因此信息办将交换平台建设和技术服务交给我们负责。由于市信息办积极协调推进，各部门也很重视，加上网络和基础软件均有较好基础，因此青岛的试点进展很顺利。

但 2005 年以后，市信息办逐步退出协调，参与交换的部门都想先取后予、多取少予，矛盾越来越突出，信息交换逐渐停止。

虽然这项工作当初不是我们牵头，但毕竟交换平台在我们这里，而且信息交换共享也是我们追求的目标，此时我也正在思考四大基础数据库的建设问题。因此，我们就设想把交换机制恢复起来，2006 年先升级了技术平台。2007 年将"协调有关部门恢复企业基础信息交换共享"列入年度工作计划，具体由软件处负责。

本来，我是准备亲自出面协调的，但到 8 月份，我找处长了解情况，商量召开协调会。处长告诉我交换已经恢复了，还运行挺好。我很是吃惊：我认为很难的一项工作，如何不声不响就完成了？处长告诉我，软件处把这项工作交给了曲振。这是一位刚从城阳区调来不久的年轻工作人员。接受任务后，他就逐个部门去了解情况，帮助恢复系统，对接数据；部门有困难，他就帮助解决；部门不配合，他就耐心说服，一次说服不了就两次，两次说服不了就三次；遇到部门想干但无人干的情况，他就"越俎代庖"替人家干；遇到部门之间配合上的矛盾，他就当"和事佬""黏合剂"。就是凭着这种不厌其烦的真诚服务和沟通联络，赢得了各部门的信任和支持，很快使已停摆几年的信息交换机制恢复了。

这件事让我感触很深，也很受启发。我在主持计算机中心和电政办工作的多年中，一直倡导"求必应、应必果、止至善"的服务理念。这件事更让我认识到，有时服务比协调更有效。因此，2008 年修订文化手册时，我在工作理念中加了两句很朴实的话——实干最可靠，服务是法宝。

企业基础信息交换机制的成功恢复，为电政办推动政务信息交换共享奠定了基础。后来伴随财源平台建设、市民卡工程、公共信用平台建设、政府数据开放、网上政务服务等一系列应用工程的实施，电政办逐步成为名副其实的政务数据集散中心，也直接影响了青岛市大数据管理体制的形成。

五、最后一件事

2016年，到了我退休的年份。年初，市委、市政府开始酝酿成立大数据管理机构。这时我虽然还兼任电政信息办（电政办已更名为电子政务和信息资源管理办公室）主任，但主要工作是协助张德平副市长工作。信息化是张市长分管领域。4月上旬，张市长让我考虑大数据机构设置方案。经过对各方面情况的综合分析，我认为依托电政信息办成立大数据机构无疑是最佳方案。但因这时我已经向组织提出不再兼任电政信息办主任并获同意，正在等待走程序，同时考虑大数据管理是一项很难的工作，于是我想还是应该征求一下各位副主任的意见，毕竟将来的担子要他们挑。大家来到我的办公室。我说：张市长让我考虑大数据管理局设置方案，我很快就要卸任了，所以想听听你们的想法。这项工作很难，你们愿不愿意接？如果愿意接我就帮助争取，不愿意接则另当别论。大家都表示：应该接，否则电子政务工作将难以为继。这我就放心了。我很快拟就初步方案：关键内容就两条，一是以电政信息办为主体成立大数据管理局，二是同时把智慧城市管理职能一并划转过来。4月18日向张德平市长作了汇报，他原则同意，但站在更高层次上提出了很重要的修改意见。经反复修改，一晃到了下半年。张德平市长先后两次约请编办负责同志一起研究。开始市编办对划转智慧城市职能不太认同。我就从多个方面说明这两项工作实属一体，无法分割。我当时感觉应该达成了共识。此后由编办主导制定方案并报批。

2016年11月9日（离我退休还有10天），市委全面深化改革领导小组第二十八次会议决定，市电政信息办加挂大数据发展促进局牌子。但不知何故，智慧城市管理职能没有划入。

2019年上半年机构改革，市电政信息办整体转为大数据发展管理局，智慧城市管理职能仍未划入。

2020年1月，智慧城市管理职能终于划归大数据发展管理局。幸哉！

2021年1月

十年磨剑 往事不往

王俊

作者简介：王俊，武汉大学本科学历，研究员。先后任宜昌市政府副秘书长兼电子政务办公室、智慧城市建设（电子政务）办公室主任，宜昌市政府二级巡视员。2018年2月退休。

2008年以来，主持宜昌市电子政务在实践中探索出了一条"大统一"的建设模式；2011年以来，参与宜昌市社会服务管理创新试点，探索出以人为本，网格化管理，信息化支撑，全程化服务的"一本三化"模式。2015年主持编著出版了《现代城市政务信息化大统一模式研究——宜昌市电子政务实践与实效》《现代城市社会治理创新"一本三化"模式研究——来自宜昌的中国经验》两本书。

2014年以来，宜昌市按照一体化的思路探索建设智慧城市取得明显成效，在全国产生较大影响。2017年主持编写出版了《新型智慧城市一体化建设宜昌模式研究》一书。

先后获得"2012年电子政务年度人物""最佳电子政务实践者""2016中国智慧城市杰出贡献人物""2017中国智慧城市贡献人物""2017中国新型智慧城市十大首席智慧官"等多项荣誉称号。

2008年，一纸公文，我以宜昌市政府副秘书长兼任市电子政务领导小组办公室主任（2010年机构改革设为市电子政务办公室、2014年更名为市智慧城市建设办公室）。2018年，又一纸公文，我成了退休干部。

弹指十年间，专注一件事：从电子政务大统一到新型智慧城市一体化。

唐代"诗奴"贾岛以"两句三年得"式的苦读书苦作诗，为自己的磨难生活和酸楚心境写出了"十年磨一剑，霜刃未曾试"的千古名句。宜昌电子政务十年之剑虽也是苦探索苦奋争，但却是一路以剑克难、披荆斩棘，边用边磨打造出来的。回首十年宜昌电子政务建设的艰辛历程，浮现的是当代的"十年磨一剑，霜刃未曾闲"。

原以为往事已矣，今借此书一隅把宜昌电子政务的故闻轶事说说一二。

一、有为才有位

轶事一：三网起步始有为

宜昌电子政务起步时学习借鉴青岛等外地经验，结合实际创建了"六统一"的建设模式，即凡是使用市县财政性资金建设信息化项目，一律由电子政务办公室实行统一规划、统一建设、统一采购、统一监理、统一验收、统一资金拨付。前三年在项目建设上重点抓三网：即政务网络整合、政府网站规范、政务网上办公。

电子政务外网整合，既有国务院文件要求，又为市直部门省钱省事，推行起来不算太难。2009年基本实现电子政务外网"一网承接"部门专网和社区（村）全覆盖。

政府网站规范，我们采取一收二审三统建，即先将市直部门政务网站集中部署到统一的电子政务机房，再逐一进行规范性审核，然后组建专业团队以服务外包方式统一改版升级，部门乐得有人帮忙且不操心技术和钱，基本没啥阻力。2008年宜昌政府网站全省测评就由2007年的倒数第一跃升为第一名，之后测评始终名列前茅。2013年实现全市政府网站集约化建设管理，其做法基本符合国办发〔2017〕75号文件提出的政府网站集约建设各项要求。

网上办公最难。首先是平台开发难。市、县、乡、村四级党政机关全统一全流程网上办公平台，当时业内最牛的北大方正虽然中标却没做过。2007年—2008年5月，市政府办先后三次发文件启动网上办公未果，项目暂停。后经与北大方正高层反复协商，达成将此项目作为公司研发项目，安排专业技术团队集中攻关。2008年10月项目重启，北大方正技术团队从秋天到冬天扎在宜昌研发没回家，电子政务办只好出钱给他们买棉衣，2009年3月，涵盖行政办公、机关管理共25项功能的网上办公平台终于上线试运行。

应用推广更难。那时全市大多数领导和公务人员或不会用电脑，或办公没电脑，更不知网上办公为何物。我们针对性地采取"领导带头+层层大规模培训+目标考核"三管齐下的措施。时任一把手市长带头网上办公，提出政府办非特殊情况不受理纸质文件，要求各级政府及部门领导利用移动电脑做到"文不过夜"。系统试运行期间，有一次，市长在省城开会晚上签文件未成，技术人员连夜赶到武汉解决问题。还有一次周末，市长在办公室上网修改审签文件，结果系统出问题数据丢了。市长一个电话，我和技术人员火速赶到市长办公室，市长2个小时的功夫白费了，市长问我们，"假如全市这么多单位办公的数据说丢就丢了，影响工作运转怎么办？谁能担起这个责任？"天哪！谁担得了这么大责任？不仅年轻技术员吓呆了，连我这"老江湖"也懵了！市长见此，发完火又反过来安慰鼓励我们："我批评严厉点是要你们知道问题的严重性，但也不要怕，不要气馁，任何新生事物都会遇到波折的，抓紧想办法解决，防止再出问题！"幸好技术员回过神后很快就把问题解决了，市长又坐到电脑前自己"赔时间"去了。

何其有幸！正是因为有这样的市长，宜昌电子政务、智慧城市建设才能有了后来和未来！

在市长的带动下，经过多种方式的层层培训推广，到2010年就实现了市、县、乡、村四级近4万公务人员网上协同办公，每天有近5000人登录系统处理文件。原有的单位网上办公系统、部门或行业办公系统全部停用。

2010年9月，湖北省政府秘书长陪省长在宜昌调研，发现村里都是网上办公，发出感慨："宜昌村干部都在网上办公了，我们堂堂省政府还停留在传统的纸质办公方式上,必须尽快改变!"省长也高度称赞宜昌电子政务大统一有"秦始皇统一度量衡的力度和气魄"。3个月以后,省政府大楼全部实现网上办公!

轶事二:三争定编终有位

宜昌市电子政务领导小组办公室是2007年根据省政府统一要求,从市直行政单位抽调的业务骨干(有的还是老资格的业务科长)组建的临时机构,由市政府办公室管理。

2010年市级机构改革,省里明确规定市直不准新增独立行政机构和行政编制,所有临时机构全部撤销。全省多数市州电子政务临时专班或撤销解散或改为事业单位。而此时宜昌全市党政机关已经全部实现网上办公,工作需要电子政务办公室职能必须加强。

为了既稳定队伍有利工作,又不违背省里的规定,市政府办公室研究上报方案是:电子政务办设为副县级行政机构,归口市政府办公室,领导班子高配一正两副,内设三个正科级科室,配备8个行政编制,编随人走。可市编办认为行政编制调整或增加落实难度太大,电子政务办只能定为副县级事业单位。

第一次编委会上,市长认为电子政务办定为事业单位必然留不住骨干影响工作,没通过。会后叮嘱我继续做工作。

第二次编委会上,市编办坚持己见,并以外地做法和上级编办领导意见为理由,会议只好通过。

这样的结果肯定没有好结果!无奈之下,情急之中,我连夜给副省长兼市委书记和市长写了封信。第二天赶早我就堵在了市委书记上班的车前,见到书记也没等同意就钻进了他的座车,上车后也没等他问话就连珠炮式地诉说我的理由,直到跟着进了书记办公室才说完,然后递上我的信,甩出一句狠话:"我把我的意见都写在信里了,如按照编办的方案,宜昌电子政务干不好我就负不了责任了!"书记一直沉着脸一言不发,沉默了片刻才发话:"那你必须保证不任人唯亲!"我马上笑答:"我敢今天这样,就绝不会以后那样!"书记点着头,拿起电话把市编办主任叫来，当面把我的信递给他："关于电子政务办的机构就按市政府办公室上报的方案和王俊同志信上说的落实，有困难想办法克服！"

之后回想，这事能柳暗花明，根本原因在于前几年电子政务办公室有所作为，必不可少了，我才有底气找领导说狠话，才促成领导终下决心保其有位。

二、无私则无畏

轶事三：三中心合一

2011年，随着宜昌社会管理创新网格化体系的探索推进，得到了中央、省有关领导的充分肯定。政法委提出将公安局11楼小会议室改建成网格监管指挥中心，城管局提出在其办公楼一楼60多平方米的大厅建设城管监督指挥中心，同时省政府办公厅发文要求各市政府办公楼要建应急指挥中心，三个中心建设都是主要以大屏幕显示为功能需求，明显存在低水平重复建设。为此电子政务办经过调研，按照提高档次、节约投资、确保实用的原则，提出将三中心合一，共建共享，形成设施共享、一屏观全局的效果，并将其打造成宜昌对外宣传的城市新名片。

三中心合一方案不仅遭到三个部门反对，同时也遭到市委、市政府分管领导的直接否决。分管网格化工作的市委副书记直接批示不准上报三中心合一方案；城管局在分管副市长的允许下，干脆赊账把设备拖到了办公楼，试图造成既成事实，逼着电子政务办同意；市政府应急指挥中心也因迟迟没启动，受到省里督办批评。

2011年4月22日，在市委常委听取社会管理创新工作汇报会上，我在汇报相关工作之后，情急之下不管不顾地口头汇报三中心合一方案设想，市委分管领导闻言当即拍桌子喊停，在我执拗地简要汇报完后，与会领导在发言中均只字不提这事了。市长在发言结束时提了句："关于三中心合一的方案值得研究一下。"书记作会议总结讲话，到结束了也没提这件事，宣布散会了。与会领导都在起身离会，我却坐着没动，心想今天这事总得找书记讨个定论才行。书记似乎知道我的心思，站起来边收资料边看着我说:"王俊同志,你提出的三中心合一的想法,有利于资源整合和集中资金把事办得更好,抓紧设计实施,尽快投入使用!"

三个月后,200多平方米的网格监管中心、城管指挥中心、应急指挥中心"三中心合一"的指挥大厅投入使用。先后接待了7位党和国家领导人及全国、全省社会管理创新工作现场会,年接待量最多的近万人。2017年根据智慧宜昌建设的需要,三中心搬迁拓展升级成智慧宜昌运营中心,主要包括了政府应急指挥中心、城管监督指挥中心、网格监督管理中心、市民呼叫中心、农村"四务通"运营中心、三峡云计算中心、宜昌大数据中心、"雪亮工程"运营服务中心、网络安全服务中心、智慧停车运营中心等,共有7000多平方米,成了名副其实的宜昌城市新名片。

2011年建成投入使用的"三中心合一"监督指挥大厅

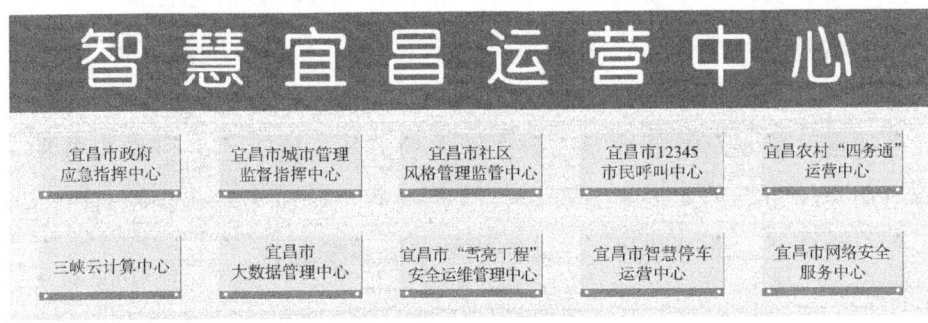

宜昌"三中心合一"运营中心主界面

轶事四：考核看数据

宜昌电子政务大统一模式推行之初难度很大，市委市政府将其纳入党政综合目标考核发挥了重要作用。每年年初电子政务办根据年度工作要点制订详细目标考核方案，以市政府办文件下发，年底系统数据自动考核打分后报市委目标办公室。那时宜昌市党政目标综合考核获优胜者，不仅领导有政绩，全单位每个干部都可多发一个月奖金。为此，每年考核时可说是锱铢必较，分分必争。

电子政务考核虽然只占3%~5%，但往往也就起到了最后一根稻草的作用。比如，2010年有一个重要的政府职能部门就因电子政务考核分过低，不能被评为优胜单位。单位领导拉着市政府分管领导来找电子政务办"说事"，因为考核都是数据说了算，结果变成了政府分管领导给这个单位领导"上课"。从此，这个单位电子政务得到高度重视，每年考核都是高分。再如，宜昌电子政务考核之初，宜昌开发区由于领导不重视，连续几年县市区排名靠后，2011年考核时开发区书记已经由常务副市长兼任了，电子政务也是常务副市长分管，领导脸上挂不住了要求想办法。2012年经过常务副市长的督办，开发区电子政务考核就名列前茅了。宜昌电子政务实行考核前几年，到电子政务办来说情的比较多，由于我们始终坚持只看数据不看人情，最终得到了大家理解，也十分有效地起到了以考核推动工作的作用。

在电子政务和智慧城市建设中，由于多年来政务信息化都是部门主导的，按照统一规划进行信息资源整合，是动人奶酪的事，怕得罪人，尤其是怕得罪领导，那就很难做好。还有一些领导在不了解全面情况下，或根据自己单方面的理解，或根据别人的请托，给工作专班发出各种各样不切实际的指示，工作专班如若没有定力，唯领导是从，就必然带来工作上的紊乱，难以做到可持续有成效地健康发展。

三、有梦方见彩虹

轶事五：为民攻关一卡通

市民服务一卡通是宜昌电子政务建设之初就决定要做的项目。当我们在策划调研时发现其难度太大：国家部委主导的社保卡发行量大、体系健全，健康卡需求量大、涉及面宽，更难逾越的是二者主管部门坚决不准互相兼容；全国行业性服务的各类银行卡、跨区域交通卡等各自为政；城市企事业单位发行的老年卡、旅游卡、公交卡、医院就诊卡、学生卡等，泛滥成灾，利民不便民，市民生活已被卡所困。

明知很难为，但相信事在人为。经过几年的酝酿谋划，2014年最后明确了可行的三项关键性策略。一是技术创新突破制度壁垒：在按照社保卡制卡流程完成的前提下，实行一卡双芯重新加装，将健康卡及其他便民卡集成于一芯。二是政银合作免费便民服务：充分利用商业银行点多面广的便民服务优势，政府将包括工资等各类发放到个人的资金集中发到市民卡，吸引了8家银行出资参与市民卡建设，为市民提供免费便利服务。三是只做不说：我们以国家信息惠民试点城市一卡通考核指标为"尚方宝剑"，统一市直相关部门思想，围绕一个目标共同努力，对外不宣传。在实施过程中，遇到了来自多个方面的阻力。特别是在与医院对接中，由于医院内信息系统的复杂性，先后邀请了多家公司参与对接调试，当经过近半年努力取得成功后，工作专班在兴奋之中，没待招标程序走完就迅速在卫生系统推广，因而被举报查处，直接责任人受到行政处分。在推进一卡通过程中，先后由市政府常务副市长主持召开协调会7次，市智慧办（电子政务办）组织工作专班专抓，一周一督办，一月一调度，经过两年多的不懈努力，到2016年市民一卡通目标基本实现，一度因此在全省落后受批评的社保二代卡发放也迅速领先。

到2020年，宜昌市民卡功能几乎全覆盖了市民用卡需求，并实现实体卡与虚拟卡（手机市民e家）同步。全市城乡一体共发放390多万张，覆盖率达到95%以上。

轶事六：全国首创视频云

2013年8月，宜昌被住建部列为第二批智慧城市试点。我们在开展智慧城市建设统筹规划中发现，城市视频监控多个部门都有需求，已经出现"一根杆子挂一排摄像头"的多部门低水平重复建设现象。为此，根据统一规划建设、资源整合共享的原则，组织公安、城管、环保、教育等9个部门开展视频资源普查，根据各部门的需求统一进行监控探头布点规划，根据规划统一标准统一建设。

在一个城市实行视频监控统建共享当时还没有先例。我们瞄准了当时正兴起的云计算，组织开展"视频监控云平台"方案的设计，工作专班经过一年多的努力，北上南下多方寻找专家请教，与多个专业公司开展技术合作，终于把设计方案完成。2014年年初，邀请北京专家组开展方案评审时，专家组虽然认为方案理论上可行，但仍然不相信真的能够实施。2014—2015年间，在"视频监控云平台"的支撑下，根据视频探头布点规划，集中资金对城市一类探头统一进行了更新提升，取得了非常好的效果。经过测算分析，采用"统一建设+云技术"模式比"分散建设+传统技术"模式建设，在建设投资和运维成本两个方面可降低30%以上。

2016年中央政法委在全国开展"雪亮工程"试点，宜昌作为34个试点城市之一，以"视频监控云平台"为基础的《宜昌市"雪亮工程"建设方案》上报后，直接被确定为全国试点城市的样板方案。

轶事七：一把手工程制度不能变

从2008年起，宜昌电子政务作为一把手工程的相关工作制度基本形成。主要体现在：年初，由市长主持召开宜昌电子政务领导小组年度办公会，听取上年工作情况汇报、研究安排当年工作（工作要点会后政府办正式文件下发）、审核当年建设项目安排及经费预算；年中，一把手市长或进行专题调研或主持召开相应推进会等，督办检查工作进展；年底，将其纳入党政综合目标考核。

2014年元月，电子政务办按惯例已做好了由市长主持召开电子政务领导小组年度办公会准备工作,开会方案请示上报后,新任市长口头指示:请常务副市长主持召开。但我却担心,这个会,如果新市长不亲自听汇报,不仅新市长一年内没有更好的机会全面了解电子政务建设情况,更有可能引起基层领导觉得市政府对电子政务重视程度下降的误解。为此,我冒昧向常务副市长汇报了我的想法,得到认同,会议被暂时推迟,我则边等边争取机会。

元月、二月等过去了。春节期间新市长直接在原请示报告上批示,仍坚持请常务副市长主持召开。我固执地说服常务副市长同意,再等一个月看情况。

等到3月上旬,一个意想不到的机会来了。上海市经信委主任听国家信息中心领导介绍说宜昌政务信息共享做得比较好,专门带人来考察。上午我接机后直接陪其实地考察,中午请新市长陪着吃工作餐时,上海经信委领导充分肯定了宜昌电子政务工作的成效,并说下午回去后马上派人来深入学习。中午送走上海领导后,接到通知"明天上午市长主持召开电子政务领导小组年度会,时间一个小时"。

3月6日上午8点半,等待两个多月的市电子政务领导小组办公会终于召开。市长边听我汇报边翻看准备的会议资料,约20分钟后我的汇报被叫停,市长说:"请办公室通知原安排今天上午后面的两个会议推迟,请王俊同志汇报再详细一些,也让大家有充分的时间讨论,上午只开这个会了!"

会议圆满完成了预定任务。市长在总结时一番语重心长的话,开启了宜昌电子政务的新里程!他说:"这个会拖了两个月了,我原觉得电子政务由常务副市长抓就行了,但王俊同志坚持说要我来主持,看来这是对的。电子政务很重要,代表了未来方向。没想到宜昌做得这么扎实有效。昨天上海的同志到宜昌来考察学习电子政务,我觉得电子政务这样高大新的东西宜昌怎么也不会比上海做得好,以为他只是找个借口来看三峡的。中午我陪他们吃饭,人家对宜昌电子政务高度称赞,还准备马上派人来深入学习,也没看三峡,下午就回去了。这件事给我很大惊喜和信心。今天上午会议使我看到了,宜昌电子政务建设务实有效,在电子政府、社会管理创新、服务市民等方面发挥着不可或缺的重要作用,而且走在了全国前列！今后，我们要再接再厉，电子政务办公室今后要发挥好全市信息化建设的'网上城投'功能，负责做好全市信息化的统筹规划和建设协调工作，要通过电子政务建设带动智慧城市建设，推动智慧城市建设走在全省、全国前列！"

此后，市长多次在全市性大会上重复讲这段话，要求各级各部门高度重视电子政务、智慧城市建设。

这一年，市委市政府下发了《关于加快智慧宜昌建设的决定》，成立了由市委书记任组长、市长任第一副组长的宜昌智慧城市建设领导小组，两个一把手主持召开了全市高规格的"加快推进智慧宜昌建设工作会议"。随后，市电子政务办公室更名为市智慧城市建设办公室，宜昌电子政务由此上了一个新的台阶，开启了新的进程！

诗人贾岛对自己的"十年之剑"十分自信，写下了"今日把示君，谁有不平事？"的豪句。宜昌电子政务十年大统一之剑，在社会治理、信息惠民、智慧城市建设中显示了巨大优势而因此走在了全国前列，在未来数字政府、数字经济、智慧社会建设中必将会始终起到越来越重要的底座支撑作用。

智慧宜昌也自信"今日把示君，谁有难办事？"

政府信息共享无一例外，数据驱动下的业务协同已成常态；信息惠民"一网通办"已远远不是局限于在法定行政审批事项范围了，而是致力于全生命周期的数据智能服务：

——新生儿：上户口、上社保、打预防针安排提示等大数据驱动下的部门主动办理+网格员上门服务；

——入托上学：大数据智能匹配就近安排，家长只需提前在手机上根据提示核对确认，届时直接报名入学。智慧教育全区域覆盖，学校、老师、学生、家长全员全程智能互动。

——就业创业：就业培训、招聘、保险全科全程全网联动；创业办证、申请创业资金、银行小额贷款等只要符合政策规定的，足不出户，数据跑路，一网通办。

——健康医疗：公共卫生、医疗医药机构数据全域互通共享，数字健康医疗档案云存储自己管;签约医生、网上预约、远程会诊、智慧医院、网上医院、三医联动,等等,健康自有数,看病已不难。

——日常生活:一卡通、一号通、一网通事事通,只要手机在手,出行购物、办事办公都不愁。

——退休养老:老年证、老年卡、高龄津贴等,不用申请交资料,数据推送部门主动办,网格员服务送上门。

……

数字政府、智慧社会建设,只有起点没有终点!

路都难走,路径选对,坚忍不拔,必先致远!

往事虽往,其理不往。

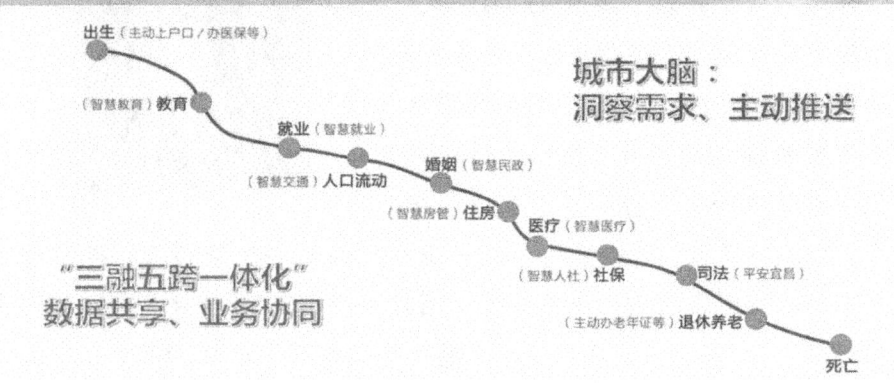

宜昌市一体化智慧民生感知服务体系示意

提笔之前满以为往事皆可述,行笔之时才发现什么叫"世上许多事,只可了于心,不可达于笔",许多轶事还真难以言表。但当看到电子政务和智慧宜昌建设成果为这个城市的管理和发展,特别是抗疫期间发挥了不可替代的重要作用,当每每看到普通市民享受到数字化带来的工作、生活便利而快乐时,任何曾经的酸甜苦涩都随风而去,心中升起的只有"功劳不必在我,庆幸不负韶华"的愉悦之情,足慰此生矣。

2020年12月

亲历"网格化"新模式的创新
感受电子政务的转型发展

倪东

作者简介：倪东，高级工程师，现为北京市东城区科信局退休干部。曾任北京市东城区信息中心主任，北京市东城区信息办主任。

作为"数字东城"建设的实践者，致力于传统政府向"数字政府""智慧政府"的转型。任职期间，参与了东城区网格化城市管理新模式的创新工作，主持完成网格化城市管理信息平台等多个信息化项目建设，在城市管理、基础教育、社区卫生、公共安全等领域取得多项领先全市乃至全国的信息化应用成果。项目获得"2011中国城市信息化管理创新奖"、北京市东城区科学技术奖特等奖以及多个北京市十大应用创新奖。个人曾荣获2006年中国建筑设计研究CADG杯华夏建设科学技术一等奖、2010年推动中国城市信息化之领军人物奖、2012首届中国移动杯"智慧北京"大赛突出贡献奖、2014年北京市科学技术三等奖、东城区有突出贡献优秀人才奖。

2021年是"东城区网格化城市管理新模式"上线运行的第17年，如今"网格化"已不是个陌生词，它已在全国智慧城市建设领域广泛应用，在城市管理和社会治理方面发挥了积极作用。

网格化模式由北京市东城区首创，作为参与者，亲历"网格化"新模式创新的全过程，更加深切感受到电子政务的转型发展。

一个问题的提出

2003年是政府信息化起步发展阶段,做网站、铺网络(政务外网)、建机房,搭建政府电子政务平台,作为北京市东城区信息中心的负责人,在不断学习中积极开展工作。这一年末,时任东城区委书记在思考如何解决中心城区的城市管理问题时,向我提出了一个问题:如何用信息技术来解决城市管理问题?能够及时发现和处理?就像伊拉克战争,通过前方士兵就能及时反馈情况。领到任务,我和我们团队积极开展调查研究,走访了当时的两大移动网络运营商和知名手机厂商,提出"运用无线网络技术构建城市管理信息系统"的解决方案思路,向书记汇报。随后就此方案召开了专家研讨会,在区委书记深度思考解决城市管理问题的引导下,各方人员广开思路进行研讨,政务需求与信息技术的碰撞产生了一系列的火花,从网络技术到精细化管理;从地理信息技术到城市问题的定位;从网格技术到网格化的管理……一个问题的提出引发了多轴向的深度思考,可以说是网格化新模式的起点,也是电子政务以需求为导向转型发展的起步。

一种敢于创新的思想

2004年初,东城区成立了由区委书记挂帅,区委研究室牵头,区政府办和区信息中心等部门参与的课题组。课题组成立后,区委书记主持召开多次会议讨论课题,听取不同领域专家意见,提出了解决城市管理问题的构想和创新点。从伊拉克战争到无线网,从城市公共设施损坏到GPS定位,从计算机网格技术到网格化精细管理思想逐步形成。创新性地提出将城市公共区域划分为万米单元网格进行精细化的网格管理法;将城市公共设施看成城市部件,定位到万米单元网格中的城市部件管理法;组建由40~50岁(40~50岁的下岗人员)人员组成的网格员队伍,以通过网格员不间断对所负责网格进行巡查,发现问题及时上报并监督职能部门解决的方式，建立一种全新城市管理模式；将原有城市管理体系进行职能重新划分，形成管理和监督两个轴的制约型管理机制；将信息技术贯穿到整合业务环节，实现政府业务流程的再造和信息技术的全流程支撑。由此形成了网格化城市管理新模式的总体框架，其主要构成要素包括：万米单元网格管理法；城市部件管理法；"城管通"信息采集器；城市管理流程再造；城市管理体制"双轴化"；综合绩效评价；多种技术集成的网格化城市管理信息平台。

"网格化"模式是政府管理适应社会发展的创新，而信息技术的应用，使城市管理模式创新成为可能，也是电子政务转型发展的典型应用。

一系列难题的攻克

在"网格化"新模式构建的过程中，区信息中心的任务是完成网格化城市管理信息平台的搭建。这个平台是跨部门、跨业务，涉及政府管理流程再造、数据共享与交换以及多种技术的集成应用。没有成功经验可借鉴，过程中遇到了一系列难题和困难，如果按照难易程度由易到难排序，我认为首先是要知晓新模式涉及的所有业务工作方式，包括新模式前后的工作流程，用白话讲，首先要懂"政务"，这对于技术人员是个必须通过的"坎"。其次，就是如何选择合适的技术解决新模式的需求，既要有新技术又要能实用，还要考虑政府投资效能，等等。过程中还有一系列的问题摆在我们面前，比如：如何确保航拍地图在政府管理应用的信息安全？何为"城管通"，如何构建？多个政府部门数据如何整合和共享等。带着问题去思考、去学习，记不清有多少次研讨会、专家会、政府专业部门会、技术开发商会，更多的是我们内部的研究。在不断学习新知识的前提下，广泛调研和请教专家，不断进步，这是电子政务人员的成长之路。

一个个问题的解决虽然不是一帆风顺，但在"新模式"的创新过程中让我感受到政府部门在管理上的创新举措。多个技术商家团队在突破原有技术壁垒上重新研发。国家有关信息安全管理部门几次前来调研，解决了航拍地图在城府管理中应用的安全问题;移动运营商突破了以往网络通信服务业务范畴,研发了涉及政府业务的应用服务;手机运营商首创了能够让手机实现"城管通"使用需要,对手机重构设计新功能;等等。北京市信息办选派了骨干技术人员来到东城区信息中心上班,北京移动公司专门安排了多个部门十几个人的团队加入我们的课题研究,等等。虽然我们也曾走过弯路,但在各方共同努力下最终攻克了一个个难关。

网格化城市管理信息平台的搭建项目从开始启动到试运行,仅仅不到一年的时间,有14个IT相关公司、监理公司与信息中心中心团队一起奋战,涉及多个技术专业小组,近200天的日日夜夜,不分彼此,共同完成了"网格化"新模式的信息平台搭建。怀念那些日子,感谢区委书记和各位领导、专家的支持与指导,感谢参与项目建设的每个人,这就是我们的共同目标和责任!

网格化城市管理模式作为城市管理革命性的变革,我认为完成这个项目建设的根本是一种责任信念。

一种变革带来的创新价值

2004年4月课题组在组长区委书记的主持下,明确了城市管理新模式的目标、框架和创新点。5月课题通过了区委书记扩大会。经过紧张的准备,6月22日召开"东城区网格化城市管理信息化工程"的招标会,同年10月22日网格化城市管理信息平台上线投入试运行。

网格化城市管理信息平台上线运行,也就意味着东城区城市管理新模式的启动运行。"新模式"运行以来,显现出极好的经济和社会效益,实现了城市管理由粗放型向集约、精细和实时性的转变,不仅提升了政府管理水平,对城市环境的改变提供了一种有效途径。"新模式"得到了党中央、国务院有关部委和北京市领导及有关专家的充分肯定与支持。2005年国信办将东城区"依托数字城市技术创建城市管理新模式"项目作为国家信息化示范项目;建设部将该项目列为国家"十五"科技攻关计划予以验收并在东城区召开了推广现场会。十几年来,"网格化"

新模式在全国得到广泛应用，也获得了国家、北京多个奖项。

"网格化"新模式成功后，时任区委书记曾多次对我说信息技术解决了新模式落地的难题，将政府创新的业务流程通过信息技术固化，并通过屏幕就可随时了解情况。正是因为主要领导对信息化的重视，东城区以需求为导向的电子政务快速发展，从2005年起，又陆续完成涉及教育的"蓝天工程"、社区卫生服务新模式、公共安全监管工程以及网格化社会管理模式等一系列信息化重点工程项目，其中网格化社会管理模式中我们提出了构建"天上有云，地下有格，中间有网"的社会管理体系，得到了广泛认可，列为全国首批示范，并纳入了当年北京的高考题。

在《网格化城市管理新模式》（陈平著）一书中写道："城市管理新模式作为城市管理的革命性的变革，其创新价值的一个重要方面就是技术集成应用创新，技术集成应用创新体现在技术集成、资源整合、管理闭环和应用标准化。"作为一名参与者感受深刻。

"网格化"模式开启了电子政务转型应用的一种新途径，从面向政府的内部办公管理转为面向公共服务的问题或者需求的应用，带动了政府管理的创新，使信息技术能更好结合社会需求，解决人民群众的实际问题，以人为中心发挥更大作用，这就是"网格化"模式创新的核心价值。

"网格化"模式有效推进了政府部门数据资源整合。"新模式"创新的一个构成就是城市管理流程再造，创新的工作流程打破了原有部门数据资源的边界，实现了多部门的资源整合与数据共享，多种信息技术的集成应用在某种意义上推进了电子政务共享交换平台的广泛应用，这是"网格化"模式创新的技术推进价值。

"网格化"模式标准化示范推广效应显著。2005年建设部在东城区召开了"网格化"新模式的全国推广会，这种模式已在全国广泛应用，我认为标准化在其中发挥了积极作用。2005年6月建设部批准了《城市市政综合监管信息系统单元网格划分与编码规则》《城市市政综合监管信息系统管理部件和事件分类与编码》《城市市政综合监管信息系统地理编码》《城市市政综合监管信息系统技术规范》4个标准为行业标准，北京市也发布了北京市地方标准《城市市政综合监管信息系统技术要求》。在一系列标准的支撑下,"新模式"在北京市和全国得到广泛推广应用。在参与标准编写和推广过程中,使我更加感受到"新模式"创新的推广价值,时至今日,我很欣慰看到更多"网格化"应用效果显著的地方,比如宜昌、深圳、上海、广州、兰州等,在2020年新冠疫情时期各地社区网格化的管理也发挥了积极作用,显现了"网格化"模式创新的标准化应用价值。

"网格化"模式带动相关信息产业的发展。在建设"网格化"综合信息平台过程中,多项信息技术的集成创新也带动了一批相关信息产业的发展,一些当时参与研发的IT企业还发展成为上市公司。比如,移动运营商的无线通信技术在政府公共服务领域的应用;地理信息系统开发商及相关企业更加广泛应用;手机开发商的拓展业务以及政务综合应用平台的构建;等等。这也是"网格化"模式创新在促进信息产业发展的价值。

总之,伴随着信息技术在基层政府深入应用取得的成效,使我感受到电子政务转型发展的必要和可能,保持一份初心,一份责任,将是政府信息化人的立足之本。

结束语

2020年7月18日"纪念网格化模式全国推广15周年暨新一代网格化人才培养计划启动仪式"在北京举行,会议指出"网格化模式"经过15年的推广,已经成为信息化时代创新社会治理、促进和谐稳定、提升政府为民服务水平的重要抓手。

国务院参事、住建部原副部长仇保兴表示,网格化模式至今仍有其生命力,是因为它为推进中国特色基层社会治理实践和理论的创新发挥了积极作用。

党的十九届六中全会通过的《中共中央关于制定国民经济和社会发展第十四个五年规划和二〇三五年远景目标的建议》明确要加快数字化发展,提出数字中国战略。从网格化看电子政务的转型,从数字城市到加快数字化发展，作为政府信息化人，不仅要紧跟信息技术发展潮流，更要熟悉政府改革创新的业务模式，让政府业务需求穿上信息技术新衣，让新技术成为推进政府服务于人民的抓手，坚守一份责任信念，不忘初心，砥砺前行！

2021 年 1 月

密云信息化的四季春色
——我所经历的北京市密云区（县）信息化工作

祁树国

作者简介：祁树国，北京市密云区信息中心原主任、政协密云区政协常委。多次获得北京市农业区划系统先进个人，多次获得北京市信息工作先进个人。

一、我的工作阅历

我是 2020 年 8 月从信息化工作岗位退下来的老同志。从 1981 年 3 月参加工作，到退休整整 40 个年头。40 年来，历经林业、农业区划、信息化三方面的工作。

（一）干林业 10 年走过两个单位

1981 年 3 月参加工作，在密云县林业局，这是我的第一份工作，我们一起到林业局的有 25 人，先参加了近一年的集中学习，后被分配到林业站，当了一名林业技术员，做林业调查和造林、营林等方面的技术工作。1987 年 6 月，我调到原上甸子乡林业站继续做林业调查和造林、营林等方面的技术工作，所不同的是当了林业站的副站长开始涉猎管理工作。直到 1991 年 6 月调离。

（二）搞区划 20 年给区划画个句号

1991 年 6 月，我从上甸子乡调到密云县农业区划办公室，开始了我的正式区划工作历程。之所以称"正式区划工作"，那肯定有非正式的了：因为当时的县农业区划办公室主任是我们在林业局林业站时的老站长，之前的许多农业区划工作我们多有参与，1990 年我还被借调到农业区划办公室一年，搞全县农业资源更新调查技术指导工作。直到 2010 年 2 月全县机构改革时，密云县农业区划办公室被撤销，区划职能被搁置，区划人员划入信息中心。这期间，我从副主任科员、主任科员干起，1995 年 1 月任命为密云县农业区划办公室副主任，1996 年 7 月兼任密云县信息中心副主任。实事求是地讲，我们的农业区划工作搞得有声有色，许多工作都是走在全市乃至全国的前列，比如：农业资源动态监测工作，我们是全国的样板，先后两次在全国农业区划会议上发言，介绍密云县的经验。我们与信息化扯上关系也是与这项工作分不开的。2010 年 2 月我被任命为密云县信息中心主任后，没有单位接的农业区划工作我们继续做，还对过去的农业区划资料进行整理，编辑成书，2020 年 12 月《密云农业区划四十年》正式出版发行，为密云县农业区划工作画上完美的句号。

（三）做信息化 26 年很有成就感

1993 年 11 月，也就是我调到密云县农业区划办公室的第三年，密云县农业区划办公室主任调到北京市，任北京市农业资源与农业区划办公室专职副主任。密云县农业区划办公室主任出现空缺，当时我作为主任科员被县委组织部指定主持密云县农业区划办公室的全面工作。期间 1995 年 1 月我被提任副主任，直到 1995 年 3 月新主任到任。我主持密云县农业区划办公室工作前后有一年半的时间。在我主持密云县农业区划办公室工作的 1994 年，北京市城乡信息中心决定：在全市各区县筹建区县级农业信息中心。正巧北京市城乡信息中心和北京市农业资源与农业区划办公室同属一个部门领导，工作关系密切，信息灵通。再加上上面所说的农业资源动态监测工作的工作业绩和知名度，我们密云县农业区划办公室就争取到了"密云县农业信息中心"这块牌子，形成一套人马，两块牌子，农业区划和农业信息双职能的机构。1995年7月，正式对外公布，由于我们有农业资源动态监测工作的工作优势，我们的农业信息工作开展顺利，成绩突出，业绩超常，很快就被各方面认可。1997年6月密云县撤销合并了农业信息中心和网络信息中心，成立了密云县信息中心。该中心为全额拨款副处级事业单位，与县农业区划办公室合署办公，肩负全县区划和信息化双重工作任务。该机构的成立，标志着密云县信息化工作步入正规化发展轨道。2002年4月，密云县信息化工作办公室正式成立，与县政府办合署办公。使全县信息化工作纳入政府议事日程。直到2010年2月，只保留密云县信息中心，2015年11月撤县设区后密云县信息中心更名为北京市密云区信息中心。

20多年的信息化实践，密云县信息化从无到有、从弱到强、从部门到全面，我们走过了一条漫长而坎坷的艰辛路程。回过头来总结我们所走过的路，我们认为：农业信息化的起步很重要，意义非凡；电子政务的带头作用更加重要，影响深远；信息化是"一把手"工程，烧钱工程，领导重视更加重要，只要一个单位的"一把手"重视信息化工作，信息化就一定能搞好。这是我们的信息化工作的经验体会。我们还认为密云信息化工作虽然起步较晚，发展较慢且不平衡，但和自己比进步还是非常大的，与我们的经济实力、社会发展水平是相适应的。信息化这棵大树初长成，局部虽见花见果，但还是幼年期，就像一年四季的春天万物刚刚发芽，生长势头正旺，让人们有奔头，充满成就感。

弹指之间20多年，密云信息化的一步一行历历在目。

二、农业信息的起步带头作用意义深远

密云县的信息化建设是从农业信息起步的，1992年农业资源动态监测项目的实施是当时最大的信息化项目。1995年，成立密云县农业信息中心（密政办字〔1995〕36号）和县网络信息中心。农业信息中心进行

农业和农民有关方面的信息探索；网络信息中心完成了县委、人大、政府、政协和统计局的网络布线工程，购置了一批电脑和网络设备，请清华大学开发基于 DOS 下 OA 系统。当时的光纤到楼层，3 类双绞线到桌面的布线及 OA 系统的研发是最先进的，只可惜未利用起来。我们农业信息中心在做好农业资源动态监测的基础上，又推行信息门市化、光纤村村通、数字家园等农业信息工程项目。这些农业信息化项目的实施，在全市都属于独家或领先的农业信息化项目。这些项目的落地产生了很大的社会效益和社会影响，得到了各级领导和主管部门的肯定，1994—2002 年连续多年获得北京市农口信息化建设先进单位（集体），也为我们从主抓农业信息的部门信息工作向着抓全面信息化迈进打下坚实基础。没有密云县农业信息中心的扎实和卓有成效的努力工作，就不会有我们后来的密云县信息中心。其意义非常深远。

（一）农业资源动态监测工作为农业信息化良好开局

1991 年开始筹备，1993 年 3 月布点完成，6 月开始试运行的密云县农业资源与农村经济信息动态监测系统的建立和运行，是密云县农业区划工作的最大亮点。该项目获得"八五"期间农业部农业资源与区划科技成果三等奖；先后两次在全国农业区划会议上作典型发言，介绍密云县农业资源与农村经济信息动态监测系统的建立和运行情况，国内多个地区同行来密云县学习考察。特别是 1997 年 2 月 26 日，时任副县长王成绵同志代表密云县人民政府在北戴河召开的"全国农业资源区划会议"上所作的《建立动态监测系统　增强宏观决策能力》的大会发言，影响广泛，意义非凡。此项目每年运行 10 次以上，每次运行结果都通过配套专刊《农业资源与农村经济》向有关领导和相关部门报送。此项目的开展运行对推动全县农业信息化工作打下了坚实基础，为做好农业信息化工作开了一个好局。

（二）信息门市化起到了宣传鼓动作用

为加快农业产业化和农村经济结构调整步伐，满足全县人民对农业信息的迫切要求，县信息中心制定了实施信息门市化方案。1999年10月，方案经第5次县长办公会议原则通过，印发全县贯彻落实。

实行信息门市化，是密云县人民政府在推进社会主义市场经济建设中的重要改革举措，这对于以农民家庭为基本经营单位的农村经济发展和农民增收致富，具有重要的引导和推动作用，各有关单位高度重视，切实加强领导，明确职责，积极落实。县政府决定由一名副县长牵头，协调有关部门抓好此项工作，各乡镇也明确主管领导和具体工作人员，县信息中心全面负责。

很快全县18个乡镇和我们信息中心就在各辖区内临街的地方和县政府院前建立起19个信息门市。每个门市安装1~2台电脑，采用拨号上网方式搜寻外埠信息，推送本县信息和农副产品。县信息中心门市还将搜集的信息分门别类整理《农业信息》向各门市和有关领导和部门发（报）送。

（三）实施密云县"村村通光纤"工程

2001年12月17日，密云县人民政府与北京电信公司合作开发建设"数字密云"项目签字仪式在瑞海姆田园度假村隆重举行，它标志着"数字密云"工程正式启动，标志着密云向数字化城市迈进的步伐将进一步加快。

2005年12月，启动密云县"村村通光纤"工程。2006年1月，"村村通光纤"工程列入2006年县政府为群众拟办的28件实事。8月25日，密云县"村村通光纤"工程开通仪式在石城镇贾峪村举行，全县334个行政村全部实现村村通光纤。这在北京郊区县中是首先实现的。为此，2006年12月29日，密云县被确定为国家信息产业部农村综合信息服务体系建设试点县。

（四）全面进行"数字家园"建设

为了有效利用光纤资源和信息资源优势，推动全县农村信息化的普及应用，密云县按照"接通一条宽带网络，建设一个村级综合信息服务点，组织一批信息资源，建立一支信息化服务队伍，制定一套信息化工作机制"的"五个一"标准全面进行数字家园建设。在2006年先期进行试点的基础上，于2007—2009年全面展开，共投入资金600多万元，建设农村数字家园335个，为每个数字家园配备了至少5台电脑，实现了行政村全覆盖。数字家园拥有密云县信息资源中心、密云县农村综合信息服务网、农村党员干部远程教育和文化共享工程等信息资源，为本地区产业发展提供信息化支撑。"数字家园"建设实现了行政村全覆盖，初步解决了信息接收终端问题，促进了信息进村入户。

（五）密云县农业资源管理决策系统试运行

2006年底密云县农业资源管理决策系统"一期工程"试运行。1996—2000年密云县信息中心在农业部和市区划办的帮助下，开发《密云县农业资源决策支持系统》，该项目共收录了全县的行政区划、土地利用、土壤养分含量、水文、气象、旅游、交通及矿藏等15套图件及8个统计指标数据库，已具备图件查询，数据库查询，赋值条件查询，图库相互挂接，派生新图、新库等一大批地理信息管理方面的功能。在此基础上进行深度开发，于2006年底完成密云县农业资源管理决策系统"一期工程"项目并试运行。

三、网站的窗口作用越来越强

密云县人民政府门户网站——《密云寻访》于1999年1月正式建成，是"首都之窗"首批上线的网站之一。随着网站管理水平的不断提高，技术含量和点击率逐步提高。网站功能也是从弱到强，网站数量从少到多再到少，逐渐向规范化发展。密云县网站建设可以分为以下几个时期。

（一）初始期：网站以对外宣传为主

1999年到2004年，此时网站刚刚建立，由于经验不足，技术水平所限，网站技术含量低，致使网站频繁改版，5年改了3次。这一时期密云县人民政府网站——《密云寻访》信息量逐步加大,信息更新频率逐步加快。美丽的密云以更快捷的速度、更全面的形象走向国内国际。到2004年底,全县有域名的网站总计23个。

(二)发展期:网站数量增长较快

2005—2015年全县网站建设进入快速发展期,这段时期全县网站数量发展较快,网站功能作用也在迅速扩展。

2005年6月,密云县人民政府门户网站进行第四次改版,名称由"密云寻访"更名为"北京·密云"。主色调也由绿色转向红黄色—蓝红色过渡。政务公开、网上监督功能及政民互动均有发展,网上办事功能有新突破。

建设和完善政府门户网站,是电子政务建设的基础。积极促进各种网络资源的整合与互联互通,强化政务公开和为民服务,是我们的工作重点之一。那几年我们不断进行政府门户网站的总体框架的设计、更新、调整,突出了政府政务公开的内容;为确保政府网站内容的安全及可靠运行,我们对网站工作人员进行强化教育,明确责任分工,切实加强对网站区长信箱和网上信访的管理,完善信箱回复制度,确保为来信群众提供满意的答复,增强了网站管理水平;召开网站管理工作会议,增强政府门户网站对下属网站的管理,发挥政府门户网站的指导作用。信息更新量、上报量逐年提高。每年更新信息4000~6000条,上报信息4500条左右;积极推动网站群建设,在"北京·密云"网站下有53个县直部门及20个镇街及16家县内站点,共计89家单位,加门户网站共计90家。

2015年3月—12月,按照市政府办公厅文件的统一部署,信息中心牵头圆满完成全县第一次全国政府网站普查工作。密云县参加此次调查的政府网站共58家,其中组织部门网站1家,委办局网站34家,镇街网站23家,有4家网站申请了关停并转。

(三)规范整合期:实现"全区一网"

2016年继续按照第一次全国政府网站普查时的指标要求来监管所涉

及的53家政务网站，到12月，参加普查的网站由53家变为52家，永久关停1家，暂时关停1家，做到监督和管理常态化，以确保年底市政府对密云区的绩效考核。强化政府网站安全管理，强化安全技术应用，制定相应的安全策略和应急预案，加强日常巡检和监测工作，另外添加安全设备提高应对网络攻击、病毒入侵、系统故障等风险安全防范和应急处置能力，确保系统稳定、高效、安全运行。

2017年，区信息中心按照国务院办公厅《关于开展第一次全国政府网站普查的通知》（国办发〔2015〕15号）确定的检查标准和《国务院办公厅关于印发政府网站发展指引的通知》（国办发〔2017〕47号）（以下简称《指引》）的指引要求，认真贯彻和落实，以国办和市政府的具体要求作为衡量工作达标标准，将工作细化、节点化、时间化。还委托第三方公司加大对全区参与全国政府网站普查的52家政府网站进行24小时监测，对52家单位的门户网站进行定期和不定期的普查和抽查，发现问题第一时间通知其单位网站负责人和主管领导，做到即时通报问题及时整改。通过加大监管力度，及时整改监测中出现的问题，工作成效显著。在北京市人民政府办公厅下发的前三季度全市政府网站信息内容建设普查情况的通报中，密云区连续三个季度普查合格率达到100%（12家100%）；对所属网站自查比例达100%（16家100%）；"我为政府网站找错"监督举报平台入口添加率达100%（8家100%）；"我为政府网站找错"监督举报平台网民留言按期办结率达100%（10家100%）；所属政府网站名称符合《指引》要求比例达到100%（2家100%）；所属政府网站域名符合《指引》要求。

2018年7月启动政府网站整合工作，对全区50家政府网站进行全面整合，截至2018年10月，整合工作完成，实现"全区一网"的整合目标，整合比例达到100%。

2019年全力做好区政府网站改版和域名管理规范化工作。虽然区政府网站管理职能于6月转至区政务服务局，但区信息中心依然全力做好并配合相关单位做好新版网站改版工作。新改版的区门户网站于2019年12月10日通过验收上线运行。为落实国办及市级加强政府网站域名管理的文件精神，规范政府网站域名结构，区级14个不合规二级域名全部在规定时间内完成规范化调整，全区只保留一个一级域名和两个市级特殊批准使用的二级域名。

四、电子政务专网的载体作用越来越大

2002年县政府投资300万元，建设了总建筑面积300多平方米的密云县综合信息平台；2005年投资184万元进行后备电源扩容；2007年投入260万元购置两台核心交换机；2009年又建设了140平方米的第二机房，并重新进行机房功能的划分。密云不断加大基础设施的更新换代，提高全网的安全保障能力，购置网络监管软件进行智能监管，加强制度建设提高管理水平。目前，全区政务专网实现双核心、双机房、双出口链路，实现网络安全三级等保要求，为全区信息化发展打下坚实基础。

（一）启动"数字密云"工程

"数字密云"是"数字北京"的一个组成部分，广义讲"数字密云"就是密云的信息化，是以现代化高端技术为依托，以宽带网络为基础，以加快信息传递速度、实现信息资源共享、促进经济发展、社会进步为目的的一项宏大系统工程。该工程于2002年启动，分三步实施：

第一步，建立县域内的宽带网络，实现电子政务的高速、高效、安全畅通。主要建设内容是：搭建一个综合信息平台，使其成为全县信息资源的聚集地、交换平台和对外交流通道；构建一个光缆连接的网络体系，开发运行一批实用软件，推动政府网上办公。

第二步，开展电子商务和社区服务网络化试点，力求3~5年内实现企业信息化和居民生活现代化。主要建设项目为：在试点的基础上启动企业上网工程、电子商务工程和推广普及智能化社区。

第三步，全面实现信息化。计划用5~10年的时间与北京同步基本实现现代化。

（二）密云县综合信息平台建成

2002年县政府投资300万元，在县政府3号办公楼西配楼五层建设了密云县综合信息平台，平台总建筑面积300多平方米，其中，主机房100多平方米，同时配有监控室、录入室和附属办公用房等。该平台软硬件设备按实用与效益的原则选型，新配备两台三层交换机、20多台服务器、5台防火墙、若干台二层交换机和附属设备；购买了瑞星网络杀毒软件系统，同时还购买了一大批服务器和单机操作系统及应用系统软件。该系统是密云县信息资源的聚集地、交换平台和对外交流的通道。

2009年第二机房建设完成。在政府建设1号办公楼之初，我们就积极争取有关部门支持，筹划第二机房建设，为信息化发展预留扩展空间，当时我们的目标是20年内够用。几经周折，一个140平方米，可以安排40组机柜的机房在1号楼12层建成。随后我们将两个机房通过40芯光缆链接形成一体。又重新进行了机房布局配置。逐渐增加和更换了机房专业空调、UPS稳压电源、七氟丙烷气体灭火消防等项目，还升级现有机房环境监控系统。增加了手机APP，随时随地可监控机房环境状态，购置了短信服务器，温湿度等超过正常值自动发送手机短信，机房管理员可及时发现机房环境设备故障。

这样就为加快推进"互联网+政务服务"，推进云计算和大数据在基础设施建设、社会管理、民生服务等重点领域的发展应用提供充足的空间。

（三）政务专网建设逐渐完善

从2002年春天开始按"数字密云"总体规划，我们与电信密切合作，主抓了网络建设工作，城区288芯"8"字形光缆环网建设完成，光缆进村入户，深入每个角落，接入电子政务专网的单位和终端不断增加，出口带宽成倍增加、网络安全加固、网络实时监管、故障自动报警等功能齐备，市区镇村四级网络构架全面实现。目前，政务专网实现三级等级保护要求。接入单位120多家局级单位20000多个终端；出口带宽5G；应急指挥系统、气象红外云图传送系统、政府办公自动化系统、全程办事代理网上应用系统等 50 多项全区信息系统和部门专业系统。在狠抓全区电子政务骨干网络建设的基础上，我们将网络应用作为重点积极推进专网和局域网建设，纪检监察专网、组织部专网、卫健委专网、统计专网、司法专网等都有自己的业务专网，绝大部分建设了局域网。

为适应机构改革及业务需求变更，逐步调整及规范 IP 地址规划，如：工商、药监、质监单位整合，调整并新分配 IP 地址，以规范和满足新的业务需求。

五、政府的统领作用由弱变强

密云县委县政府一直注重全区信息事业的发展，每逢启动重大的信息项目，都成立以主管领导为组长的领导小组，对重大的信息活动进行指导；信息化工作初期还将信息知识列入党政领导干部专题培训班的重要课程。提高党政领导干部的信息认识，增强信息责任。努力做到身先士卒，做表率。

（一）OA 的建设及使用

2001 年密云县办公自动化系统开发完毕，于 2001 年 9 月开始试运行，出《昨日县情》400 多期。2002 年又开发了基于 Web 浏览器的 OA 系统；一站式网上审批系统平台搭建完毕、业务流程调查也已经完成，首期有 22 个单位的 42 个项目上网进行网上审批；全程办事代理网上应用系统也开始投入运行。

2009 年，区政府启动了密云区电子政务建设项目，其中统一的门户平台和区域一体化的协同办公系统是项目建设的重点内容，经过近二十年的使用，作为密云区早期信息化项目建设的龙头及抓手，门户和系统办公系统建设的意义是具有代表性的，在全区整体业务流转中也起到了不可忽视的支撑和标杆作用。同时也培养全区工作人员信息化理念，已成为大家日常办公必不可少的工具之一，为密云区从纸质办公到无纸化办公提供了技术支持。自 2009 年建成投入使用，系统涵盖区委、区政府、人大、政协四套纵向行政系统，支撑委办局、镇街之间的公文、会议等日常办公资源的流转，实现相关委办局内部的一些相关工作进行管理，包括政府办公的各个环节，以公文处理和机关事务管理为核心，实现政府公务员日常办公工作信息化、提高工作效率。

密云区办公自动化系统建成投入使用，对 2003 年 3 月"非典"和 2020 年的新冠肺炎疫情时期起到了关键的作用。2010 年改版的一体化协同办公系统，分为区级和部门级系统。其中区级一体化协同办公系统设置 12 个功能模块，用户总数 451 个，单位用户总数 162 个；部门级一体化协同办公系统设置 7 个功能模块，单位用户数量达到 10 多个。

虽然系统经过多年完善和磨合，已经形成了一套基本符合日常办公要求的平台，但在技术和业务飞速发展的大背景下也存在一些问题亟须解决和完善，急需对现有的门户和协同办公系统进行升级改造，以适应新时期的工作需要。2020 年将启动新的 OA 系统建设。

（二）政务邮箱的建设及使用

密云县人民政府邮箱系统于 2001 年 9 月建设完成，使用范围为全县各镇街、各委办局用户，未对企业及个人用户开放。各政务外网用户需向区信息中心提交申请方可开通。2012 年 4 月为提升邮件系统安全性、稳定性和可靠性，对电子邮件系统进行了安全测评和系统加固，2017 年又升级了版本。2020 年因区内有关部门要求全区行政事业单位均需使用政务邮箱，致使邮箱需求数量增加，已有可分配用户数不能满足政务外网用户使用需求，区信息中心又扩容了 1000 个可分配用户量，同时对邮件系统进行了版本再升级，进一步提升了政务邮件系统的安全性及可靠性，满足全区行政事业单位的迫切需求。

（三）视频会议系统开通

2003 年"非典"之后密云县人民政府投资 200 万元建设全县的视频会议系统，该系统采用美国视讯公司的产品。在县会议中心和 18 个乡镇共设 19 个点，实现了县会议中心与 18 个乡镇的实时互动联系。对提高政府的办公效率，节约行政成本，对改变政府形象、倡导行政文明、增强执政透明度等都起到积极的促进作用。经过多年的使用密云县的视频会议系统已经进行了多轮设备更新，并且还有加密视频会议系统和民防办视频会议系统等多套视频会议系统，满足各方面的需求。视频会议系统在2020年的新冠肺炎疫情中发挥了突出作用。

（四）"政务云"的建设及使用

密云区政务云平台分为数据中心云和互联网业务云。互联网业务云主要为对外服务平台；数据中心云主要为政务外网用户提供业务服务及办公平台。

2015年5月，为贯彻落实《关于促进大数据发展行动纲要的通知（国发〔2015〕50号）》及《密云县人民政府关于印发'智慧密云'行动计划（2014—2018年）的通知（密政发〔2014〕55号）》，推动政务云计算和大数据应用，密云区信息中心向北京市科学技术委员会申请建设密云区政务云平台项目。此项目获得市科委支持资金494.9万元，区政府按照1∶2的比例配套资金，主要用于密云区电子政务网络核心升级改造及云数据中心设备购置，区政务云平台硬件建设及双核心双链路改造决定采取政府购买服务的建设模式，与联通公司北京分公司合作在密云区信息中心自有机房建设。密云区政务云初期建设规模为600核VCPU、2560G内存，95T存储。

2019年为满足各单位新增业务入云需求，对互联网业务云资源进行了扩容与重新部署，同时对数据中心云存储进行了扩容，目前互联网业务云资源CPU 240核，内存3.31T，硬盘223T，数据中心云资源CPU 640核，内存2.39T，硬盘130.87T。

截至目前，区信息中心两个机房政务云共承载了14家单位的50多个业务系统，其中10家单位70台虚服务器在政务云里运行，包括数据中心云里46台，互联网业务云（DMZ区云）里24台。云外共有实体服务器43台。

区门户网站、区吹哨报到办的"镇街综合治理数据调度指挥平台"、区政务服务局的业务系统全部部署在密云区政务云。区政府规定：今后所有新建信息化项目能入"云"的全面进入密云区政务云。

六、密云县信息工作之最

（一）信息化组织机构

（1）最早成立的信息化工作机构：密云县农业信息中心，1994年7月成立，筹建单位是密云县农业区划办公室。

（2）最早成立的信息化工作管理机构：密云县信息化工作办公室，2002年4月成立，与县政府办合署办公。

（3）最先成立的信息化工作领导小组：密云县信息门市化工作领导小组，1999年10月成立。

（二）信息化项目与工程

（1）最早实施的信息化项目：密云县农业资源动态监测系统。1991年开始筹备，1993年3月布点完成。完成单位是密云县农业区划办公室（密云县农业信息中心）。

（2）最早进行卫星传输的信息化项目：北京市科教兴农的重点推广项目——通过卫星传送的农民素质远程教育系统在密云县穆家峪镇开通。开通时间2002年3月15日，完成单位是密云县信息中心和密云县穆家峪镇政府。

（3）北京市郊区最先实现村村通光纤工程：密云县信息化村村通光纤工程。2005年12月启动，2006年8月完成。完成单位：密云县人民政府和联通密云分公司。

（4）最早运行的政务信息公开系统：北京市政务信息公开系统。建成时间2008年6月，完成单位是密云县信息中心。

（5）最早运行的网上审批项目：密云县网上审批系统。建成时间2001年12月，开发单位：美髯公科技发展有限公司，完成单位：密云县信息中心和密云县发改委

（6）最早建设的信息化门市：密云县人民政府信息门市部。建成时间 1999 年 10 月，完成单位是密云县信息中心。

（7）最早建设的数字家园："密云县新城子镇曹家路村民俗旅游信息服务示范基地"。2003 年 8 月，完成单位是密云县信息中心和联通密云分公司。

（8）最早实施政务地理空间服务平台项目：密云县政务地理空间服务平台。完成时间 2008 年 3 月。完成单位是密云县农业委员会和密云县信息中心。

（三）政务网络与平台

（1）最早建设的信息化专网：密云县电子政务专网。建成时间 2002 年 1 月，完成单位：密云县信息中心。

（2）最早建设的综合信息平台：密云县综合信息平台。建成时间 2002 年 1 月，完成单位：密云县信息中心。

（3）最早建设的门户网站：密云县人民政府门户网站——密云寻访。建成时间 1999 年 1 月，完成单位：密云县信息中心。

（4）最早开通的互联网出口：首都信息发展有限公司的 64K 帧中继专线。开通时间为 1999 年 8 月，2002 年 7 月开通 10 兆宽带。完成单位：密云县信息中心。

（5）最早建设的信息化应用系统：密云县人民政府 OA 系统。建成时间 2001 年 9 月，完成单位：密云县信息中心。

（6）最早建设的政务邮箱系统：密云县人民政府邮箱系统。建成时间 2001 年 9 月，完成单位：密云县信息中心。

（7）最早建设的云平台：密云区政务云平台。建成时间 2017 年 6 月，完成单位：密云区信息中心。

（8）最早开通的电子政务视频会议系统：密云县政府视频会议系统。2003 年 6 月，完成单位是密云县信息中心。

（四）信息化的管理与安全防护

（1）最早出台的信息化考核管理办法：密云县乡镇信息化绩效考核

管理办法。将农村信息化工作纳入县委县政府责任制考核。建成时间2008年3月，完成单位是密云县信息化工作办公室和密云县信息中心。

（2）最早出台的信息化网络管理办法：密云县电子政务专网管理办法。出台时间2013年4月，完成单位密云县经济和信息化委员会和密云县信息中心。

（3）最先购置的信息网络安全设备：天融信百兆防火墙。购置时间2003年5月，完成单位：密云县信息中心。

（4）最早购置的信息网络杀毒软件：瑞星杀毒软件。购置时间2002年5月，完成单位：密云县信息中心。

（5）最早进行的信息安全防护设备工程：密云县信息网络安全工程。安装两台千兆防火墙、网站的页面保护、漏洞扫描入侵检测等设备。建成时间2004年10月，完成单位：密云县信息中心。

（6）最早开展的信息安全测评项目：密云县信息网络和政府门户网站的安全测评。测评时间2009年7月，完成单位：密云县信息中心聘请北京市CA认证中心。

（7）全县第一个乡镇信息门市：密云县穆家峪政府信息门市部。完成时间2000年5月，完成单位：密云县信息中心和密云县穆家峪镇人民政府。

（8）全县第一个乡镇机房建成：密云县巨各庄镇政府信息机房。完成时间2005年10月，完成单位：密云县信息中心和密云县巨各庄镇人民政府。

（9）密云县信息分中心项目启动：2008年7月，密云县信息分中心试点工作在十里堡镇启动。

七、取得的各项荣誉和奖励

密云县信息化工作坚持实事求是，量力而行，积极进取，全面发展，取得较好的成绩，得到各方面认可。特别是信息化工作开展之初表现更为突出，年年评为先进。

密云信息化的四季春色——我所经历的北京市密云区(县)信息化工作

信息化发展到今天是时代的进步，历史的必然，但是，我们坚信：明天更美好！我也坚信密云区的信息化发展也会发展得更加美好！我们正在加速走向万物互联时代。随着科学的发展，技术的进步，社会将向着智能化，精细化，便民化发展。忆昨天春光灿烂，盼明天花好月更圆。让人们更加憧憬，更加期盼。

2020 年 10 月

功成不必在我　功成必定有我

戴辉

作者简介：戴辉，23岁从事税务工作至60岁，副巡视员退休。50岁起从事信息化工作，曾任北京市国家税务局信息中心主任，征管和科技发展处处长，国地税合并后第一任征科处处长。参与组织了金税三期上线，国地税征管系统合并，电子税务局建设等重大信息化项目。

2010年时任北京市国家税务局信息中心主任的我，最怕接到系统卡顿的电话，因为税收征收管理系统连接着200万纳税人，承载着几千个亿的税收收入，一旦征收系统出现问题，税务机关各项工作都会受到影响，也会给纳税人带来极大不便。但随着税收信息化建设的不断发展，信息化工作者的辛勤付出，我们的系统越来越完善、越来越稳定、越来越智能。回想十年的工作经历，每一点付出，每一点努力都历历在目。

一、勇立潮头，奋楫争先，为北京税务插上"金色的翅膀"

金税三期是税务部门转变征收理念、提高征管效能的重要系统工程，覆盖所有税种，覆盖所有工作环节，功能更加强大，运行更加顺畅，内容更加完备，流程更加合理。金税三期是国家项目，在各个省落地，作为一名信息化工作者，我切身体会到了其中的艰辛。

2015年10月19日，我们集系统上下之力，集结了近200人的团队，周密安排、合理部署，正式启动北京税务金税三期工程建设工作。

新系统上线，前期必不可少的工作就是数据清理。为了干干净净上"金三"，我们把历年遗留与积存的所有数据进行全面清理和修正，上线前完成了5批60项共47万条数据的清理工作。特别是历年沉积欠缴、多缴税金数据，关系国家利用，关系纳税人利益，需要逐条核实，最终我们完成3万户次涉及金额272亿余元的数据清理核实工作。

金税三期工作理念、工作流程与原有征管系统差异很大，必须要匹配全新的岗责设置。我们按照"简化前端，集中流转，限时办结"的原则，整合全市税务系统厅所职责分工、规范全市厅所机构设置。共设置业务岗位281个，梳理涉税事项877项，确保可以规规矩矩上"金三"。

要想充分发挥信息系统在征管工作中的优势，在筹备阶段我们同时推进金三上线与数据仓库、电子税务局建设，三者互融共促。并且融入"互联网+"思维。把金税三期工程建设与纳税服务资源调度、办税实名制、两级风控管理等相结合统筹规划。经过近一年的筹备工作，2016年8月8日金税三期工程系统在北京税务部门成功上线运行。

国税地税的合并，我担任合并后的第一任北京市税务局征管科技发展处处长，仍然负责系统的信息化建设工作，而当务之急就是要把国税地税的两套金税三期系统合并起来，这次考验并不比金三上线简单。这次我们要结束国税地税系统差异，认认真真并"金三"。一是精益求精做好系统初始化。以流程最优、环节最少为目标，统一岗责。将原国税404个岗位、原地税452个岗位整合为437个岗位。整理出22张原国税、地税差异代码表，核实比对代码6.27万个。将原国税、地税各自金三系统配置的882条工作流程减并为406条。二是开展管户对照清理数据。以原国税金税三期系统和原地税金税三期登记信息为基础，排查存疑数据165万条，通过技术与业务结合、前台与后台联动的方式实现管户一一对应，数据项准确一致。三是重点突破整合特色软件。将并库前原国税、原地税局的77个特色软件，按照功能重合则"去一留一"，功能不同则"合二为一"的整合原则，通过平台集成、统一入口等一系列优化改造，最大程度清理简化特色软件，改造后保留 27 个特色软件。

二、开拓创新，排除万难，为纳税缴费人提供智捷办税体验

金税三期是税务部门内部使用的系统，为了让广大纳税人足不出户，便可以通过电脑端、手机端办理涉税事项，实现从"最多跑一次"到"一次不用跑"的新跨越，我们对电子税务局的建设从来没有停止过脚步。

早期的电子税务局只有最基础的申报功能，随着互联网技术的发展，这样的电子税务局渐渐无法满足纳税人的需求，暴露出的问题越来越多。所以我们坚持以问题为导向、以双向减负为目的，聚焦办税过程中的"痛点""堵点""难点"，分阶段、分批次推出引领性、易操作、有成效的电子税务局功能，不断优化完善电子税务局建设。目前电子税务局网上办税功能已达 300 余项，覆盖纳税人常用的主要办税事项，除部分总局制度限制或基于总局统一推广的系统外，基本实现全程网上办结。较税务总局深化"放管服"改革五年方案要求，提前 3 年实现了 100% 主要办税事项"全程网上办"。《中国税务报》《税收天地》《北京日报》及税务总局微信公众号等媒体均刊载宣传了我局"全部+全程网上办"特色，获得了较好的舆论评价。

回顾电子税务局的建设历程，辛苦、紧张、困难都已经淡化，让我记忆犹新，甚至精神振奋的是我们大量的创新成果。

推出"票 e 送"服务项目。2016 年 1 月北京市税务部门推出的发票网上领用便民服务项目，旨在解决纳税人前往办税服务厅路程远、耗时长、排队难等问题，实现了"纳税人网上申领、云平台自动处理、物流限时配送上门"的一条龙发票领用服务，提供 365×24 小时不间断服务。

率先实现三方协议网上签订。自 2017 年 1 月起，在国内率先推出三方协议网签项目，实现了纳税人从多次往返税务机关和银行，到足不出户即可办理的转变，使纳税人签订三方缴税协议不再多头跑。做到了国内首创，具有可复制、可推广价值，同时也是落实"互联网+政务服务"

的具体举措之一。

跨区迁移全程网上办理。为进一步优化跨区迁移管理，自2018年4月起，纳税人在本市内提请跨区迁移申请，凡符合跨区迁移条件的，实现全程网上办理，将跨区迁移时限由20个工作日缩短至5个工作日。

大胆创新、推行要素申报。克服了原来纯模拟手工的网上办税思维，充分利用数据生成所需报表，大大简化了纳税人网上填写表单。

手机办税应用程序上线。通过开发、测试、宣传等前期准备工作，手机办税应用程序办税通于2017年7月1日成功上线，为纳税人提供便捷良好的移动端涉税服务，形成网页端、移动端、自助端全覆盖的"非接触式"办税体系。首批提供申报纳税、发票业务、涉税查询、在线服务等6类便捷办税服务功能。后期不断优化更新，扩大办理范围，并融合了个人办税，真正实现税局"触"手可及，服务如影随形！

随着电子税务局的日益完善，网上办税业务量高速增长，实体办税服务大厅人流量锐减，平均降幅近七成。从网上业务办理量看，线上办税已经替代实体办税厅，成为办理涉税事项的主要渠道。

三、担当作为，砥砺奋进，为首都发展打造一流营商环境

当得知"中国在世界银行2020年营商环境排名中比去年提升15位，比前年提升47位，位列全球第31位；如果把北京的评分单独排名，相当于排名全球第28位。"这个消息的时候，我是振奋的，同时也是自豪的！北京税务部门在优化营商环境中做出了巨大贡献，作为税务部门的征管信息化工作者，我也贡献了自己的绵薄之力。

为实现税务部门与外部门的信息交换，我们先后与市场监督管理局、编办、民政局等多家委办单位签订信息共享协议，加强沟通并实现了信息交换。通过交换系统迁移市场监管局的实名信息，同时通过市场监管局、电子税务局和大厅多渠道采集新增实名认证信息，组建统一实名信息库，为其他办税渠道提供统一的标准接口和数据服务。2019年完成市政府"一网通办"项目对接工作。配合市政务服务局贯彻市政府要求，

建设"一网通办"系统。在政务服务局的系统架构上对接我局电子税务局，实现可查、可办。为优化营商环境奠定了系统基础。

企业的开办与注销环节是评价营商环境的重要指标。我们与市场监管局共同出台相关文件，简流程压程序，优化企业开办流程。依托与外部门的信息交换系统和电子税务局，2018年3月北京市税务局对新办企业实现"一日领票"和"新办企业5天全办好"，大大缩短了企业开办时间为优化营商环境做出了巨大贡献。通过推进清税证明免办、即办服务、"承诺制"容缺办理等措施，并通过外部信息交换系统与登记机关共享信息，简化税务注销流程。自2018年9月实行清税证明免办服务来，未办理过涉税事宜的纳税人若符合简易注销条件，可以直接向市场监管部门申请办理注销，企业办理税务注销大幅提速。

十年的时间转瞬即逝，2019年底，我退休了。回首十年，我有见证历史的自豪感，我有辛勤付出的成就感，更有砥砺奋进的使命感。最近听同事们说，我们现在的税收征管系统更加智能了，更加稳定了。功成不必在我，功成必定有我。祝愿我们的税收信息化建设再创佳绩，为首都经济社会发展贡献税务力量。

2021年3月

全国第一来之不易

巫晨

作者简介：巫晨，江苏姜堰人，1982年苏州大学物理系毕业，2004—2016年任仪征市信息办主任。曾任中国信息界专家委员会委员、电子政务理事会理事、中国信息化百名优秀学术带头人、扬州市第六次党代会代表，曾荣获电子政务优秀工作者、政务微博影响力TOP10第九名、全国党政干部微博客100强第85名、"仪征好人""最美扬州人"等荣誉。现任仪征市政府办公室四级调研员。

2007年1月11日，是我终生难忘的日子，这一天，国务院信息办在北京召开了"第五届（2006）中国政府网站绩效评估结果发布会"，我主持建设的"中国仪征"政府网站荣获县级第一名。

"中国政府网站绩效评估"是国务院信息办主办的活动，每年一次，委托中国软件评测中心，在当事单位不知情的情况下，对各级、各部门政府网站的信息公开程度、在线办事能力和政民互动的效能三大指标及若干子项进行在线测评，集中测评和日常测评相结合，测评极具权威性，每年年底或年初开会发布。

我们是2002年开始建设"中国仪征"政府网站的，当时并不知道有国务院信息办测评各地政府网站这档事，是按照省里的要求运营网站的，2006年初，有同行告知，"中国仪征"政府网站，在国务院信息办第四届（2005）测评中获得县级第33名，这使我感到很意外。把这个结果向仪征市政府领导汇报后，被市政府主要负责人大大的表扬，他说，"我们仪征要进百强县，拼尽力气才得了第99名，你们这个成绩很不错了，再接再厉，明年进前十，给你们奖励！"

我们立即去北京，与国务院信息办和中国软件测评中心取得联系，学习有关测评文件，对照检查、改版网站。所幸的是，基本内容都有，尤其是测评强调的"政民互动"，正是我们的强项，我们网站的论坛，一直就很活跃，各乡镇、各部门能够在上面答复网友提问，搜"政府论坛"，我们常年排在百度第一。

经过一年的工作，要交答卷了，年底接到了北京电话，要我们准备一下，请政府领导到会交流发言，我小心地问，能否透露一下我们得了第几名？对方说，这个不能透露，必须开会时才揭晓。但是你们成绩不错，已经完成"前十"任务了。

这就有了本文第一段，到了会场才得知，我们获得了全国县级第一名。

回来后向领导报喜，领导很高兴，很快召开了市长办公会，专题听取信息化工作汇报，将"仪征市信息中心"更名为"仪征市信息化办公室"，同时挂"仪征市电子政务中心"的牌子，给我们落实了信息化专项基金。

从2004年我执掌仪征信息办，到我2016年春天（五十五周岁）退居二线，12年间，"中国仪征"政府网站在第五届（2006）、第六届（2007）、第八届（2009）、第九届（2010）、第十二届（2013）、第十三届（2014）、第十四届（2015）七次荣获国务院信息办（后为工信部）"中国政府网站绩效评估"（县级）第一名。我还在第十届评估结果发布会上做过题为"中国仪征政府网站新技术应用"的发言。

关于电子政务建设，我有一些感悟。

电子政务，就是用电子手段来办理政务，政府网站是个抓手，政府网站测评就跟高考差不多，表面上看，指标就在那里，你对照执行就可以了，但是实际上做起来并不容易。核心是网站要能体现政务公开、在线办事和政民互动这三大指标的数据成果。

政务公开和在线办事除了相对固定的政策、指南外，需要不时更新政务动态和办事结果。为此我煞费苦心，设计和建设了全市电子政务平台，鼓励并考核各乡镇、各部门建设网站，与"中国仪征"共用同一个平台。一方面为他们提供政务信息发布窗口，另一方面通过数据调用，实现"中国仪征"数据共享，特别是行政服务中心每天几百件办事结果，都能在政府网站体现，从而解决了政务公开和在线办事这两大项的数据问题。

网站测评的三项指标中，我们每年得分比重最高的是"政民互动"，互动就是双向交流，首先是老百姓提交诉求渠道要畅通，然后是政府答复反馈要及时，最终在全年真实处理的诉求案例数量和质量上体现出来。

为了畅通诉求渠道，我提出了"老百姓在哪里上网，我们就在哪里服务"的理念。

信息化手段是不断发展的，推陈出新的速度很快，一开始只是在网站上留个信箱，后来增设留言板，再后来论坛、QQ、微博、微信、公众号，加上12345热线，除了不接受纸质信件和上门诉求（那是信访局的事），我们开辟了十多个网上诉求渠道。

从这些不同渠道收集到的信息，统一到后台登记、派发交办、督办、反馈给提交者，我们制定了一整套流程，每个环节都有时间要求，做到件件有着落、事事有回音。

为了及时反馈百姓问题，我采取了"硬性考核和联络感情相结合""部门交办和亲为督办相结合"的措施。

根据我的建议，市委市政府出台了对论坛等渠道群众诉求"看、办、答"的文件，提出了回应事件、回应质量等要求，我们根据有关文件，对乡镇、部门进行考核，考核分数记入"双文明"总分占一定比例，这是市委给我们的"尚方宝剑"，有了这把剑，说话办事底气更足。

我有多年机关工作经验，深知凡事不可"以势压人"，与乡镇、部门搞好关系、联络好感情至关重要。我们建立了各单位信息主管（CIO）制度，经常开展业务培训，八项规定出台之前，还组织大家一同外出参观学习，我们去过曾获测评冠亚军的巩义、招远、余姚等地，一方面学习先进做法，另一方面建立起与各单位信息主管的感情纽带，有好多事情，如果与某单位信息主管熟悉，直接打电话就可以完事，不需要公事公办走几天流程，大大提高了工作效率。

大部分的诉求是可以交办下去的，但也有不少"疑难杂症"，是几家都不管的，这就需要我们牵头协调，本人不畏惧矛盾，经常召集相关单位，现场查勘情况，作出决定，商请有关单位执行。像电信线路断掉、窨井盖损坏等问题，常常遇到几个单位都不承认的情况，我将众单位请到现场，在无法判断谁的责任的前提下，指定某单位办理，通常能得到支持。遇到实在砸不下去锤子的情况，我不等不靠不要，自己单位掏钱，先把事情做掉。分管城建的副市长得知情况后，很是赞赏，主动拨款给我单位，作为我们先期修复窨井盖的补偿和奖励。2016年1月22日，我即将退居二线之前，还在坚守"巡山"，冒雪在沿山河路，现场督办窨井盖粪水满溢问题。

这样的协调会，每个月我都要亲自牵头搞几次，逐渐形成了信息办的品牌，有的部门单位遇到难题，也来找我帮忙协调解决。比如市人民医院新大楼落成，但门前挂着一大堆线路，电信、移动、联通、广电等七个单位的都有，谁也不愿意主动拆，我把他们请到工地现场开过三次协调会，厘清了头绪，明确了各自应投入的资金额，落实了迁移杆线施工单位，每周督查工程和资金到位情况，最终完成了迁移，人民医院对此非常感谢。

我们还积极参加各类专题活动，掌握行业最新动态，了解吃透上级精神。参加国务院信息办、工信部信息化司、中国软件评测中心、中国信息协会、中国社科院信息化中心、中国信息化研究与促进网、人民网、新浪网、国脉互联、江苏省信息产业厅、江苏省信息中心等单位举办的各种会议和活动。电子政务理事会举办的培训活动很专业、很贴心，每次活动他们都邀请工信部信息化司电子政务处的领导，来给大家辅导电子政务的最新政策和动向，对我们做好电子政务工作，帮助很大。

信息办虽说是一级局建制，但在以"招商引资"为中心工作的氛围中，只是个边缘部门，与财政、税务、土地、建设、开发区等强势单位，根本不在一个档次。承蒙领导厚爱，几次把我们评为"标兵文明单位"（一等奖），每年正月上班第一天，表彰会上台领奖。市委书记大会小会表扬，他在全市表彰大会上说："信息办得标兵奖，有的人不服气，你也争个全国第一试试。全国各地每年来仪征参观学习电子政务的同行，有三四十批，提高了仪征的知名度。"他还奖励信息办十万块钱，用于全国各地来仪征参观学习的接待。

2021 年 1 月

我与广州荔湾"一窗式"的故事

刘允强

作者简介：刘允强，全国"一窗式"政务服务模式设计和实践的"操盘手"，现任中国通信工业协会数字政务专委会学术委员会联席主席、中国政务大讲堂导师、广州大学中国政务研究中心特聘研究员、四川省成都自贸区专家委员会委员、广东省东莞市政府专家咨询委员会委员、西安市行政审批咨询专家、原广州市荔湾区政务办主任。在政府党政机关担任过十多个部门的主要领导，长期从事政务服务改革模式的设计与推动工作，在行政审批领域创新推出的"一窗式"行政审批模式，引起全国同行高度关注，撰写《"一窗式"：互联网时代的政务服务变革》，这是国家社科基金重点项目"国家大数据战略实施的关键路径及其行动策略研究"（15AZD077）的阶段性成果。"一窗式"模式被全国多地复制借鉴，先后指导广州、深圳、上海浦东自贸区、西安、张家口等地成功落地。作为中国政务研究中心特聘研究员，以实务专家的身份参加了国家社科基金重大项目"大数据驱动政府治理能力现代化研究"（17VZL021）和国家社科基金重点项目"国家大数据战略实施的关键路径及其行动策略研究"（15AZD077）两个国家级课题的研究任务。

"互联网+政务服务"改革已经几年了，特别是推进"一窗式"受审分离模式，现在有很多地方已经做得比广州荔湾更好了，不仅外表高大上，内容也高大上了，当年的追兵已经成为标兵了。在此，我将当年推进改革的探索与实践、操作经验和近期的一些思考整理出来，说说荔湾推动"一窗式"政务服务改革的"心路历程与小故事"，与大家分享。

一、源起

我常说，改革必须有想法、方法和做法。想法是动力，方法是王道，做法就是工匠。

"王道"是什么？就是通过机制创新来推动政务改革。

作为全国 80 个信息惠民试点城市之一，广州已先行探路。2012 年我提出"一窗式"综合受理审批构想"前台综合受理、后台分类审批、统一窗口出件"，为此亲自编制工作方案和拟订具有实操性的工作指引，并描绘和反复推敲制作了 150 多张流程图。

为了让设想更有说服力，在 2013 年 4 月，我先后与建设局、经贸局两个部门协商，先试行部门综合窗口受理。当时主要考虑到这两个部门职能比较特殊，如经贸局是由工业、商业、外贸、交通、糖烟酒等部门组成，业务跨度大，部分专业性较强，建设局也类似。

我设想，如果这两个部门都可以实行一窗综合受理，那么，大一窗受理一定可行！

试行了 3 个月，效果就出来了：一窗受理、分线审批、减窗减人员、忙闲均衡。得到了试行部门的主要领导、分管领导和一线工作人员的肯定，并提出了一些很好的建设性完善建议。因此，更加坚定了自己的信心。并将试点中出现的如专业类业务如何解决，如何提供更为方便的咨询服务，受理清单精细化和即办件操作，以及如何通过以信息技术手段来支撑联动等问题，再进一步优化导办的工作，制定更为详细的实施指引。

同时，考虑到要以办事者的角度和感受作为改革的目标，于是邀请部分企业代表、人大代表、政协委员亲身体验和听取意见，特别是听取那些代办中介机构的前后比对意见和体会，再修改操作指引，进行体验式运行。

达到预期目标后，将此成果向区委、区政府主要领导汇报和现场体现，得到主要领导充分肯定和高度评价，并在政府常务会议上受到表扬。

记得 2013 年 7 月 23 日荔府 15 届 60 次〔2013〕20 号会议纪要有这么一段话：会议指出，区政务服务工作取得突出成效，受到市里的表扬和辖内企业的认可，以区政务办为首的相关部门和街道做了大量工作，应给予充分肯定。会议强调，要继续创新抓审批抓服务的政务服务方式。一是创新"代办"，试行上门代办和"一条龙"代办服务；二是完善"网办"，实现网上办事大厅与实体大厅一体化运作；三是改进"窗办"，试行"三集中三到位"，整合分散在各部门的审批权，实现"一个窗口收件，一个窗口出件"。

2014 年 4 月荔湾区将行政审批政务改革定为区委、区政府"1 号改革工程"，通过流程优化再造、窗口集成统一、区街居三级联动，实现"工程类、经营类和公民类"三大版块政务服务从"传统摆摊式"向"现代综合银行一窗式"转变，全面实行"前台一窗综合受理、后台分类审批、统一窗口出件"模式，审批效率大幅提高，企业和群众满意度大幅提升。

经过一年多的实践检验之后，特别是经过社会各界和办事群众的点评，并经过多方论证比对改革前后，不管是办事人、窗口受理人员、部门审批人员都有不同程度的获得感。为此，2015 年广州市政府决定全面推广复制。

当时，召开广州市政府新闻发布会，按规定必须是由区长上台主讲的，但考虑到当时媒体以及市民代表有很多提问，所以经区政府推荐，市政府同意，由我在广州市政府新闻发布会上发布并回答问题。

二、动因

回想起荔湾"一窗式"政务服务改革之路，真的充满了坎坷，并非坦途……

荔湾区政务服务中心自成立起，也和全国各地政务服务部门一样，伴生存在着"门难进、脸难看、话难听、事难办"问题。

"四难"问题是长期困扰政务服务的一个顽疾,严重影响了党委政府的声誉,造成了干群关系的对立,拉大了政府与群众间的距离,是群众反响最强烈的问题之一。各地党委政府为解决"四难"问题,想了不少办法,却始终摆脱不了头痛医头脚痛医脚的樊篱,治标不治本。

荔湾区政务服务中心对"四难"问题有着切肤之痛,在改革前的2012—2013年曾被纪委和媒体暗访2次曝光。

此类状况并非广州荔湾的个案,全国各地政务办事大厅都不同程度存在,进驻部门"摆摊设窗"、忙闲不均、热门业务要给好处才好办事、中介横行等,不一而足。

当时,为了迅速整改,我也下了一剂"猛药",针对曝光的情况,有针对性地进行整改,并制订了一系列制度加以规范。

通过加强巡查抽查力度、加强后台监控、加强技术支持、加强教育力度、加强通报力度和加强公开监督力度"六个加强"措施,以"堵、防、查、纠、教"方式来落实整改。

整改"药方",出台《荔湾区政务服务窗口作风整改措施》,从十个方面对政务服务行为进行全面详细的规范:一是每个窗口必须在办事桌面张贴"窗口服务行为明白卡";二是每个窗口工作人员统一佩戴"为您服务,请您评价"服务胸卡;三是在每个窗口放置"规定人人知道、纪律人人遵守、服务人人监督"的服务监督卡,公布监督电话,提醒办事群众行使监督权利;四是在政务大厅设置服务监督箱和评价卡,让办事的企业和群众可多渠道进行服务评价;五是窗口办公电脑只开通办公办事受理网络;六是对政务大厅窗口办公网络进行全天候的音频、视频监控、网络监控,定期调取监控情况进行通报,实行阳光服务全程录像、阳光政务全程可查;七是邀请区监察行风监督员随时明访暗访;八是建立服务监督回访和服务满意度问卷调查机制,对评价、投诉处理情况进行回访跟踪调查;九是深入开展"服务至上"为主题的系列廉洁文化教育活动;十是提高窗口人员的政治待遇、生活待遇。从政治、思想、生活上关心,调动窗口人员的工作积极性。

以上制度和措施的实施,不可谓不得力,客观上也暂时起到改进作风、抑制"四难"问题的作用。但这类重复开展的各类作风整顿活动、创建文明活动，都是治标不治本之举……

其实全国各地的整改措施和方法都是一样的，但面对窗口众多，人员复杂，管理多门的现状，还是难以持久、反反复复，难以从根本上解决"四难"问题，实现长治久安。

要真正解决"四难"问题，就要深入分析存在或产生这些问题的原因：一是窗口服务为什么会忙闲不均？忙闲不均会出现什么问题？二是窗口人员由各部门派驻承担，对他们的管理人事权属于谁？政务中心对他们的管理、对他们的提拔有话语权吗？三是窗口人员与审批人员一体化会产生利益链条、会官官相护和难以监督吗？四是目前"门难进"典型是部门窗口互相推诿、不一次性告知，没标准化，自由裁量权过大。五是窗口人员的身份不一、待遇不一。实话说，体制外的临时工，待遇偏低、素质不高、流动性大，难以纳入纪检监察部门的问责和处理，从当时的法律法规来看，最严厉的手段只能开除。而体制内派驻中心的部门人员，现实情况是大部分是属于部门"流放"的边缘人员。

在这种状况下，我主动与进驻部门领导进行了多次恳谈：这种被动"挨批挨整"的苦日子，我们大家都很难受，处理到谁的头上，除非真正的"害群之马"，我们也于心不忍。这种政务中心与进驻部门"一同问责"的各打五十大板式的处理方式将会继续沿用。所以，与其两败俱伤，与其抱怨，不如改变！

我提议，将部门的前台窗口收件受理工作转给政务服务中心负责，部门人员转到后台专职审批和必要的专业咨询服务，审批权还是部门的，而将投诉风险最高的窗口工作交给我们政务中心来做，我们充当部门的"防火墙"，减轻部门人员被投诉的压力，也减少部门人手不足的压力。

通过持续不断的沟通，也出于面临被问责的压力，再不改革，将难以维持现在的日子。各部门都感觉到，政务中心不是来争权的，而是来帮忙的，来解救我们的。部门从心底上都认同这种改革做法。所以，我们决定不如来一次改革，先"痛"后"快"！

要真正解决"四难"问题，必须铲除"四难"存在的土壤，釜底抽薪。

荔湾区下定决心推进政务服务综合受理模式改革，是有几件事刺激了我，感到这种政务服务模式非改革不可：

一是工商、消防、规划等部门每天用一辆中巴来回不断地运送审批材料，典型的收发室模式；

二是在 2013 年年三十，为了避免被明察暗访，我区政务中心 60 多个窗口和 22 个街道政务中心共 280 多个窗口坚守到下午五点半，其中某个街道中心开了 19 个窗口，结果仅仅来了 4 位办事群众，其中还有 3 位是预约的；

三是区政务服务中心一个部门窗口因为用 QQ 传输文件，结果被暗访拍到了，被媒体放大之后说是窗口人员上班期间用 QQ 聊天，我们也是欲辩无语；

四是我在政务中心碰到一位办事群众告诉我，"政务服务中心能集中一起为群众办事很好，但不要让我们办事就等这几个窗口，其他的窗口空闲着又不能办，每次都等太久了，还要到处找部门的窗口，来回折腾……"

还有一些事例不一一列举，但这些事例当中无不反映出当时我们政务服务中存在不少问题，都到了非改不可的时候。

比如，审批权不到位导致审批效率低下、行政运行成本高昂、监督不畅顺等，这些情况的存在，既让群众不满意，也让部门有怨气，哪一头都不讨好。

这些问题让我反思，必须通过一种机制上的革新，从根本上改变存在的这种高成本低效能的政务服务现状。正如习近平总书记所说：改革是由问题倒逼而产生。正是这些问题，促使我痛下决心必须进行政务改革。

那么，又如何去改革呢？哪一种方法好呢？

此番改革即是破除"四难"的一大探索，具体是着力解决造成群众"四难"的如下问题：

一是着力解决群众要为办理不同业务而跑不同地方的"多窗口反复折腾"问题；二是着力解决政务服务中心各入驻部门各自为政、各自

"摆摊设窗"、业务单一，造成群众"多次往返多头跑"问题；三是着力解决窗口人员在业务受理中存在一定程度的自由裁量，造成群众无所适从的"门难进"的问题；四是着力解决临聘人员坐"窗口"，作风建设"逢曝光必临聘"问题；五是着力解决窗口之间忙闲不均，凡新增服务就"增窗增人"的问题；六是着力解决政务管理机构有"责"无"权"，协调无力的问题；七是切实解决行政审批服务中的信息共享、材料共用，管住"入口"和"出口"，实现一网打尽、无体外运行的监管漏洞的问题。

三、探索与实践

针对上述问题，我们借鉴餐厅的运作流程方式来实现"一窗式"受理与审批相分离模式。即前台服务员由政务服务中心的人员担任，专职负责收件受理（相当于食客用餐时点菜），后台由各审批部门担任，专职审批（相当于厨师），各部门审批完成后将批件统一交由政务服务中心统一对外发放（相当于将所点的菜做好后，由服务员端出来给食客）。

通过优化整合，以信息技术手段赋能为支撑，在区政务服务中心全面推行"前台统一受理、后台分类审批、统一窗口出件"的受理、审批、监管相分离的综合服务模式，实现"进一个门、办所有事"，促进政务服务制度化、规范化、高效化。

改革说到底，是一种利益的调整，必然会触碰到相关部门的利益。部门的利益主要表现在部门的人权和事权两个方面，改革阻力无非就是对这两个权力的博弈，把这两个方面理顺了，改革就可能顺利推进，否则改革就可能寸步难行。

我们推行的政务改革，就是要通过解决现存的问题，理顺和改变目前导致问题存在的不合理的人权和事权；通过对不合理的人权和事权的调整来达到机制创新的要求，进而通过机制创新，又进一步推进问题的解决，从而使我们的改革和政务服务都走上良性循环的轨道。

但要做到这点确实也不容易，为保障改革的顺利推进，不至于引起太大的震荡，我们采用不裁减部门科室，不减少部门人员编制的政策，也就是当时说的"不拆庙、不减和尚",使部门担心引起震荡的问题不复存在,解除改革途中最大的阻力。然后通过部门对部分人权和事权的让渡,来达到推进改革的目的。部门对事权的让渡主要表现在以下方面:一是进驻大厅部门将审批权由多科室集中到一个综合的审批科室,这样做最大的受益者是审批部门,大大减少了进驻人员的人力压力,也减少了内部的协调成本,其实这些部门内部人员经常轮岗,早已经是多岗多能的"熟练工"了,不用担心综合审批不了。二是将审批的前端受理环节权限委托给区政务管理机构,如收件受理权。承担收件受理业务的窗口工作人员直接由区政务办招聘、直接管理,区政务办是窗口人员的"老板",人权的让渡这点很重要,很多地方改革效果打了"折扣",这是其中一个很重要的原因。三是对入驻政务中心的后台部门审批工作人员的日常管理权及有关考核权(包括年度评先评优、人事晋升等)由区政务办负责,这一点也非常重要,如果对进驻审批人员的管理没有一定的手段,审批人员的素质无法保障,前台窗口后台审批的联动就不顺畅。

为了实现改革的目标,就必须在区级层面对政务改革进行顶层设计。这样做主要是体现我区对政务改革的重视和决心,也便于做通各部门的工作,提高部门对改革的认识和支持,减少改革阻力。具体措施包括以下三个方面。

一是将政务改革纳入荔湾区整体发展的大局中。我区在全面深化改革,推进新型城市化发展过程中,为了抢占发展制高点,促进优化提升,增创改革新优势,提出并大力推进荔湾"e"路转型的思路,着重从区的层面针对荔湾区在新时期的发展进行顶层设计,统筹规划。其中,"以'荔湾效率'(efficiency)政务品牌为亮点,提升城区发展软实力"是整个思路中的关键一环。我们整个政务服务改革就是要打造具有荔湾效率的政务服务品牌,通过品牌效应提升城区发展软实力,优化营商环境,进而推进荔湾区的整体发展。

二是将政务改革作为荔湾区几项重点改革的头号工程来抓。以当时开展群众路线教育实践活动为契机,为解决服务群众"最后一公里"问题,推进几项重要的改革,其中,政务服务改革首当其冲,作为解决群众"四难"问题，打通惠民"最后一公里"的头号工程，以此彰显荔湾区对推进政务改革的决心、勇气和担当。

三是在区层面统筹推进政务改革，为以后推进我区综合执法改革预留空间。政务改革不单是政务服务单方面的改革，必须放到荔湾区整个行政体制改革，转变政府职能这个大框架中来谋划、来推进。我们通过政务改革将部门多出来的工作人员，让他们去从事审批监督和行政执法的调查取证工作，从而改变过去我们重审批轻监督的现状。这样在不增减人员编制的情况下，实现了划出审批职能的科室主要负责监管职责，这样既消化审批人员富余的问题，达到了受理、审批、监管相分离、相制约的目的，又为综合执法提供了人员保障，保证了执法力度。

机制创新是改革取得成效的基础。简单地说机制就是定规矩，无规矩不成方圆。好的模式和好的信息化工具，如果没有强有力的"游戏规则"去执行，那么，这个"游戏"就没办法玩下去了。我区综合受理模式创新首先就表现在机制创新上，颠覆了传统的政务服务模式。

（1）办事大厅窗口实现依业务设窗，打破依机构设窗传统。

综合受理模式改革前，前台窗口均是由各入驻部门设立，派人把守，而且95%以上均为"临时合同工"。区政务服务中心类似专业市场的经营者，各入驻部门类似在市场中摆摊的各个"档主"，各自为政。实行综合受理模式后，打破政务服务中心办事大厅窗口按部门"摆摊设窗"的传统，进行整合归并，采用"前台收件、后台办件、统一出件"，从而实现了"依部门设窗"到"依业务设窗"的转变。在综合受理模式下，由区政务服务中心统一招聘、选调公益一类事业编制人员承担前台窗口工作，负责"入口端"的统一收件受理、"出口端"的审批结果统一出件。在2014年此模式为全国首创，是对政务服务模式的一种有益尝试。

有人曾说，不是统一制证是"假一窗"、是"摆设"。就此，我赘言几句，其实统一出件不一定非要统一制证，例如，商场卖的商品是商场自己生产的吗？京东或淘宝卖的商品是他们生产的吗？当然不是！是由商品的供应商或工厂生产的，他们是按订单生产后全部交到仓库保管员统一进仓登记，然后再按需求发货到商场或者通过平台统一发货送达的。

商品的生产、质量等均由生产商负责。同理，政务服务的审批流程也一样，审批部门其实就是生产商，各审批部门的审批结果就是生产一个零件而已，而办事群众有可能需要某一个批复或证明（相当于一个零件），也有可能需要多个部门的批复，也就是我们常说的"证照联办"或者"多证联办"（相当于将多个零件组装成一个完整产品）。一窗综合受理和统一窗口出件的模式，则为办一件事的群众提供了一个方便和多样化需求的便利。

这种模式的优点主要体现在以下七个方面：一是解决了入驻部门职权利益一体化问题。此前，窗口受理、审批都是由各部门审批人员自己私下说了算；同时受理审批人员又担当现场勘查人员，审批职权和利益一体化，容易导致权力寻租，产生权钱交易，滋生腐败。通过这次综合受理模式的改革，前台受理窗口和出件窗口均由政务服务中心的人员进行受理和出件，管住"入口"和"出口"，真正解决了困扰多年的"体外循环"的问题，实现"一网打尽"！入驻部门审批人员除了在群众需要时出来接受咨询外，只在后台专职审批。同时，办理事项需要勘查的不再由审批人员进行，而是由入驻部门其他科室人员进行。这样就从根本上打破了审批人员从受理、审批到勘查权利一体化问题，阻断了审批人员人为操控的可能，避免权力寻租和腐败现象的发生。

二是实现了标准化受理，解决受理审批权力不规范问题。综合受理模式运行前，各入驻部门虽然有公开有关办事流程，但不规范，不完善，留下很多自由操控的空间。受理、审批所需的材料经常出现不统一的情况，不同的受理审批人员有不同的要求，导致办事群众经常无所适从。实施综合受理模式后，要各入驻单位将受理、审批事项及其所需材料以清单形式列明，交政务服务中心管理的综合受理窗口，由窗口人员按照清单标准列明内容进行收件。后台审批人员接收到前台窗口人员推送的收件材料后，不能再随意要求增减清单所列内容而退回材料，必须直接进入受理审批程序，在规定期限内完成审批。这样实现了受理由清单标准说了算，不再是受理人员说了算，从而减少人为因素的影响。通过受理清单标准管理，规范入驻部门行政审批权力，把好入口关，起到了预防审批人员不作为、乱作为现象,避免了腐败的发生。

三是解决忙闲不均问题。综合受理模式运行前,各部门窗口业务数量严重不均衡,以我区为例,办事大厅某部门窗口中业务最多的一天受理量为40多宗,最少的一年受理量才10宗,导致有的窗口人员工作压力大,有的却闲得无聊,造成人力资源的极大浪费。综合受理实施后,大幅压缩了窗口规模,区政务服务中心从原来25个部门52个窗口改变为9个统一收件窗口和2个统一出件窗口,从原来的1个窗口只可办理本部门的几项业务增加到1个窗口可以办理所有部门的977项业务,实现了一窗受理业务的全能化、综合化。随着今后受理业务的增多,窗口也可以随机增加,既解决了传统窗口模式忙闲不均以及业务量很少也无法关闭服务窗口的难题,又大大节省了人力物力,降低了行政运行成本,实现资源利用的最大化。

四是解决了办事找窗口问题。改变了依部门设窗口造成办事群众东奔西找的弊端,特别是许多市民同时办同一业务时,就更快捷,缩减了等待时间,使群众企业办事更加直观,更加容易操作。

五是解决了联审联批的问题。一窗受理后,在市民同时办多个事项时,真正实现了联审联批,套餐式、链条式的"办一件事"的审批,实现材料共享共用。

六是解决责任问题。以前一旦投诉,政务中心与部门都要被问责的不分青红皂白式有所改变,现在明确,受理的态度、没按清单收错件由政务中心负责,审批超时、体外流转、受理清单提供不详细或不及时更新,由部门负责。

七是解决了受理前的高效服务问题。一窗受理后,受理前的更多便民举措,如网上预约、网上申报审核、智能导办、智能填表等全部都不用逐个部门协调了,大大节省了行政成本,便民利企的个性化服务不断迭代。

(2)人员管理上实行审管分离,实现前台、后台人员素质提升。

打破政务服务中心窗口人员由各部门派驻、由各部门管理的传统,改革为由区政务中心工作人员承担,直接管理,打破了窗口受理与后台审批的职权利益一体化造成难以管理的弊端,保证廉洁。具体表现如下面两方面。

一是实现受理、审批、监管相分离。在传统受理模式下,前台、后台均由入驻部门管理,随意性大。区政务服务中心除了提供场地窗口外,存在事实上的权力中空,无法从机制上对入驻部门及其窗口审批人员进行实质有效的监督,因此入驻部门以专业性名义自设受理审批条件和门槛,就会将群众的很多事项阻挡在政务中心派驻窗口申办之外。群众进了政务服务中心的实体大门,但进不了受理审批之门。部门随意设限,这才是真正的"门难进"。综合受理模式正式运行后,受理窗口业务由区政务服务中心直接承担,受理窗口人员也统一由区政务服务中心人员担任,按照各入驻单位提供的受理清单统一收件。这种模式下,受理事项的数据受到政务服务中心的监督,如果出现审批数据与受理数据不相符的情况,便可立即查明是入驻部门后门受理,提高了入驻部门和办理人员违规办理审批事项的风险和成本,从而实现审批部门负责决策、执行,政务服务中心负责管理、监督,受理、审批、监督相互分离又相互制约、相互协调。

二是破人员成分掺杂弊端,立归位管理模式。此前,各入驻部门派驻区政务服务中心的人员有公务员、事业单位编制人员和合同制聘用人员三大类,人员素质参差不齐,难以管理,容易出现服务不周到的地方,引起群众投诉。现在,根据《荔湾区政务服务改革"三集中、三到位"实施方案》要求,要确保驻区政务服务中心的行政审批科室负责人必须为中层副职以上干部,其他工作人员应是业务骨干,承担行政许可、非行政许可审批事项的审核和审批工作的人员必须为行政机关(含参照公务员法管理的事业单位)具有公务员身份的人员;同时,由区政务办统一招聘选调公益一类事业编制人员专门负责前台窗口受理工作,窗口工作人员的日常管理、年度考核等由区政务办统一负责,建立了服务与责任、管理与考核之间的有效约束机制,从而提升了受理、审批人员的素质,有效提高了政务窗口服务质量。

(3)重视手段创新,强化信息技术保障。

"互联网+政务服务",体现了简政放权政策导向,但实现简政放权,必须在改革中一个问题一个问题地去解决，因此应用"互联网+政务服务"必须以现行政务服务中存在的问题为导向，通过信息化技术手段予以解决。"互联网+政务服务"应用过程中就是解决实践中问题的过程。

在还没有实施政务服务改革之前，荔湾区和各地区政务服务中心存在的"门难进、事难办、脸难看、话难听"等问题，给群众办事带来很多不便和麻烦。政府部门多头管理，有时候办一件事需要跑很多部门。一个公章跑一个月的现象并不鲜见，广东政协委员绘制的行政审批"万里长征图"为上述问题提供了生动的注脚，这种服务作风长期受到群众诟病。

要解决上述存在的问题，靠传统的方法肯定难以改变现状，而应用"互联网+政务服务"为解决上述问题提供条件。"互联网+"最大的特点就是资源共享、大数据分析、统筹合理、流程透明。

我区创新推行"两网一平台"电子政务"淘宝系统"，全流程实现"公众外网咨询、查询、预约，荔湾区一站式行政审批系统平台一窗综合受理为统一入口，各部门专业网分类审批，统一综合平台出件"，管住"一个进口一个出口"。以"荔湾区一站式行政审批系统"为统一综合平台，在目前各部门业务审批系统无法统一的情况下，通过一号快捷登录方式，各部门将相关审批基本数据同步交换至该平台。该平台在收件受理、审核审批、批件完成、通知取件每个环节均推送短信到办事群众手机上，同时，该平台还与区公众网、荔湾政务微信平台和区效能监察网联通，从而保证中心的所有审批事项的流程信息在系统内可查可管，让办事群众随时获知业务办理进度，实现全流程公开。

此举有效解决办事人对所办事项进度的掌握，这也是群众最想获知的信息，彻底改变各部门内部审批系统不可对外发布和查询的难题。通过标准化程式实现公共平台与各职能部门专业审批系统进行交换联动，从而从技术上将各行政审批和服务事项的各环节纳入全程透明的流程中，通过每个环节的电子监察、群众评介实现对办理行政审批事项或服务的工作人员进行量化考核，有力地破解了办事"四难"现象。

我区"两网一平台"电子政务系统基本实现以下目的：一是在不需要增加入驻部门额外工作量和投入成本的情况下，解决了当时各审批部门各自独立业务系统难以对接的协调障碍,以最小的成本实现信息共享;二是将各部门的行政审批事项通过技术手段纳入综合受理的统一监管之下,真正实现一门受理,不留后门;三是实现全流程公开透明。同时,通过实行"公众外网、综合平台、内网"基础信息互通共享制度,做到网上和现场办事"三统一",即统一材料、统一标准、统一时限,逐步实现所有事项向电子政务平台集中。我区数据交换与共享的方法已被国务院下发的建设技术方案所采纳。

(4)明确授权和委托到位。

通过区委文件明确部门权力的部分让渡。一是入驻部门将行政审批权向驻区政务服务中心承担行政审批的科室负责人充分授权。对不需要现场勘查、集体讨论、专家论证、听证的一般性审批事项在窗口受理后,由入驻审批科室直接在后台办结。二是入驻部门将"业务受理权"委托给区政务服务中心,并提供审批事项需提交的受理材料清单,由区政务服务中心负责对照材料清单进行收件受理。

(5)整合政务资源,强化政务管理机构。

为了便于作为政府派出行政机构,政务管理办公室牵头实施改革时统一调配资源,减少掣肘,在启动政务服务改革之前,荔湾区就大刀阔斧地进行了部门资源整合和调整。2013年10月,将原属于科信部门的信息化职能连人带编划到区政务办,由区政务办行使信息化建设管理、电子政务和大数据统筹的职能,这为荔湾区的政务改革顺利应用信息技术手段打下了坚实的基础。同时,将原属于区政府办的政务公开职能划转到区政务办,将主动公开渠道的政府门户网站建设管理划由区政务办承担,这为区政务办统一推进行政审批改革各项工作的公开,促进政务服务改革始终透明高效创造了有利条件。

为了确保行政审批后事中、事后的监管,在荔湾区政务办增设网格化管理科(挂12345政府服务热线管理办公室牌子),专门负责建立、规范、拓展全社区网格化平台基础信息数据库和应用系统,拟定区城市社区网格化服务管理、"12345"政府服务热线的管理制度和服务规范,建立"12345"政府服务热线和网格化信息平台联动机制等职能。实现了

"一窗式服务、一网格监管、一队伍执法"三位一体联动,事件处理跟踪、协调和督办,为提高办事进度奠定了坚实的基础。这也就是目前全国有些地区正在成立的数字政府机构的模型了。并明确凡不数据共享的,一律不批项目、不批经费,凡不将办事清单公开、办事流程公开将被问责。

通过我们的示范,目前广州市一级、各区大体也参照荔湾的做法,做强、做大、做优政务管理机构。名不正、则言不顺,如果政务管理机构都比职能部门"矮了一截",又何以做好协调工作呢?

四、成效

改革实践证明,审批效率大幅提高,企业和群众满意度大幅提升。办事群众对荔湾推行的惠民政务服务改革给予高度评价和充分肯定,认为"以前部门分别设窗要跑来跑去,现在一个窗口就可以办理,轻松很多、更便民","……感到有些像香港等发达地区的服务档次,舒服多了"。部分帮企业办事的中介机构对荔湾区推行政务服务改革后发生的变化,感到有很大的生存压力:现在找上门来办业务的企业少了,生意少了,都说"你们政府现在办事太方便、太简单、太容易了,我们快没有生存空间了,以前就是以你们办事流程复杂来吸引客户的"。窗口"事难办"的问题得到了有效解决。

在政务服务领域,用户体验就是办事企业和群众能够切实感受到服务改革带来比过去更为便利、快捷的服务;注重用户体验就是推进每一改革举措都是以方便办事企业和群众为目标。以用户体验为核心的互联网思维,要求在整个政务服务全过程中实现以透明为核心进行流程优化再造,建立以办事群众评判为核心的评价机制,采取以信息化手段为支撑的创新举措推动办事的便利快捷,等等。

只有树立以用户体验为核心的互联网思维,才能确保我们推进政务服务改革的每一举措让群众"买账",给办事群众带来真正的便捷,增加群众的获得感。我们在整个改革深化过程中推出系列套餐,如"一窗式"综合受理通办、多证联办、材料信息共享复用,24小时全天候"市民之窗"自助服务智能终端机，与邮政合作推出的办事就在家门口的"一柜式"微政务，广佛跨区域通办等，都是遵循这一思路出发，改革结果都得到办事群众的好评。

一窗式政务改革成功实践总结起来有五点启示：

（1）必须要有一个高度重视的"一把手"。高度重视主要体现在三个方面：一是工作上。之所以取得成功，关键是将行政审批政务改革列为"一号改革工程"，作为转变政府职能、优化营商环境的重要突破口来抓。二是机构上。要整合资源，做强做大政务机构，给予职能、人、财、物的保障，选好人、用好人。三是机制上。敢于突破行政审批领域的体制机制障碍，在制度建设、工作手段、服务样式上敢破善立、大胆创新。

（2）必须要有一个"本领高强的操盘手"。政务管理部门的主要负责人理所当然是改革的担当者。必须具有慧眼识珠去选好队伍；必须具有破解难题的武功秘技；必须具有"五毒不侵不坏之身"；必须具有善于谋划的张良之谋；必须具有一马当先破阵斩将之勇；必须具有流程再造之工匠精神；必须具有善于游说的苏秦张仪之舌；有针对性地制定改革方案，创新服务手段和方式，从而有效保证政务审批改革更"接地气"、更有实效。

（3）必须确保有一支由政务部门领导的"前台受理窗口"直属部队。"一窗式"受、审分离政务改革的前提，就是要确保有一支由政务部门直属管理的、承担前台综合受理业务的"自己的部队"，只有"自己的部队"才能将改革执行落实到位。

（4）必须要有一个能支撑改革需求的"供应商"。要选好精通政务业务的咨询服务公司、信息技术公司和终端产品制造商。

（5）必须制定并执行到位的一套运作管理流程和制度。加强对进驻政务服务中心后台承担审批工作人员的协同管理，确保前后台相互协调配合。

至此，荔湾一窗式政务改革才真正落地，持续有效运转。一窗受理的星星之火在荔湾点燃，在全国引起燎原之势……

2021年2月